CB081148

# DO IN

導引

GROUND

EDITORA

livros para uma nova consciência

Juracy Cançado

- O Clássico -

# DO IN

導引

## A MILENAR ARTE CHINESA DE ACUPUNTURA COM OS DEDOS

**Nova edição completa e atualizada do LIVRO DOS PRIMEIROS SOCORROS**

2ª impressão
São Paulo / 2022

EDITORA GROUND / EDITORA AQUARIANA

© 2017 Juracy Campos L. Cançado

*Programação visual*
Antonieta Canelas

*Editoração*
Ediart

*Revisão*
Equipe Ground

*Capa*
DesignCRV

*Fotos*
Maria Helena.Arte

*Modelo*
Anik de Miranda Guimarães

**CIP-BRASIL. CATALOGAÇÃO-NA-FONTE**
**SINDICATO NACIONAL DOS EDITORES DE LIVROS, RJ**

C222d
50. ed.

Cançado, Juracy Campos L. (Juracy Campos Lopes)
Do-in : a milenar arte chinesa de acupuntura com os dedos / Juracy Campos L Cançado. - 50. ed. -- São Paulo : Aquariana, 2017.
320 p. ; il. ; 23 cm.

Inclui bibliografia
Inclui sumário
ISBN: 978-85-7217-183-0

1. Dedos - Acupuntura. I. Título.

17-44383 CDD: 615.892
CDU: 615.814.1

28/08/2017 30/08/2017

Publicado em coedição com a **Editora Ground Ltda.**
www.ground.com.br

Direitos reservados:
**Editora Aquariana Ltda.**
vendas@aquariana.com.br
www.aquariana.com.br

Para Márcio de Castro

# Agradecimentos

Em primeiro lugar, quero expressar meu profundo reconhecimento pela extraordinária 'sabedoria em ação', compassivamente legada à humanidade por meio da palavra viva dos seres excepcionais e grandes mestres da China antiga. Minha gratidão se estende aos dedicados estudiosos e pesquisadores contemporâneos, cujo trabalho me proporcionou ricas inspirações para a elaboração deste livro.

Em particular, quero agradecer à minha editora, Dina Venâncio, pelo papel decisivo que exerceu na concepção, gestação e produção da obra. Responsável, desde o início dos anos 1980, por dar continuidade e amplitude ao projeto editorial da Editora Ground, Dina foi a fonte permanente de entusiasmo, orientação e determinação que assegurou a completa realização deste extenso trabalho.

Agradeço igualmente à Antonieta Canelas, cujo meticuloso exercício de diagramação, composição e de reiteradas revisões de textos foi mais além da bela programação visual e do criativo planejamento gráfico.

Sou imensamente grato ao grande amigo e parceiro de outras tantas jornadas, Ralph Viana, pela providencial edição dos textos introdutórios, com inspiradas intervenções pontuais que fizeram a diferença.

Foi um grande prazer trabalhar com Maria Helena Mello, responsável pelo extenso trabalho fotográfico, afetuosamente conduzido de forma a contornar dificuldades e conciliar precisão técnica e criatividade artística. Quero expressar também minha admiração pela modelo, Anik de Miranda, por retratar as posturas com espontaneidade e beleza. E ao capista, Raul Rangel, pela bela e significativa capa.

Em acréscimo, quero agradecer à minha mulher, Rachel Barros, pelo apoio constante. À minha secretária, Romércia dos Santos, pela digitação e a transformação de um emaranhado de manuscritos em um texto organizado. E aos meus inúmeros alunos que, ao longo de mais de quatro décadas, têm me iniciado na arte de aprender e ensinar.

Minha eterna gratidão a dois grandes amigos, cofundadores da Editora Ground, e parceiros das primeiras e mais difíceis etapas da jornada: Luiz Andrada que, desde o início, soube traduzir em belas imagens gráficas o espírito do Do-In; e o saudoso Márcio de Castro, cuja amálgama de energia, determinação e inteligência aplicada serviu de força propulsora para a emergência do Do-In e da pioneira Editora Ground no Brasil. Que Deus o abençoe, onde quer que ele esteja.

Por fim, um agradecimento especial a Mário Moura, pela confiança neste livro ainda em sua fase preambular, e que, por ser editor além-mar, lhe deu também a dimensão maior de atingir outro continente.

# Sumário

# Prefácio

Na ocasião em que minha editora, Dina Venâncio, sugeriu fazermos uma publicação conjunta dos dois volumes do meu livro "Do-In – Livro dos Primeiros Socorros', aleguei que essa junção já tinha ocorrido em 1991, na edição espanhola das obras, intitulada, "Do-In – el milenario arte chino de curación", pela Ediciones Martinez Roca. Mas havia outro motivo para a sua sugestão: as matrizes originais de ambos os volumes (seus anacrônicos fotolitos) – me explicou ela – já não mais comportavam reproduções aceitáveis. Além de tudo, estes manuais – o primeiro volume na 49ª edição e o segundo na 27ª – necessitariam de novas fotos e ilustrações. Mais prático, portanto, publicá-los num mesmo tomo.

Me dei conta, então, de que havia chegado o momento de executar um projeto mais ambicioso: enfim colocar em prática a protelada ideia de remodelizar estes livros. Apesar de serem congruentes com o papel que lhes coube à época – a iniciação a uma técnica fundamentada em noções alheias à nossa cultura –, os dois livros já requeriam uma dedicada atualização, compatível com quase cinco décadas de minha experiência pessoal e com a agora relativa familiaridade do público com o tema.

Pois o Do-In, além de constituir um acervo de técnicas de cuidados com a própria saúde, representa uma saudável proposta de autonomia e de desenvolvimento pessoal contínuo. Versão japonesa do Dao Yin – o método de auto aprimoramento e preparo iniciático que serviu de alicerce para a edificação da medicina chinesa tradicional –, o Do-In se define como um trabalho em processo.

**A chegada ao Ocidente.** O Do-In chegou ao Ocidente pelas mãos de mestres compassivos e jovens visionários que, no início dos anos 1970, cultivavam as sementes de um embrionário movimento então chamado de "medicina alternativa". Meu primeiro contato com a técnica – circunstancial, registro – se deu a partir de vivências e palestras voltadas para a difusão de uma "nova consciência", que aconteciam nos núcleos contraculturais em Nova York, onde eu então vivia.

Ao voltar para o Brasil, em 1973, juntamente com dois queridos amigos, Márcio de Castro e Luiz Andrada (que conviveram comigo nessa iniciação informal), fundamos a Editora Ground, a primeira do gênero no Brasil. O objetivo imediato foi o lançamento da minha adaptação suplementada de um livreto recém-publicado nos Estados Unidos por Jacques De Langre, intitulado "The First Book of Do-In", um escrito pioneiro sobre o tema no Ocidente, que aqui recebeu o nome de "Do-In, Técnica Oriental de Automassagem".

A repercussão instantânea que esse pequeno livro causou me instigou a escrever o "Do-In – Livro dos Primeiros Socorros", logo seguido de um segundo volume suplementar. Grande sucesso editorial desde o seu lançamento, as sucessivas edições desses manuais, complementadas por cursos de aperfeiçoamento técnico que dei ao longo do país (que se estenderam até o exterior), conferiram ao Do-In uma expressiva popularidade, sensibilizando toda uma geração para as surpreendentes possibilidades de prevenção e autocura ao alcance das próprias mãos.

Paralelamente, esta difusão de conceitos orientais de saúde e a acessibilidade ao método de autocura também ajudaram a abrir caminhos e contornar as dificuldades iniciais enfrentadas pela acupuntura entre nós.

**Escolhas difíceis.** Agora, após uma longa e bem sucedida jornada, a restauração suplementada dessa modesta obra pioneira mostrou-se oportuna e necessária. Uma tarefa delicada, contudo, uma vez que sua longevidade muito se deve a uma feliz combinação de eficácia e simplicidade. Era importante não perder de vista que, em se tratando de um trabalho prioritariamente destinado ao leigo, o aprimoramento técnico não poderia comprometer a acessibilidade original da obra. Me dei conta, de imediato, de que tinha à frente uma jornada que iria exigir uma tomada de decisão a cada passo.

Ademais, tratava-se ali da reformulação de receitas curativas assentadas na sabedoria de uma tradição milenar. Nesse ponto, socorreu-me Evaristo de Miranda em seu belo livro "Corpo – Território do Sagrado". A tradição, ele esclarece, não trata essencialmente da conservação ou da preservação de algo imutável; na realidade, a tradição significa a constante atualização no presente do que recebemos no passado.

Mas havia ainda uma questão preliminar a ser definida, que me trazia à mente a advertência da minha amiga Sonia Hirsch: a mexer no que foi publicado, opinava ela, é mais fácil escrever um novo livro. Indeciso entre as duas soluções – atualização ou livro novo –, optei por ambas. Preservando as valiosas fórmulas tradicionais que se mantiveram imunes à ação predadora do tempo, decidi por ampliar e reescrever o livro na sua totalidade.

A partir daí, sempre que possível tendo como parâmetro minha experiência prévia e verificações pessoais, teve início um longo trabalho que incluiu o estudo comparativo de inúmeras obras atualmente disponíveis sobre o tema. A versatilidade dos pontos chineses e as variadas possibilidades de combiná-los mais dificultavam do que facilitavam fazer escolhas criteriosas.

**Critérios de organização**. Finalmente, após a seleção dos distúrbios a serem tratados e a definição dos pontos e dos métodos sugeridos, as práticas apresentadas neste livro ficaram organizadas em seis partes:

- *Autotratamentos* – seleção de sintomas com sugestões de pontos e técnicas de tratamento.
- *Pontos combinados* – fórmulas especiais com aplicação simultânea de pontos.
- *Primeiros socorros nas emergências* – abordagem sintomática com a participação de outra pessoa.
- *Exercícios complementares* – manobras e procedimentos auxiliares para a suplementação dos tratamentos.
- *Áreas reflexas dos pés* – massagem nas zonas de correspondência da planta dos pés.
- *Práticas de prevenção e aprimoramento pessoal* – automassagens nos meridianos para a prevenção de enfermidades e autodesenvolvimento.

As especificações e as orientações para o exercício dessas práticas encontram-se detalhadamente expostas no capítulo "Como usar este livro" (p.39). As descrições da localização de todos os pontos utilizados neste livro, acompanhadas de diagramas, constam do "Índice da localização dos pontos" (p.297).

**Atualizações.** Quando a parte prática finalmente ganhou forma (mais de 90 por cento do livro), uma última questão se apresentou. Como as informações técnicas foram devidamente reformuladas, os textos introdutórios originais – apropriados para a sua época – causaram um inadequado efeito assimétrico. Ou seja, a atualização das práticas demandava igualmente uma atualização teórica. Uma providência imprescindível.

É importante registrar que a chegada da medicina chinesa ao Ocidente foi, em larga escala, favorecida – é forçoso admitir – pela reformulação a que foi submetida na própria China na era de Mao Tsé Tung. Ela foi feita com o duplo propósito, tanto de acomodá-la dentro da ideologia vigente – o materialismo dialético – quanto também para torná-la atraente a um já ambicionado mercado ocidental. A estratégia envolveu uma rigorosa assepsia pragmática que praticamente despiu esse sistema de cura de seus fundamentos teóricos mais profundos, em prol de uma proximidade com o cientificismo das biomedicinas ocidentais.

A manobra acabou tendo um alto custo. A negação de seus preceitos básicos mais legítimos, atribuídos ao misticismo, e a exclusão dos clássicos filosóficos que originalmente nortearam suas práticas, deixaram esta "nova" medicina chinesa tradicional carente de uma construção teórica à altura do seu extraordinário potencial terapêutico – "uma árvore sem raízes", na definição do historiador de medicina Paul Unschuld. Esses fatos acabaram restringindo um extraordinário acervo de ferramentas de transformação em um conjunto de técnicas – operativas, por certo – destinadas quase que exclusivamente ao tratamento de problemas do corpo e ao fortalecimento do vigor físico.

Releituras mais recentes de cânones censurados, como o Ling Shu ("Eixo Espiritual") deixaram claro que não é possível entender a medicina chinesa, e muito menos explorar todo o seu potencial, pela ótica ocidental. Em outras palavras, ou ela será compreendida a partir da sua gênese, ou nunca o será.

Fruto de uma perspectiva incomum, focada, não nas coisas, mas nas interrelações contínuas que se operam entre elas, a visão chinesa fundamenta-se na noção de uma abrangente teia dinâmica que ordena e conduz o movimento da vida. Figurada no espaço corporal humano pela geografia ativa dos vasos e meridianos, essa rede de animação orquestra o comportamento integrado do organismo e mantém em ressonância o funcionamento do mundo e do homem em seu corpo.

É esse enfoque singular que orienta e confere significado a todo o universo das artes terapêuticas chinesas.

Assim sendo, aproveitei a oportunidade para resignificar conceitos e noções-chave, cujas traduções correntes, com muita frequência não se mostram compatíveis com as concepções originais. Uma medida importante, uma vez que, como sustenta a crença chinesa, o potencial dessas práticas aumenta com o entendimento do praticante. Em acréscimo, poder dispor de maneira consciente de tais recursos voltados para a autossuficiência e a responsabilidade pessoal, ganha mais importância na medida em que se intensificam os desafios que a vida nos traz.

Segundo as tradições, sempre que o homem atravessa grandes dificuldades e impasses, uma sabedoria perene ressurge, na forma de conhecimentos e práticas, para ajudá-lo a transformar crises cíclicas em oportunidades de crescimento. Minha expectativa é de que o presente livro traga uma modesta contribuição para esse crescente processo de transformação.

Juracy Cançado

Julho/2017

# Um pensamento em campos

QUANDO CARL JUNG APRESENTOU AO DESTACADO ARTÍFICE DA MECÂNICA quântica, Niels Bohr, a versão do 'I Ching' traduzida e comentada pelo sinólogo Richard Wilhelm, o físico, reconhecendo ali descrições de um extraordinário território recém-descoberto pela ciência ocidental, expressou seu assombro com uma frase definitiva: "os chineses pensam em campos!". Para Bohr, que a partir de então manteve em sua mesa de trabalho o emblema de Yin/Yang circundado pelos dizeres "os contrários não se contradizem", o impacto maior foi justamente deparar-se com o seu revolucionário conceito de complementaridade, exuberantemente refletido no pensamento de uma cultura tão remota.

Mas o paralelismo entre as duas visões não se esgota na noção de correspondências que se atraem e se agrupam e oposições que se contrariam e se completam. De fato, se abstraímos as denotações utilizadas no formalismo da teoria quântica (ondas de probabilidade e partículas que não se definem pelo que são, mas pelo que fazem) e fixamos o foco em suas conotações simbólicas, podemos entendê-las como metáforas de um misterioso processo que os antigos sábios chineses chamaram de Yi, a Mutação. Pois à semelhança do olhar da nova física, a mente chinesa não se detém nas coisas, mas nas transformações. O foco e a ênfase estão nas transições e não na constância.

Ao prospectar a nebulosa zona de operações subjacente às estruturas atômicas – o nível "pré-matéria" das ondas-partículas – os físicos modernos tiveram que deixar de lado a objetividade e a precisão do pensamento analítico mecanicista, tão úteis na lida com as "coisas" que emergem à superfície, em favor de uma forma de pensar apoiada em noções de incerteza, relatividade, tendências, conexões não-locais e interdependência mente-matéria. Nas profundezas do universo subatômico as leis naturais operam em conformidade com o princípio das categorias afins, ordenadas no campo como "tendências para existir", algo como uma medida de probabilidade de ocorrência de um evento, que a nova física denomina "função de onda quântica".

O "campo" atua como um poder ordenador: em toda situação existe uma rede atuante de relações; o campo consiste na tendência de assumir certas posições, criando uma ordem. Capturado pela "medição" – interação resultante da observação no nível microcósmico – um feixe de ondas colapsa, "dobrando-se" como um fenômeno localizado – uma partícula subatômica.

"Mas essas partículas isoladas", escreveu Niels Bohr, "são abstrações, suas propriedades são definíveis e observáveis somente através de sua interação com outros sistemas". Ainda mais enfático, Gregory Bateson argumenta que ***todas*** as definições têm que ter por base a relação. E arremata, argumentando que, a rigor, qualquer coisa somente se define por suas relações com outras coisas e não pelo que é em si mesma – e que isto deveria ser ensinado às nossas crianças na escola primária!

## Entre dois mundos

Sem pretender abusar das analogias – afinal, a ninguém ocorre confundir mecânica quântica com cosmologia chinesa – algumas comparações são apenas inevitáveis.

Confronte-se, por exemplo, as explicações de Bohr e Bateson acima citadas com a descrição taoísta do Qi (Chi), o agente dinâmico da teia cósmica interativa: "o Qi não está nas coisas, mas no diálogo, na relação". Objeto de intervenção das práticas médicas chinesas, o Qi é uma das ideias diretrizes fundamentais do pensamento desta cultura. Seu significado transcende as noções de substância, ou mesmo de força, no sentido quantitativo do termo "energia". Kaptchuk o descreve como "energia a ponto de se materializar, e matéria no limite de se tornar energia". Mais conciso e certeiro, Eyssalet diz que Qi é a Relação. Para o taoísmo é o "cavalo branco" que entra e sai da existência, animando e atualizando o mundo sem cessar.

Em suas trajetórias ininterruptas, o Qi tece uma vastíssima e intrincada teia de interrelações que recobre e permeia o mundo e promove uma relação íntima e indissolúvel entre todas as coisas. Numa via de mão dupla, costura os domínios do visível e do invisível.

No âmago da trama cósmica, um portal (Wu Xing) distingue os dois grandes setores do mundo: de um lado o Céu Anterior (Xian Tian), onde o tempo é perene e o espaço é não-localizado; do outro, o Céu Posterior (Hou Tian), com seu tempo cíclico esculpindo o espaço tridimensional. Aqui, "anterior" e "posterior" definem, respectivamente, "tudo aquilo que precede a forma" e "tudo que sucede a forma", numa referência às duas modalidades de espaço-tempo decorrentes dos movimentos "interiores" e "exteriores" do Qi.

O Céu Posterior é o familiar domínio "do que tomou forma", das "dez mil coisas" e das relações ativas entre os seres. É o aspecto mais "mecânico" da realidade onde o Qi configura as formas concretas e ordena suas interrelações. Seu modelo operacional é a rede cósmica que, no âmbito humano, se replica no corpo pela arborização dos Vasos e Meridianos (Jing Mai).

No Céu Anterior a dinâmica do Qi é "interna", numa espécie de "imobilidade ativa", que os taoístas comparam à de uma libélula pairando no ar, plena de tensão e vibração interior, mas ainda assim estacionária. Na esfera humana corresponde ao período pré-natal, bem como ao mundo interior da pessoa, com seus potenciais, anseios, sensações, sentimentos e pensamentos. No plano espiritual está associado ao destino. Na cosmologia assemelha-se à "ordem implicada" ou "domínio das frequências" do físico David Bohm.

O que extraímos deste exercício analógico é que, de certa forma, a mecânica quântica está para a física clássica assim como a medicina chinesa tradicional está para a biomedicina ocidental. Em ambos os casos percebe-se que a diferença de abordagens – sistêmica ou holística, por um lado, e reducionista-mecanicista, por outro – determina largamente as possibilidades, os métodos e os objetivos alcançáveis.

De fato, tais aportes diferem porque suas metas são diferentes: para lidar com os aspectos densos da realidade o mecanicismo é insuperável, mas para o acesso aos seus "interiores" sutis – no que tange à medicina chinesa, aos seus aspectos psicoemocionais –, só é possível a partir de uma concepção sistêmica.

## Perspectivas e paradigmas

Portanto, podemos concluir que tais abordagens são perspectivas singulares, que retratam aspectos distintos da realidade. Assim, a moderna biomedicina ocidental, fruto de uma ótica dominantemente focada no visível, tem como objeto de intervenção o corpo físico e suas mazelas observáveis. É somente a partir da detecção das "imagens de lesão", hoje identificadas pela moderna tecnologia médica, que sua eficácia pode se mostrar verdadeiramente soberana.

Não é por outra razão que os enigmáticos, mas bastante comuns, quadros clínicos de "distúrbios funcionais sem lesões observáveis" prosseguem sendo o grande pesadelo do médico ocidental. Ante a essa realidade que não se explica pelas lentes mecanicistas – a "máquina" funciona mal, apesar de suas "engrenagens" apresentarem-se (ainda) intactas –, pouco resta ao clínico senão empurrar o incômodo problema para as regiões nebulosas de uma mal definida "psicossomática", uma espécie de gueto terapêutico muito esporadicamente visitado pela nossa medicina oficial.

Já a medicina chinesa tradicional – apesar das mutilações sofridas pela reforma "modernizadora" de Mao Tsé Tung – aborda o fenômeno sob uma perspectiva radicalmente distinta. Menos interessado na constância das coisas do que nas transições e transformações que se operam entre elas, o pensamento dos antigos sábios chineses foi capaz de conceber um sistema de cura dominantemente funcional. Para além do corpo físico, seu campo de ação é uma "rede de animação", um verdadeiro campo de interrelações que ordena todas as atividades psicofísicas em cadeias de funções, e as regula pela dinâmica da natureza e do mundo.

Em razão dessa ótica que privilegia as relações, o interesse do médico chinês estará sempre mais voltado para o entendimento de como a vida funciona do que ao conhecimento de partes de sua anatomia. Ao contemplar o corpo e seus componentes não ocorrerá à mente chinesa indagar 'o que é isso?', mas sim 'o que isso faz?'.

Trata-se, portanto – e essa compreensão é simplesmente fundamental – de uma medicina essencialmente diferente da nossa. E é por isso que, como tem demonstrado nossa ambígua convivência com a MTC em décadas recentes, não é possível entendê-la nem explorar todo o seu potencial a partir da ótica ocidental. É certo que sempre é possível tirar algum proveito de suas técnicas sem um entendimento fundamentado de sua essência (como, de fato, ocorre hoje em larga escala no Ocidente). Mas, como adverte o dito taoísta "sem a prática a teoria é inútil; sem a teoria a prática é perigosa".

Tais diferenças, contudo, não devem desestimular a construção de um diálogo inteligente e integrativo entre essas duas abordagens terapêuticas. Mesmo porque, como já intuíram os antigos sábios chineses e agora atestam os físicos de vanguarda, perspectivas opostas, longe de se contradizerem, apenas reafirmam a validade de ambos os pontos de vista – estando claras as paisagens que descrevem. Assim, o tão debatido conflito de paradigmas gira em torno de uma falsa premissa: afinal, o que há de criticável no atual paradigma não é o fato de ele ser reducionista, mas de ser parcial e excludente.

# A grande rede de animação

Em seu clássico "O Pensamento Chinês", o conceituado sinólogo Marcel Granet esclarece que a mente chinesa não divide o mundo em reinos, mas em cadeias de comportamentos. Os lotes de realidades que se agrupam por graus de complexidade e poder de interação – os reinos mineral, vegetal e animal – são coberturas sobrepostas a uma vastíssima rede dinâmica que ordena o funcionamento da vida e encadeia os fenômenos, desde os mais densos até os mais rarefeitos, em linhagens de correspondências solidárias.

Na concepção tradicional chinesa, essa abrangente teia de interrelações se reflete no terreno corporal humano pela rota precisa dos Vasos e Meridianos. É por esses caminhos que se opera a "rede de animação" ordenadora responsável por manter em ressonância o funcionamento do mundo e do homem. E é por meio dessa rede que "o homem se regula pela Terra (a natureza), a Terra se regula pelo Céu (a dimensão cosmológica), o Céu se regula pelo Dao (Tao), e o Dao se regula por si mesmo".

Mas chamar essas vias invisíveis de "canais condutores de energia" é uma forma simplista e inexata de descrever a dinâmica auto-organizadora que rege a vida do homem em seu corpo. O termo chinês que a desígna – Jing Mai – traduz a noção de um conjunto de "trajetos sutis preexistentes", sugerindo a ideia de que algo insubstancial e impalpável se conduz primariamente por essas rotas. A esse algo o chinês dá o nome de Qi (Chi), o agente do movimento, o sopro primordial que transporta a vitalidade e "faz o mundo andar".

## Os rios de Qi

A noção de Qi, contudo, não implica qualquer tipo de substância ou mesmo de energia, embora todas as substâncias e energias dependam do Qi para sua existência e função. Qi refere-se a uma expressão dirigida e estruturada de movimento. Qi não é o fluxo de alguma coisa ou de algo singular, mas o próprio fluxo em si que serve de veículo para todas as manifestações da vida.

Exprimindo-se continuamente por fases alternantes de tensão, expansão e crescimento, e de distensão, retraimento e decrescimento – figuradas pelos emblemas chineses Yang e Yin –, o Qi se faz presente tanto na ação transformadora do tempo Yang, quanto na disposição receptiva do espaço Yin. Yin e Yang são os emblemas ativos que assinalam as incessantes flutuações do Qi.

Nesse sentido a palavra "meridiano", que alude às zonas de influências que o tempo demarca no espaço terrestre, pode ser considerada uma tradução razoável do termo chinês Mai. Mas, da mesma forma em que ocupam todas as dimensões do mundo manifesto, as trajetórias corporais do Qi não se restringem à topografia clássica dos Vasos e Meridianos comumente retratada nos mapas chineses. Ali, em benefício da didática, registra-se tão somente as vias de maior relevo funcional – os 12 Meridianos Principais, e os 2 Vasos que ordenam e asseguram as suas polaridades Yin/Yang.

Entre esses caudalosos "rios de Qi", contudo, existem meridianos secundários e ramificações de todos os calibres que se estendem em todas as direções formando uma trama, uma intrincada malha dinâmica que se assenta no território somático e se espraia, para além da forma física definida, como uma sutilíssima névoa diluindo-se no entorno.

# Os meridianos principais e os 12 oficiais

Em sua totalidade, a rede de animação do Jing Mai compreende distintos sistemas interdependentes com funções integradas e complementares. Dentre esses, como visto, destaca-se o sistema dos 12 Meridianos Principais – um circuito que se estabelece no período embrionário simultaneamente com o desenvolvimento dos braços e das pernas, e com os quais exibe uma estreita correspondência funcional. Verdadeiro corpo de interrelações entre o homem e o mundo que o envolve, a chamada Grande Circulação dos 12 Meridianos Principais tem por encargo maior conduzir a circulação e a renovação contínua da vitalidade no organismo por meio de intercâmbios contínuos com suas fontes externas de sustento.

Isoladamente, todo meridiano principal representa a dinâmica de uma rica unidade funcional que associa funções fisiológicas, emoções, disposições mentais e psíquicas e qualidades espirituais, em conjuntos coerentes. Cada um desses aspectos funcionais tem como elemento de apoio a estrutura material de um órgão interno específico. Tais sistemas orgânicos são denominados Zang (aqueles de polaridade Yin) e Fu (de polaridade Yang).

Mas o conceito de Zang Fu não designa apenas um conjunto de órgãos físicos, ou sua fisiologia corpórea. Clássicos originais da medicina chinesa tradicional reconhecem nesses complexos meridianos-órgãos-funções um "papel social" análogo ao de ministros da Corte Imperial. São, assim, chamados "oficiais", equivalentes aos agentes públicos que compõem a cúpula do governo do Estado. Como ostenta o nome do órgão físico que lhe serve de base, a função de cada um desses 12 "oficiais" é comumente referida na clínica chinesa como "o Qi do órgão" (o "Qi do fígado", por exemplo).

Ainda que não constituam uma exigência para o exercício das técnicas acessíveis apresentadas neste livro, esses breves esclarecimentos acerca da incomum fisiologia chinesa pretendem dar ao praticante uma compreensão, mesmo que ligeira, daquilo com que estará lidando. E essa compreensão, segundo a experiência chinesa, é uma condição mental que sempre potencializa resultados.

Em especial, o entendimento da organização e da topografia corporal dos 12 meridianos é um pressuposto facilitador para praticamente todos os métodos curativos chineses. Afinal, é ao longo desses trajetos que se encontram os "pontos" de regulagem e atualização da Grande Circulação, a responsável pelo equilíbrio funcional do organismo como um todo.

## A cartografia da grande circulação

Imagem ativa da dinâmica integrada dos Oficiais/Zang Fu, a Grande Circulação constitui um circuito fechado contínuo, duplicado nos dois lados do corpo, que alinha os 12 Meridianos Principais numa ordem sequencial invariável. Essa ordenação resulta da interligação de 6 pares de meridianos, correspondentes às 6 parelhas de órgãos-oficiais Zang (Yin)/Fu (Yang). Os componentes de cada dupla são denominados Meridianos Acoplados.

| Zang | Fu |
|---|---|
| Pulmão (P) | Intestino Grosso (IG) |
| Baço-Pâncreas (BP) | Estômago (E) |
| Coração (C) | Intestino Delgado (ID) |
| Rins (R) | Bexiga (B) |
| Circulação-Sexo* (CS) | Triplo Aquecedor* (TA) |
| Fígado (F) | Vesícula Biliar |

Marcado pelo ritmo alternante de duas etapas Yin (crescente e decrescente) seguidas de duas etapas Yang, o circuito se estabelece nessa ordem: **Pulmão**, **Intestino Grosso**, **Estômago**, **Baço-Pâncreas**, **Coração**, **Intestino Delgado**, **Bexiga**, **Rins**, **Circulação-Sexo**, **Triplo Aquecedor**, **Vesícula Biliar** e **Fígado**, daí retornando ao **Pulmão**, repetindo-se o ciclo indefinidamente.

Vista em conjunto, a Grande Circulação dos 12 Meridianos Principais assinala no corpo a dinâmica da curva senoidal da propagação da energia no espaço. Na perspectiva chinesa é esse padrão das flutuações do Qi que rege o funcionamento do mundo e do homem.

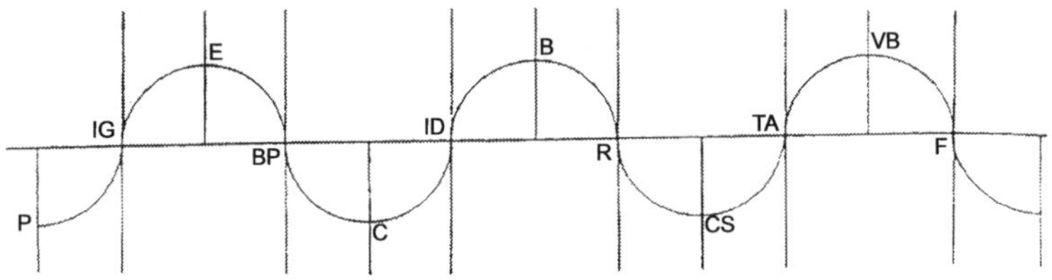


* Os Oficiais / Zang Fu Circulação-Sexo (ou Pericárdio ou Protetor do Coração) e Triplo Aquecedor são funções totalizadoras particularmente associadas aos Zang Fu Coração e Intestino Delgado, equipe considerada regente da rede.

Por força desse sequenciamento invariável, a topografia dos 12 Meridianos faz com que o Qi circule três vezes em torno do corpo, descrevendo três ciclos com quatro áreas de conexão: peito, mãos, face e pés.

| | **Yin**<br>peito | **Yang**<br>mãos | **Yang**<br>face | **Yin**<br>pés |
|---|---|---|---|---|
| **1º Ciclo** | Pulmões | Intestino Grosso | Estômago | Baço-Pâncreas |
| **2º Ciclo** | Coração | Intestino Delgado | Bexiga | Rins |
| **3º Ciclo** | Circ. Sexo | Triplo Aquecedor | Ves. Biliar | Fígado |

Vistos por essa ótica, os Meridianos Principais mostram-se arranjados em quatro grupos, cada grupo composto de três meridianos com trajetos similares, polaridade Yin/Yang comum e idêntico sentido de fluxo.

Por fim, a figura de um homem com os braços elevados revela os 12 meridianos assinalando, no terreno corporal, as duas expressões polarizadas do Qi: as forças Yin ascendem pela face anterior/interna das pernas e dos braços até a cabeça, onde prevalece o Yang; as forças Yang descem pela face posterior/externa dos braços e das pernas até os pés, onde invertem o seu sinal.

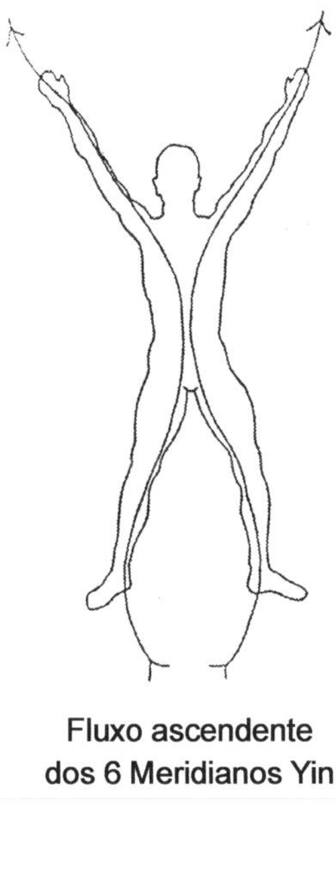

Fluxo ascendente
dos 6 Meridianos Yin

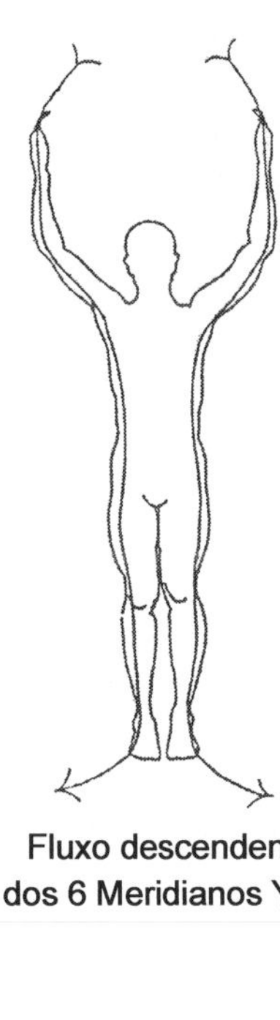

Fluxo descendente
dos 6 Meridianos Yang

## Os Vasos Extraordinários

Em acréscimo ao entendimento da anatomia sutil dos 12 Meridianos Principais, é proveitoso saber da disposição de dois outros trajetos que dispõem igualmente dos seus próprios pontos reguladores: o Vaso da Concepção e o Vaso Governador. Com o encargo de regular o relacionamento Yin/Yang na rede de meridianos, esses dois vasos, representados por duas linhas singulares que mediam, respectivamente, as faces anterior e posterior do tronco, têm uma importância bem significativa e abrangente na fisiologia chinesa.

Os Vasos da Concepção e Governador são, de fato, dois destacados componentes de um sistema denominado Oito Vasos Extraordinários – um circuito primordial extremamente sutil, responsável pelo matriciamento do espaço corporal e por sua organização funcional. Encarregados da distribuição da vitalidade inata e da estruturação interior do organismo, os Vasos Extraordinários desempenham um papel fundamental no desenvolvimento embrionário, e também servem de base para as interrelações contínuas que serão conduzidas pelos 12 Meridianos Principais a partir do nascimento.

## Mapas chineses

Comumente, os mapeamentos chineses disponíveis (ver "Rios de Qi", Editora Ground) descrevem tão somente a localização dos dois vasos centrais ladeados pelos doze meridianos bilaterais – os únicos canais que dispõem dos próprios pontos de intervenção terapêutica. Aqui, essas explanações têm por finalidade ilustrar a noção de ordem e de totalidade que embasa as concepções chinesas e confere efetividade às suas práticas. Para os iniciantes a imagem da rede de animação servirá também de pano de fundo para uma visão panorâmica integrada dos pontos sugeridos neste livro.

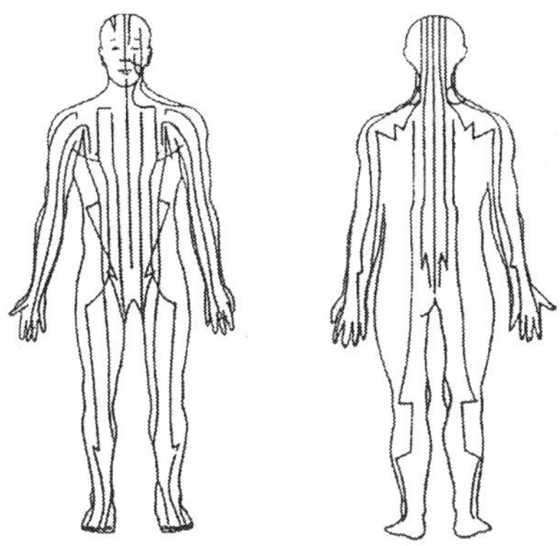

Visão conjunta dos 12 Meridianos Principais e dos 2 Vasos Extraordinários.

# Os pontos de regulação

UM ASPECTO QUE, PARTICULARMENTE, REQUER ESCLARECIMENTO PRÉVIO envolve o significado dos assim chamados "pontos de acupuntura" que demarcam os caminhos dos meridianos e vasos chineses. Se, modernamente, esses "rios de Qi" já podem ser identificados como "linhas de baixa resistência elétrica da pele" (vale dizer, de maior condutividade), os minúsculos vórtices reguladores dos seus fluxos ainda carecem de maior reflexão.

A maneira vaga e imprecisa como esses intrigantes fenômenos são referidos na maioria dos textos chineses modernos é apenas coerente com a orientação atual de ater-se à prática, distanciando-se o mais possível de uma teoria considerada primitiva e acientífica. Mas, como as tentativas de explicá-los a partir de uma ótica cientificamente consistente se mostraram infrutíferas – terminais nervosos, "triggers points", e outras hipóteses igualmente não comprovadas –, esse objeto de intervenção terapêutica de praticamente todas as técnicas chinesas continua obscuro para uma larga parcela de praticantes.

Segundo a ótica tradicional chinesa, esses pequenos centros de autorregulação e ajuste funcional da rede não são propriamente "pontos", e tampouco do domínio exclusivo das técnicas da acupuntura. 'Xue', a palavra chinesa que os designa, se traduz por cavidades, fendas ou cavernas. Análogos aos poros da pele, constituem interstícios sutis ao longo da rede que permitem intercâmbios diretos entre o interno e o externo.

Os Xue são, acima de tudo, regiões pontuais onde os rios de Qi se articulam, mobilizando seus recursos potenciais e ajustando sua dinâmica às variáveis do entorno. Aparentemente, exercem uma função homeostática, autorreguladora.

Mas sua função maior é a de armazenar potenciais específicos, comumente submersos, associados ao complexo meridiano-órgão-função a que pertencem. Quando solicitados – através de variados meios que incluem agulhas, calor, massagens, pressões digitais, cromoterapia, óleos essenciais ou respirações dirigidas –, possibilitam descongestionamentos no trânsito da rede e consequentes correções das disfunções correspondentes.

## As Cavernas do Espírito

De maior relevância prática, uma última consideração diz respeito à atitude mental requerida para melhores resultados na lida com os pontos chineses. É certo que o agente da cura é sempre o Qi – a essência do movimento e de todas as mutações. E os Xue são, por definição, lugares no corpo de maior concentração de Qi. Mas há ainda uma outra razão da sua eficácia terapêutica.

Na alquimia interior taoísta, esses minúsculos orifícios são denominados "cavernas do Shen", numa alusão ao poder ordenador que rege a dinâmica do Qi, e que, na concepção dos antigos sábios chineses, têm ali as suas vias de passagem.

Traduzido comumente por espírito, o termo "Shen" expressa a ideia de uma capacidade organizadora que, no mundo e no corpo, demarca os caminhos do Qi e qualifica suas funções. Na esfera humana, a noção de Shen/ Espírito abarca a totalidade dos níveis de percepção que atuam no corpo – do sensório motor às dimensões psicoemocionais e espirituais.

Por esse motivo, além da escolha criteriosa do ponto, é a ***Intenção*** – aspecto mental racional de Shen, com propriedade de dirigir o Qi para objetivos conscientes – o fator considerado mais influente nas práticas curativas e nas artes marciais da China.

O que significa dizer que, como será melhor explorado no capítulo "Como usar este livro", p.39, mesmo um tratamento tecnicamente impreciso mas conduzido por uma disposição mental clara e dirigida pode, até um certo limite, ser compensado pela índole autorreguladora que emana desses pequenos centros ordenadores.

## Propriedades dos pontos

Alinhados verticalmente no terreno somático, 309 pontos, espelhados nos dois lados do corpo, se interligam ordenadamente, assinalando o fluxo da Grande Circulação dos 12 Meridianos Principais. Acrescidos dos 52 pontos pertencentes aos 2 vasos ímpares – Vaso da Concepção e Vaso Governador – constituem um total de 361 pontos (ou 670, considerando que os pontos dos 12 Meridianos são duplos).

Além destes, um grande número de pontos extras – pontos extra meridianos e aqueles pertencentes aos micro sistemas da orelha, do nariz, das mãos e dos pés – eleva o total para cerca de 1.000 pontos conhecidos e utilizados nas práticas chinesas. Os pontos extras, contudo, são considerados secundários, em razão de suas funções específicas e propriedades restritas.

Já a natureza dos pontos principais é bem mais complexa. Todos eles dispõem de uma variada gama de propriedades associadas às múltiplas funções do organismo. Isoladamente, cada ponto exibe, em diferentes graus, uma maior ou menor relação com aspectos físicos, mentais, psicoemocionais e espirituais do sistema humano.

Em comum, todos os pontos ostentam uma natureza dual. Ainda que cada um se distinga por uma identidade singular vinculada a aspectos particulares do complexo meridiano-órgão-função a que pertence, sua natureza holística – em profundidade, todo ponto remete-se à totalidade do potencial funcional humano – lhe confere, de alguma forma, o poder de evocar a função de qualquer outro ponto.

Além disso, pontos de diferentes meridianos comumente exercem influência sobre a região do corpo onde estão assentados e, inversamente, recebem influências dessas áreas anatômicas. Um ponto situado sobre o nervo ciático, por exemplo, pode ser útil para o tratamento da ciática, mesmo que seu meridiano não tenha correspondências especificas com aquele nervo. Por outro lado, o problema pode promover congestionamentos em pontos da área afetada e comprometer a condição funcional dos meridianos a que pertencem.

Porém, esse efeito local, semelhante ao exercido pelos pontos extras, não dispõe da mesma abrangência da ação sistêmica promovida por pontos frequentemente distantes, mas funcionalmente associados ao sistema afligido.

## Artes terapêuticas chinesas

MUITO ANTES DE COMEÇAREM A PERFURAR PONTOS ESTRATÉGICOS NA pele com finos estiletes de pedra, precursores das agulhas da acupuntura, os mestres e iniciados da China antiga já cuidavam da saúde e praticavam o aprimoramento pessoal por meio de posturas corporais, alongamentos, automassagens e exercícios respiratórios vitalizantes. As referências mais longínquas a essas práticas constam de escritos em bronze datadas da dinastia Zhou (1100-231 a.C.).

Rastrear as origens dos exercícios terapêuticos chineses sugere um trabalho arqueológico que se estenderia para além das brumas do antiquíssimo. Encontrado em escavações recentes na província de Hu Nan, no interior da China, um texto bastante esclarecedor, escrito em rolo de seda no ano 168 a.C., é ilustrado com figuras de mulheres e homens, jovens e idosos praticando uma ginástica terapêutica chamada 'Dao Yin' (Tao Yin).

Supõe-se que o termo Dao Yin, que se traduz por "método de condução do Qi", tenha sido o primeiro nome criado na China para designar um método corporal destinado aos cuidados com a saúde. Ao longo do tempo, o Dao Yin assimila noções taoístas de fisiologia energética e circulação dos fluxos vitais e, incorporando exercícios físicos e espirituais para o cultivo da longevidade concebidos nas escolas de alquimia interna (Nei Dan), consolida-se como um poderoso sistema de autocura.

Nesse modelo ancestral de yoga taoísta já se encontravam estabelecidos os princípios que irão servir de alicerces para todo o universo das artes terapêuticas chinesas: regular o corpo, regular a mente, regular a respiração e, meta última, regular o Qi.

### A influência budista

Séculos de intercâmbios entre a China e a Índia resultaram em significativas influências na filosofia e nas práticas físicas e espirituais da tradição chinesa. Atribuída ao legendário monge budista Bodhidarma (Da Mo), a implantação da meditação 'Dhyana' – 'Chan', em chinês – inaugura uma corrente de pensamento que irá sintetizar as doutrinas das escolas budistas e taoístas e reformular suas práticas de auto aprimoramento e defesa pessoal.

Sob essas influências, o ancestral Dao Yin vai gradativamente se desdobrando em múltiplas vertentes. A ênfase na postura corporal e no movimento, na respiração e na mentalização dirigida resultou em métodos distintos como o Kong Fu (hoje reduzido exclusivamente a técnicas de combate), o 'Tai Ji Quan' (Tai Chi Chuan) e o 'Qi Gong' (Chi Kun).

Paralelamente, a evolução das técnicas de intervenção nos pontos dos meridianos – com as mãos, com agulhas e por cauterizações com lã de artemísia –, associada a elaboradas classificações de padrões patalógicos, deram origem a métodos de caráter medicativo, como a massagem terapêutica 'An Mo', a moxaterapia e a hoje universal acupuntura. Com a inclusão de noções mais aprofundadas de fisiologia energética e diagnose, a acupuntura foi pouco a pouco tendo o seu uso restrito ao contexto clínico.

Na China atual, o termo Dao Yin refere-se exclusivamente à automassagem. A massagem terapêutica dirigida a outra pessoa tem o nome de An Mo ou Tui Na. O conjunto de métodos para o aprimoramento pessoal e a autocura é hoje referido genericamente como modalidades de Qi Gong. Estima-se que existem atualmente na China cerca de 18.000 estilos de Qi Gong.

## O diálogo com o Japão

Mas, antes de despontar no Ocidente a medicina chinesa tradicional se reveste, no Japão, de uma roupagem fortemente marcada por tonalidades locais. A partir do século VI da nossa era, a cultura e a tradição chinesas vão gradativamente se infiltrando nos domínios japoneses, até o ponto em que se dá uma verdadeira simbiose entre as duas civilizações.

Sob a rubrica do termo 'Do', equivalente fonético do 'Dao' (Tao) chinês, estabelece-se no Japão uma escola matriz que sintetiza o legado cultural da China e confere a muitas das suas correntes de pensamento e disciplinas um desenvolvimento ainda maior do que o alcançado em sua própria pátria. A meditação Chan dá origem ao Zen, a acupuntura adquire estilos diferenciados, a massagem terapêutica An Mo ganha a objetividade técnica do Shiatsu, as artes marciais evoluem em modalidades como o Judô, o Karatedo e o Aikido. E o quase esquecido Dao Yin tem no Do-In a sua mais completa tradução.

# Práticas chinesas de autocura

RESGATANDO O ESPÍRITO E A ESSÊNCIA ORIGINAL DO ANCESTRAL DAO Yin, um método de auto aprimoramento físico e espiritual e de preparo iniciático, reformulado pelos mestres da escola Do, ganha forma nos dojo japoneses com o nome de 'Do-In Kwappo'. O termo Do-In traduz literalmente a noção de Dao Yin: Dao, e sua correspondência japonesa Do, expressam aqui a ideia de "caminho, condução de Qi"; Yin ou In, "o modo fácil, suave". Kwappo, por sua vez exprime a ideia de "restaurar, regenerar" – por meio dos recursos pessoais.

A notável combinação de simplicidade e eficácia permite que o Do-In logo se popularize, tornando-se uma rotina diária para a prevenção e o tratamento de problemas de saúde acessível às pessoas comuns. Voltada para os cuidados pessoais e a autocura com o concurso das próprias mãos, a prática do Do-In logo passou a se inserir nos costumes familiares, congregando adultos, idosos e crianças num saudável ritual cotidiano.

A acessibilidade da técnica, contudo, em nada compromete a sua eficácia. O Do-In, à semelhança do seu modelo primordial chinês, dispõe de um acervo de recursos terapêuticos singelos – sob o olhar leigo – que, aplicados no contexto devido, se revelam não apenas de grande utilidade mas, por vezes insuperáveis.

Dentre essas possibilidades mais imediatas e acessíveis, duas modalidades se destacam: as automassagens para a prevenção e o aprimoramento pessoal, e as técnicas para correção de disfunções.

## Prevenção e aprimoramento pessoal

Comparável à faxina diária de uma residência, a prática de automassagem dos meridianos é um procedimento essencial para a manutenção da salubridade e da condição funcional do organismo. Com o recurso exclusivo das próprias mãos, e exigindo um mínimo de pré-requesitos, que não vão além de um conhecimento sumário da geografia dos meridianos e de algumas manobras simples e seguras, esse modesto ritual assegura notáveis benefícios.

Ao desfazer tensões musculares, que sinalizam e promovem obstruções no trânsito da rede, as automassagens cotidianas promovem a livre circulação do Qi e do sangue – premissa básica para o funcionamento harmônico e integrado do organismo. Os benefícios mais imediatos incluem o alívio de tensões e perturbações emocionais, e uma melhor disposição física e mental.

Realizada com assiduidade – idealmente por meio de uma rotina diária, antes do desjejum –, a prática previne doenças, corrige disfunções e promove o aprimoramento. O contato frequente com o corpo e a gradativa familiaridade com áreas e pontos associados às funções internas, favorece o autoconhecimento e habilita o praticante a moldar sua prática cotidiana em conformidade com as necessidades do seu organismo. Sua meta última é o autoaperfeiçoamento e a longevidade.

Em acréscimo aos tratamentos específicos que constituem a quase totalidade das receitas curativas sugeridas neste livro, o capítulo "Práticas de prevenção e aprimoramento pessoal", p.287, apresenta uma sugestão para uma prática concisa mas completa das automassagens do Do-In.

## O aporte sintomático

Outro valioso recurso tradicionalmente utilizado nas práticas de autocura do Do-In envolve a intervenção reguladora nos pontos dos meridianos para a correção de distúrbios. Já presente nos métodos do ancestral Dao Yin, as técnicas de estimulação de pontos chave particularmente associados a disfunções e enfermidades serviram de base para o desenvolvimento dos sistemas de massagem terapêutica do An Mo e do Tui Na, e culminaram nas elaboradas receitas curativas aplicadas no contexto clínico da acupuntura.

A estimulação dos pontos pelo contato direto das mãos, contudo, se manteve com um papel destacado nas tradições médicas da China e do Japão, tanto como método independente quanto associado às agulhas da acupuntura.

A partir dos anos 1970, com a gradativa implantação da acupuntura no Ocidente – largamente facilitada pela rápida popularização do Do-In desde o início daquela década – o variado acervo de técnicas de manipulação digital dos pontos chineses foi se tornando conhecido entre nós com o nome de digitopressura ou digitopuntura. Segura e praticamente isenta de pré-requesitos, essa abordagem acessível e objetiva despertou imediato interesse no público ocidental.

Aplicada ao autotratamento ou estendida a outra pessoa, a digitopressura mostra-se perceptivelmente útil para lidar com toda uma gama de distúrbios e disfunções, particularmente nas crises e noutras condições agudas. Como primeiros socorros nas emergências, em certos casos a intervenção manual chega a ser mais imediata do que a das agulhas da acupuntura!

É importante ressaltar que, embora possa ser utilizada preventivamente (para alivio do estresse, tratar predisposições, evitar recaídas após doenças graves e coibir crises), a digitopuntura tem um aporte dominantemente sintomático. Mas aqui este termo não tem o significado pejorativo de aliviar sintomas encobrindo suas causas.

O mecanismo de ação das práticas chinesas envolve sempre o desbloqueio no trânsito da rede de meridianos. É o livre fluxo do Qi que permite a correção do distúrbio que ocasiona o mal-estar. Se a providência não for suficiente – porque a enfermidade já se encontra por demais evoluída – o sintoma retorna. Sintomas recorrentes, principalmente quando envolvem dores intensas ou de origem indefinida, sinalizam a necessidade de uma avaliação médica adequada. A partir daí, e guardadas as precauções e contraindicações habituais (ver capítulo "Como usar este livro", p.39), mesmo pacientes com patologias graves e/ou usuários de medicação contínua podem igualmente tirar proveito da digitopuntura como tratamento suplementar.

À exceção das prescrições destinadas aos primeiros socorros nas emergências, quando a participação de uma outra pessoa se fará muitas vezes necessária, todos os demais tratamentos sugeridos neste livro são prioritariamente voltados para o autotratamento. O que significa dizer que todos os procedimentos aqui propostos – os pontos escolhidos e as técnicas sugeridas – poderão ser conduzidos com o recurso exclusivo das próprias mãos.

# Como usar este livro

Os tratamentos apresentados neste livro derivam essencialmente das intuições e experimentações de antigos sábios e mestres da China antiga. As escolhas e combinações dos pontos, e as sugestões de como tratá-los – as "receitas curativas" – são frutos de estudos comparativos de dedicados trabalhos de pesquisadores contemporâneos, em grande parte confirmados pela verificação pessoal do autor. Em outras palavras, tais indicações não pretendem ser fórmulas fixas, mas tão somente diretrizes – consistentes, supõe-se – passíveis de modificações e adaptações em conformidade com as necessidades individuais do praticante.

De fato, a natureza polivalente dos pontos de intervenção terapêutica, seu potencial autorregulador e suas ecléticas possibilidades combinatórias, fazem de todas as práticas de cura chinesas um processo contínuo de desenvolvimento pessoal. Tais variáveis, no entanto, não tornam a escolha dos pontos menos importante. Pelo contrário, a seleção criteriosa dos pontos sempre foi reconhecida como o fator mais decisivo para o sucesso da prática.

Mas como na prática importa o que sucede, a definição final quanto ao melhor ponto ou pontos e suas combinações mais desejáveis será determinada pelos resultados alcançados. A percepção das respostas do próprio corpo ao estímulo de pontos específicos e às técnicas empregadas é de grande valia para o autoconhecimento, favorecendo uma compreensão ampliada das necessidades pessoais e das possibilidades comumente insuspeitadas de atendê-las por meio dos próprios recursos. A partir daí, a decisão de quando buscar auxílio médico pode ser determinada de forma mais abalizada e responsável.

## Receitas curativas

Neste manual, os tratamentos sugeridos estão organizados pela ordem alfabética dos sintomas. Os pontos sugeridos são aqueles que mais comumente se mostram relacionados de forma significativa ao distúrbio em pauta.

As possibilidades da utilização dessas fórmulas são vastas. Nas emergências, para a reanimação ou para aplacar descontroles e surtos, assim como nas crises agudas, particularmente quando envolvem dores em geral, os resultados costumam ser imediatos, e o número de pontos exigido é mínimo – muitas vezes um único ponto pode ser suficiente.

Nos casos de afecções locais, tais como problemas artríticos e reumáticos, ou quando houver lesões por acidentes, podem surgir pontos sensíveis ou espontaneamente dolorosos – regulares ou extra-meridianos – na região afetada. Esses pontos acidentais, denominados Pontos Ashi ("ai!", em chinês), podem ser igualmente tratados com pressão contínua, como reforço opcional.

Já o tratamento complementar de síndromes e enfermidades crônicas ou preexistentes, cujos benefícios são comumente graduais e cumulativos, requer a utilização de toda a série por meio de uma rotina persistente, se possível diária. A mesma orientação se aplica às séries sugeridas para a prevenção de crises e recorrências de distúrbios específicos. Mas mesmo a estimulação de um ou dois pontos da série indicada, se realizada com frequência, assegura benefícios.

Eventualmente, a pressão em um ponto pode provocar uma resposta – dor ou pontada – em outro ponto, muitas vezes localizado em uma região distante do corpo. Esse fenômeno, denominado "dor referente", geralmente sinaliza que ambos pontos encontram-se funcionalmente relacionados. O que justifica a inclusão do ponto reflexo na série sugerida.

Por fim, é importante lembrar que, à exceção dos pontos pertencentes aos dois vasos (VC e VG), todos os demais são pares e simétricos, duplicados nos dois lados do corpo. Por esta razão, em princípio os pontos deverão ser tratados bilateralmente e, se possível simultaneamente, com o emprego de ambas as mãos. Quando isto não for possível, como no caso do autotratamento na área dos braços e das mãos, trata-se o ponto de um lado do corpo e o outro imediatamente após.

Nas lesões e afecções locais, no entanto, é suficiente utilizar o(s) ponto(s) localizado(s) no lado afetado. A regra vale igualmente para certos casos especiais, devidamente especificados nos textos, quando o tratamento unilateral será mais aconselhável. Para congestão nasal, por exemplo, o ponto C1, situado no centro das axilas, deverá ser pressionado, mas aqui unicamente na axila ***oposta***!

## Localização

Todos os tratamentos constantes deste livro apresentam os pontos sugeridos ilustrados por diagramas da sua localização no corpo. No "Índice de localização dos pontos", p.297, as ilustrações são acompanhadas de descrições que permitem a localização precisa de cada ponto a partir de marcos anatômicos perceptíveis.

Ajuda saber que os pontos geralmente situam-se em depressões anatômicas formadas entre músculos, ossos e tendões – depressões visíveis, mas em certos casos apenas esboçadas em áreas planas do corpo. Um outro indicador é a sensibilidade, uma vez que a maioria dos pontos é particularmente sensível à pressão e, por vezes, os pontos tornam-se espontaneamente dolorosos quando bloqueados. O que implica dizer que o melhor ponto para tratar um distúrbio é quase sempre particularmente doloroso e, assim, de fácil identificação.

Ao buscar localizar um ponto, comece por esquadrinhar a área correspondente à ilustração, pressionando profundamente com a ponta do polegar até identificar o lugar de maior sensibilidade. Ajuste a ponta do dedo no centro mais sensível e pressione lenta e gradualmente até sentir uma dor aguda bastante característica.

Com a prática, como ocorre na execução de um instrumento musical, o aprimoramento da sensibilidade dos dedos torna essa percepção naturalmente mais acurada.

## Técnica

Valendo-se do mesmo cardápio de pontos reguladores da tradição chinesa, uma grande variedade de estilos de digitopuntura preconiza diferentes técnicas de intervenção para um objetivo comum: a restauração do fluxo alterado na rede de animação e a correção dos distúrbios a ele associados. Tais diferenças técnicas – em certos casos com orientações discordantes – tem deixado alguns praticantes, especialmente os iniciantes, um tanto inseguros quanto à melhor maneira de tratar os pontos.

O fato de que, no devido contexto, todos esses métodos demonstrem um bom grau de efetividade, apenas comprova que ***o mais importante é o ponto***. A técnica empregada pode ser mais ou menos apropriada, mas seu papel nessas práticas é tão somente o de facilitar a ação autorreguladora que emana dessas "Cavernas do Espírito" (ver "Pontos de regulação", p.29).

O método aqui adotado é, no meu entendimento, aquele que melhor concilia o objetivo proposto com a resposta natural do corpo a interferências externas. Se o toque é relativamente profundo e constante, produz relaxamento local e acalma; já quando é intermitente, ágil e superficial, excita e estimula.

Na medicina chinesa esses procedimentos são chamados de ***Sedação*** e ***Tonificação***, e são aplicados respectivamente às duas expressões básicas dos distúrbios: sintomas de ***Excesso*** e de ***Deficiência***. Distinguir entre essas duas categorias básicas de sintomas é tarefa relativamente fácil.

***Excessos*** são manifestações de hiperatividades, tais como descontroles, agitações, nervosismo, ansiedade, convulsões, inflamações e infecções agudas, febre, calor excessivo, pressão alta, cólicas e espasmos, e dores em geral.

A técnica apropriada é a ***Sedação***, e o método mais simples consiste em pressionar profunda, forte e continuamente o ponto indicado, frequentemente com o polegar, durante todo o tempo requerido.

***Deficiências*** se expressam por hipoatividades, incluindo estados de astenia, prostração, depressão, medo, choque, paralisias, hipoestesias, friagem, pressão baixa, hipotonicidade e, no extremo, desmaio e coma.

O método requerido para estes casos, é a ***Tonificação***. Consiste em estimulações rítmicas intermitentes, mais leves e superficiais mas dinâmicas. Aqui cabem variáveis: pressão leve com movimentos ligeiros para frente e para trás, sem deslizar sobre a pele; fricções com os nós dos dedos, dorso das mãos fechadas, com a palma das mãos ou com os calcanhares; percussão com a ponta ou nós dos dedos; beliscões e outras manobras estimulantes.

Quando houver dúvida quanto à natureza do sintoma, ou quando destinada à manutenção e ao aprimoramento da saúde, a técnica sugerida é a **Harmonização**: pressão contínua sobre o ponto enquanto se realiza movimentos circulares, sem deslizar sobre a pele.

## Toque

A intensidade das manobras é compatível com a constituição e a condição física do organismo, com a faixa etária e com a região do corpo onde o ponto se situa. Outra diferença corre por conta da técnica empregada: como já visto, a ***Tonificação*** é sempre mais superficial, ligeira, rítmica e estimulante; e a ***Sedação*** envolve pressão profunda, firme, contínua e, por vezes, um pouco dolorosa.

Neste último caso, a intensidade do toque é particularmente importante: a pressão sedativa é lenta, gradual, intensa mas até o limite do tolerável, gerando uma sensação entre a dor e a "pressão confortável". A retirada da pressão será realizada de maneira lenta e gradativa.

Independente da técnica utilizada, todas as manobras deverão ser realizadas com movimentos fluentes e elegantes, um pouco como nas práticas do Qi Gong.

A região do corpo tratada deve ficar relaxada e receptiva, enquanto a mão que atua exerce a pressão ou a estimulação indicada de maneira firme mas flexível e sem tensão. As pressões contínuas, naturalmente mais fortes e profundas, são exercidas gradualmente e, sempre que possível, usando o peso do próprio corpo. Ou seja, o dedo se mantém firme mas o peso é exercido pela inclinação do corpo, de forma a não tensionar a mão e o braço.

## Tempo

O aspecto menos consensual diz respeito ao tempo requerido para a estimulação dos pontos. As recomendações variam de 30 segundos a 10 minutos ou mais para cada ponto!

Uma vez mais, não há como estabelecer uma norma fixa. O tempo médio sugerido é trabalhar de 3 a 5 minutos cada ponto, mas essa prescrição genérica se aplica às series destinadas aos tratamentos suplementares de problemas crônicos ou ao aprimoramento de funções comprometidas.

Em certos casos, como nas emergências, a resposta pode ser bem mais imediata, e aqui a regra é clara: atingido o objetivo, o tratamento cessa! É importante lembrar ainda que, como já foi exposto, nos padrões de ***Deficiência*** o tempo requerido é sempre mais breve – comumente de 30 segundos a 2 minutos para cada ponto –, de forma a evitar a hiperestimulação e possíveis complicações como náusea, dor de cabeça ou inquietação.

Para acalmar e sedar, no entanto, o tempo de tratamento é mais flexível. Se a resposta, apesar de perceptível, não se mostrar suficiente pode-se estender o tempo da sedação, mas até um limite máximo de cerca de 10 minutos, para evitar uma saturação que pode inibir a ação do ponto (mas já tratei o mesmo ponto para uma insônia renitente por mais de 15 minutos – e consegui dormir depois!).

Por outro lado, é conveniente repetir o tratamento duas ou três vezes ao longo do dia, mesmo após obtido o alívio, para evitar a recorrência do problema. Mas, naturalmente, há sempre que prevalecer o bom senso: uma dor de dente que insiste em retornar sugere uma urgente visita ao dentista!

Por fim, é sempre útil ter em mente que, especialmente na lida com distúrbios com dominantes componentes psicoemocionais, a técnica será sempre um mero recurso facilitador. O mais importante é reconhecer os pontos de regulação como vias de acesso corporal aos potenciais de autocura e estabelecer com eles uma relação proveitosa.

## Intenção

Tecnicismos à parte, após a escolha do ponto, o fator que se mostra mais consistente e decisivo nas práticas chinesas é o uso consciente da atenção mental para dirigir as forças curativas através do corpo. ***Intenção***, palavra que traduz a noção chinesa de Yi – o poder ordenador do pensamento –, é um termo com significado bem próximo ao Kiai das artes marciais japonesas: a canalização da força mental para um objetivo único, pela forte mas serena determinação de conduzir o processo à meta desejada.

Yi/Intenção elabora imagens mentais que conferem direcionalidade ao Qi como uma flecha endereçada ao alvo. Como sintetiza o aforismo chinês, "para onde vai o mental, vai o Qi" (ver "As Cavernas do Espírito", p.30).

É essa a ideia chinesa de "regular a mente": por meio de Yi, o aspecto objetivo da consciência, o pensamento – comumente chamado um "macaco bêbado" na alegoria chinesa –, se liberta das dispersões e fixações habituais e ganha foco e propósito.

Mas Intenção não significa controle ou interferência. Toda expectativa ansiosa ou determinação rígida – a "ideia fixa" – irá apenas estancar o fluxo natural do Qi, gerando mais tensão e novas obstruções. Segundo a tradição, vale repetir, ao Yi cabe tão somente conceber as rotas naturais para que o fluxo espontâneo do Qi restabeleça a justa condição de equilíbrio (aquela que se ajusta). Uma vez adotada a disposição mental condizente, ensina a sabedoria chinesa, "seja como um bambu oco" – esvazie a mente e simplesmente deixe acontecer.

## Respiração

Uma última recomendação diz respeito a "regular a respiração". Praticamente todas as culturas tradicionais, em todos os tempos e lugares, utilizam exercícios respiratórios para potencializar resultados das suas práticas de saúde. Por si só a respiração, além de revitalizar e purificar o corpo e a mente, é um processo que influencia diretamente o ritmo do funcionamento de todas as funções do organismo – das atividades fisiológicas às disposições psico-emocionais.

Existem inúmeras modalidades de exercícios respiratórios destinados às mais diversas finalidades. Mas estas, principalmente quando incluem técnicas avançadas de yoga (pranayama), requerem um trabalho preparatório sem o qual as alterações respiratórias podem causar mais danos do que benefícios.

A forma mais segura e harmonizante de exercício respiratório é também a mais simples. Comumente chamada de "respiração natural", é aquele tipo de respiração que se observa nos bebês e nas crianças pequenas: profunda, suave e contínua, envolvendo todo o corpo – e espontânea.

Na estressante vida moderna, contudo, essa espontaneidade precisa ser resgatada por meio de um treinamento consciente. Tradicionalmente empregado como pano de fundo para a otimização das práticas taoístas, um procedimento extremamente simples ajuda a desbloquear o corpo e a mente e favorece a abertura dos pontos de tratamento.

Numa posição confortável, colocar as mãos sobrepostas sobre o umbigo. Focar a atenção na respiração imaginando que, ao inspirar, o ar parta do nariz através de um tubo longo e estreito até um balão localizado atrás do umbigo. Essa inspiração profunda expande o balão e o abdômen; ao expirar, o balão se contrai e o ar é empurrado para cima e para fora por meio do tubo.

Os movimentos alternantes ascendente e descendente do diafragma massageiam os órgãos abdominais e produzem um relaxamento em todo o corpo, despertando a mente e aquietando as emoções.

Mas, uma vez mais, regular a respiração não implica submetê-la a um controle rígido. As tradições advertem que todo o processo deva ser realizado sem esforço e tão somente como um treinamento para que a respiração se conduza de forma espontânea e natural. Um aforismo chinês sintetiza a ideia: "regular a respiração significa não regular".

Tampouco, numa respiração profunda e completa é desejável inspirar e expirar ao máximo. Tal procedimento forçado só iria gerar tensão nos pulmões e nos músculos do trato respiratório, dificultando a circulação do ar e a absorção do oxigênio.

É conveniente praticar essa respiração simples e natural – de resto, benéfica em qualquer situação – por alguns minutos antes e durante todos os exercícios, para realçar a ação reguladora dos pontos.

## Precauções

Em princípio, as técnicas não-invasivas da digitopressura são seguras e não envolvem contraindicações. Mas algumas precauções e questões de ordem prática devem ser consideradas.

- Não se deve tratar pontos localizados no abdômen quando houver doenças infecciosas agudas na área, e particularmente no caso de câncer intestinal.

- Não pressionar diretamente onde houver inflamação, contusão, queimadura, varizes, tumor, ou sobre cicatrizes recentes. Nesses casos, pontos em torno da lesão, especialmente se doloridos, poderão ser pressionados gentilmente para descongestionar a área e ajudar na regeneração.

- Não pressionar nódulos linfáticos inchados ou doloridos. De qualquer forma, o toque em áreas linfáticas deverá ser sempre suave.

- Durante a gravidez, a estimulação de qualquer ponto, em particular no abdômen, deverá ser suave e cuidadosa. Principalmente os pontos IG4, BP6, R3 e B60 não podem ser pressionados ou estimulados com intensidade na gravidez, mas serão muito úteis uma vez iniciado o trabalho do parto.

- Evitar o tratamento após uma refeição pesada (exceto os pontos para dificuldades digestivas), após esforço físico extenuante, ou com o estômago vazio.

- Os tratamentos indicados para situações de emergência são procedimentos de primeiros socorros enquanto se aguarda o auxílio médico.

- Enfermidades que envolvam ameaças de vida, tais como distúrbios cardíacos graves ou processos degenerativos, requerem cuidados médicos apropriados. Com as devidas precauções, alguns pontos podem ser cuidadosamente empregados para aliviar a dor e o estresse, e mesmo como suporte complementar.

# AUTO TRATAMENTOS

# ACNE

## e outras afecções da face

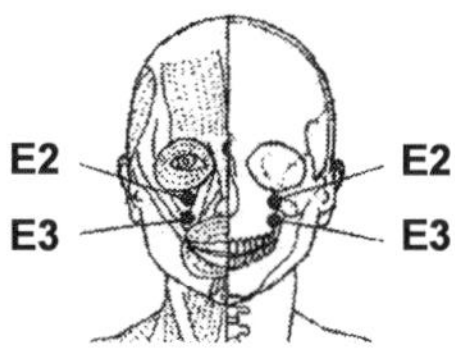


**Pontos** **E2 + E3**

**Técnica** Pressionar simultaneamente os dois pontos com a ponta dos dedos indicadores e médios.

**Também indicados**

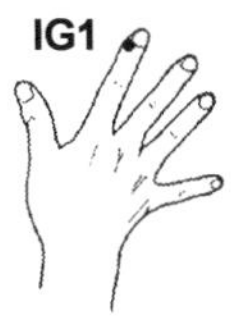


**IG1** Pressionar continuamente com a unha do polegar; repetir na outra mão.

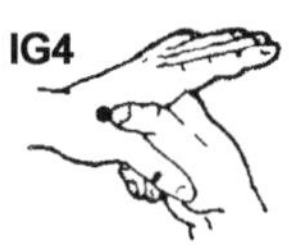


**IG4** Pressionar continuamente com a polpa do polegar; repetir na outra mão.

**B23 + B52** Esfregar simultaneamente ambos os pontos com o dorso das mãos fechadas para cima e para baixo.

**E36** Friccionar vigorosamente com os nós dos dedos das mãos fechadas.

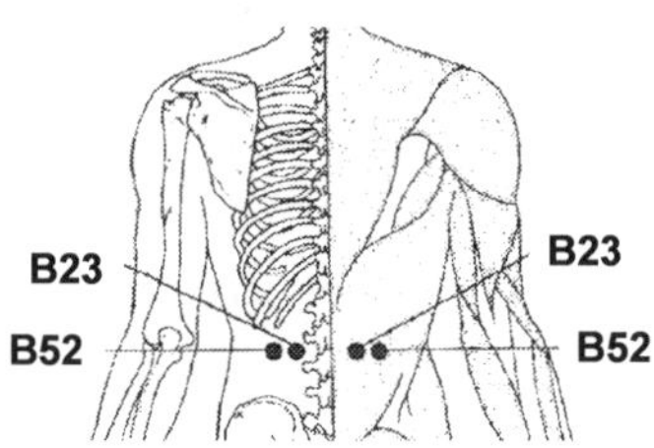


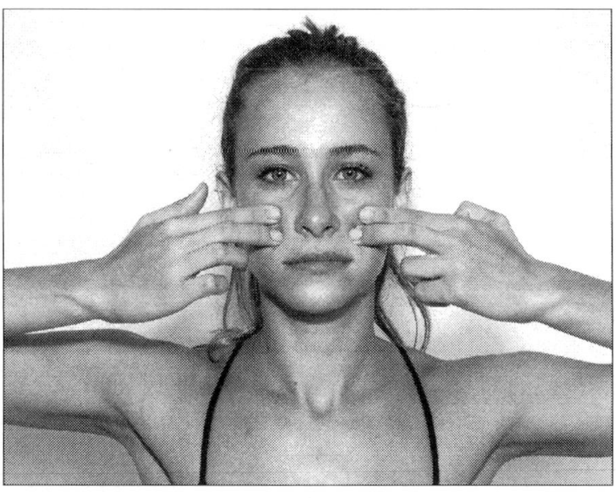

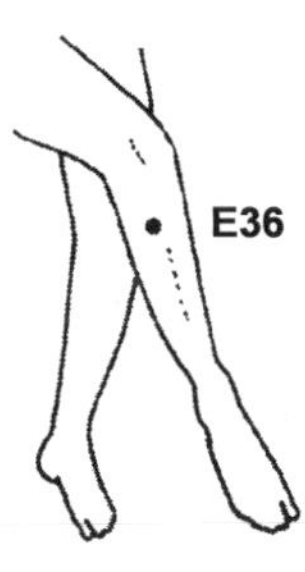

# AFECÇÕES DA PELE

## erupções e pruridos em geral

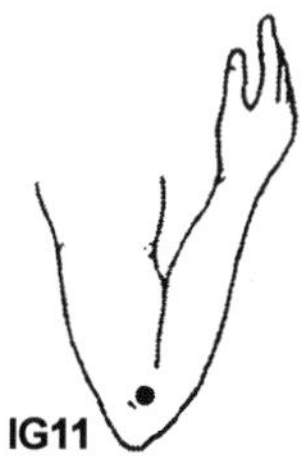


**Ponto** **IG11**

**Técnica** Pressionar continuamente com a polpa do polegar; repetir no outro braço.

**Também indicados**

**BP10** Pressionar continuamente com a polpa do polegar; repetir na outra perna.

**B23 + B52** Esfregar simultaneamente ambos os pontos com o dorso das mãos fechadas para cima e para baixo.

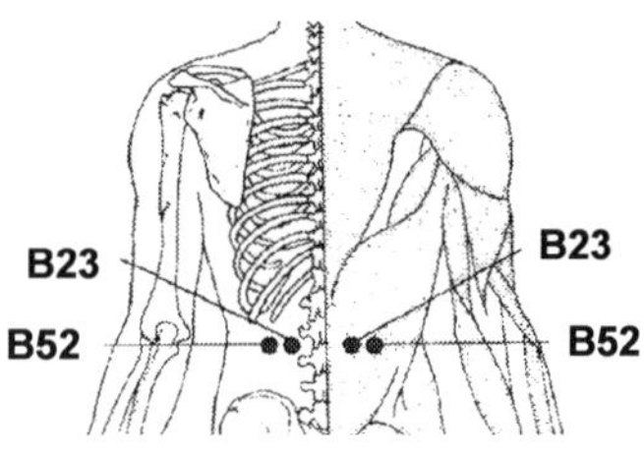


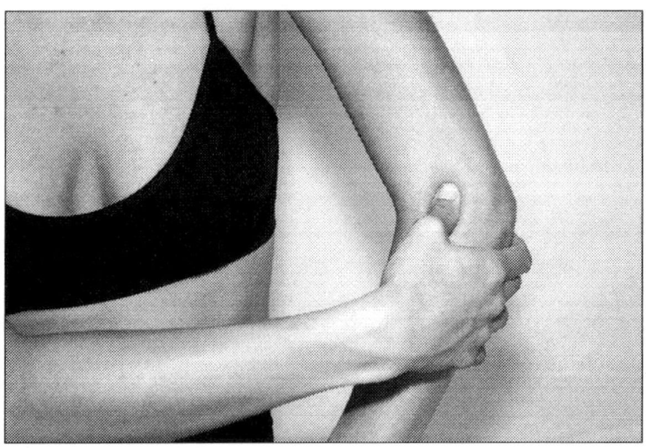

# AFTAS

## e outras ulcerações da boca

**Ponto** **VC23**

**Técnica** Pressionar continuamente com a ponta do polegar.

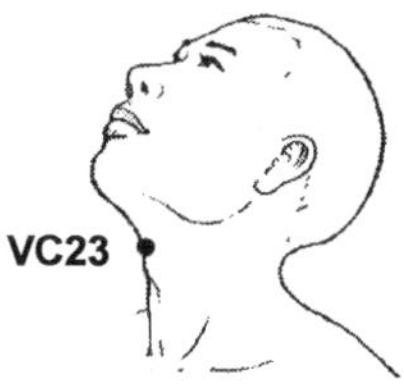


**Também indicados**

**IG4** Pressionar continuamente com a polpa do polegar; repetir na outra mão.

**IG1** Pressionar continuamente com a unha do polegar; repetir na outra mão.

**E4** Pressionar continuamente com a ponta dos dedos médios.

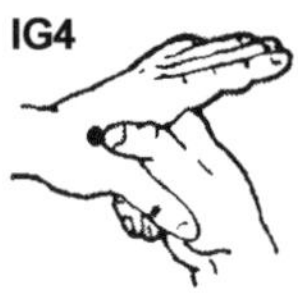


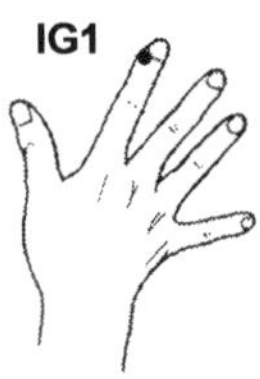


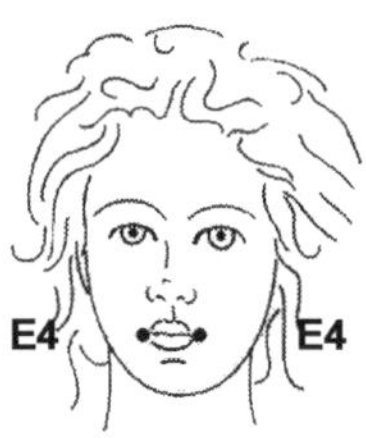


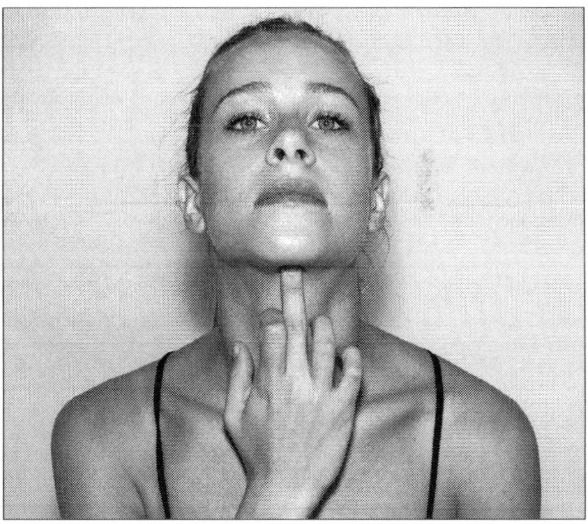

# ANGINA DE PEITO

## opressão e dor torácica irradiando pelo braço esquerdo

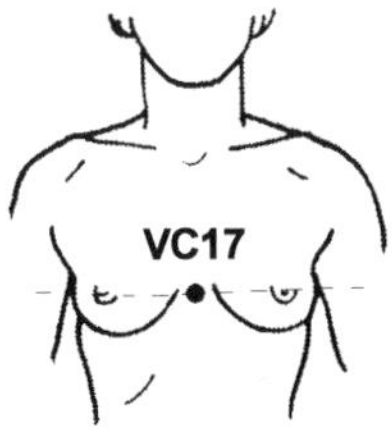


**Ponto** **VC17**

**Técnica** Pressionar continuamente com a ponta dos dedos da mão.

### Também indicados

**CS7** Pressionar continuamente com a polpa do polegar; repetir no outro pulso.

**CS3** Pressionar continuamente com a polpa do polegar; repetir no outro braço.

**CS6** Tratar como acima.

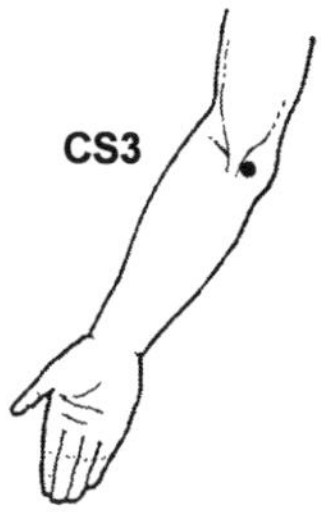

# ALERGIAS

## em geral

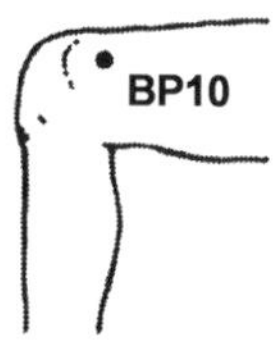


**Ponto BP10**

**Técnica** Pressionar continuamente com a polpa dos polegares nas duas pernas.

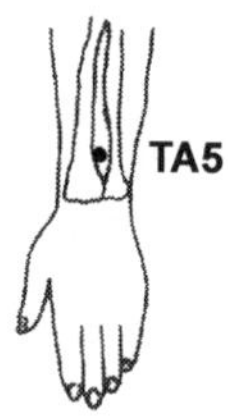


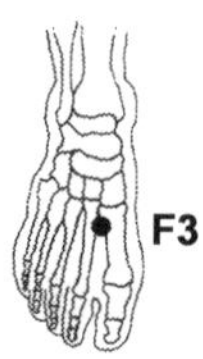

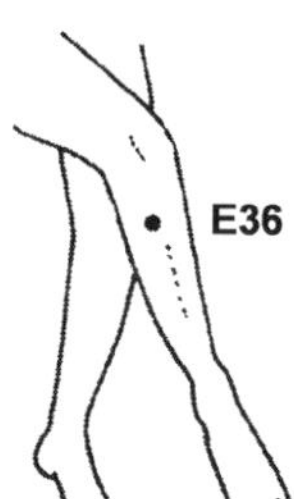


### Também indicados

**TA5** Esfregar com os nós dos dedos da mão fechada; repetir no outro braço.

**F3** Pressionar e esfregar repetidamente com a polpa dos dedos médios em ambos os pés.

**IG4** Pressionar continuamente com a polpa do polegar; repetir na outra mão.

**E36** Friccionar vigorosamente com os nós dos dedos das mãos fechadas.

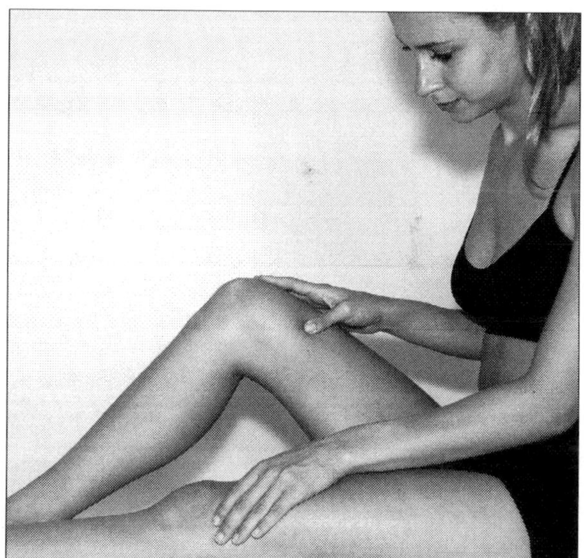

# ALERGIAS

## especialmente cutâneas

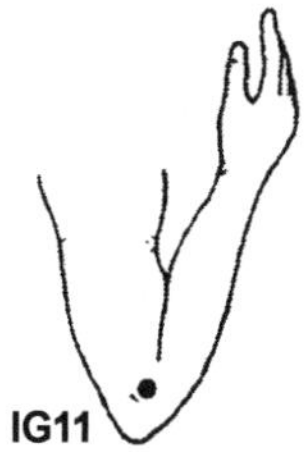


**Ponto IG11**

**Técnica** Pressionar continuamente com a ponta do polegar; repetir no outro braço.

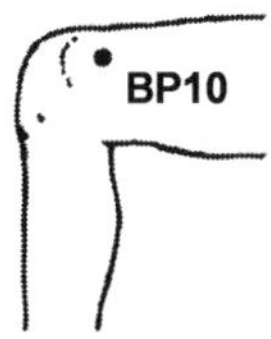


### Também indicados

**BP10** Pressionar continuamente com a ponta dos polegares nas duas pernas.

**BP6** Tratar como acima.

**IG4** Pressionar continuamente com a polpa do polegar; repetir na outra mão.

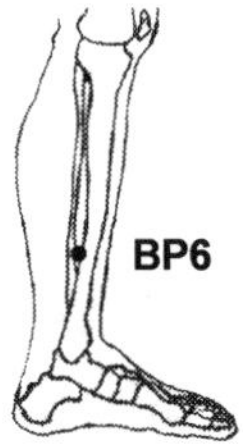


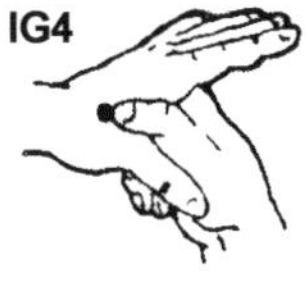


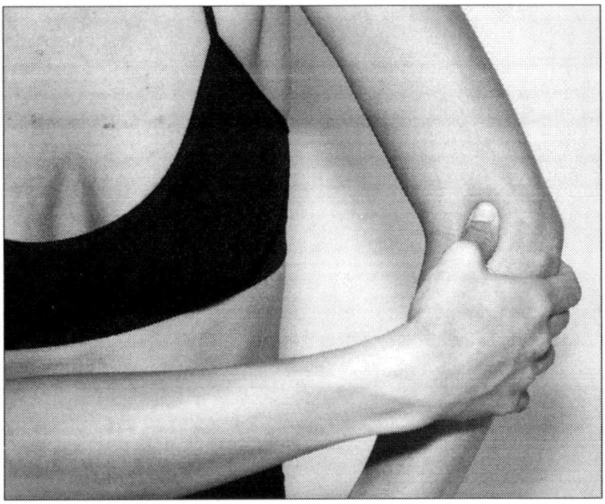

# ALERGIAS

## especialmente respiratórias

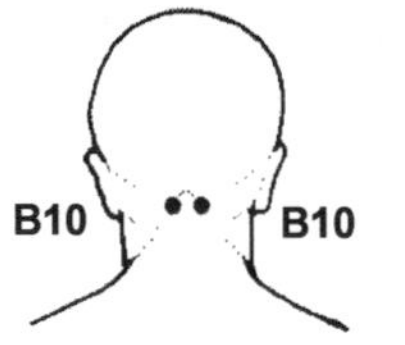


**Ponto B10**

**Técnica** Com as mãos em concha, inserir os dedos alinhados verticalmente entre as cervicais e os tendões da nuca imediatamente abaixo do occipital; pender a cabeça para trás e manter a pressão.

**Também indicados**

**IG20** Pressionar continuamente com a ponta dos dedos médios.

**IG4** Pressionar continuamente com a polpa do polegar; repetir na outra mão.

**R27** Pressionar continuamente com a ponta dos dedos médios.

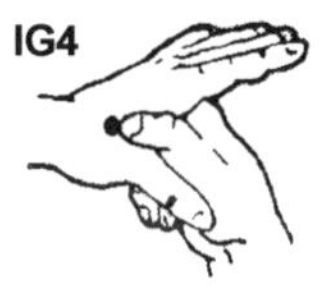


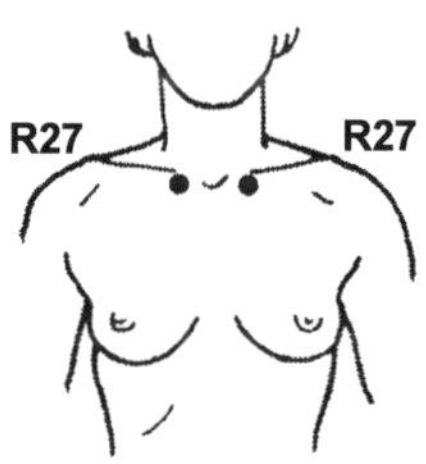


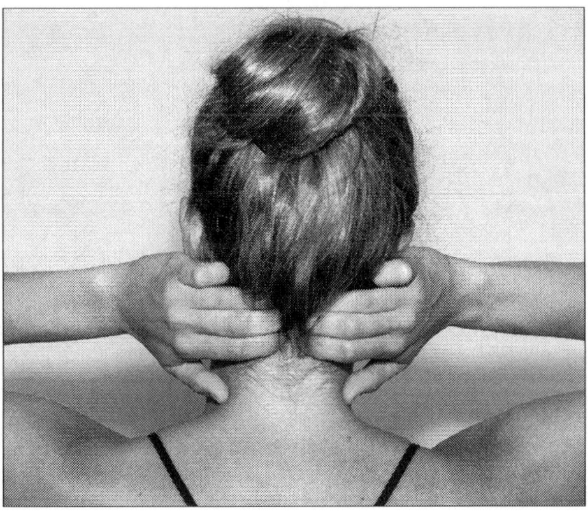

# AMIDALITE

## *e qualquer inflamação na garganta*

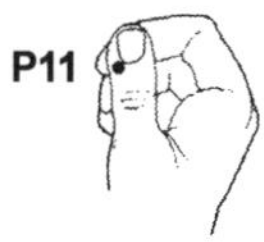


**Ponto** **P11**

**Técnica** Pressionar continuamente com a unha do polegar; repetir na outra mão.

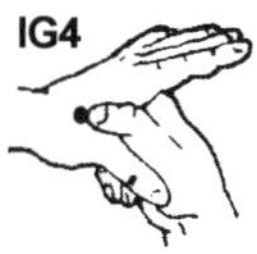


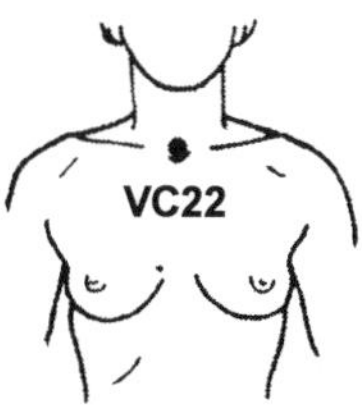


**Também indicados**

**IG4** Pressionar continuamente com a polpa do polegar; repetir na outra mão.

**VC22** Pressionar continuamente com a ponta do dedo médio.

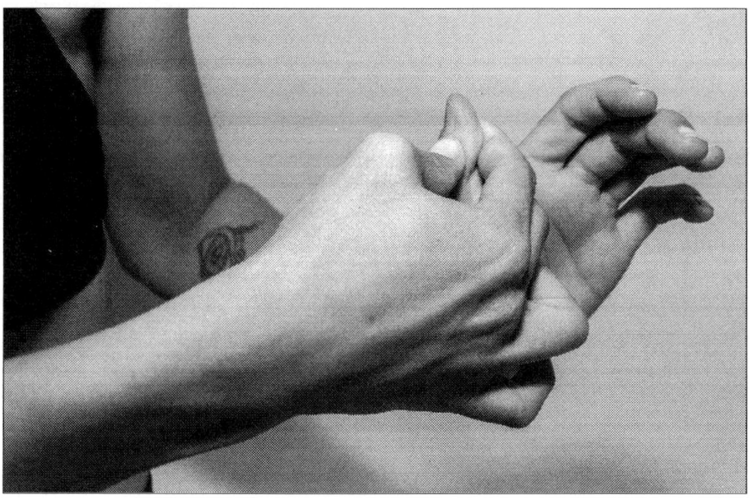

# ANSIEDADE

## com nervosismo, inquietação e/ou angústia

**Ponto** **C7**

**Técnica** Pressionar continuamente com a polpa do polegar; repetir no outro pulso.

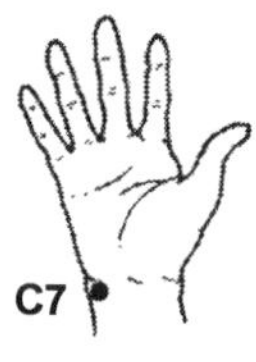


**Também indicados**

**VC17** Pressionar continuamente com a ponta dos dedos enfileirados.

**Yin Tang** Pressionar continuamente com a ponta do dedo médio.

**VC15** Pressionar continuamente com a ponta do polegar.

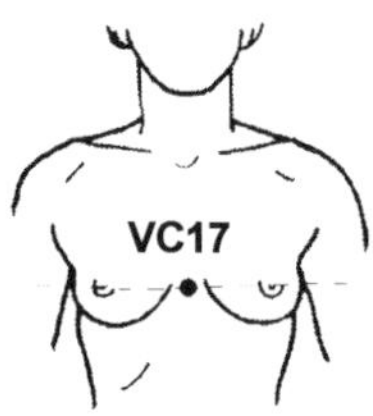

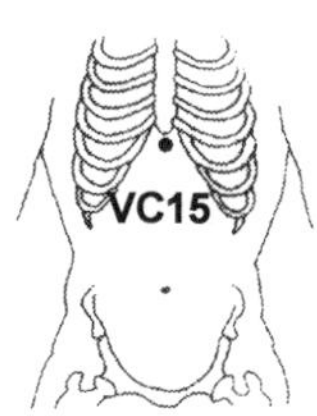


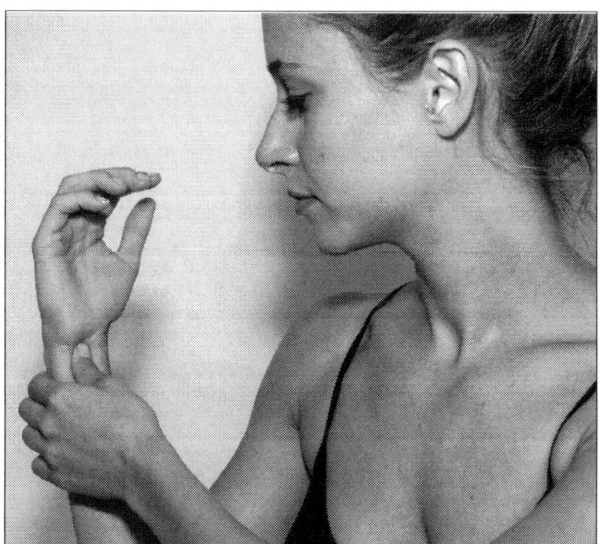

# ANSIEDADE

## com preocupações, obsessão mental ou estômago "nervoso"

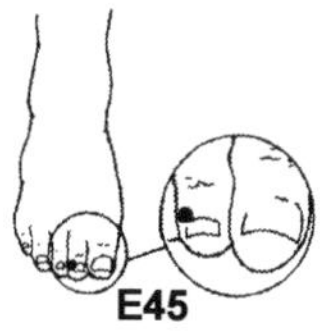


**Ponto** **E45**

**Técnica** Pressionar continuamente com a unha dos polegares.

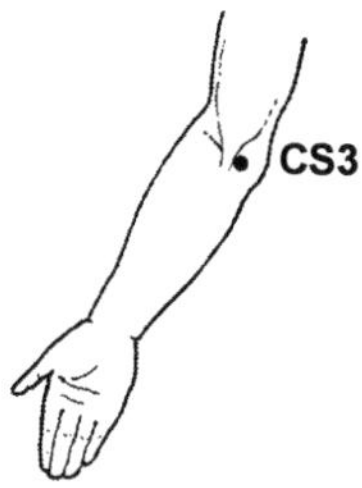


**Também indicados**

**CS3** Pressionar continuamente com a polpa do polegar; repetir no outro braço.

**BP4** Pressionar continuamente com a polpa dos polegares.

**C7** Pressionar continuamente com a polpa do polegar; repetir no outro pulso.

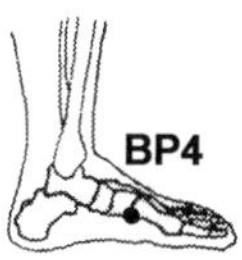


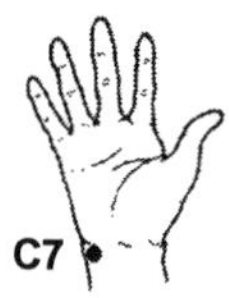


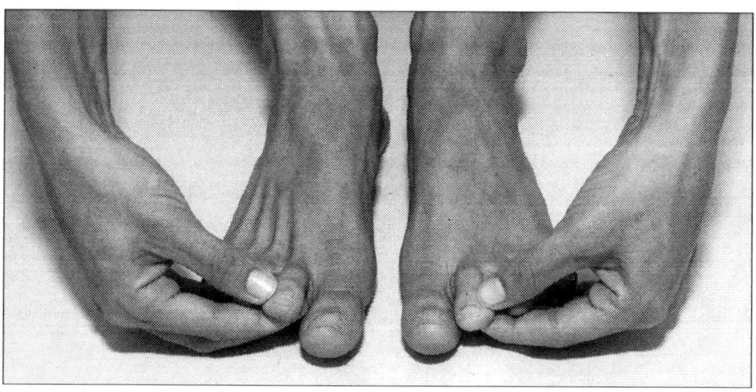

# ANSIEDADE

## com tensão muscular, irritação e opressão

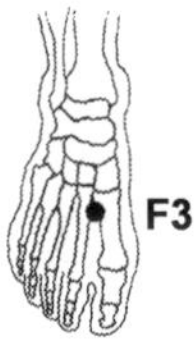


**Ponto** F3

**Técnica** Pressionar continuamente com a ponta dos dedos médios ou dos polegares.

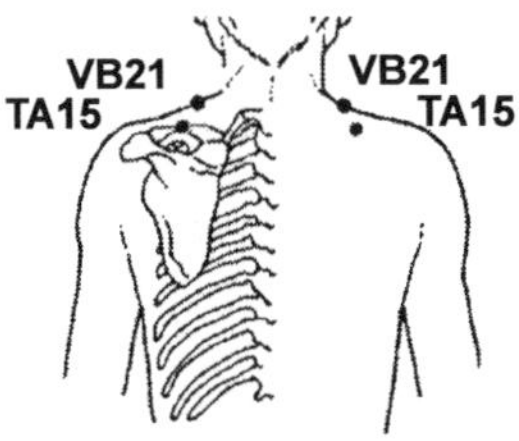


### Também indicados

**VB21** Com as mãos em garra, enganchar firmemente a ponta dos dedos no topo dos ombros; relaxar e manter a pressão com o peso dos braços.

**TA15** O mesmo procedimento acima, com a ponta dos dedos enganchados cerca de 3 cm atrás e abaixo do topo dos ombros.

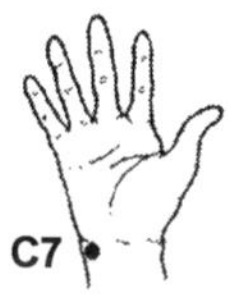


**C7** Pressão contínua com a polpa do polegar; repetir no outro pulso.

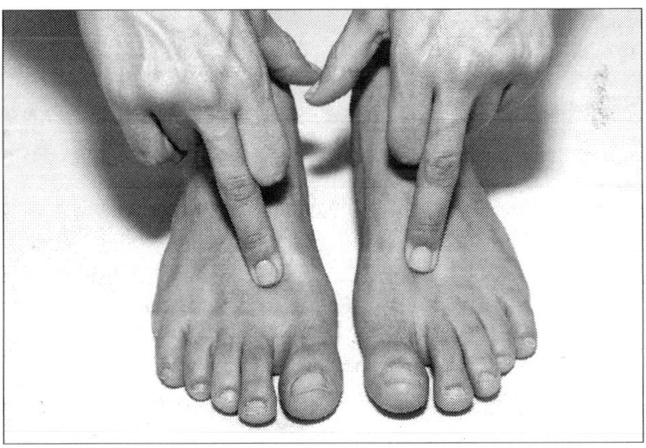

# APENDICITE AGUDA

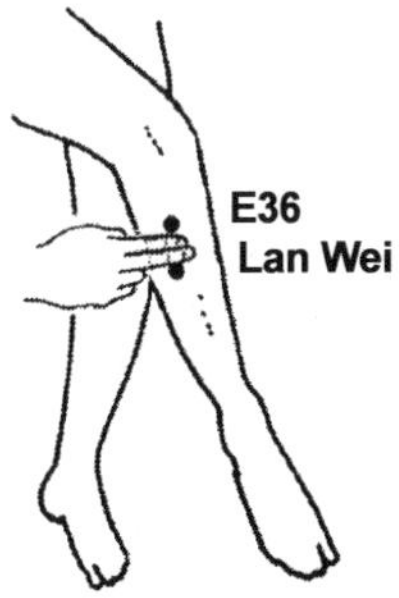


**Pontos** **Lan Wei e E36**

**Técnica** Pressionar o ponto **Lan Wei** continuamente com a polpa dos polegares; repetir o procedimento no ponto **E36**.

**Tratamento complementar**

Massagear a área de reflexo correspondente ao apêndice no pé direito, e também os músculos da nuca e das costas.

***Não massagear o abdômen***.

# APETITE

## para estimular

**Ponto** **E41**

**Técnica** Pressionar e friccionar para a frente e para trás com a ponta dos dedos médios.

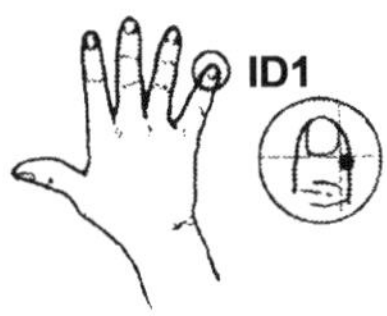


**Também indicado**

**ID1** Raspar repetidamente com a unha do polegar; repetir na outra mão.

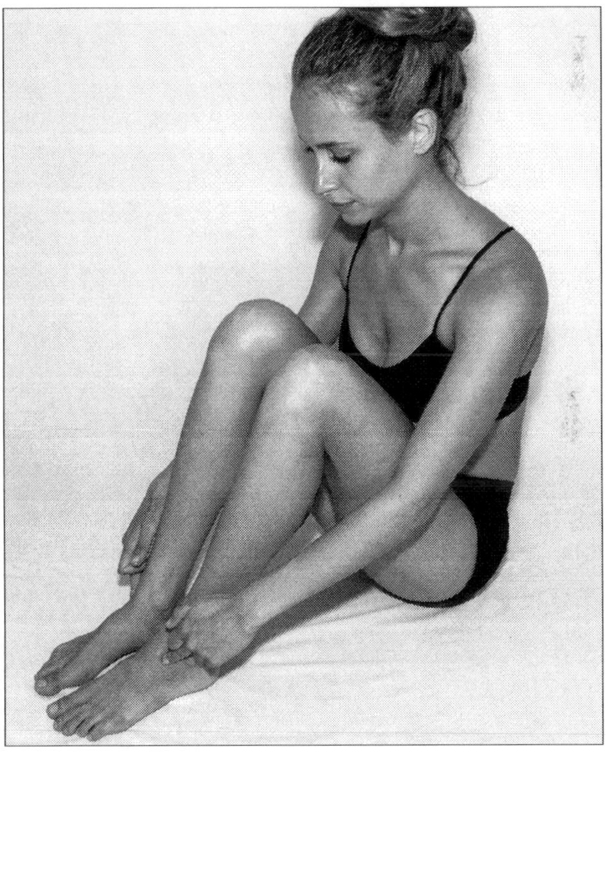

# ARRITMIA CARDÍACA

## taquicardia ou bradicardia

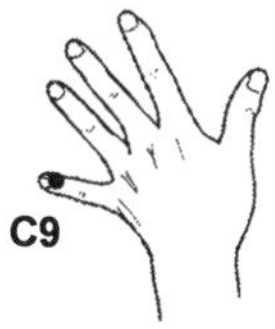


**Ponto** **C9**

**Técnica** Beliscar repetidamente os lados da base do dedo mínimo (ângulos ungueais) com o polegar e o indicador, **no ritmo cardíaco normal** até a regularização. Se necessário, repetir na outra mão.

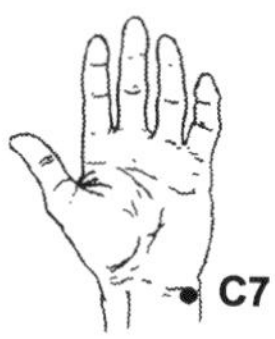


**Também indicado**

**C7** Pressionar continuamente com a ponta do polegar; repetir no outro pulso.

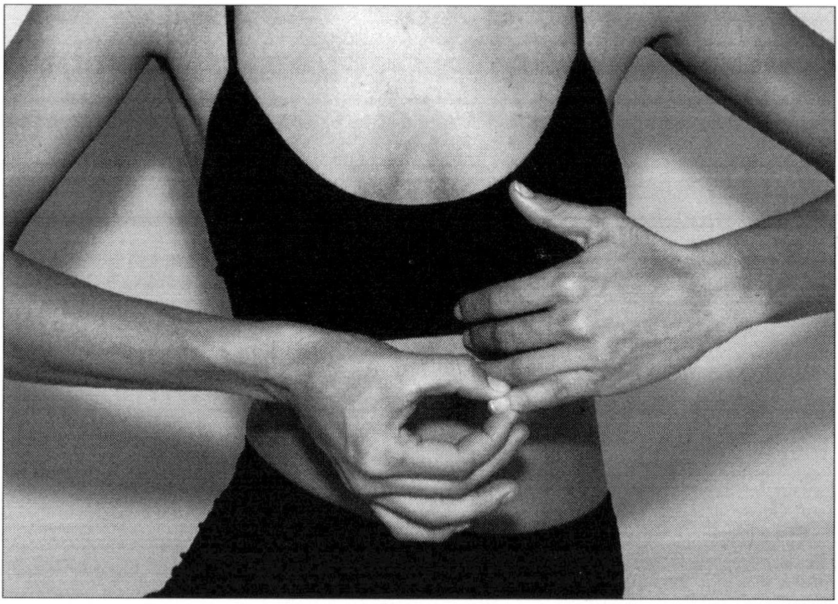

# ARTRITE

## parte superior do corpo

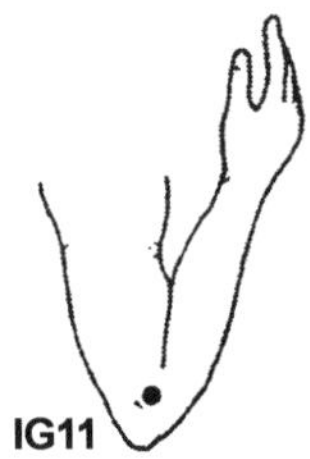


**Ponto** **IG11**

**Técnica** Pressionar continuamente com a polpa do polegar; repetir no outro braço.

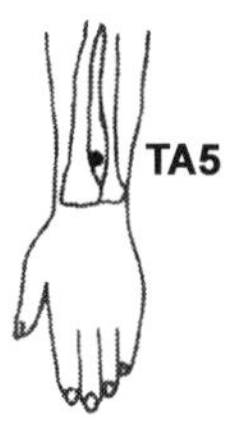


### Também indicados

**TA5** Tratar como acima.

**IG4** Tratar como acima.

**IG15** Pressão contínua com a ponta do dedo médio; repetir no outro braço.

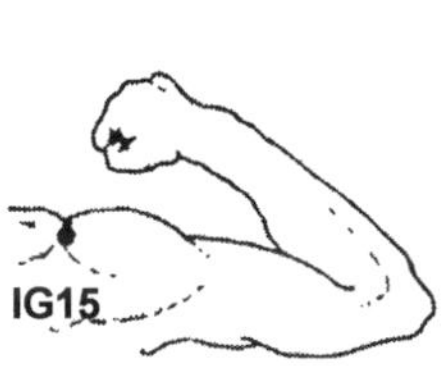


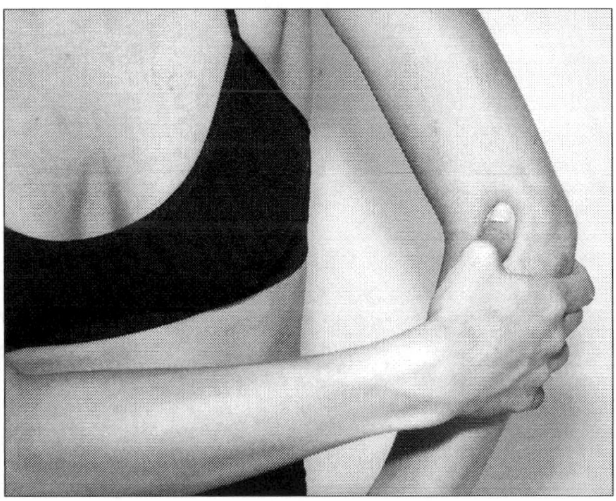

# ARTRITE

## parte inferior do corpo

**Ponto** **VB30**

**Técnica** Pressionar continuamente com a ponta dos polegares.

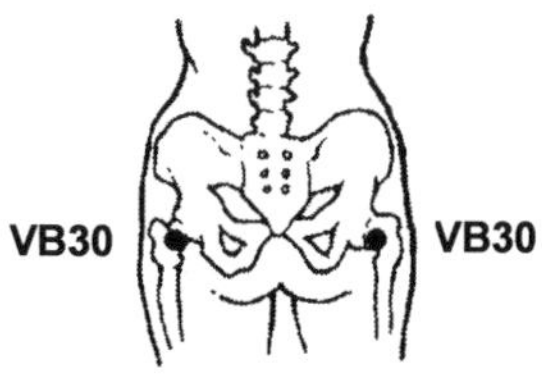


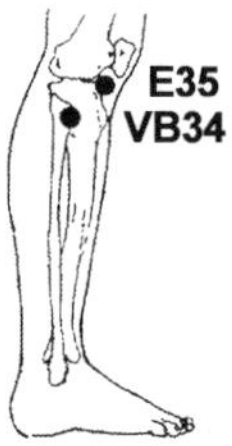


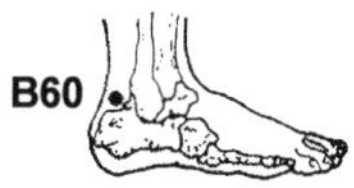


### Também indicados

**E35** Tratar como acima.

**VB34** Tratar como acima.

**B60** Tratar como acima.

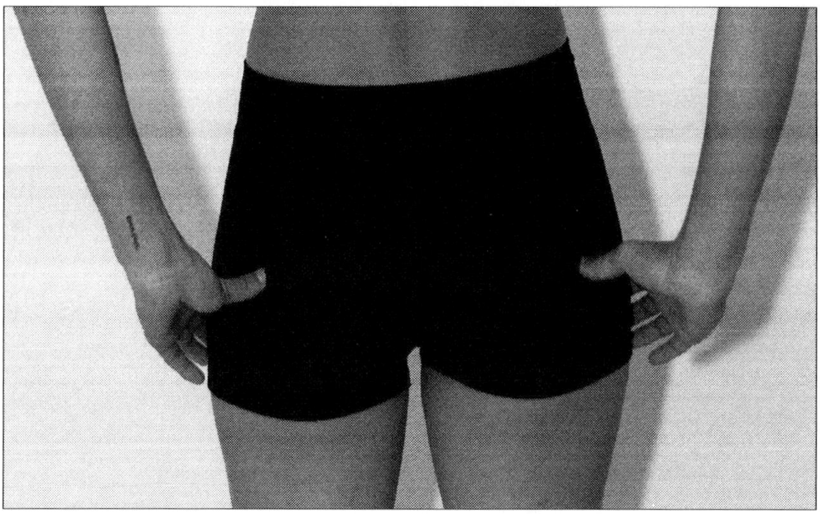

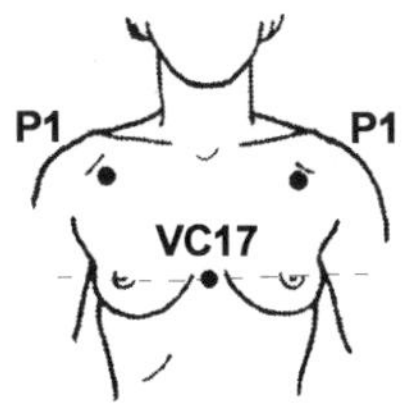


**Ponto** **VC17**

**Técnica** Pressionar continuamente com a ponta dos dedos da mão.

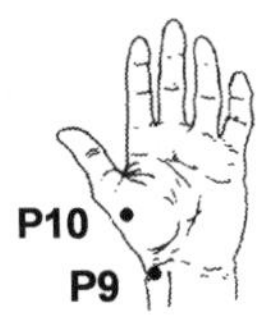


## Também indicados

**P1** Pressionar continuamente com a ponta dos polegares.

**P9** Friccionar dinamicamente com a polpa do polegar; repetir no outro pulso.

**P10** Com o polegar apoiado no dorso da mão amassar vigorosamente a área do ponto (eminência tenar) com a ponta dos outros dedos; repetir na outra mão.

# ATM

## disfunção da articulação temporo mandibular

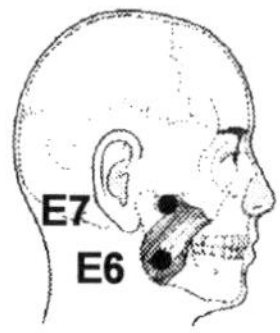


**Pontos** **E6 e E7**

**Técnica** Pressionar contuamente o ponto **E6** com a polpa dos polegares. Repetir o procedimento no ponto **E7**.

### Também indicados

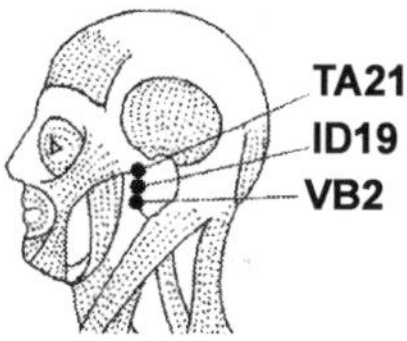


**TA21 + ID19 + VB2** Pressionar simultaneamente com a ponta dos três dedos anulares, médios e indicadores.

**IG4** Pressionar continuamente com a ponta do polegar; repetir na outra mão.

**VB20** Pressionar continuamente com a polpa dos polegares.

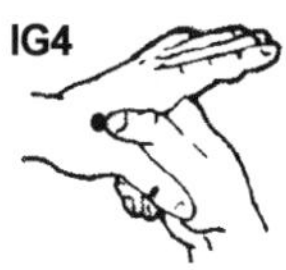


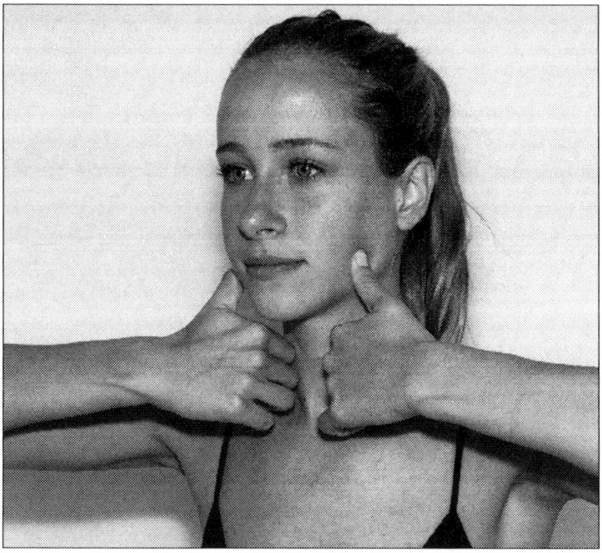

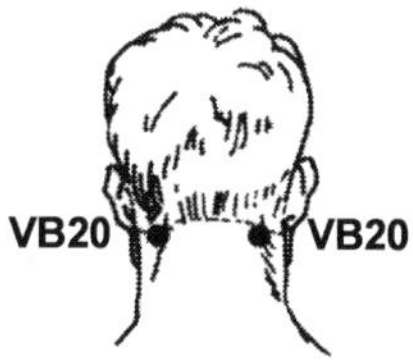

# AZIA

## *acidez estomacal*

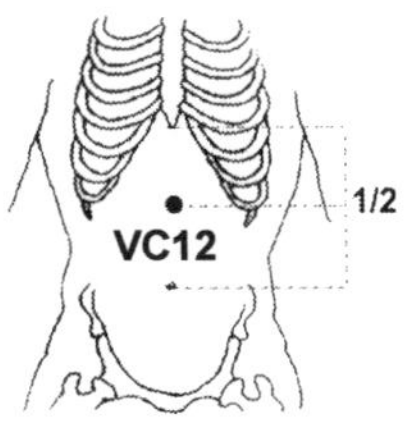


**Ponto** **VC12**

**Técnica** Pressionar continuamente com a polpa do polegar.

**Também indicado**

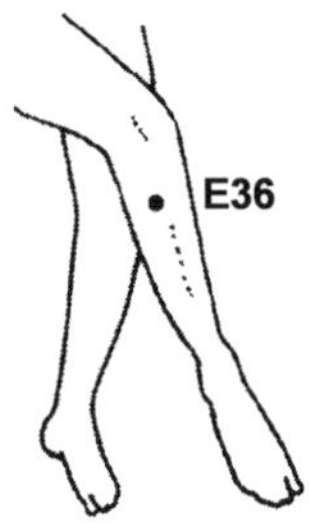


**E36** Friccionar vigorosamente com os nós dos dedos das mãos fechadas.

**Tratamento complementar**

1. Com os lábios cerrados deslizar vigorosamente a língua para a frente e para trás no céu da boca, engolindo a saliva produzida.
2. Amassar uma ameixa japonesa salgada (umeboshi) em uma xícara de água quente e bebê-la vagarosamente ou simplesmente colocar a ameixa no canto da boca e deixá-la dissolver deglutindo lentamente.

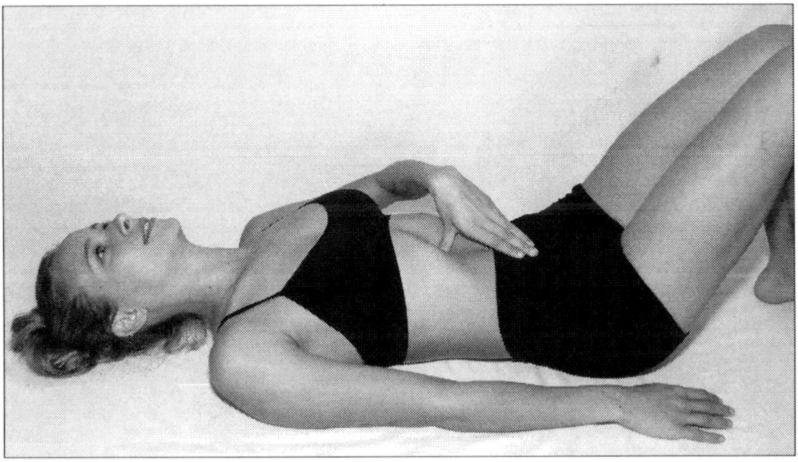

# BOCEJOS

**Ponto** **P7**

**Técnica** Pressionar continuamente com a polpa do polegar; repetir no outro braço.

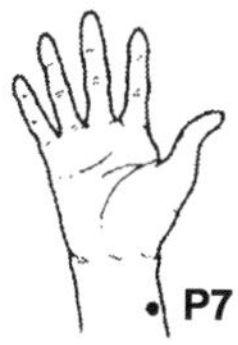

# BRONQUITE

## com secreção respiratória

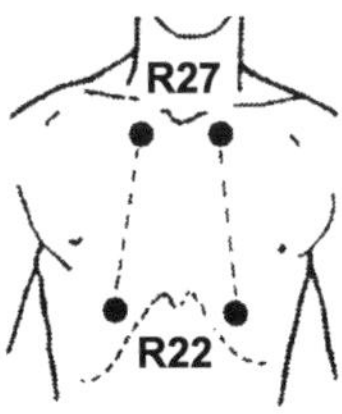


**Pontos** **R22 a R27**

**Técnica** Com a mão em concha percutir suave e seguidamente as laterais do osso externo com o polegar e o indicador para cima e para baixo.

### Também indicados

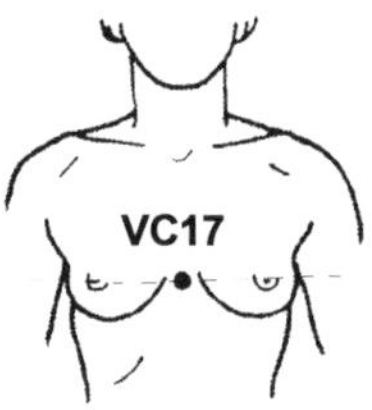


**VC17** Pressionar continuamente com a polpa do polegar.

**P5** Pressionar continuamente com a polpa do polegar; repetir no outro braço.

**CS3** Tratar como acima.

**P7** Tratar como acima.

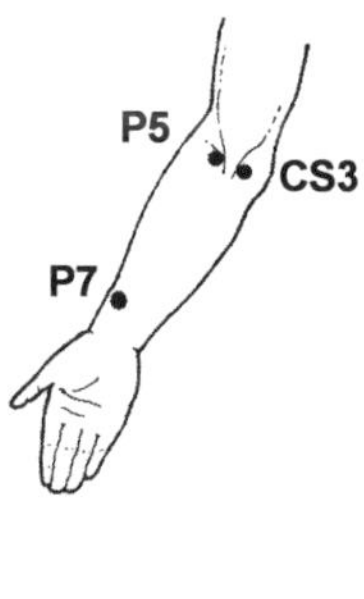


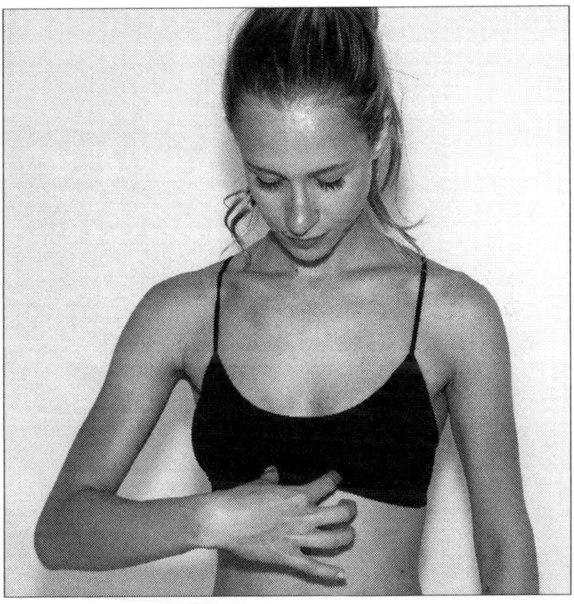

# BURSITE

## para alívio da dor e das inflamações

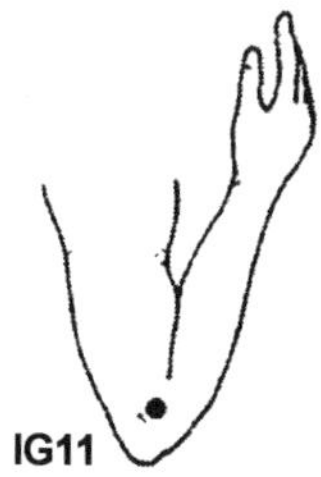


**Ponto** **IG11**

**Técnica** Pressionar continuamente com a polpa do polegar; repetir no outro braço.

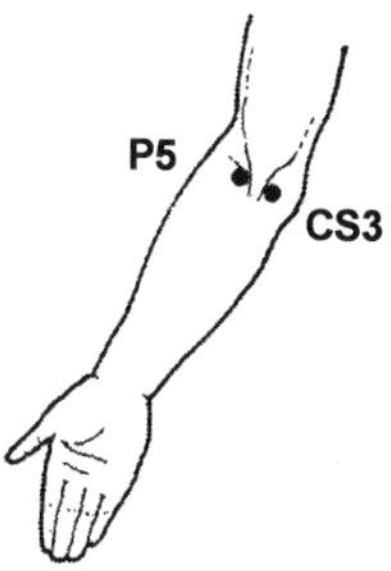


**Também indicados**

**P5** Tratar como acima.

**CS3** Tratar como acima.

**IG15** Pressionar continuamente com a ponta do dedo médio; repetir no outro ombro.

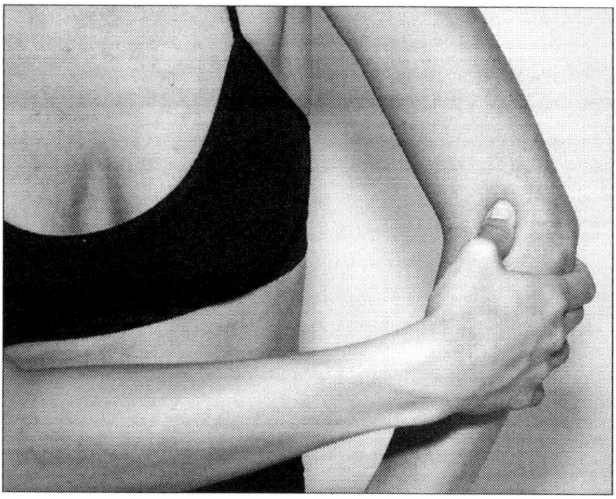

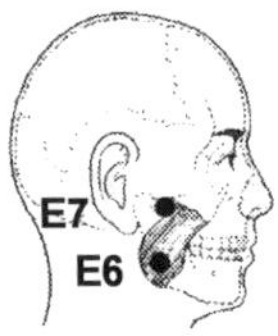


**Pontos** **E7 e E6**

**Técnica** Pressionar continuamente o ponto **E7** nos dois lados da face com a polpa dos polegares. Em seguida repetir o procedimento no ponto **E6**.

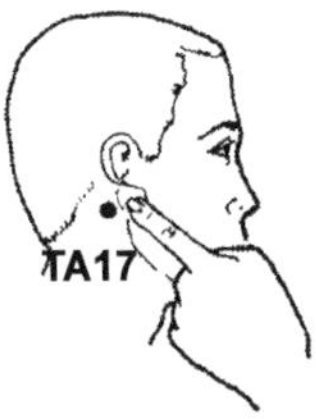


## Também indicado

**TA17** Pressionar continuamente o ponto atrás das orelhas com a ponta dos dedos médios.

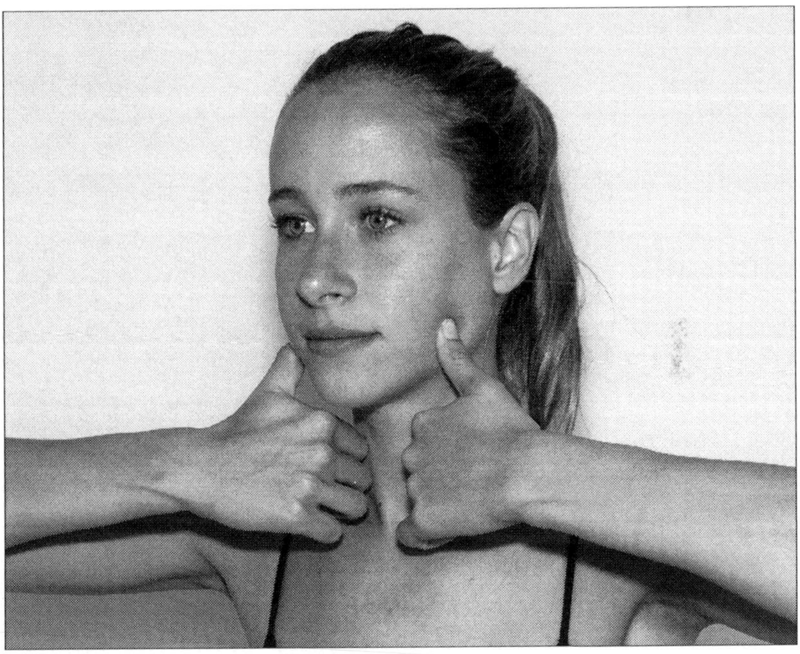

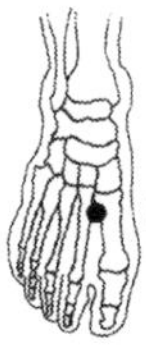


**Ponto** **F3**

**Técnica** Pressionar continuamente com a ponta dos polegares.

### Também indicados

**B57** Tratar como acima.

**VB34** Tratar como acima.

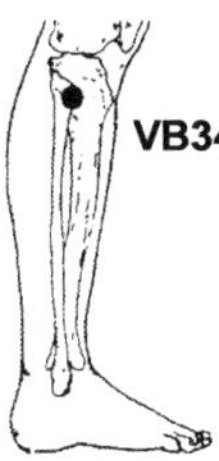


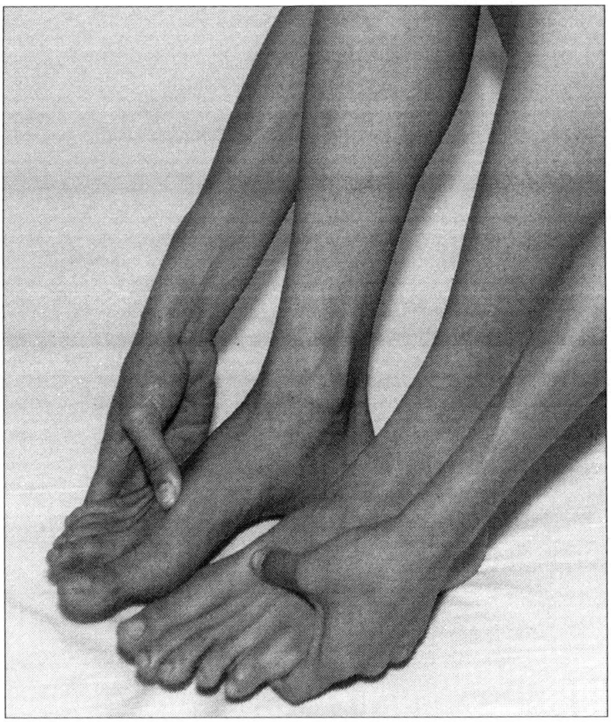

# CIÁTICA

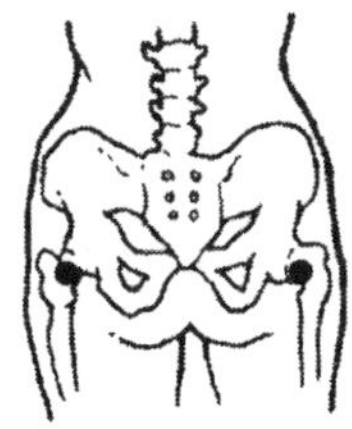


**Ponto** **VB30**

**Técnica** Pressionar continuamente com a ponta dos polegares.

## Também indicados

**B40** Tratar como acima.

**B60** Tratar como acima.

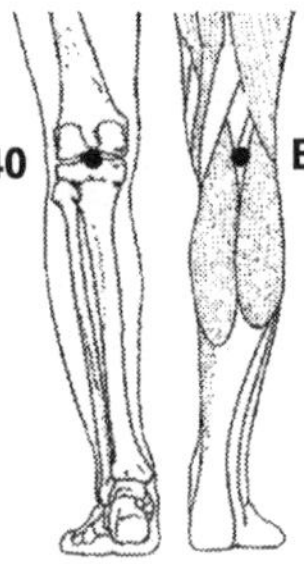


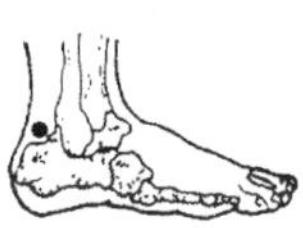


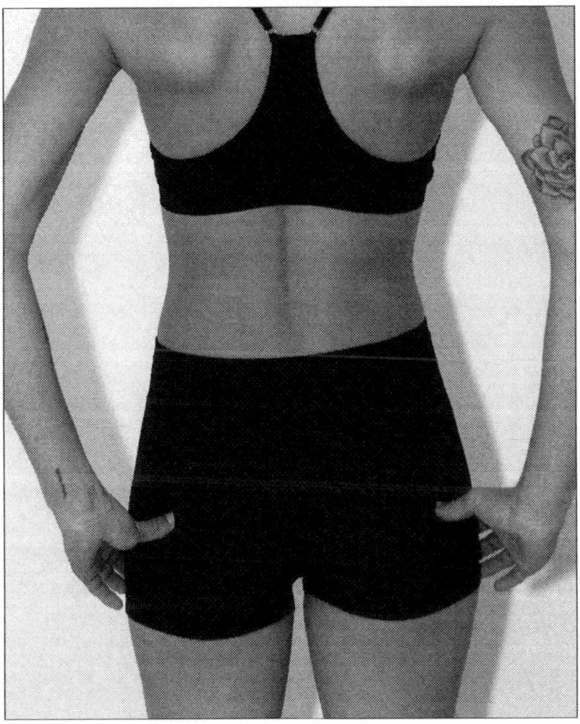

# CIRCULAÇÃO DEFICIENTE

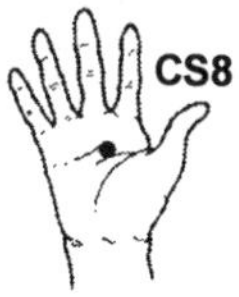


**Ponto** **CS8**

**Técnica** Pressionar repetidamente com a ponta dos dedos médios, abrindo e fechando as mãos vigorosamente.

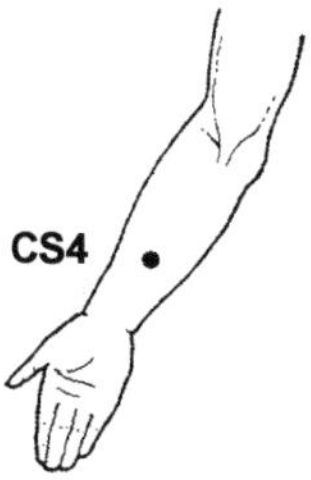


**Também indicado**

**CS4** Pressionar profundamente com a ponta do polegar exercendo rotações no sentido horário (sem deslizá-lo sobre a pele); repetir no outro braço.

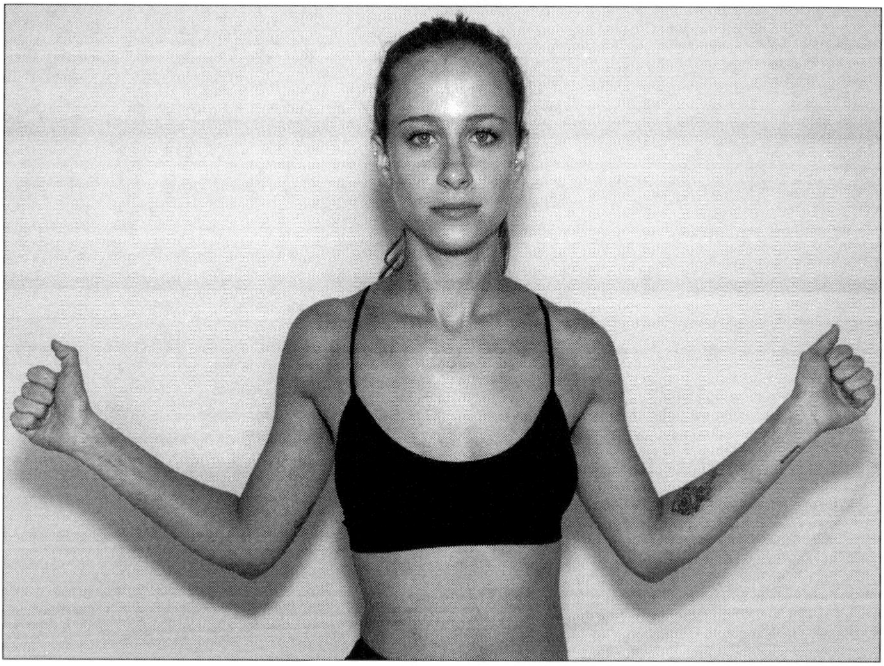

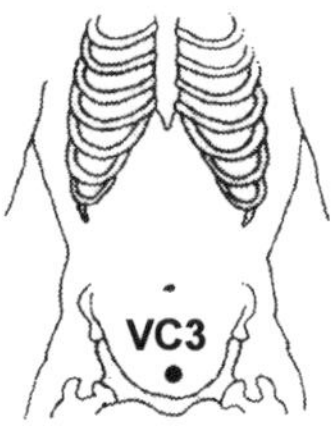


**Ponto** **VC3**

**Técnica** Pressionar continuamente com a polpa do polegar.

**Também indicado**

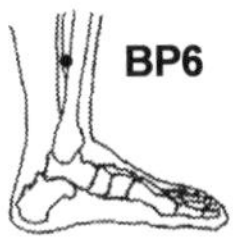


**BP6** Pressionar continuamente com a polpa dos polegares.

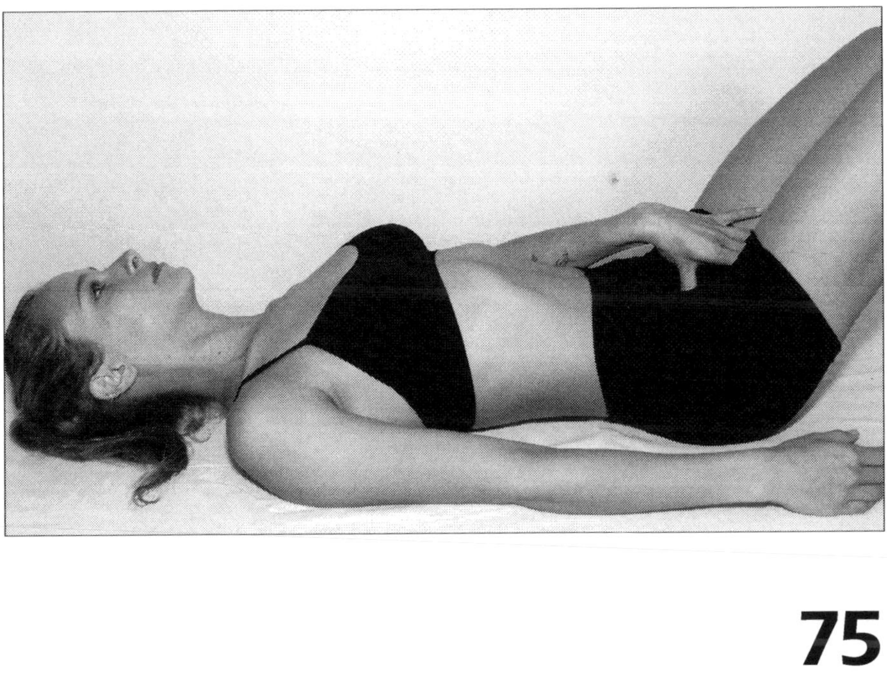

# CLAUSTROFOBIA

## pânico de lugares fechados

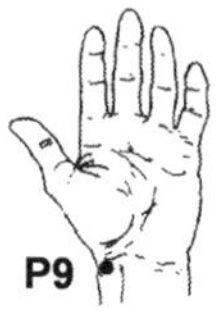


**Ponto** **P9**

**Técnica** Pressionar continuamente com a polpa do polegar exercendo rotações no sentido horário sem deslizar sobre a pele; repetir na outra mão.

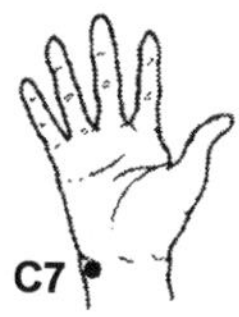


**Também indicado**

Pressionar continuamente com a polpa do polegar; repetir na outra mão.

# COLAPSO

## prostração intensa e repentina

**Ponto** **P9**

**Técnica** Esfregar com a polpa do polegar; repetir na outra mão.

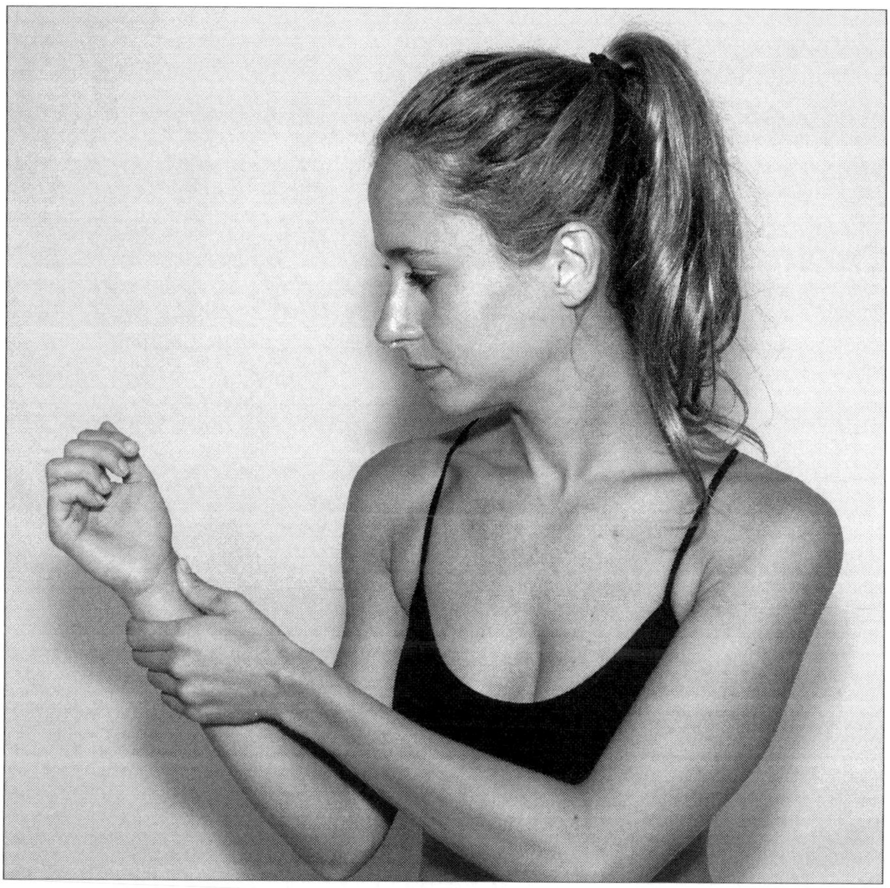

# CÓLICAS E ESPASMOS

## em geral

**Ponto** F3

**Técnica** Pressionar continuamente com a ponta dos polegares.

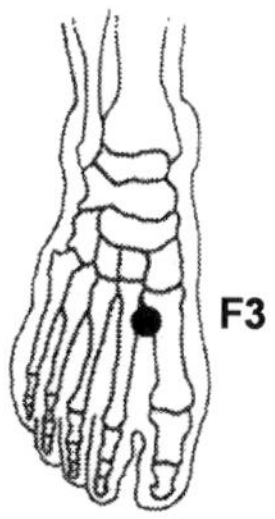


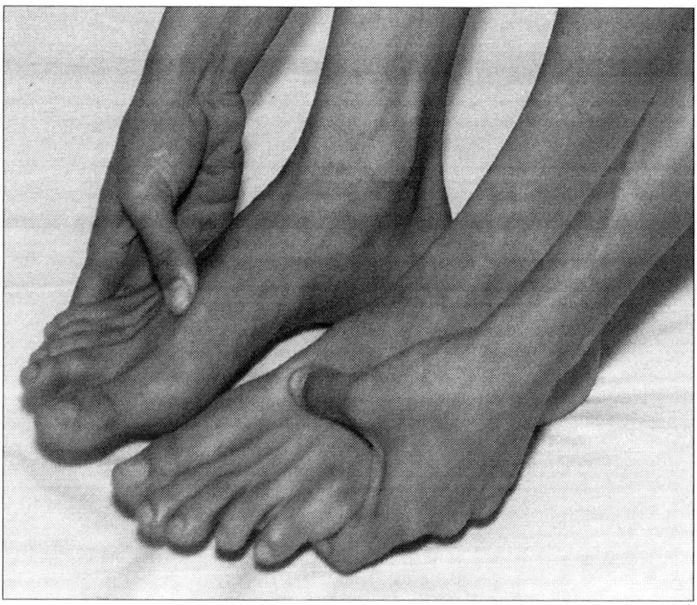

# CÓLICAS E ESPASMOS

## intestinais

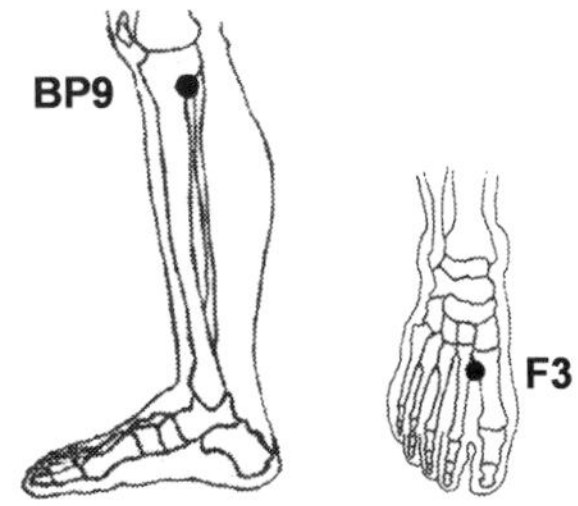


**Pontos** **BP9 e F3**

**Técnica** Pressionar o ponto **BP9** com a ponta dos polegares; repetir o procedimento no ponto **F3**.

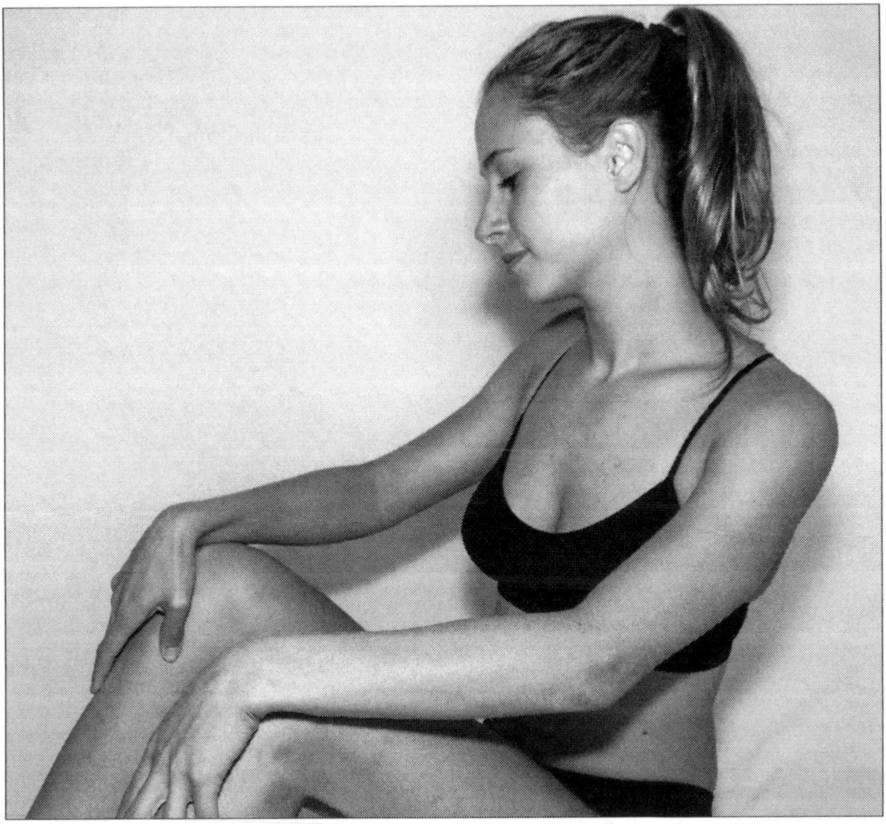

# CÓLICAS E ESPASMOS

## menstruais

**Ponto** **BP6**

**Técnica** Pressionar continuamente com a polpa dos polegares.

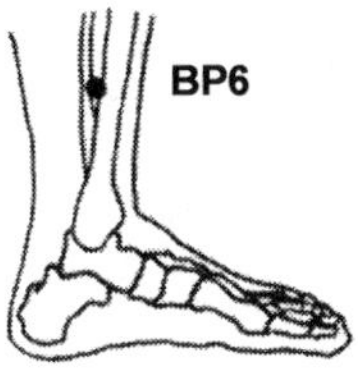


**Também indicado**

**F3** Tratar como acima.

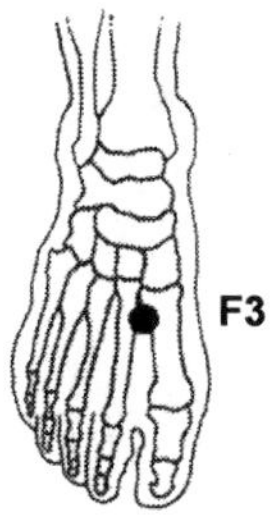


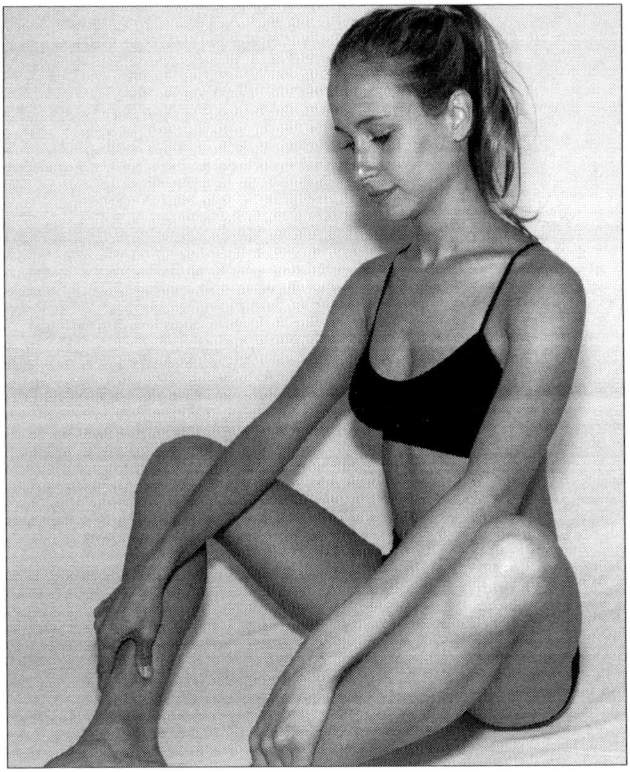

# CÓLICAS E ESPASMOS

## biliares

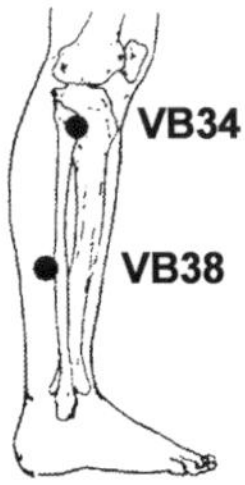


**Ponto** **VB38**

**Técnica** Pressionar continuamente com a polpa dos polegares.

**Também indicados**

**VB34** Tratar como acima.

**F3** Tratar como acima.

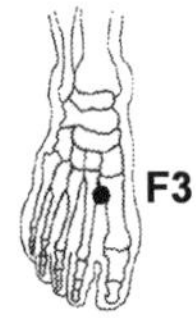

# CÓLICAS E ESPASMOS

## renais

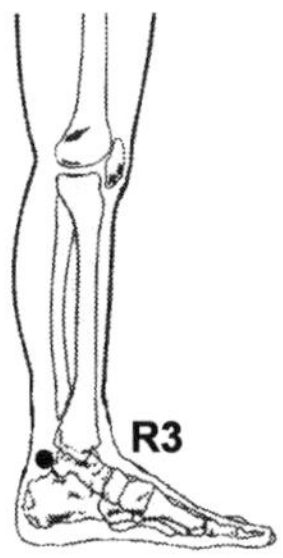


**Ponto** **R3**

**Técnica** Pressionar continuamente com a polpa dos polegares.

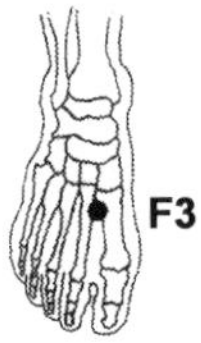


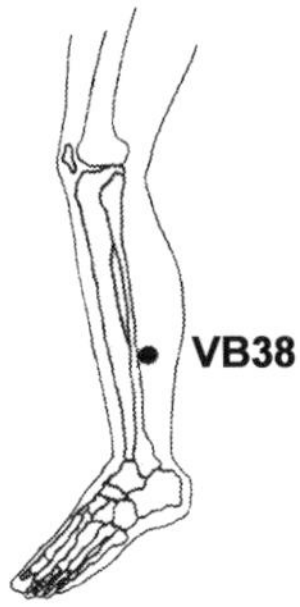


**Também indicados**

**F3** Tratar como acima.

**VB38** Tratar como acima.

# COLITE AGUDA

**Pontos** **BP9 e F3**

**Técnica** Pressionar continuamente o ponto **BP9** com a ponta dos polegares; em seguida, pressionar continuamente o ponto **F3** com a polpa dos polegares.

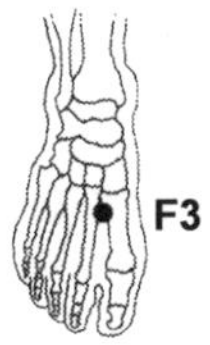


**Também indicado**

**E36** Friccionar vigorosamente com os nós dos dedos das mãos fechadas.

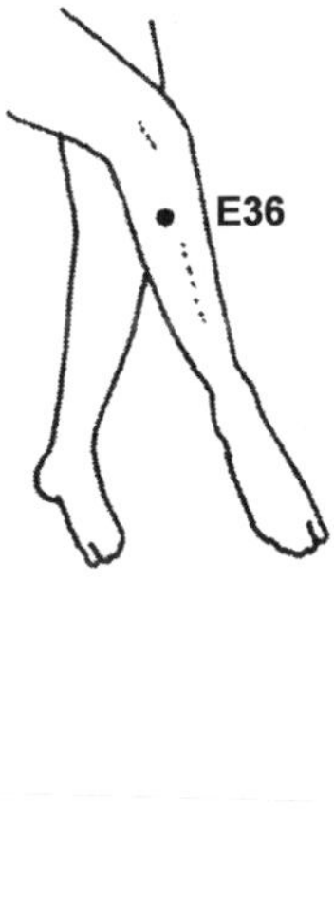


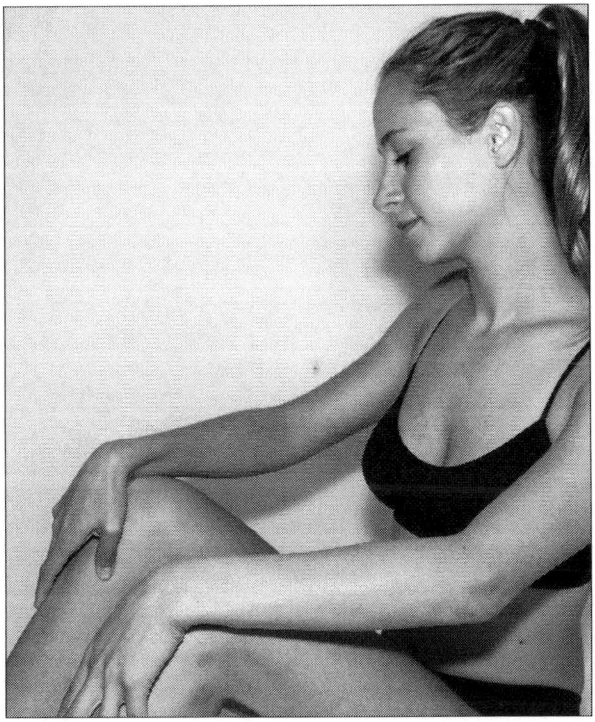

# COMPULSÃO

## por alimentos ou drogas

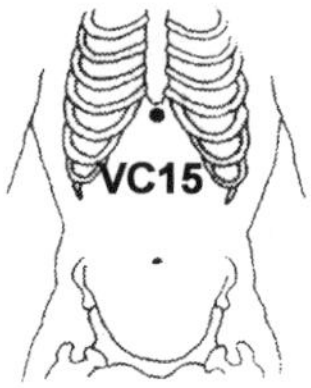


**Ponto** **VC15**

**Técnica** Pressionar continuamente com a ponta do polegar.

**Também indicados**

**VG20** Pressionar continuamente com os quatro dedos da mão.

**E36** Pressionar continuamente com a polpa dos polegares exercendo rotações no sentido horário sem deslizar sobre a pele.

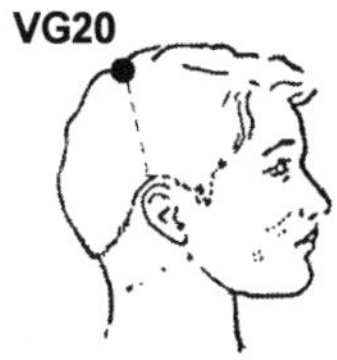


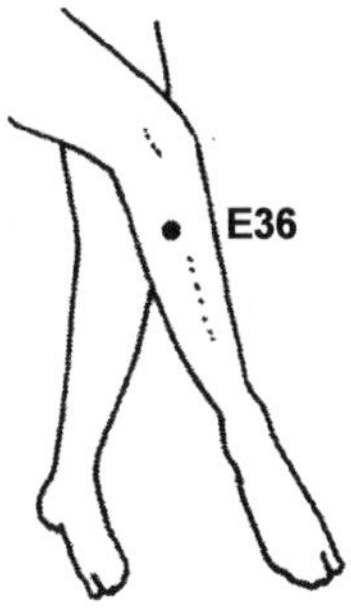


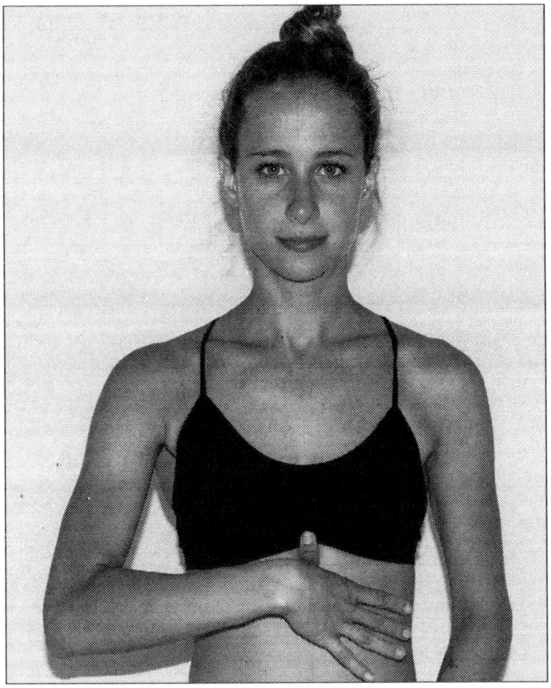

# CONGESTÃO NASAL

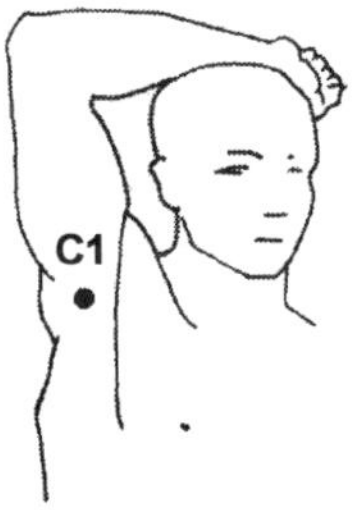


**Ponto** **C1**

**Técnica** Colocar a mão fechada na axila **oposta** à narina obstruída, comprimir fortemente o braço contra o tórax e manter a pressão enquanto necessário.

**Também indicados**

**IG20** Pressionar continuamente com a ponta dos dedos médios.

**VB20** Pressionar continuamente com a polpa dos polegares pendendo a cabeça para trás.

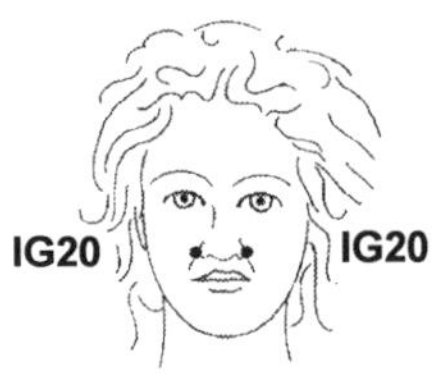


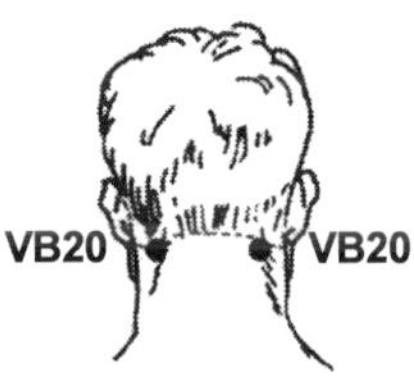


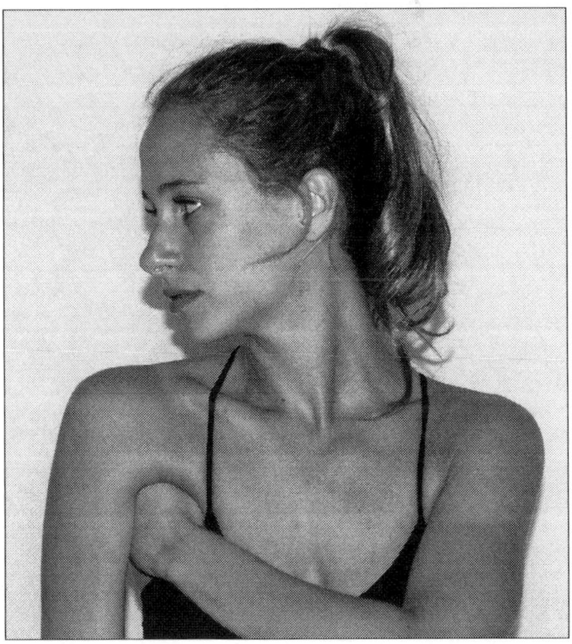

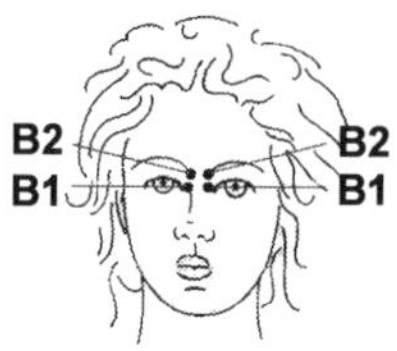


**Pontos** **B2 + B1 + Tai Yang**

**Técnica** Pressionar continuamente ao mesmo tempo os pontos **B2** e **B1** com a ponta do dedo médio e, simultaneamente, o ponto **Tai Yang** com a ponta do indicador - no lado afetado.

### Também indicados

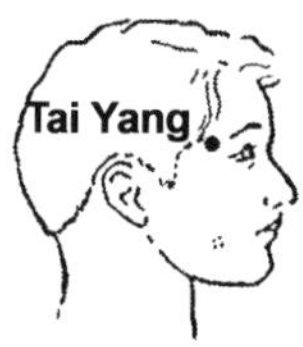


**Yin Tang** Pressionar continuamente com a polpa do polegar.

**IG4** Pressionar continuamente com a polpa do polegar; repetir no outro lado.

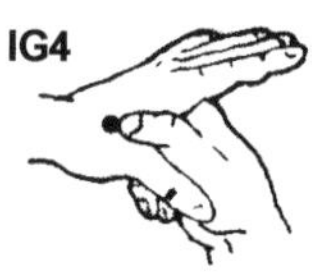

# CONTUSÃO NOS TESTÍCULOS

## para aliviar a dor

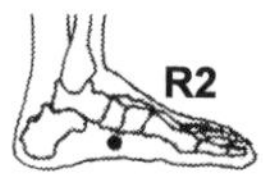


**Ponto** **R2**

**Técnica** Pressão contínua com a polpa do polegar; repetir no outro lado.

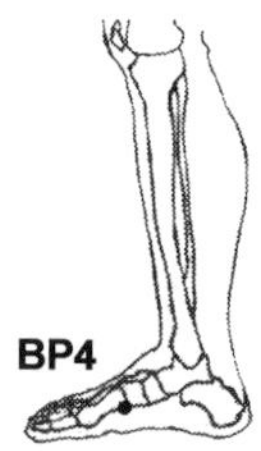


**Também indicado**

**BP4** Tratar como acima.

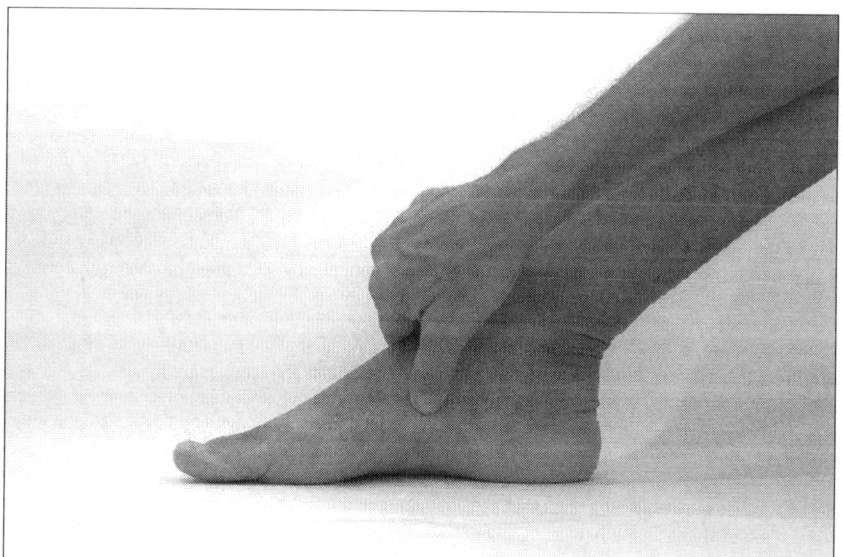

# CONTUSÃO NA CABEÇA

## para alívio da dor e restabelecimento

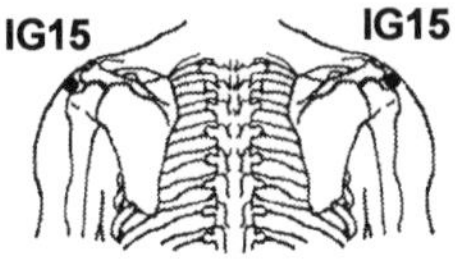


**Ponto** **IG15**

**Técnica** Bater repetidamente com a face palmar dos dedos na ponta dos ombros.

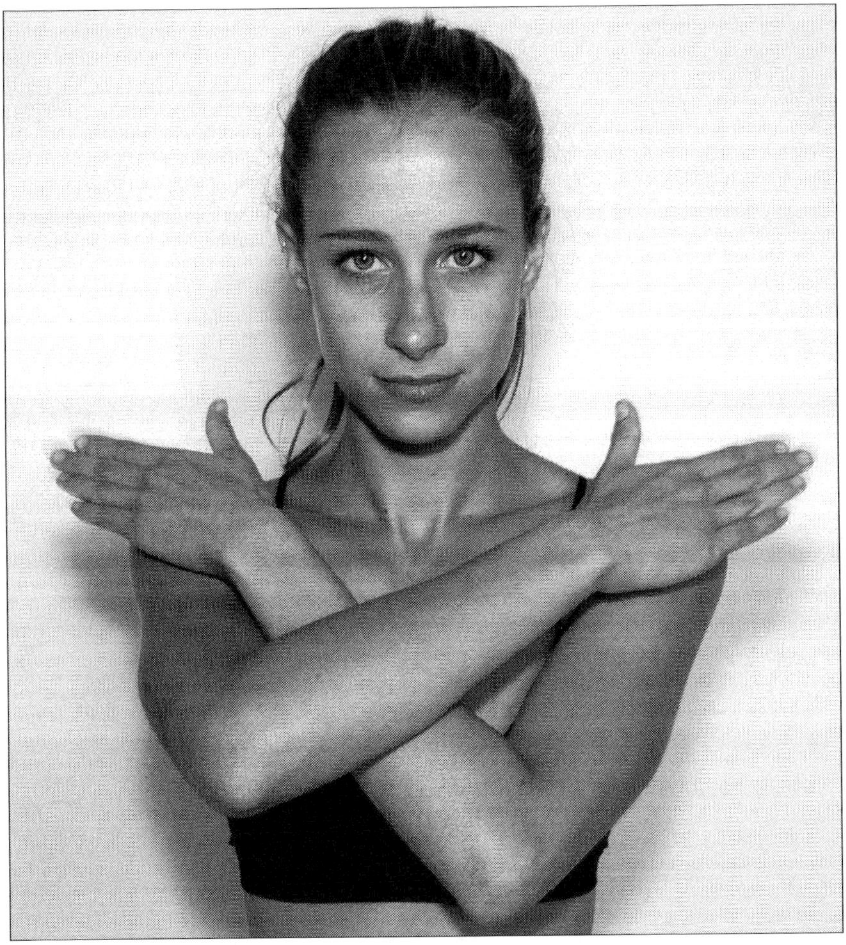

# CORAGEM

## para enfrentar adversidades

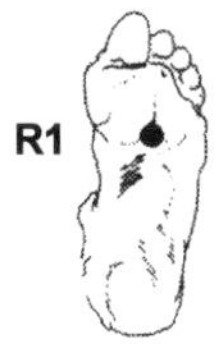


**Ponto** **R1**

**Técnica** Friccionar com a ponta do dedo médio; repetir no outro pé.

**Também indicados**

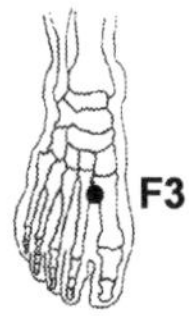


**F3** Esfregar vigorosamente com o calcanhar; repetir no outro pé.

**E36** Friccionar vigorosamente com os nós dos dedos das mãos fechadas.

**B23 e B52** Esfregar vigorosamente a área lombar para cima e para baixo com o dorso das mãos fechadas.

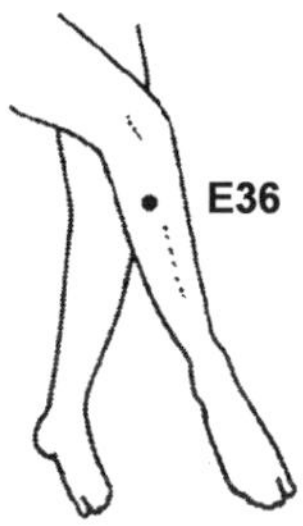


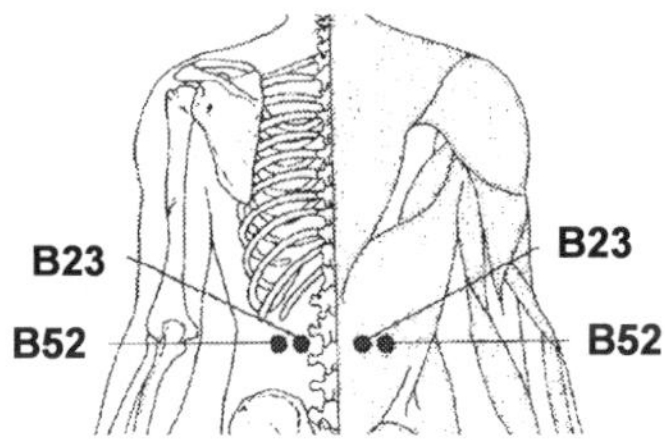


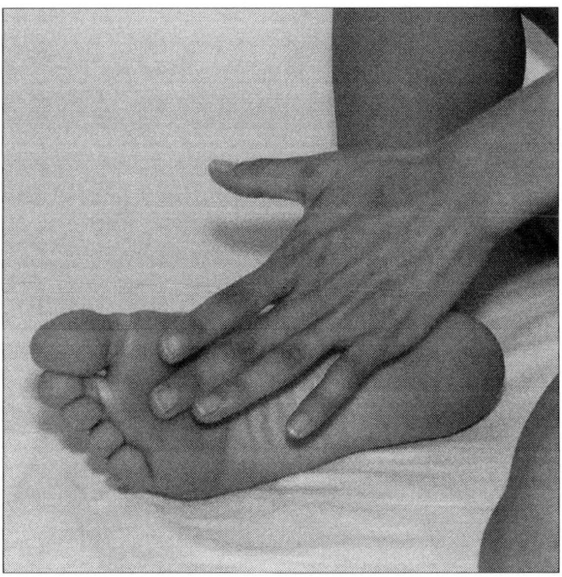

# COTOVELO DE TENISTA

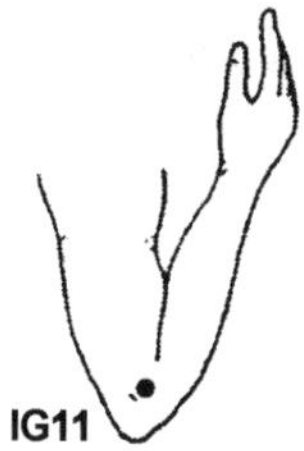


**Ponto** **IG11**

**Técnica** Pressionar continuamente com a polpa do polegar no braço afetado.

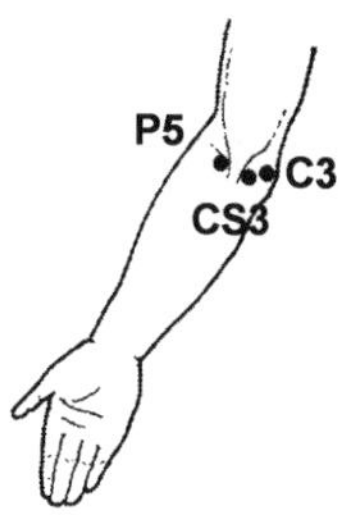


**Também indicados**

**C3** Tratar como acima.

**CS3** Tratar como acima.

**P5** Tratar como acima.

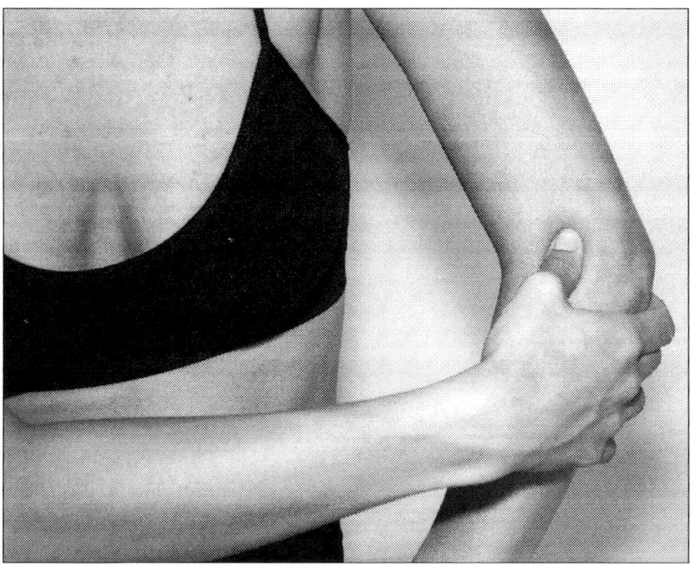

# DENTES

## dores em geral

IG1

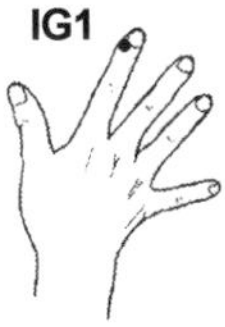

**Ponto** **IG1**

**Técnica** Pressionar continuamente com a unha do polegar; repetir na outra mão.

**Também indicados**

IG4

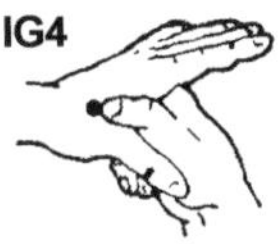

**IG4** Pressionar continuamentecom com a polpa do polegar; repetir na outra mão.

**B60** Pressionar continuamente com a polpa dos polegares.

**E3** Tratar como acima.

B60

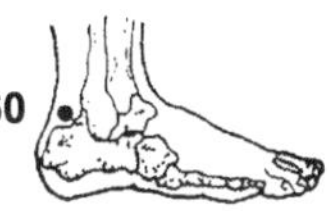

E3 E3

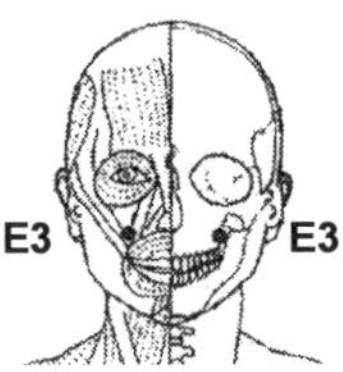

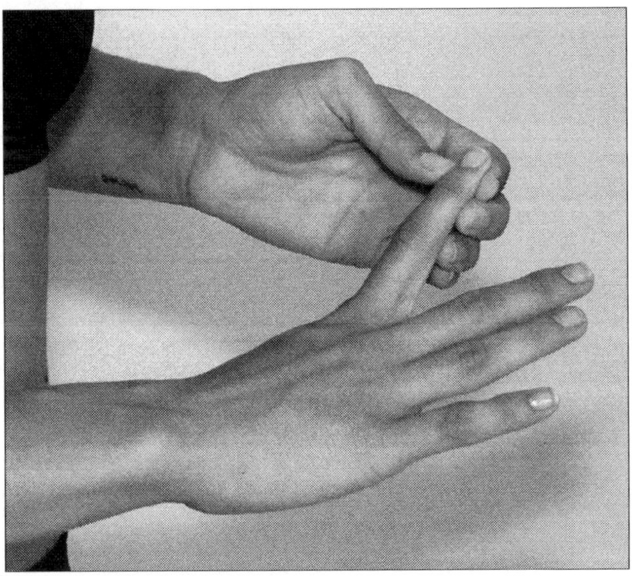

# DENTES

## dores – especialmente superiores

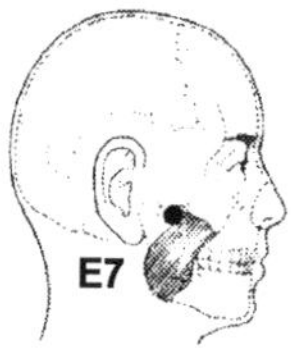


**Ponto** E7

**Técnica** Pressionar continuamente com a polpa dos polegares.

**Também indicado**

**E44** Pressionar continuamente com a polpa dos polegares.

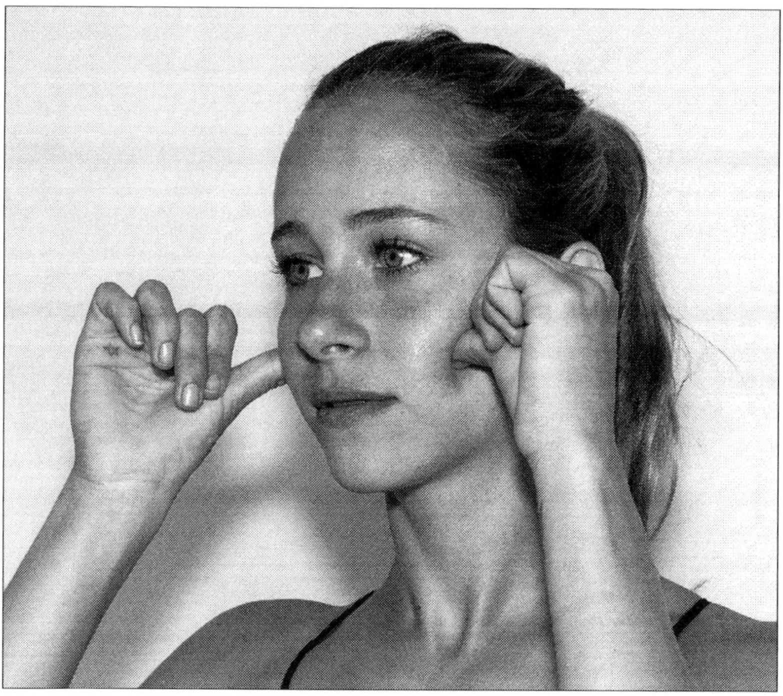

# DENTES

## dores – especialmente inferiores

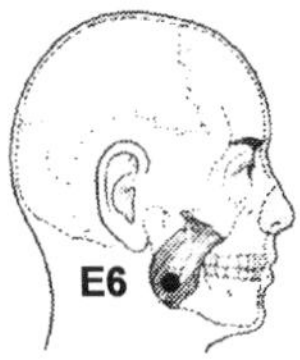


**Ponto** **E6**

**Técnica** Pressionar continuamente com a polpa dos polegares.

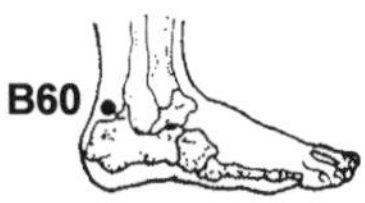


**Também indicado**

**B60** Pressionar continuamente com a polpa dos polegares.

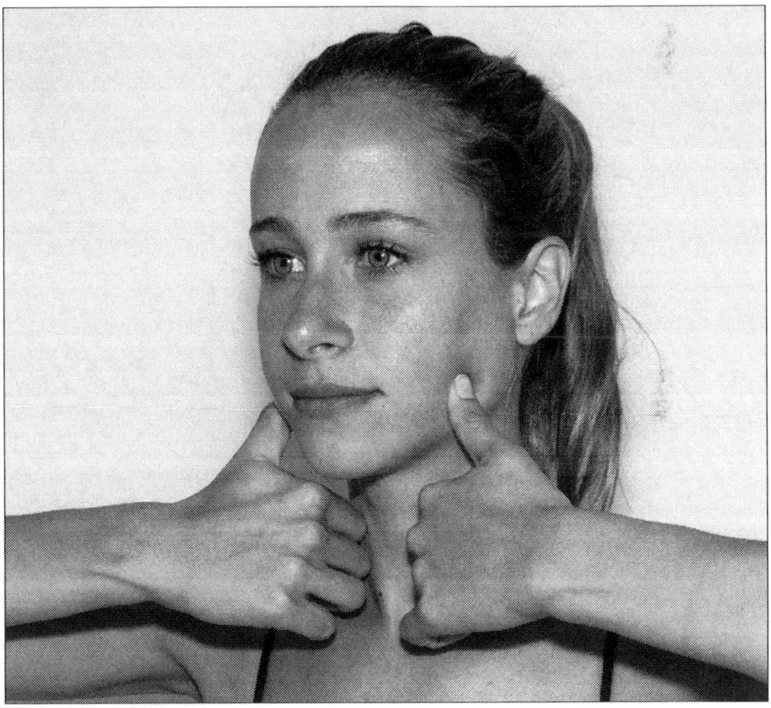

# DENTES

## durante o trabalho dentário

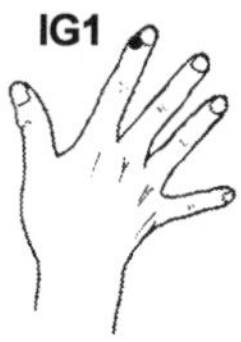


**Ponto** **IG1**

**Técnica** Pressionar continuamente com as unhas dos polegares durante todo o procedimento.

# DENTES

## antes de extração ou qualquer cirurgia dentária

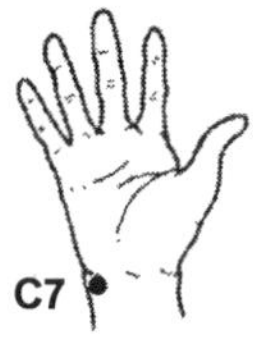


**Ponto** **C7**

**Técnica** Pressão contínua com a ponta do polegar; repetir na outra mão.

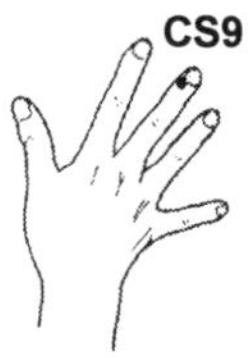


**Também indicado**

**CS9** Pressionar continuamente os lados da base do dedo médio com o polegar e o indicador; repetir na outra mão.

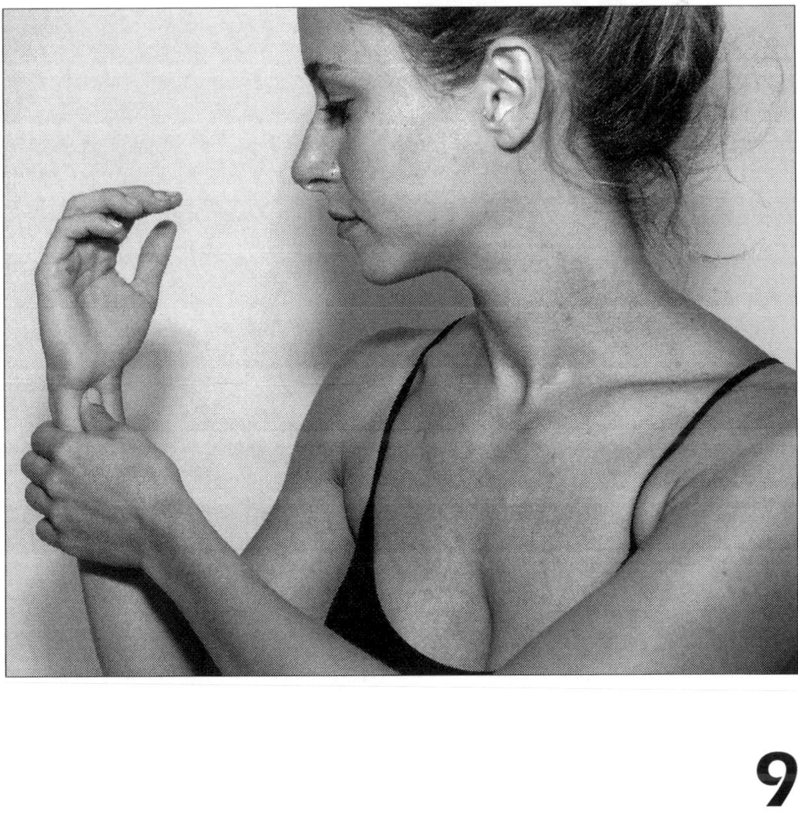

# DENTES

## após extração ou qualquer cirurgia dentária

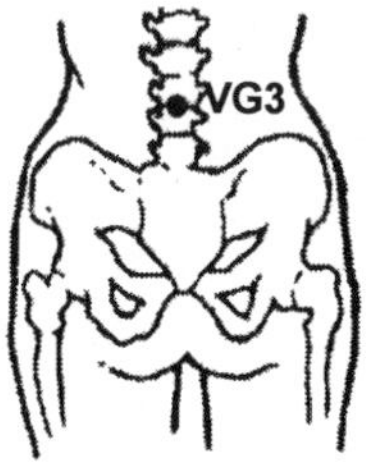


**Ponto** VG3

**Técnica** Pressionar continuamente a cada duas horas.

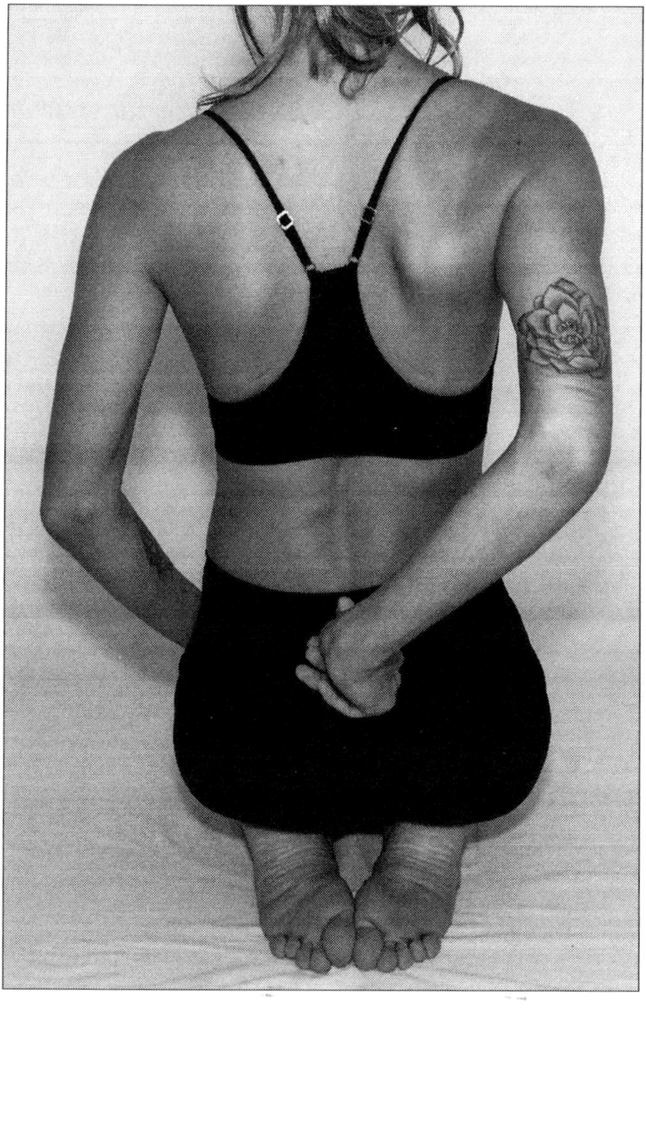

# DENTES EM BEBÊS

## incômodos da primeira dentição

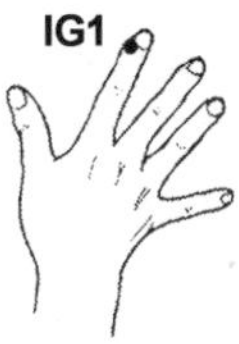


**Ponto IG1**

**Técnica** Pressão contínua suave com a unha do polegar; repetir na outra mão.

# DEPRESSÃO PSÍQUICA

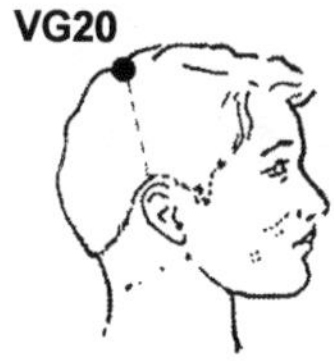


**Ponto VG20**

**Técnica** Com a ponta dos dedos unidos, esfregar vigorosamente o centro do topo da cabeça.

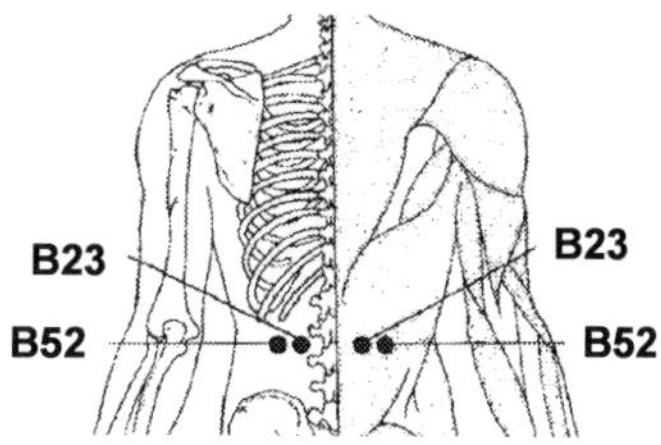


**Também indicados**

**B23 + B52** Esfregar simultaneamente ambos os pontos com o dorso das mãos fechadas para cima e para baixo.

**E36** Friccionar vigorosamente com os nós dos dedos das mãos fechadas.

**C3** Percutir repetidamente com a ponta dos dedos; repetir no outro braço.

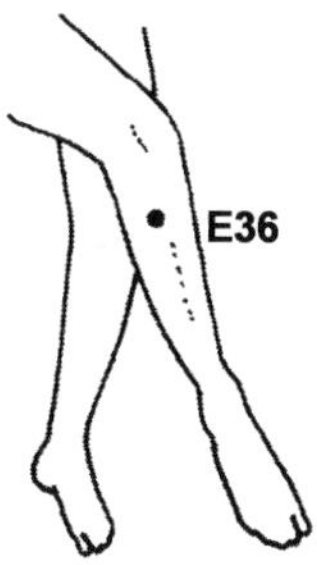


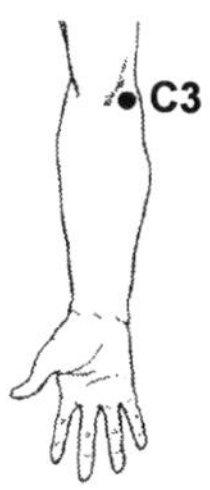


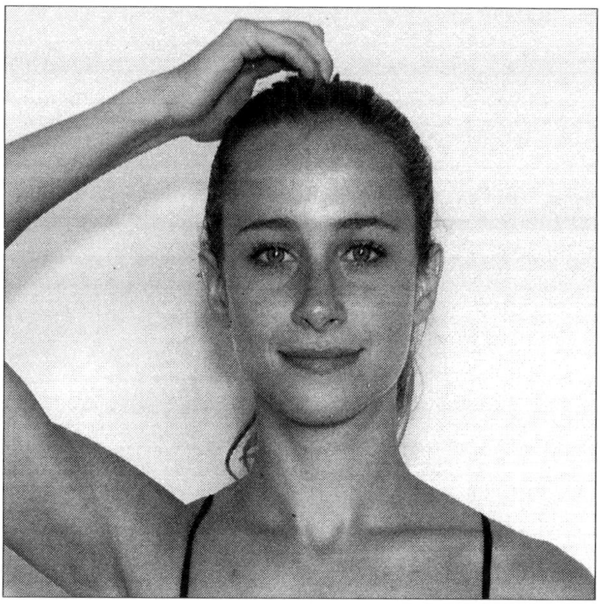

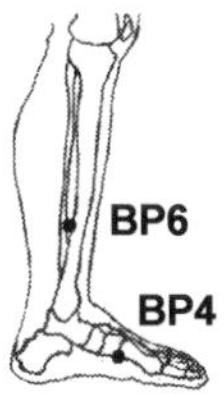


**Ponto** **BP4**

**Técnica** Pressionar continuamente com a polpa dos polegares com movimento rotativo no sentido horário.

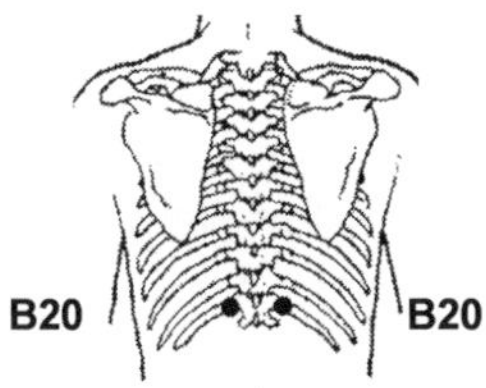


**Também indicados**

**BP6** Pressionar continuamente com a polpa dos polegares.

**B20** Tratar como acima.

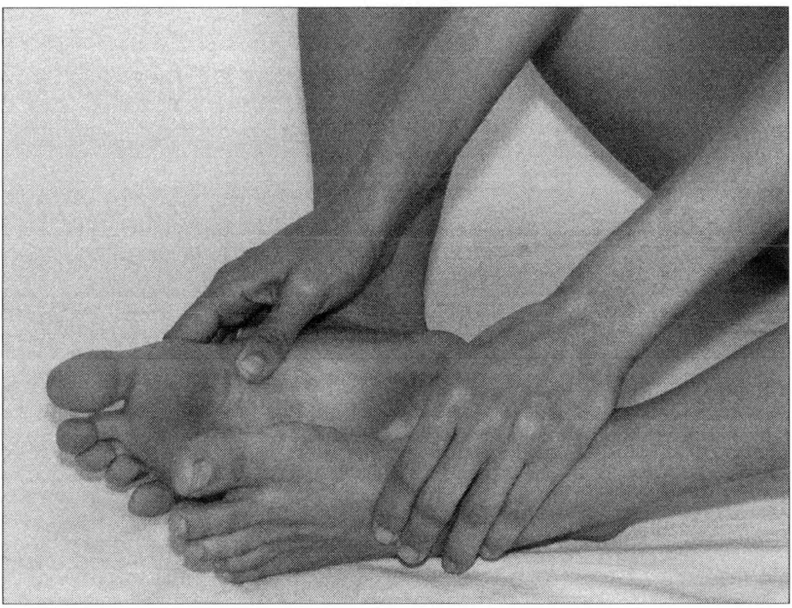

# DIARREIA

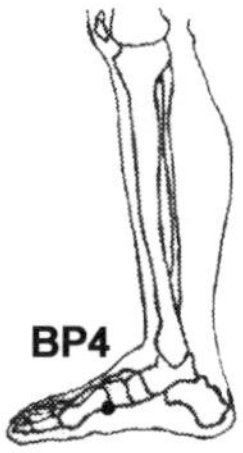


**Ponto** **BP4**

**Técnica** Pressionar continuamente com a ponta dos polegares

## Também indicados

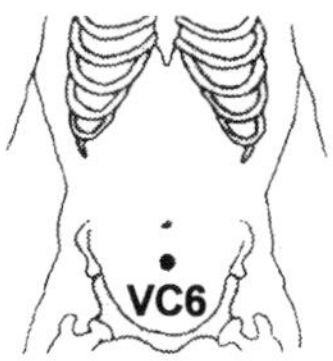


**VC6** Com uma mão de cada lado, pressionar continuamente a linha vertical imediatamente abaixo do umbigo com as pontas dos dedos, exceto dos polegares. Aumentar gradualmente a pressão respirando profundamente.

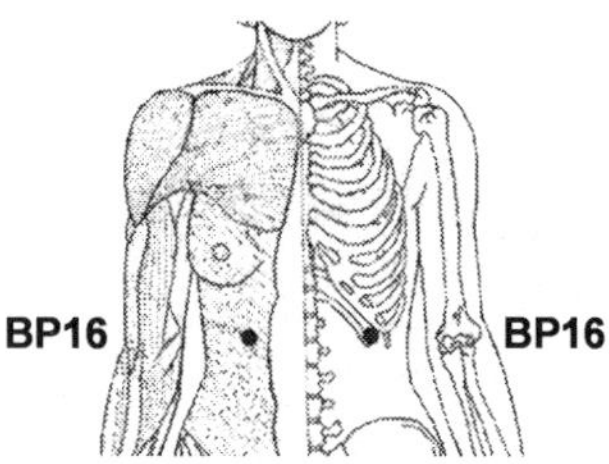


**BP16** Com os dedos indicadores, médios e anulares em gancho, pressionar continuamente contra a base da caixa torácica, exercendo pressão contínua no sentido dos mamilos.

**E36** Friccionar vigorosamente com os nós dos dedos das mãos fechadas.

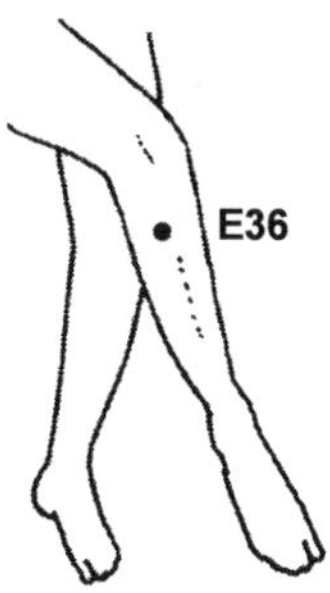


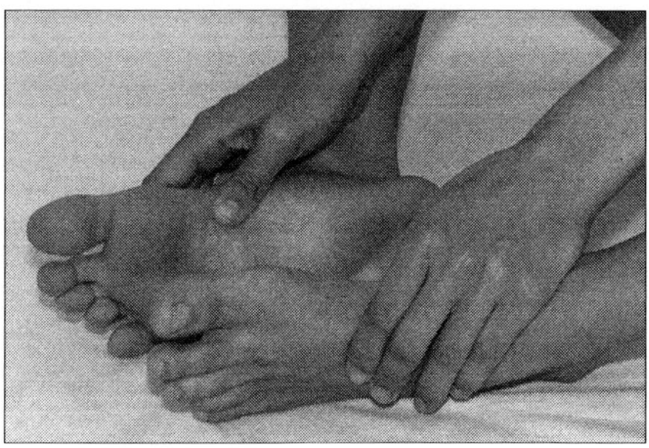

# DISPNEIA

## falta de ar

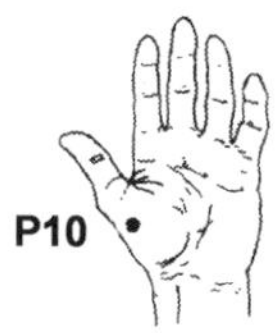


**Ponto** **P10**

**Técnica** Com a ponta dos dedos pressionar e amassar forte e repetidamente o ponto e a área carnosa abaixo do polegar oposto; repetir na outra mão.

**Também indicados**

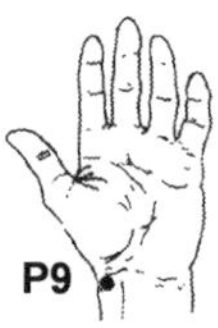


**P9** Friccionar energicamente com a polpa do polegar; repetir na outra mão.

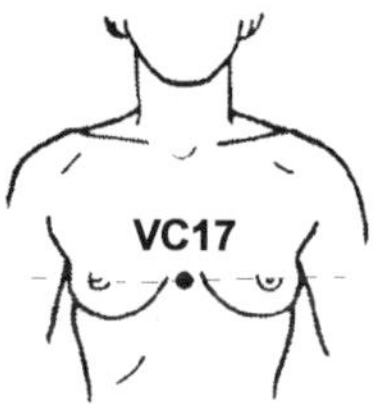


**VC17** Pressionar continuamente com a polpa do polegar.

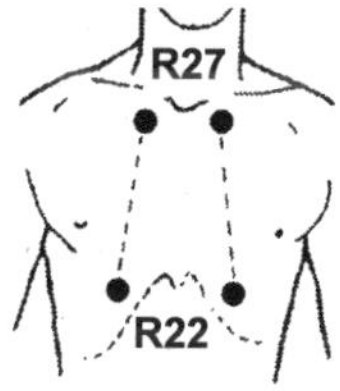


**R22 a R27** Com a mão em concha percutir suave e seguidamente as laterais do osso externo para cima e para baixo.

# DISTENSÕES, LUXAÇÕES E TORCEDURAS

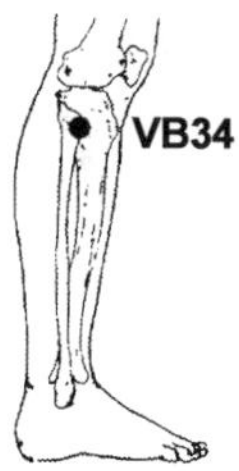


**Ponto** **VB34**

**Técnica** Pressionar continuamente com a ponta dos polegares.

## Também indicados

**VB30** Tratar como acima.

**B60** Tratar como acima.

**B57** Tratar como acima.

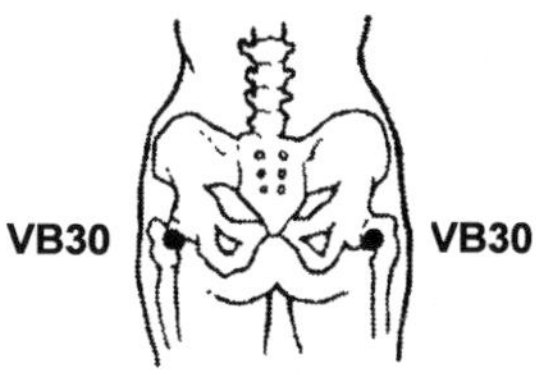


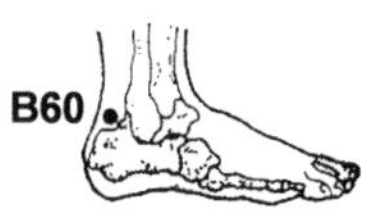


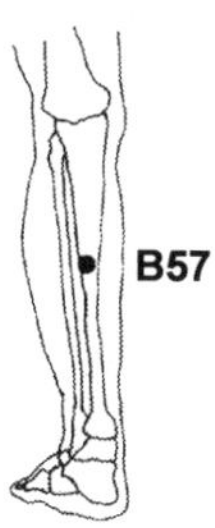


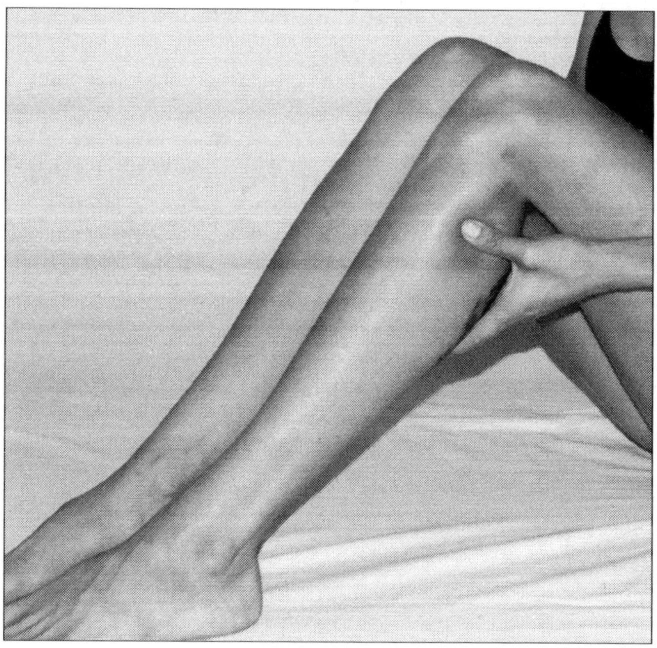

# DISTÚRBIOS DIGESTIVOS

## em geral

**Pontos CS6 + BP4**

**Técnica** Pressionar continuamente o ponto **CS6** com a polpa do polegar e simultaneamente pressionar o ponto **BP4** com a base do calcanhar; repetir no outro lado.

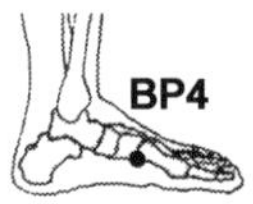


**Também indicados**

**VC12** Pressionar contínua e profundamente o centro da linha vertical entre a ponta do externo e o umbigo com as pontas dos dedos unidos, pendendo o tronco para frente.

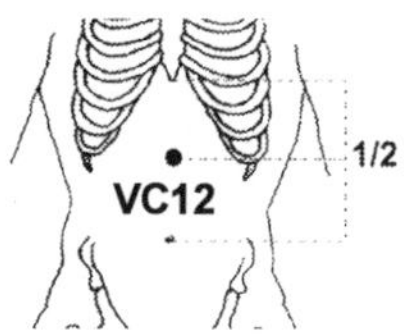


**E36** Friccionar vigorosamente com os nós dos dedos das mãos fechadas.

**E44** Pressionar continuamente com a ponta dos dedos médios nos dois pés.

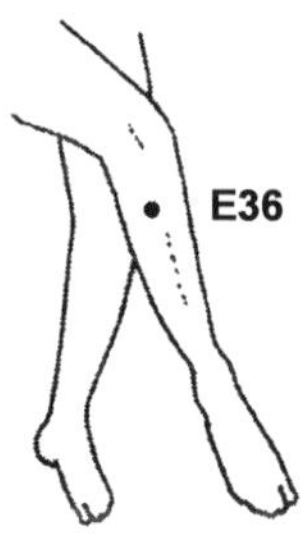

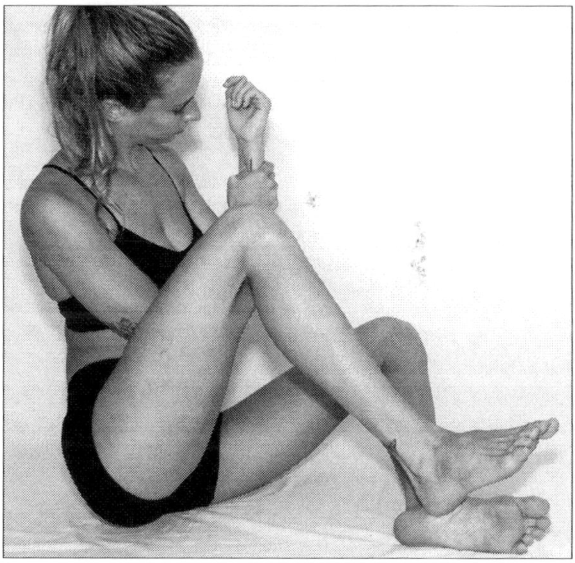

# DISTÚRBIOS RESPIRATÓRIOS

## em geral

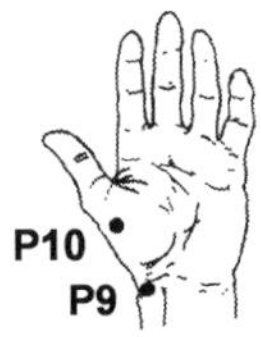


**Pontos P9 + P10**

**Técnica** Com a mão em garra, pressionar continuamente o ponto **P9** com a ponta do dedo mínimo, e a base carnosa do polegar com a ponta dos dedos anular, médio e indicador. Depois friccionar energicamente os dois pontos com os nós dos dedos; repetir na outra mão.

### Também indicados

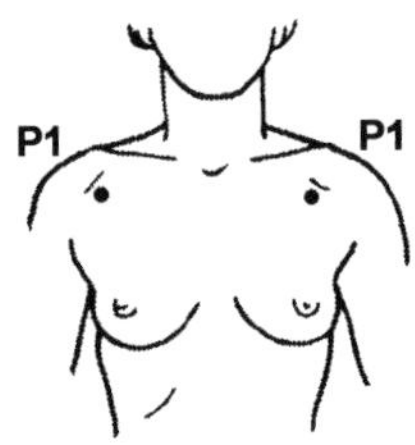


**P1** Pressionar continuamente com a polpa dos polegares, respirando lenta e profundamente.

**R27** Pressionar continuamente com a ponta dos dedos médios.

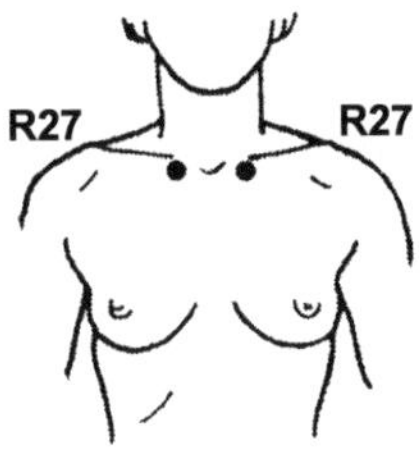


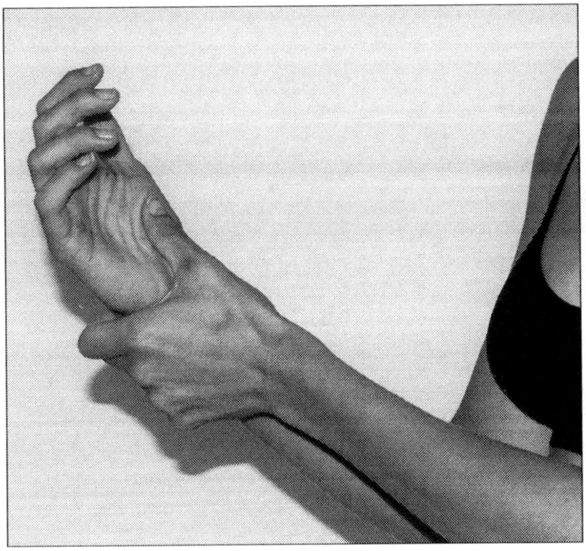

# DISTÚRBIOS URINÁRIOS

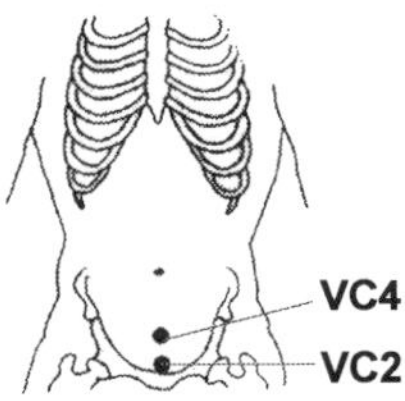


**Pontos** **VC2 + VC4**

**Técnica** Juntar os dedos da mão em concha e pressioná-los continuamente sobre a linha vertical, acima do centro do osso púbico.

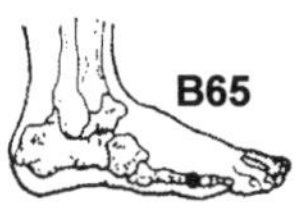


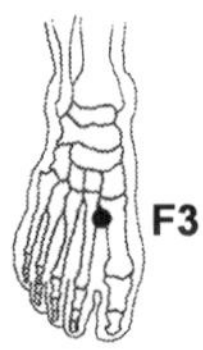


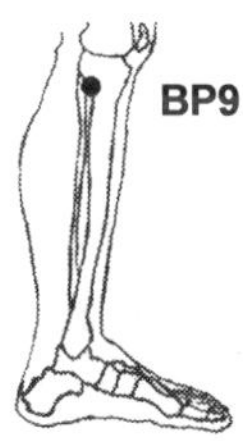


### Também indicados

**B65** Friccionar repetidamente com a ponta do dedo médio; repetir no outro pé.

**F3** Pressionar continuamente com a ponta dos polegares.

**BP9** Tratar como acima.

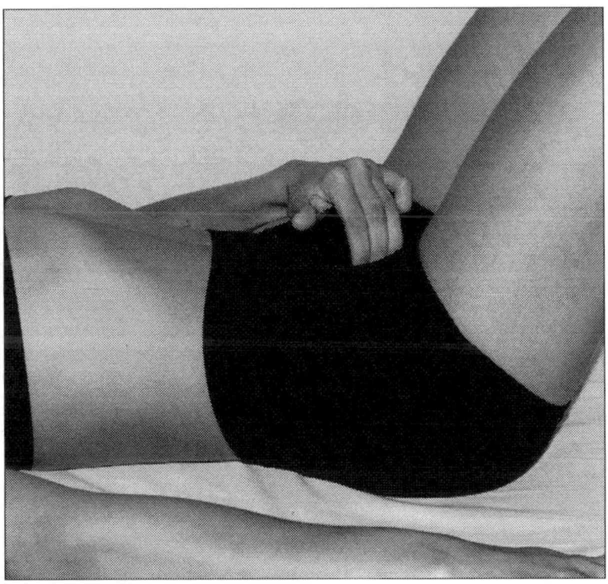

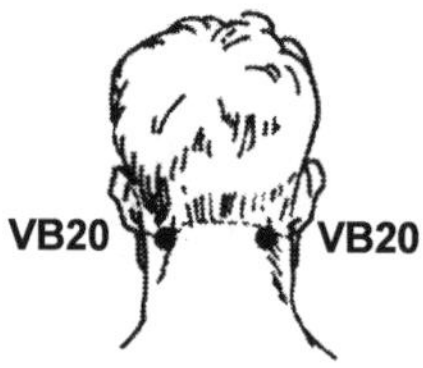


**Ponto** **VB20**

**Técnica** Pressionar continuamente com a polpa dos polegares.

**Também indicados**

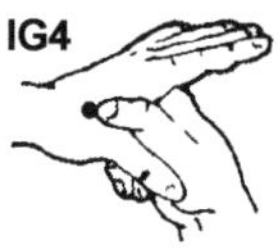


**IG4** Pressionar continuamente com a polpa do polegar; repetir na outra mão.

**Yin Tang** Pressionar continuamente com a ponta do dedo médio.

**F3** Pressionar continuamente com a polpa dos polegares.

**Tratamento complementar**
Apertar forte e continuamente os lóbulos das orelhas com os polegares e os indicadores.

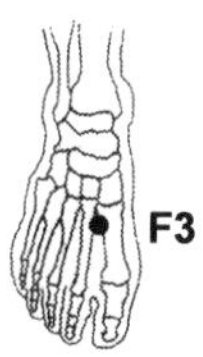


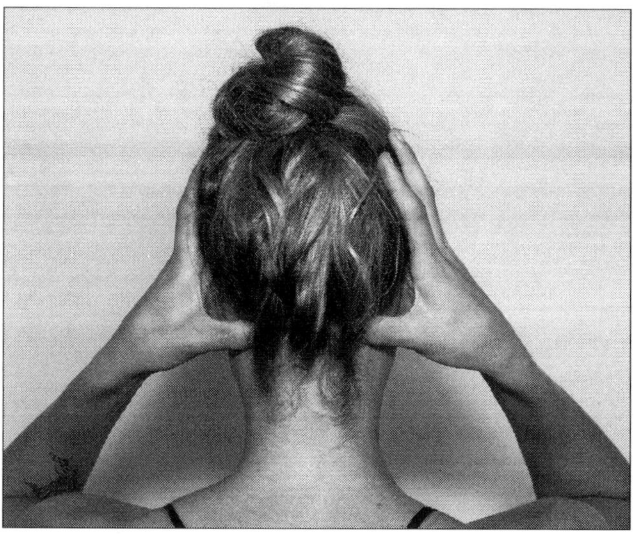

# DOR DE ESTÔMAGO

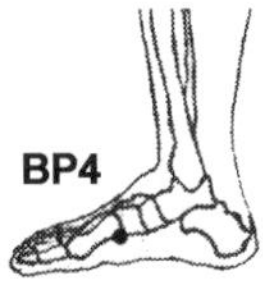


**Ponto** **BP4**

**Técnica** Pressionar continuamente com a polpa dos polegares.

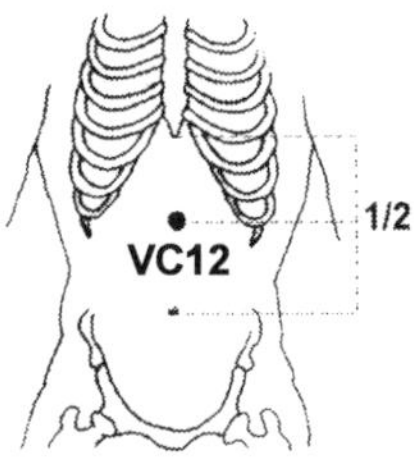


**Também indicados**

**VC12** Pressão contínua com a polpa do polegar.

**F3** Pressionar continuamente com a polpa dos polegares.

**E36** Pressionar continuamente com a polpa dos polegares.

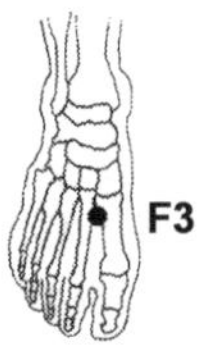


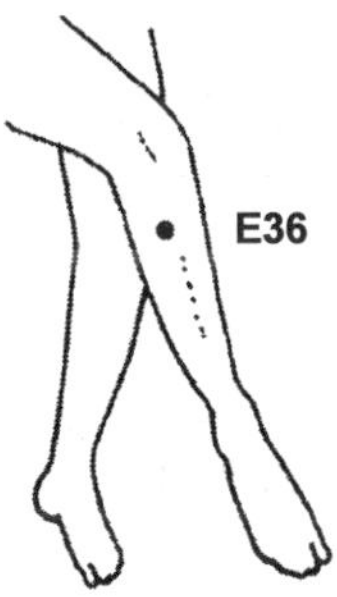


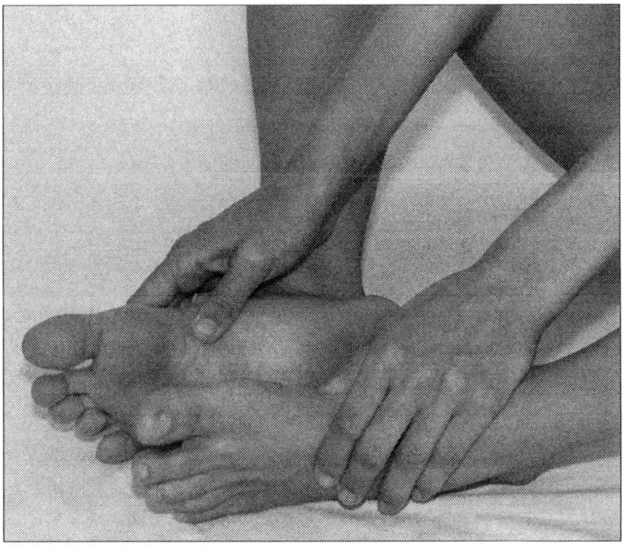

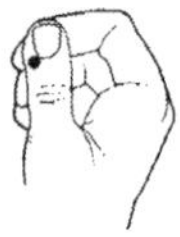


**Ponto** **P11**

**Técnica** Pressionar continuamente com a unha do polegar; repetir na outra mão.

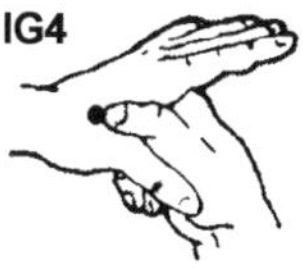


**Também indicado**

**IG4** Pressionar continuamente com a polpa do polegar; repetir na outra mão.

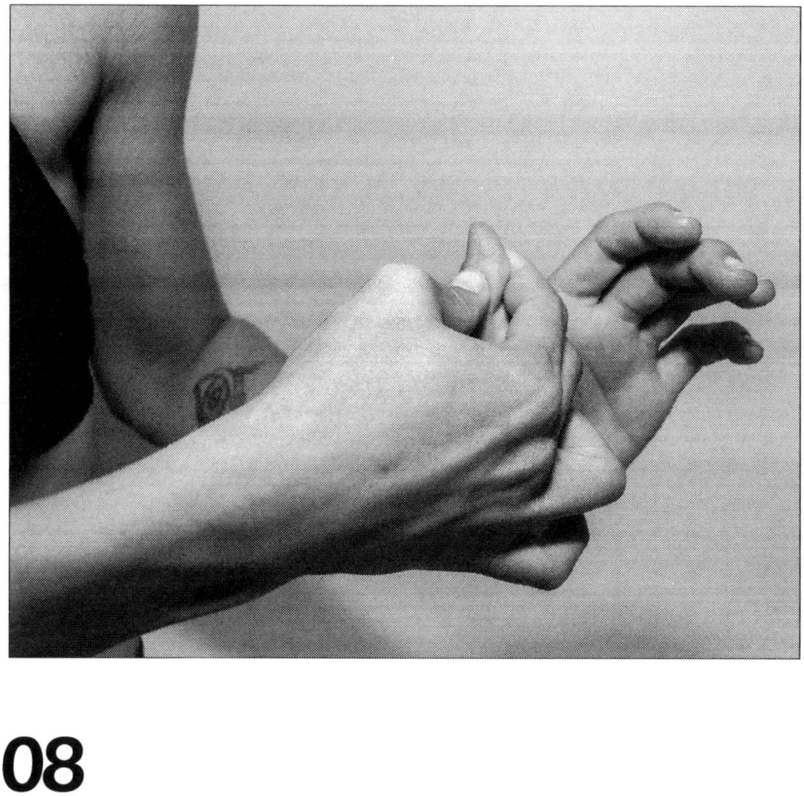

# DOR DE OUVIDO

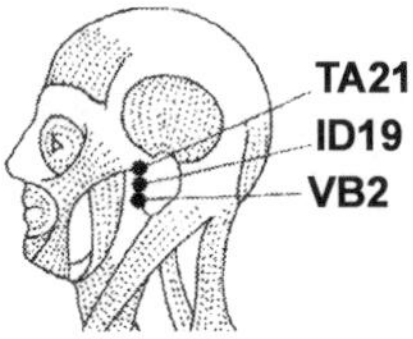


**Pontos** **TA21 + ID19 + VB2**

**Técnica** Pressionar continuamente com a ponta dos dedos anulares, médios e indicadores, com a boca entreaberta.

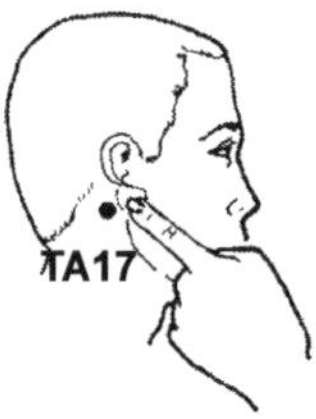


**Também indicados**

**TA17** Pressionar continuamente o ponto atrás das orelhas com a ponta dos dedos médios.

**R3** Pressionar continuamente com a ponta dos polegares.

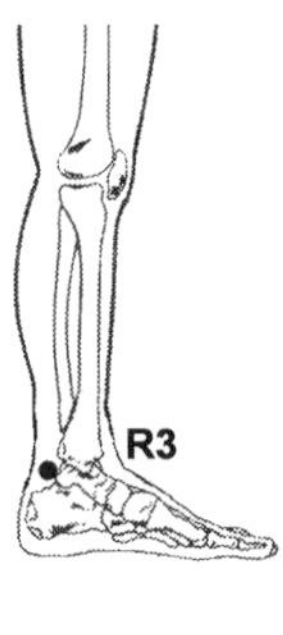


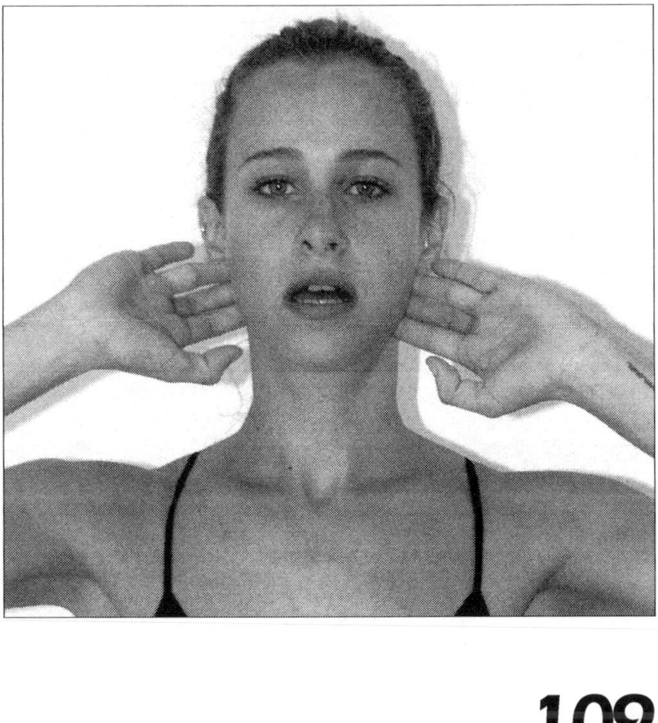

# DORES

## em geral

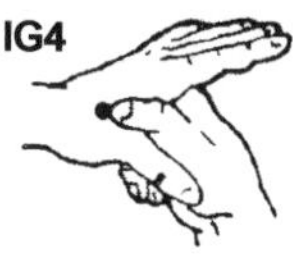


**Ponto** **IG4**

**Técnica** Pressionar continuamente com a polpa do polegar e simultaneamente mover para frente e para trás a parte do corpo afetada; repetir na outra mão.

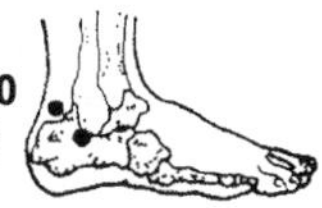


**Também indicados**

**B60** Pressionar continuamente com a polpa dos polegares.

**B62** Tratar como acima.

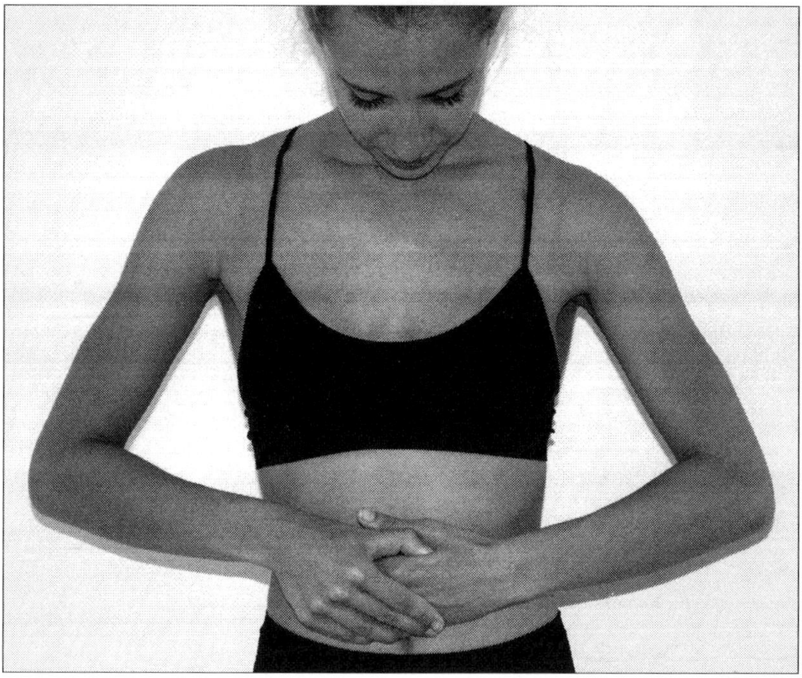

# DORES

## no cotovelo

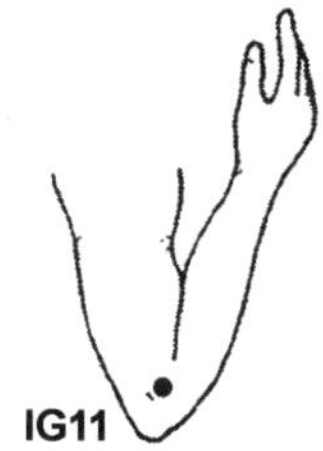


**Ponto** IG11

**Técnica** Pressão contínua com a polpa do polegar; repetir no outro braço.

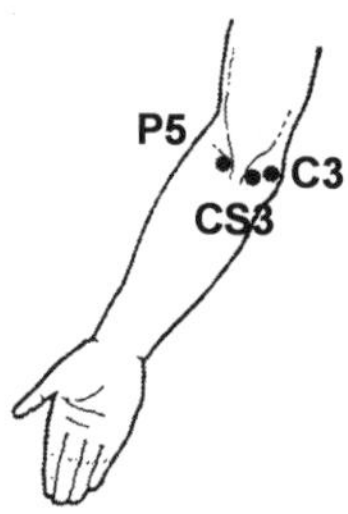


**Também indicados**

**C3** Tratar como acima.

**P5** Tratar como acima.

**CS3** Tratar como acima.

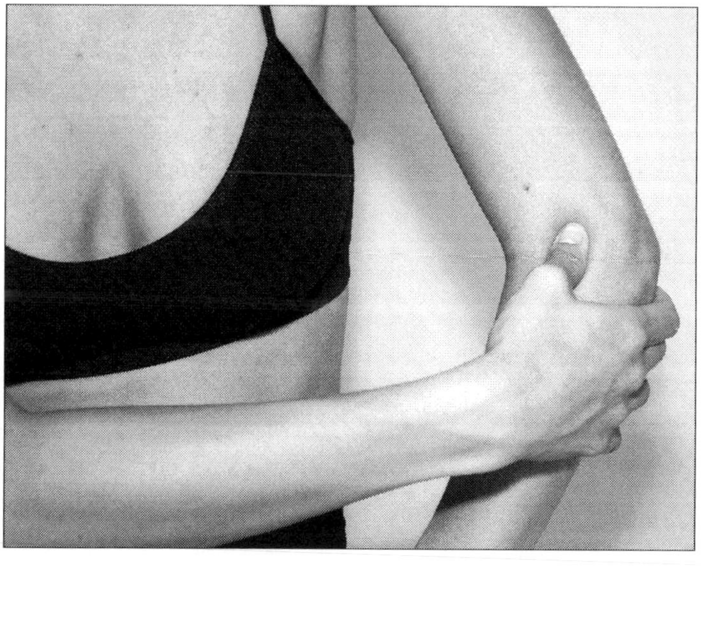

# DORES

## nos dedos das mãos

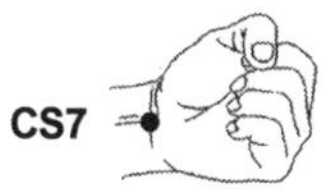


**Ponto** **CS7**

**Técnica** Pressionar continuamente com a polpa do polegar; repetir no outro braço.

**Também indicados**

**CS6** Tratar como acima.

**C7** Tratar como acima.

**IG4** Tratar como acima.

**No polegar**

**IG5** Pressionar continuamente com a unha do polegar; repetir na outra mão.

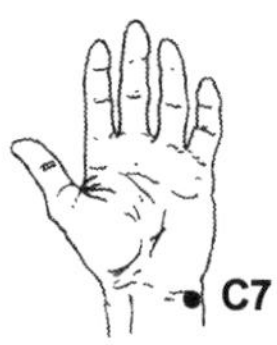


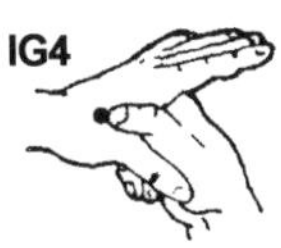


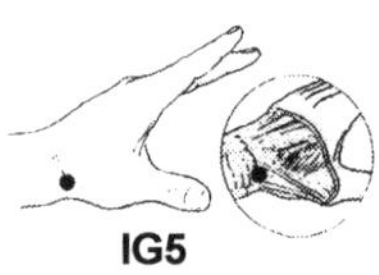


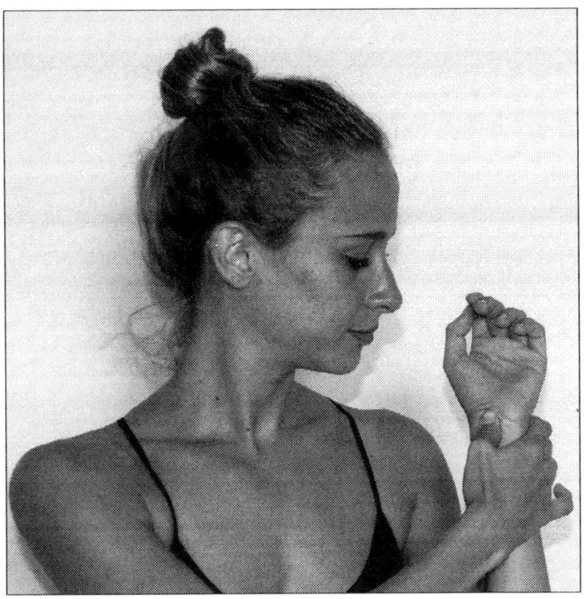

# DORES

## nos joelhos

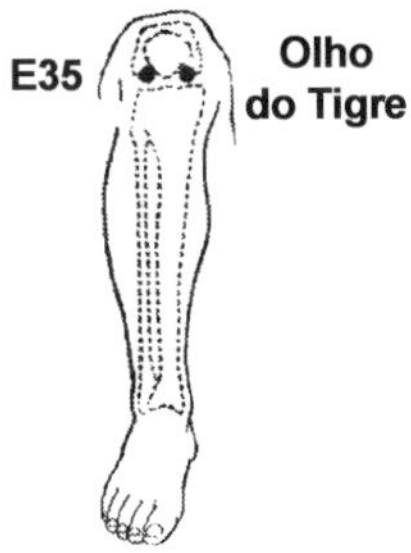


**Pontos** **E35 + Olho do Tigre**

**Técnica** Envolver os joelhos com as mãos e pressionar contínua e firmemente as duas cavidades imediatamente abaixo e ao lado das rótulas, com a ponta dos dedos indicadores e médios.

### Também indicados

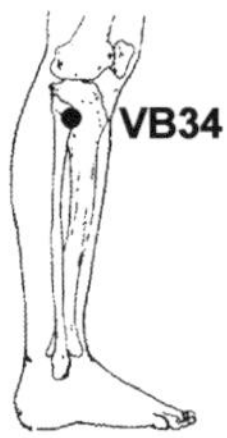


**VB34** Pressionar continuamente com a ponta dos dedos médios.

**B40** Pressionar continuamente com a ponta dos polegares.

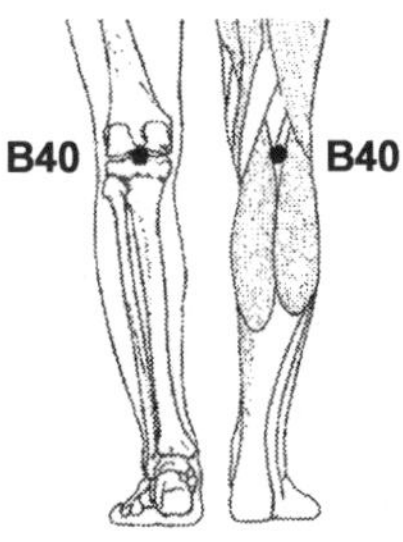


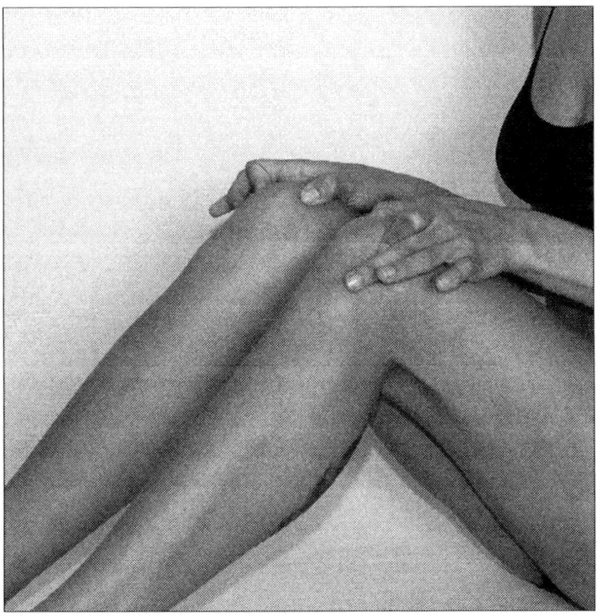

# DORES

## lombares

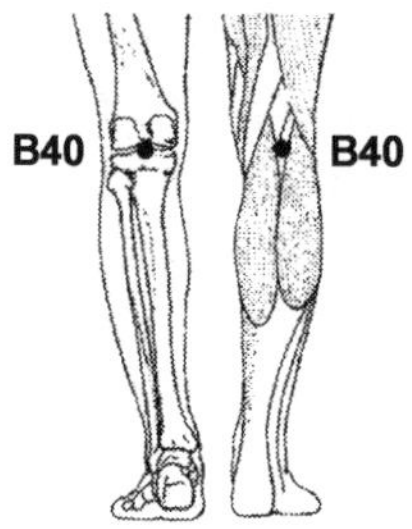


**Ponto** **B40**

**Técnica** Pressionar continuamente com a ponta dos polegares.

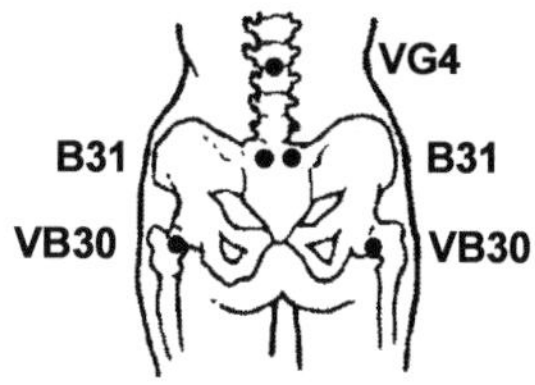


**Também indicados**

**VB30** Tratar como acima.

**VG4** Pressionar continuamente com a ponta dos polegares unidos, um de cada lado da coluna.

**B31** Pressionar continuamente as duas cavidades laterais da 1ª vértebra sacra (1º forâmen sacro) com a ponta dos polegares.

**B23** Pressionar continuamente com a ponta dos polegares.

**B57** Tratar como acima.

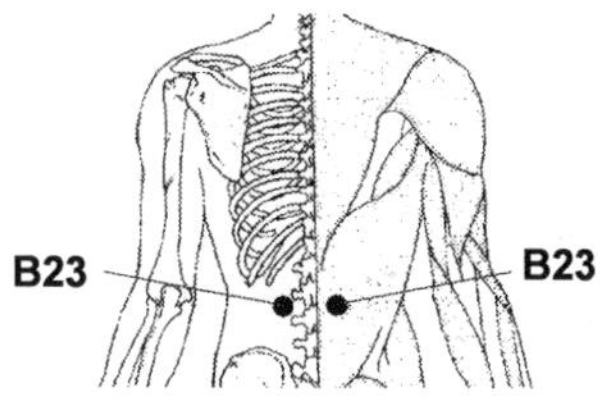


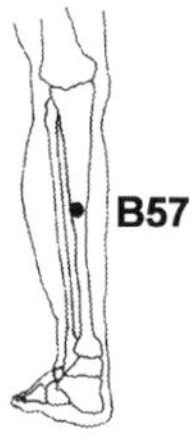


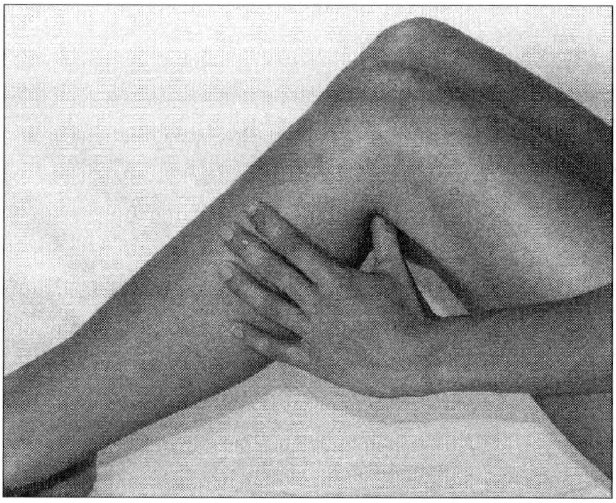

# DORES

## nos pulsos

**Pontos** **CS6 + TA5**

**Técnica** Pressionar contínua e simultaneamente os dois pontos com a polpa do polegar e do dedo médio em alicate, girando alternadamente a mão afetada para a esquerda e para a direita.

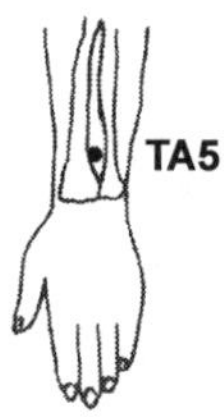


### Também indicados

**CS7 + TA4** Tratar como acima.

**IG4** Pressionar continuamente com a polpa do polegar; repetir na outra mão.

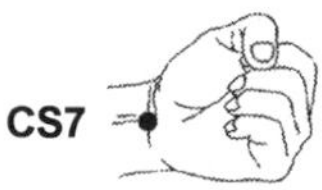

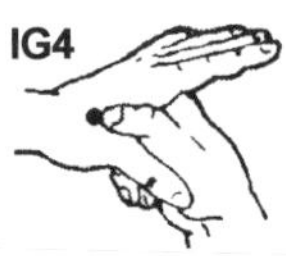


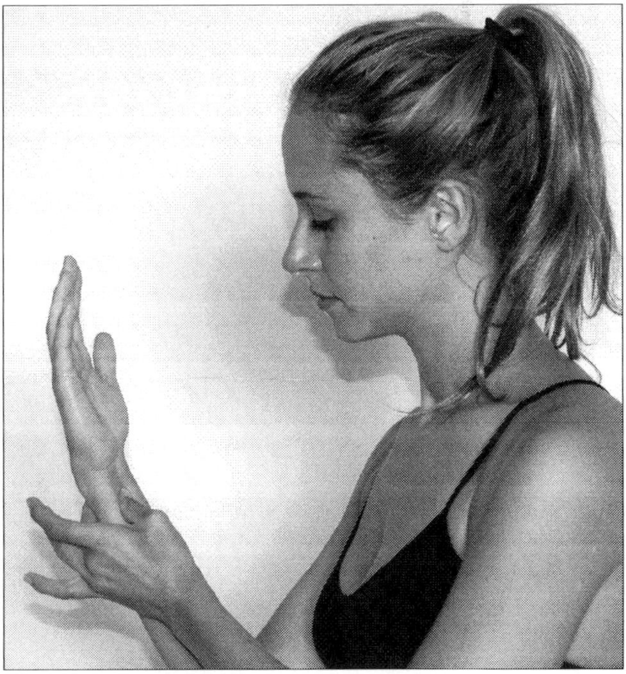

# DORES

## musculares em geral

**Ponto** **VB34**

**Técnica** Pressionar continuamente com a polpa dos polegares.

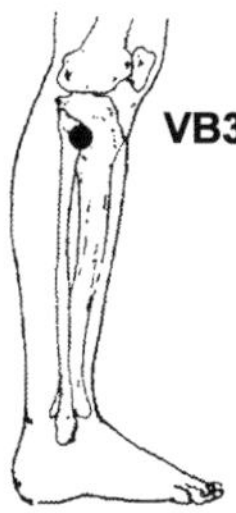


**Também indicados**

**F3** Tratar como acima.

**VB40** Tratar como acima.

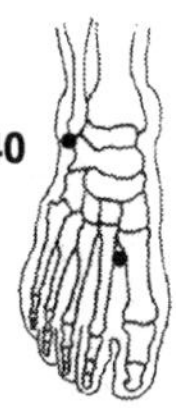


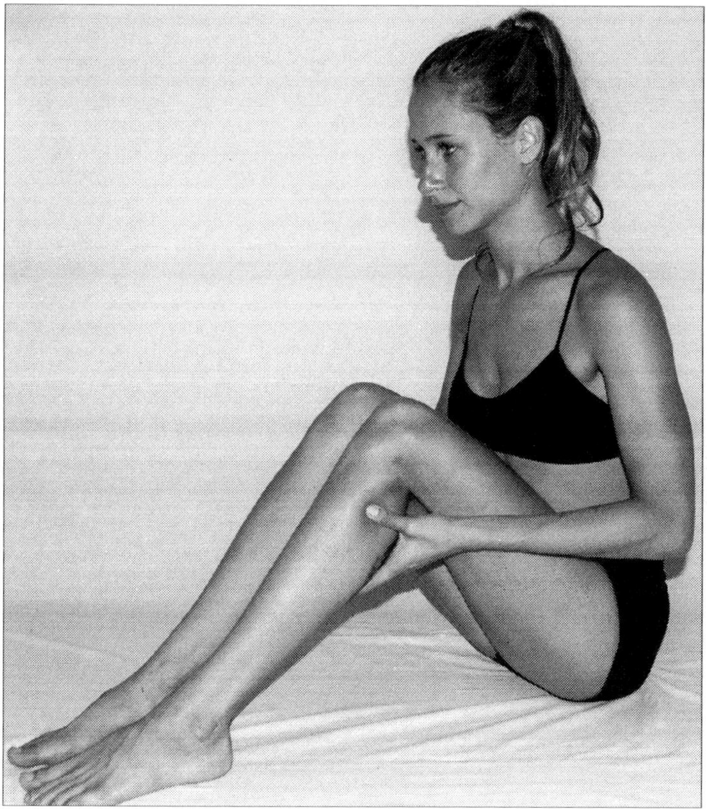

# DORES

## no pescoço e na nuca

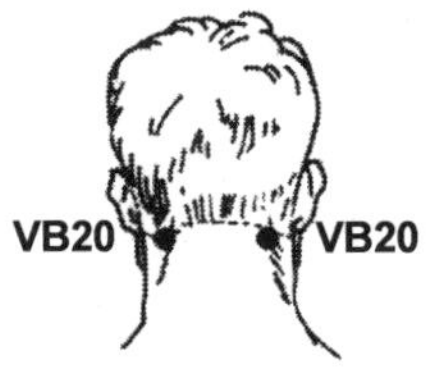


**Ponto** **VB20**

**Técnica** Pressionar continuamente com a polpa dos polegares.

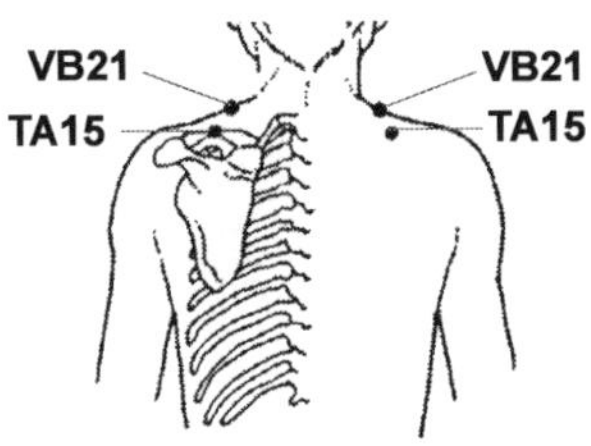


### Também indicados

**VB21** Enganchar as pontas dos dedos em garra no topo dos ombros e manter a pressão soltando o peso dos braços.

**TA15** O mesmo procedimento acima, com a ponta dos dedos enganchadas cerca de 3 cm atrás e abaixo dos ombros.

**B10** Com as mãos em concha inserir os dedos alinhados verticalmente entre as cervicais e os tendões da nuca, imediatamente abaixo do occipital; pender a cabeça para trás e manter a pressão.

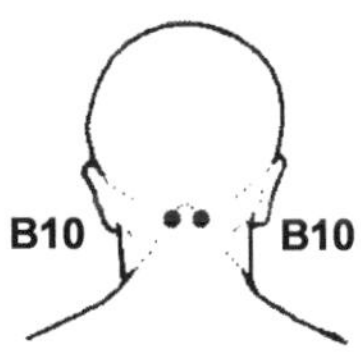


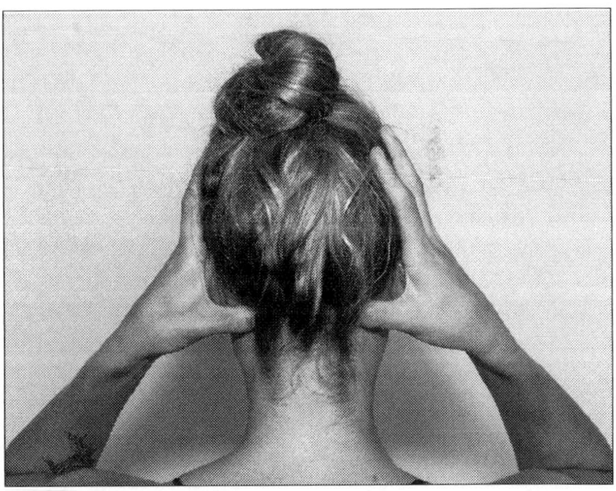

# DORES

## *no tornozelo ou calcanhar*

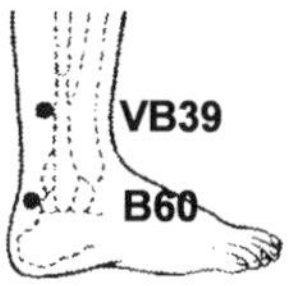


**Pontos** **B60 + R3**

**Técnica** Pressionar forte e continuamente os dois pontos ao mesmo tempo com o polegar e o dedo médio em alicate no pé afetado.

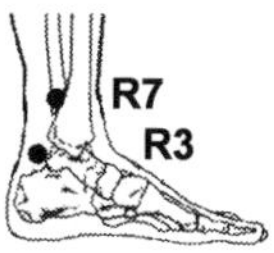


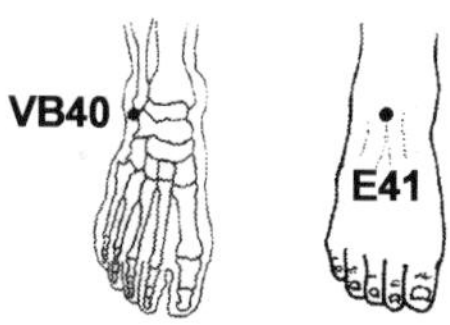


**Também indicados**

**VB40** Pressionar continuamente com a ponta do dedo médio no pé afetado.

**E41** Tratar como acima.

**VB39** Tratar como acima.

**R7** Tratar como acima.

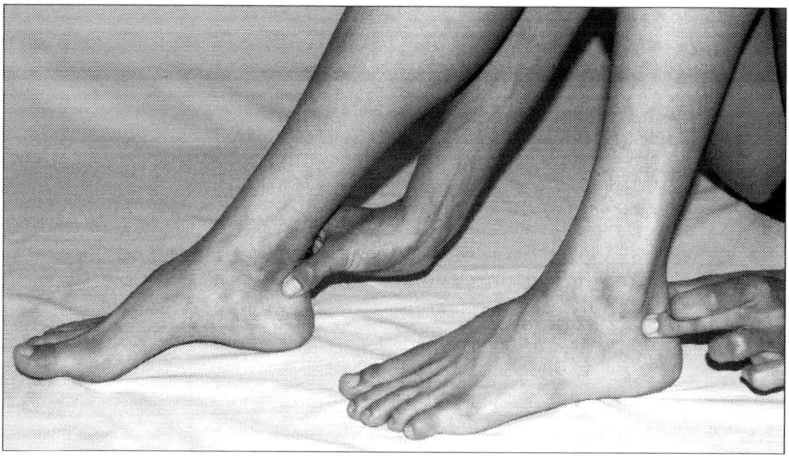

# DORES

## nos ombros

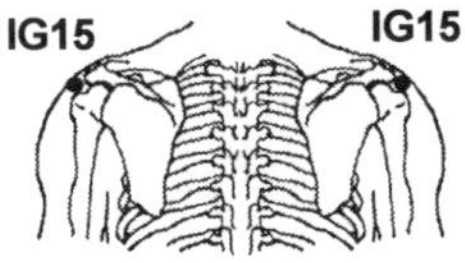


**Ponto IG15**

**Técnica** Pressionar continuamente com a polpa dos dedos médios.

**Também indicados**

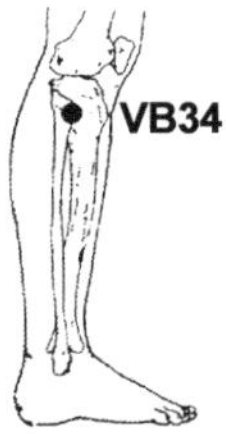


**VB34** Tratar como acima.

**IG11** Pressionar continuamente com a polpa do polegar; repetir no outro braço.

**TA15** Enganchar as pontas dos dedos em garra a cerca de 1 cm atrás e abaixo do topo dos ombros; soltar o peso dos braços.

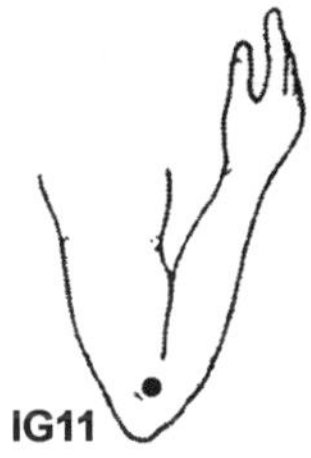


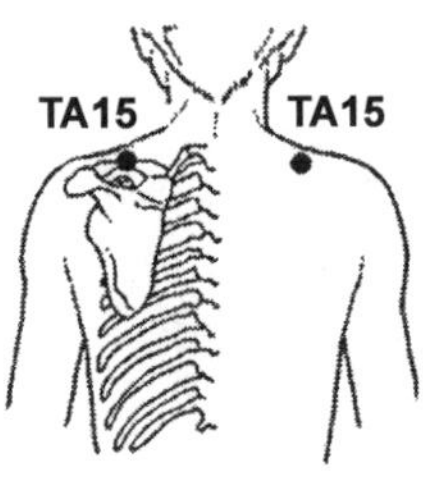


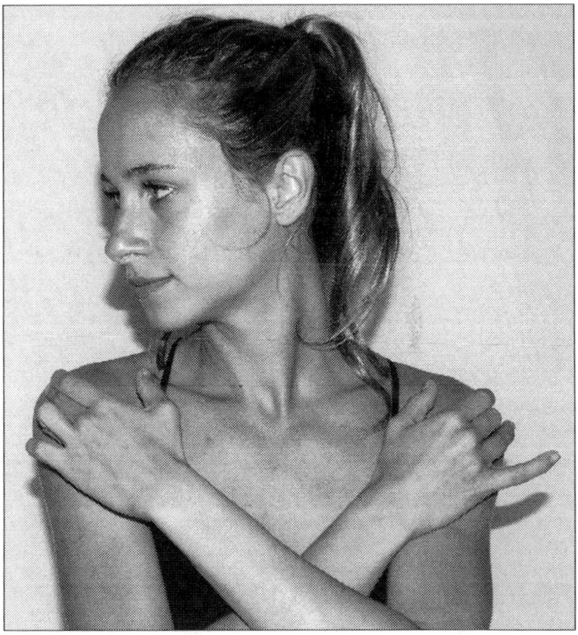

# DORES

## *nos quadris*

**Ponto** **VB30**

**Técnica** Pressionar continuamente com a ponta dos polegares.

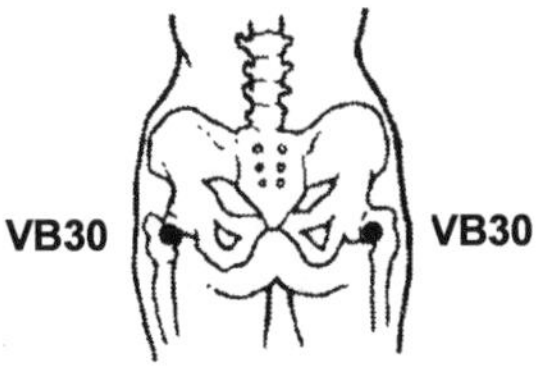


**Também indicados**

**B60** Tratar como acima.

**VB40** Tratar como acima.

**B28** Tratar como acima.

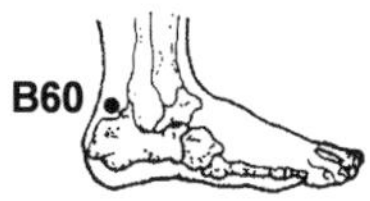


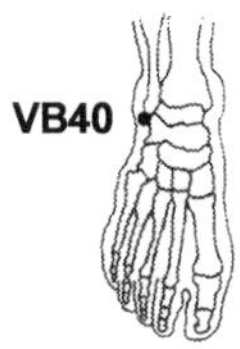


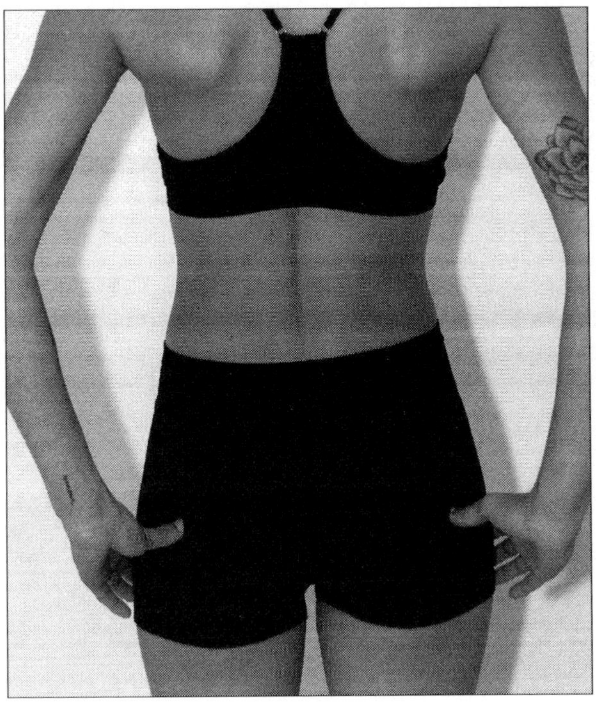

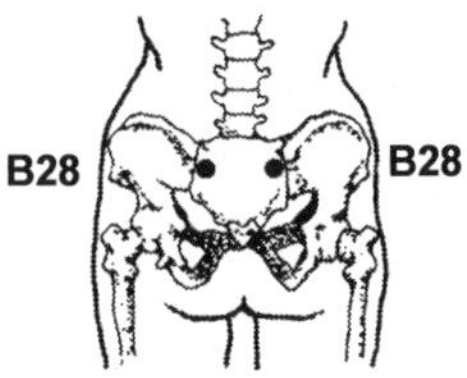

# EJACULAÇÃO INVOLUNTÁRIA

## noturna

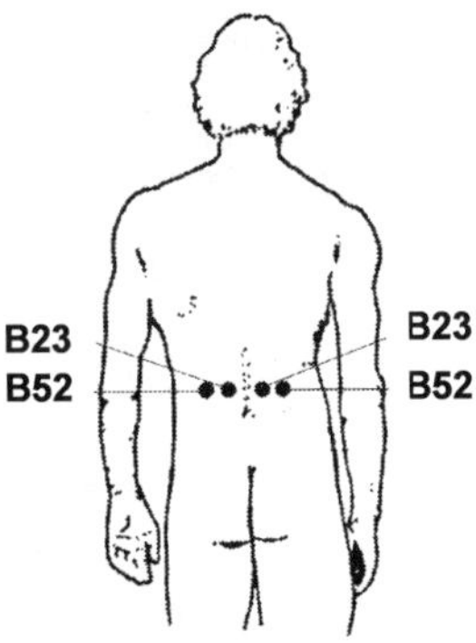


**Pontos** **B23 + B52**

**Técnica** Esfregar vigorosamente a área lombar para cima e para baixo com o dorso das mãos fechadas.

**Também indicados**

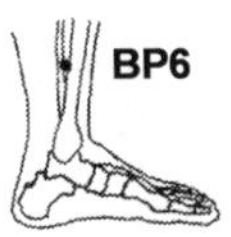


**BP6** Pressionar continuamente com a polpa dos polegares.

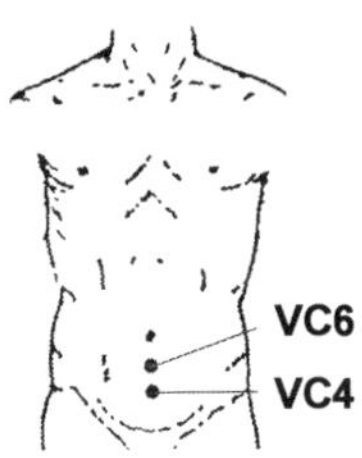


**VC6 + VC4** Pressionar continuamente a linha vertical imediatamente abaixo do umbigo com a ponta dos quatro dedos da mão unidos.

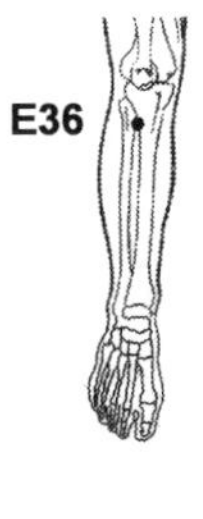


**E36** Friccionar vigorosamente com os nós dos dedos das mãos fechadas.

**Ponto** **E27**

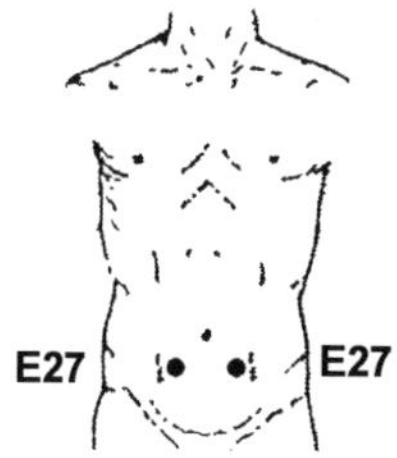


**Técnica** Com a ponta dos dedos pressionar e empurrar repetidamente uma mão contra a outra sem deslizar sobre a pele.

**Também indicados**

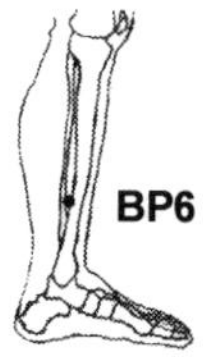


**BP6** Pressionar e massagear com a ponta dos polegares.

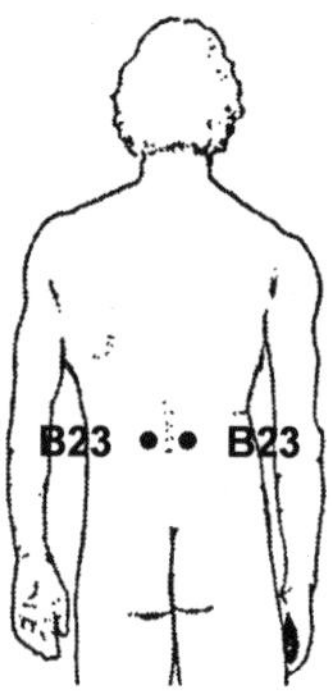


**B23** Com as mãos fechadas, esfregar circularmente com as laterais dos indicadores e polegares.

**Tratamento complementar**
Para prolongar a duração do ato sexual, apertar forte e rapidamente a base da cabeça do pênis ereto, instantes antes do orgasmo.

**Ponto** **CS6**

**Técnica** Pressionar continuamente com a polpa do polegar; repetir no outro braço.

## Também indicados

**F3** Pressionar continuamente com a polpa dos polegares.

**E45** Pressionar continuamente com as unhas dos polegares.

**E36** Friccionar vigorosamente com os nós dos dedos das mãos fechadas.

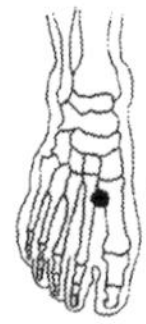


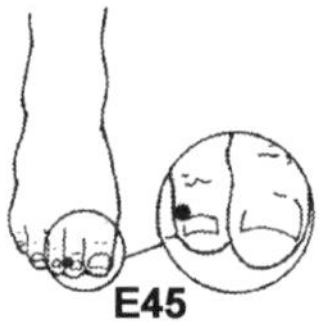


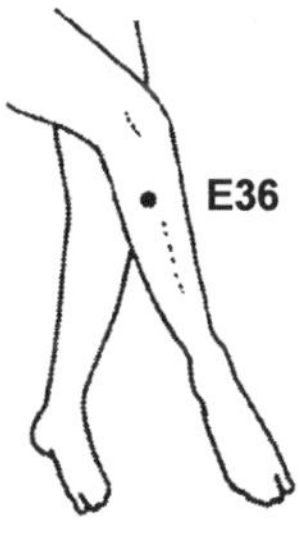

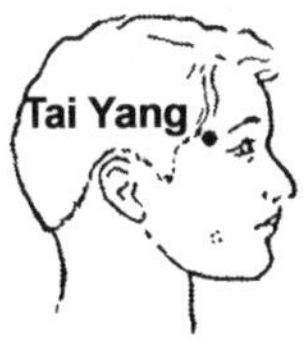


**Ponto** **Tai Yang**

**Técnica** Pressionar continuamente com a polpa dos dedos médios.

### Também indicados

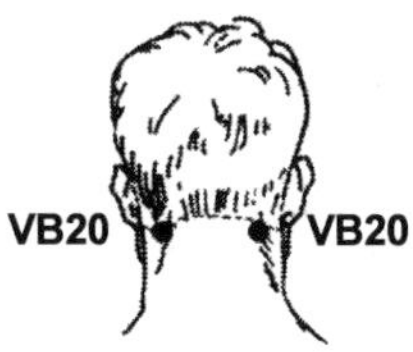


**VB20** Pressionar continuamente com a polpa dos polegares.

**E8** Tratar como acima.

**IG4** Pressionar continuamente com a polpa do polegar; repetir na outra mão.

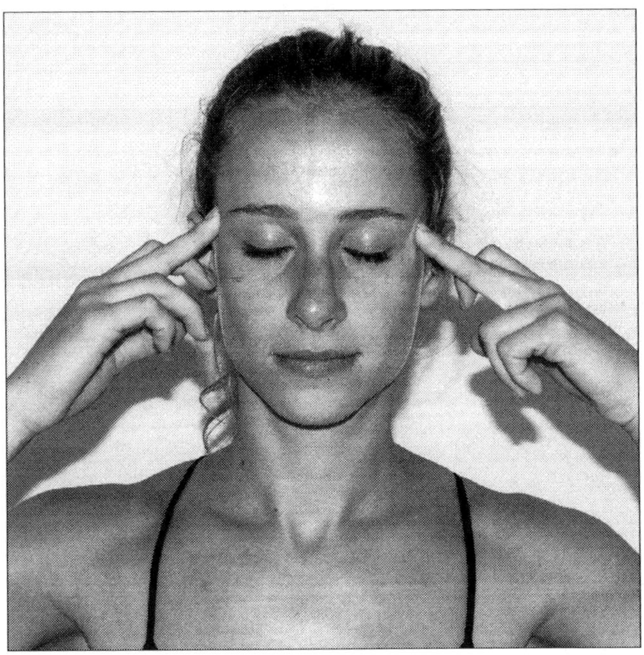

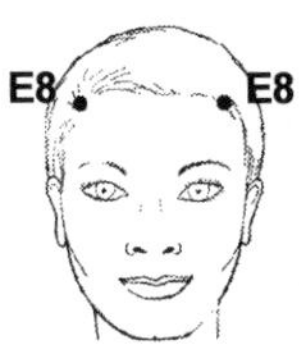


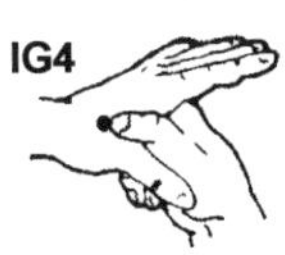

# EPILEPSIA

## para prevenção e na iminência de crise

**Ponto** **VG26**

**Técnica** Pressionar continuamente com a ponta do polegar.

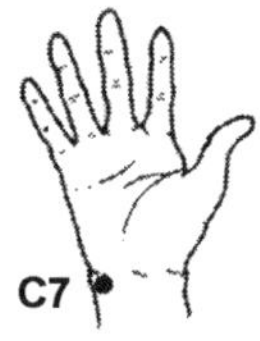


**Também indicado**

**C7** Pressionar continuamente com a polpa do polegar; repetir na outra mão.

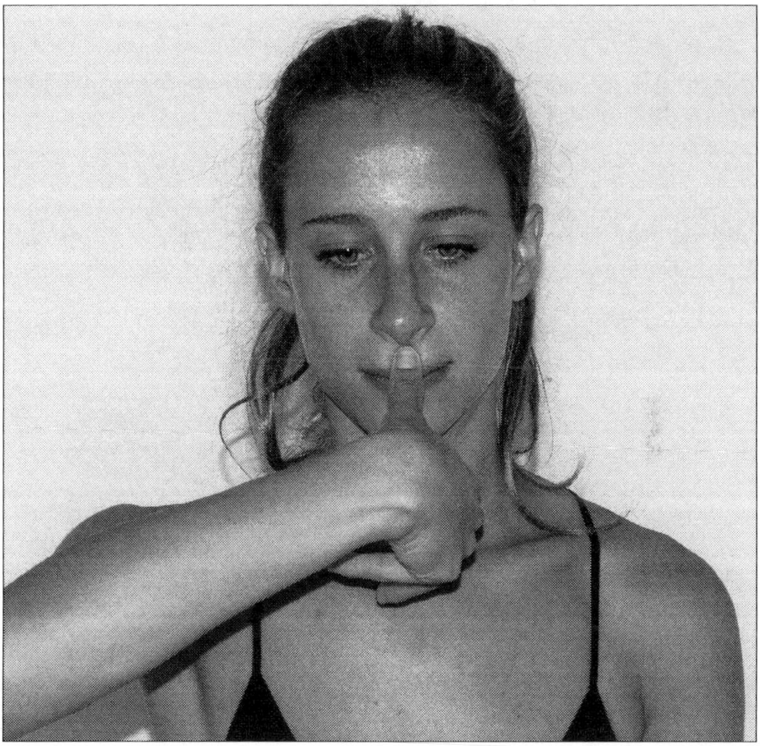

# ESPORÃO DO CALCÂNEO

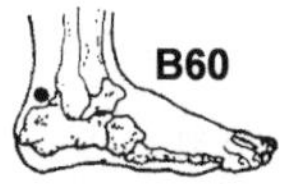


**Ponto** **B60**

**Técnica** Pressionar continuamente com a polpa do polegar.

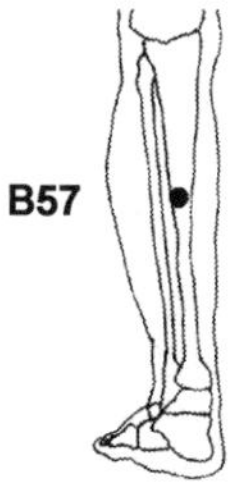


**Também indicado**

**B57** Tratar como acima.

**Obs.**: Tratar somente os pontos no lado afetado.

**Tratamento complementar**

1. Com os polegares e os dedos de ambas as mãos, envolver a parte superior da panturrilha e amassar repetidamente desde abaixo do joelho até o calcanhar por 2 minutos.
2. Friccionar com as palmas das mãos o centro e as laterais do calcanhar por 5 minutos.
3. Com os nós dos dedos da mão fechada, golpear repetidamente abaixo da linha plantar do calcanhar por 1 minuto.
4. Imergir o pé em água quente por 30 minutos diariamente.

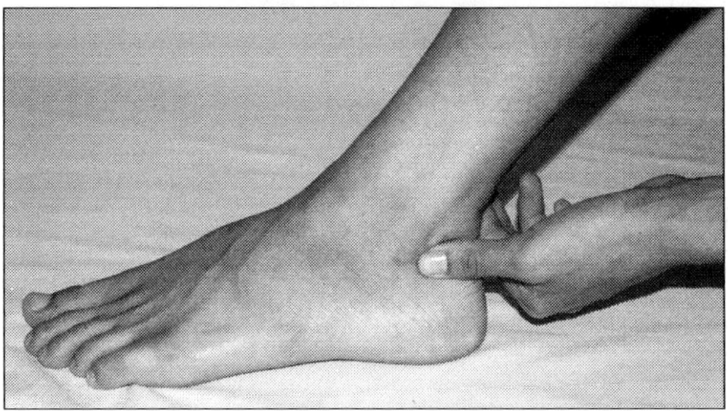

# FADIGA

## cansaço crônico

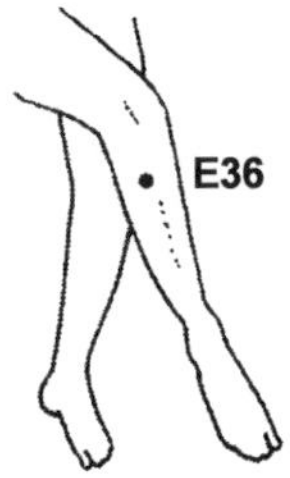


**Ponto E36**

**Técnica** Friccionar vigorosamente com os nós dos dedos das mãos fechadas.

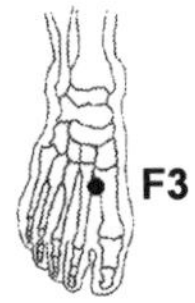


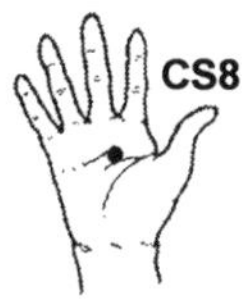


### Também indicados

**F3** Esfregar vigorosamente com o calcanhar oposto; inverter e repetir no outro lado.

**CS8** Abrir e fechar as mãos vigorosamente cinquenta vezes.

**B23 + B52** Friccionar vigorosamente com as palmas das mãos.

**VC6** Pressionar continuamente com a polpa do polegar.

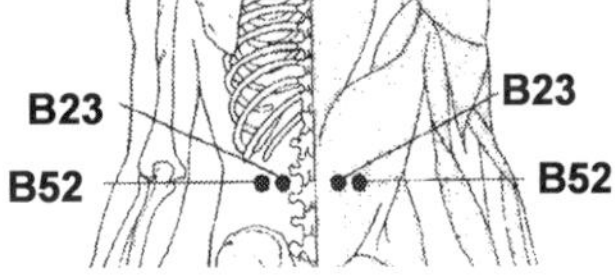


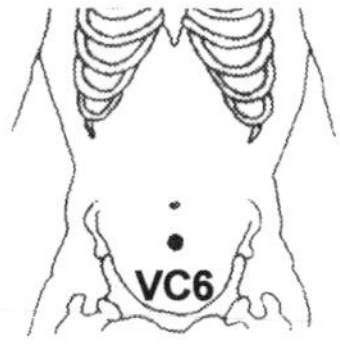


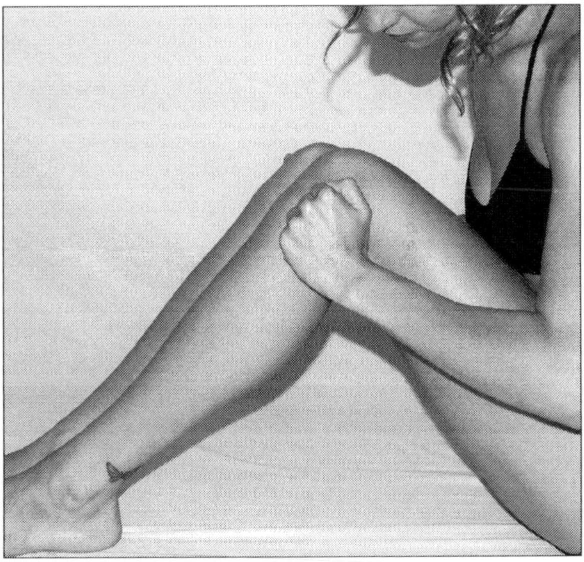

# FADIGA OCULAR

## olhos irritados, inchados e/ou avermelhados

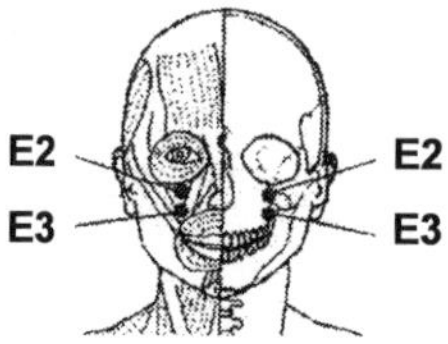


**Pontos** **E2 + E3**

**Técnica** Pressionar ao mesmo tempo os dois pontos continuamente com a ponta dos dedos indicadores e médios.

**Também indicados**

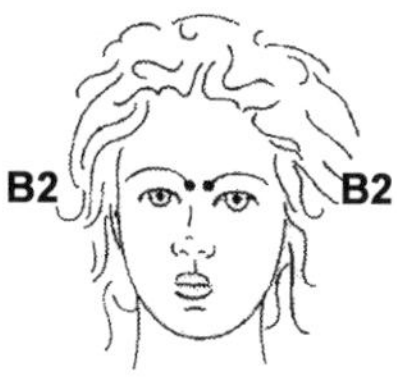


**B2** Pressionar continuamente com a polpa dos polegares, com a cabeça inclinada para frente.

**VB20** Pressionar continuamente com a polpa dos polegares, com a cabeça inclinada para trás.

**Yin Tang** Pressionar continuamente com a ponta do polegar.

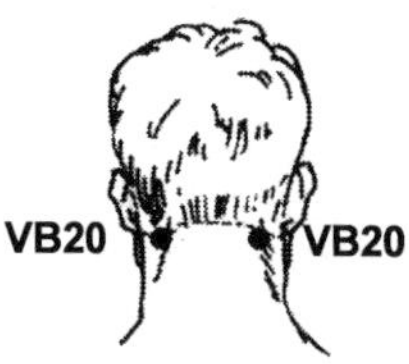


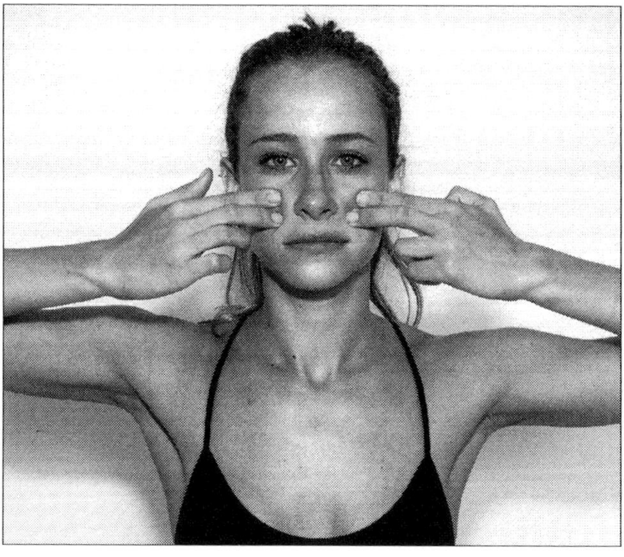

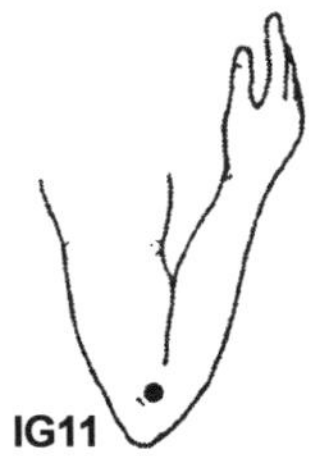


**Ponto** **IG11**

**Técnica** Pressionar continuamente com a polpa do polegar; repetir no outro braço.

**Também indicados**

**IG4** Pressionar continuamente com a polpa do polegar; repetir na outra mão.

**VG14** Pressionar continuamente com a ponta do dedo médio.

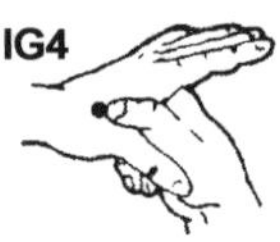


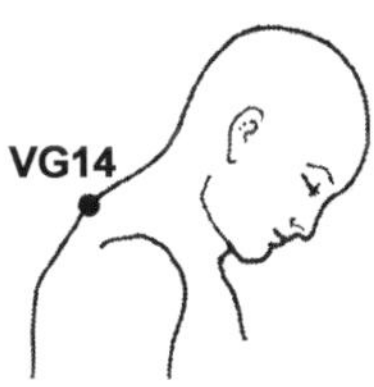


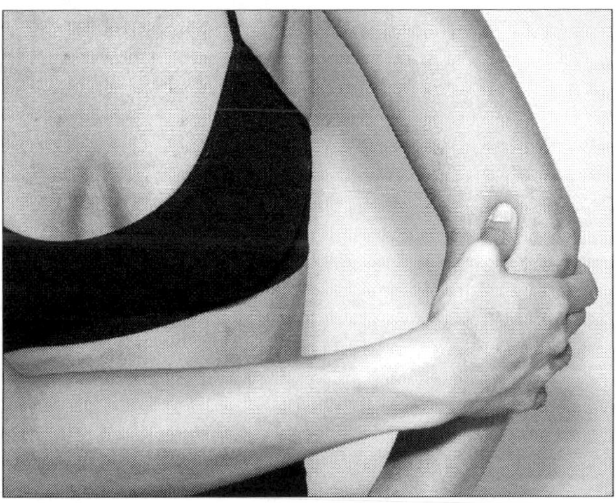

# FEBRE DO FENO

## rinite alérgica

**Ponto** **IG20**

**Técnica** Pressionar continuamente com a ponta dos dedos médios.

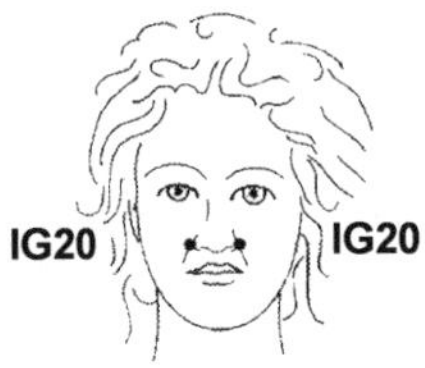


### Também indicados

**Yin Tang** Pressionar continuamente com a ponta do dedo médio.

**IG4** Pressionar continuamente com a polpa do polegar; repetir na outra mão.

Yin Tang

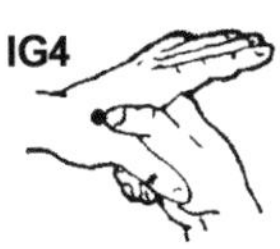


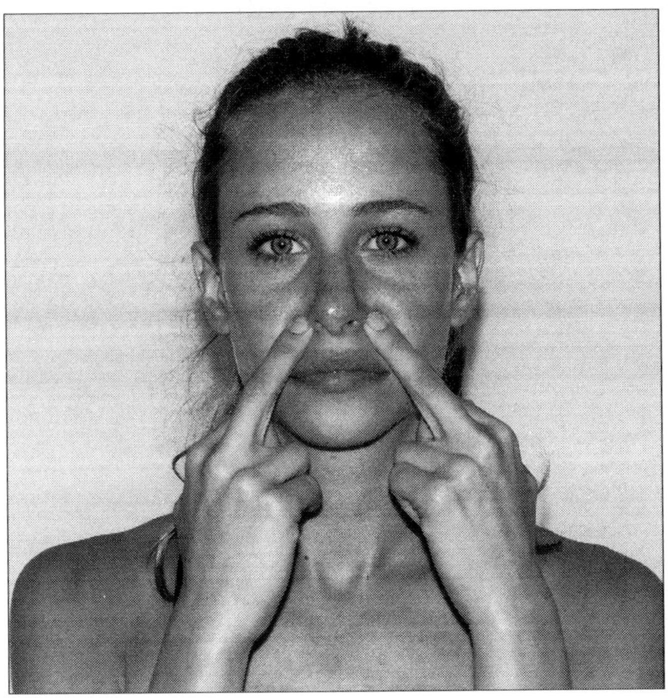

# FOGACHO

## calores na menopausa

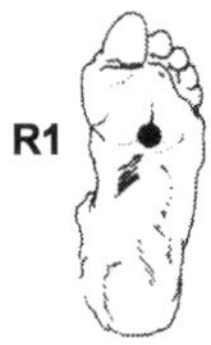


**Ponto** **R1**

**Técnica** Pressionar continuamente com a polpa dos polegares.

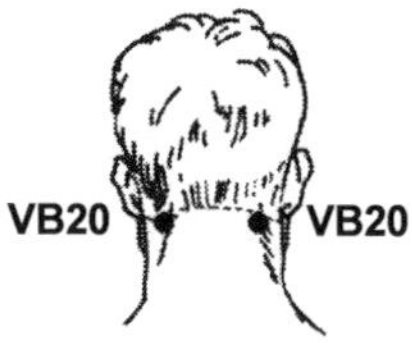


**Também indicados**

**VB20** Tratar como acima.

**VC17** Pressionar continuamente com a polpa do polegar.

**VG20** Pressionar continuamente com a ponta dos quatro dedos da mão.

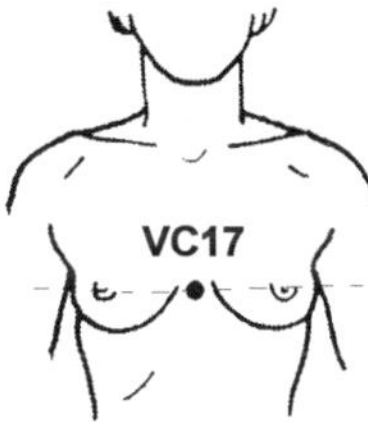


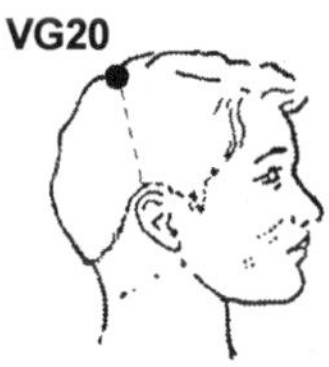


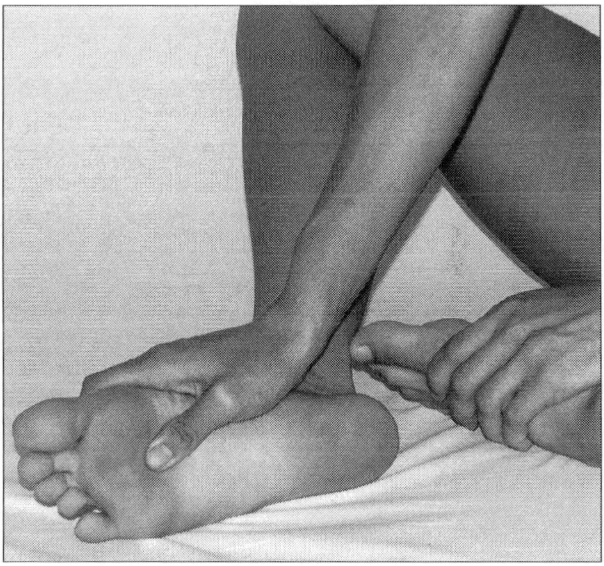

# FORÇA DE VONTADE

## para iniciativa, determinação e tomada de decisão

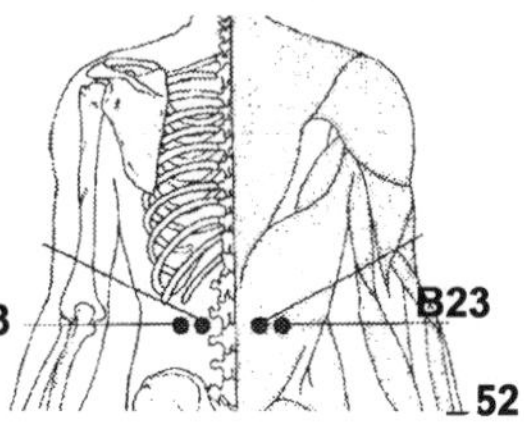


**Pontos B23 + B52**

**Técnica** Esfregar simultaneamente ambos os pontos com o dorso das mãos fechadas para cima e para baixo.

### Também indicados

**VB40** Pressionar ritmicamente para a frente e para trás sem deslizar sobre a pele com a ponta dos dedos médios.

**ID3** Apertar forte e repetidamente com a unha do polegar; repetir na outra mão.

**R1** Friccionar com a ponta do polegar; repetir no outro pé.

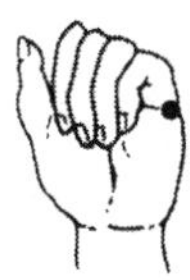

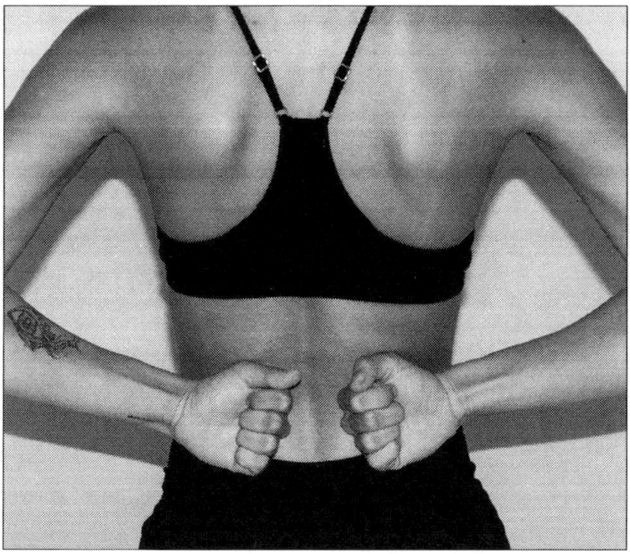

# FRIAGEM

## para elevar a temperatura do corpo

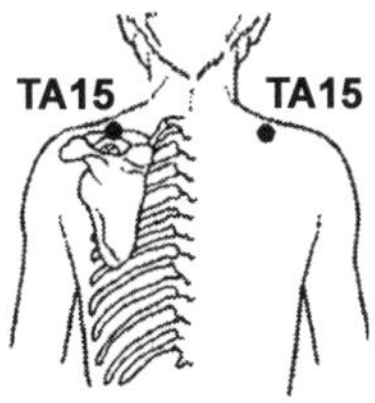


**Ponto** **TA15**

**Técnica** Com as mãos em garra, enganchar a ponta dos dedos a cerca de 3 cm atrás e abaixo do topo dos ombros e massagear vigorosamente a área.

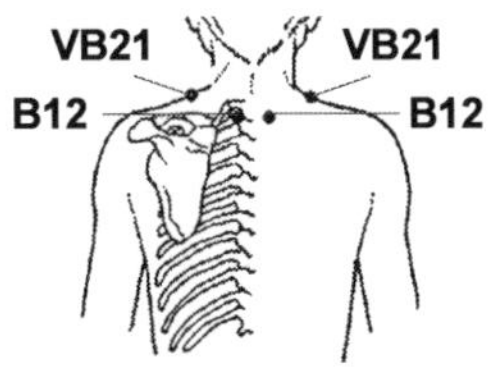


**Também indicados**

**VB21** O mesmo procedimento acima, com a ponta dos dedos enganchados no topo dos ombros.

**Para prevenir efeitos da exposição ao frio e à umidade:**

**B12** Pressionar e massagear com a ponta dos dedos médios.

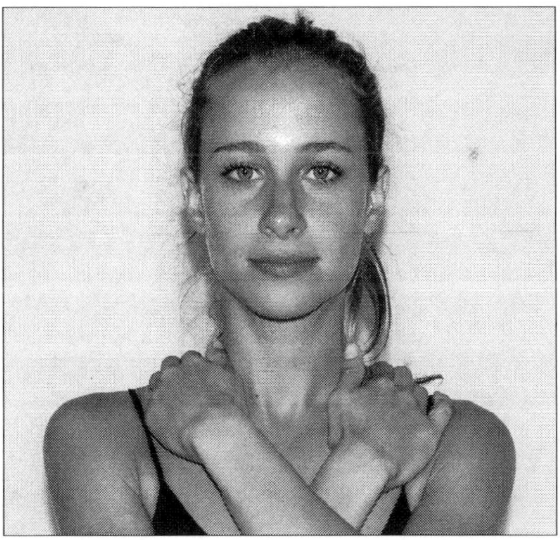

# GAGUEIRA

## e outros distúrbios da fala

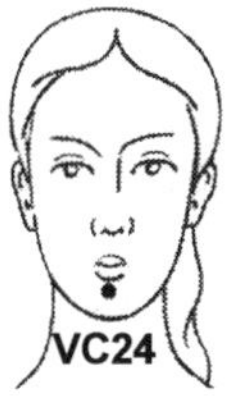


**Ponto** **VC24**

**Técnica** Pressionar continuamente com a ponta do dedo médio.

**Também indicados**

**VC15** Pressionar continuamente com a ponta do polegar.

**VG15** Pressionar continuamente com a ponta do dedo médio.

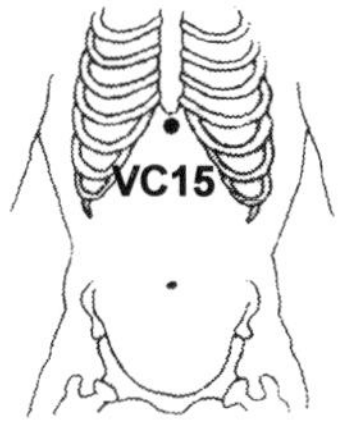


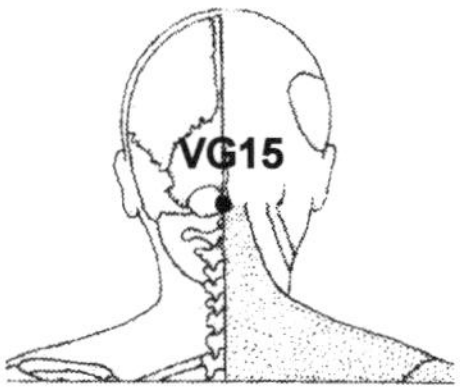


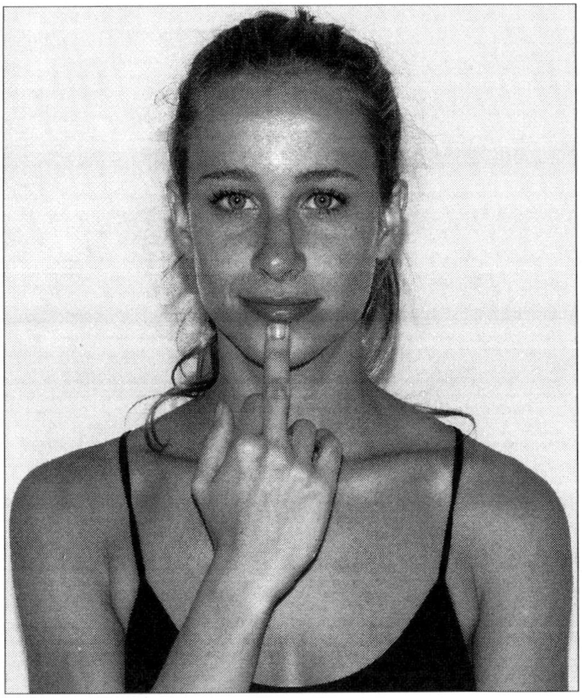

# GASTRITE

## acidez e dor no estômago

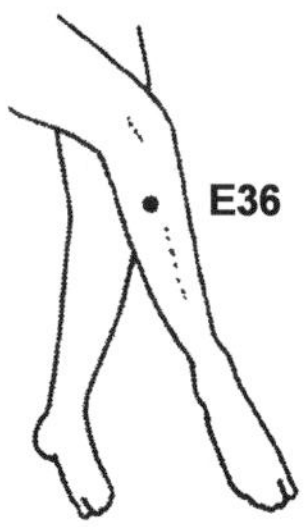


**Ponto** **E36**

**Técnica** Friccionar vigorosamente com os nós dos dedos das mãos fechadas.

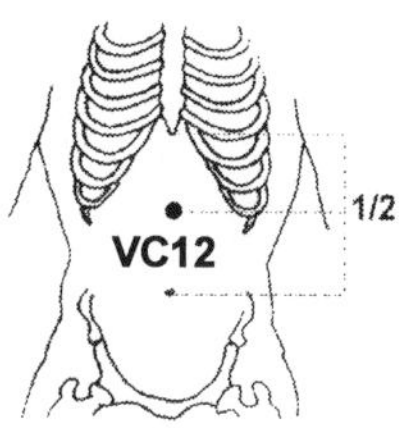


**Também indicados**

**VC12** Pressionar continuamente com a polpa do polegar.

**CS6** Pressionar continuamente com a polpa do polegar; repetir no outro braço.

**BP4** Pressionar continuamente com a polpa dos polegares.

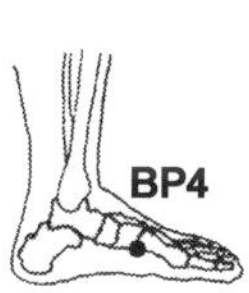


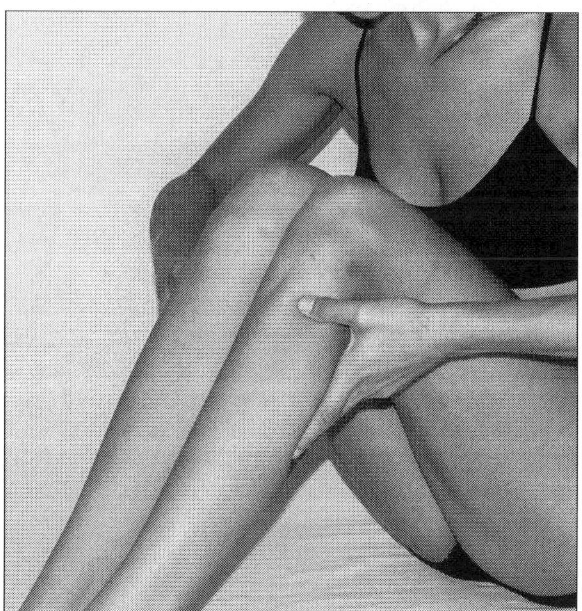

# GENGIVITE

## *inflamação e sangramento das gengivas*

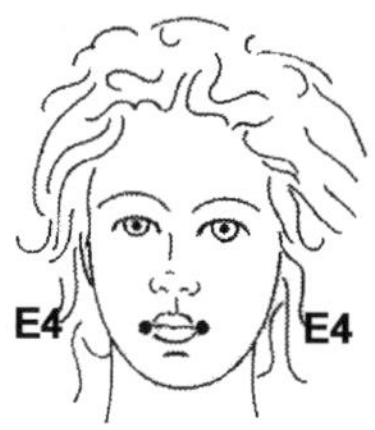


**Ponto** E4

**Técnica** Pressionar continuamente com a ponta dos dedos médios.

**Também indicados**

**VC23** Pressionar continuamente com a ponta do dedo médio.

**IG4** Pressionar continuamente com a polpa do polegar; repetir na outra mão.

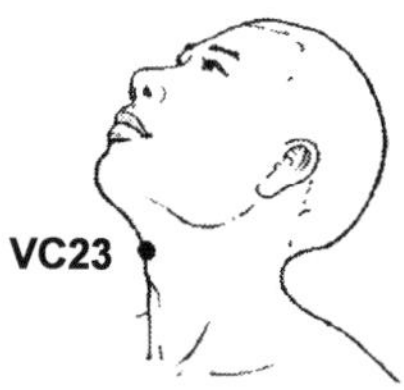


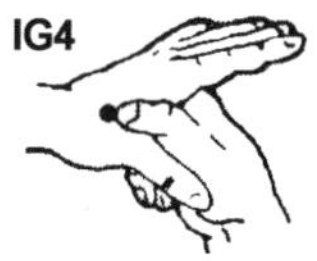


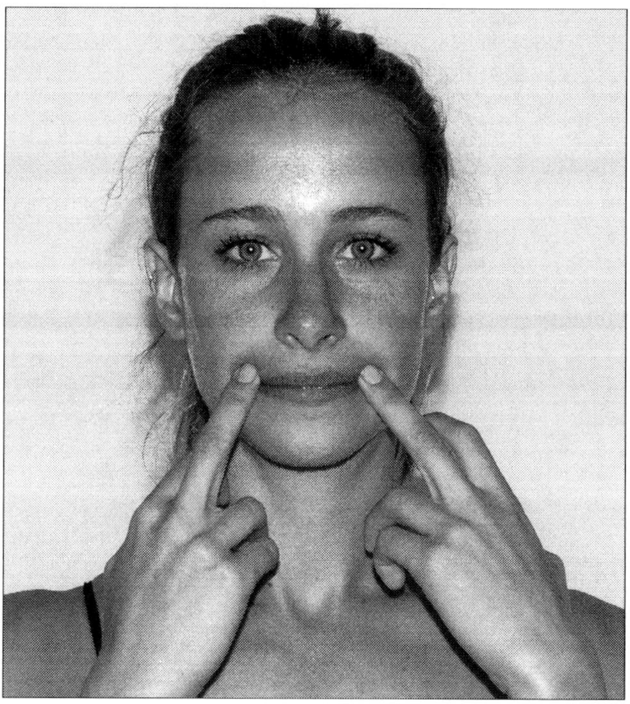

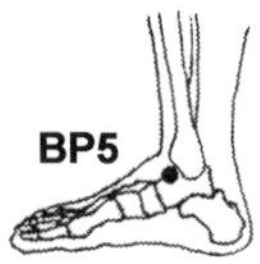


**Ponto** **BP5**

**Técnica** Pressionar continuamente com a ponta dos polegares.

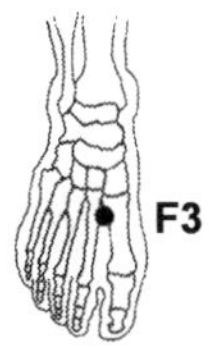


**Também indicado**

**F3** Tratar como acima.

**Obs.:** Tratar somente os pontos no lado afetado.

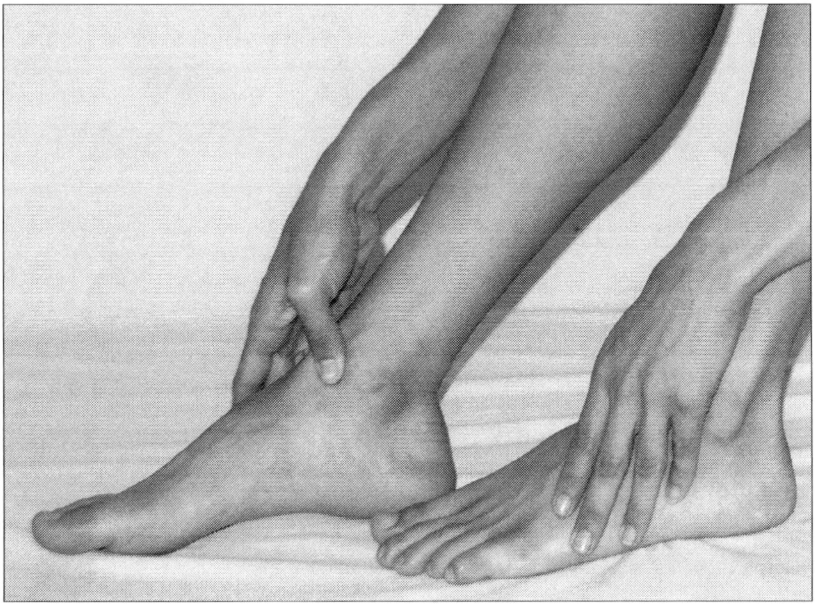

# GRAVIDEZ

## desconfortos

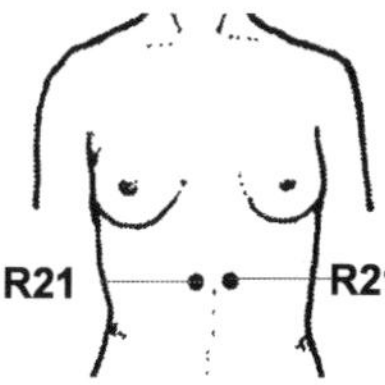


**Ponto** **R21**

**Técnica** Pressionar continuamente com a polpa dos dedos médios.

### Também indicados

**CS6** Pressionar continuamente com a polpa do polegar; repetir na outra mão.

**Yin Tang + VC17** Pressionar continuamente o ponto **Yin Tang** com o dedo médio e, ao mesmo tempo, o ponto **VC17** com o dedo médio da outra mão.

**B23** Pressionar continuamente com a polpa dos polegares.

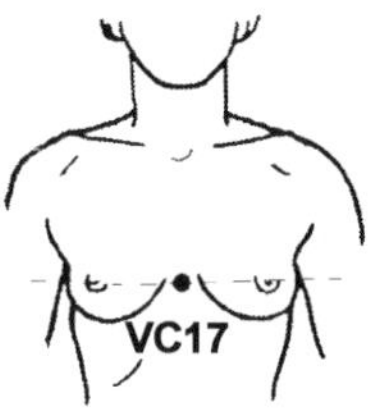


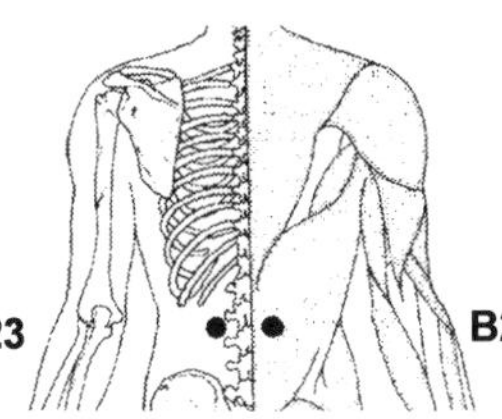


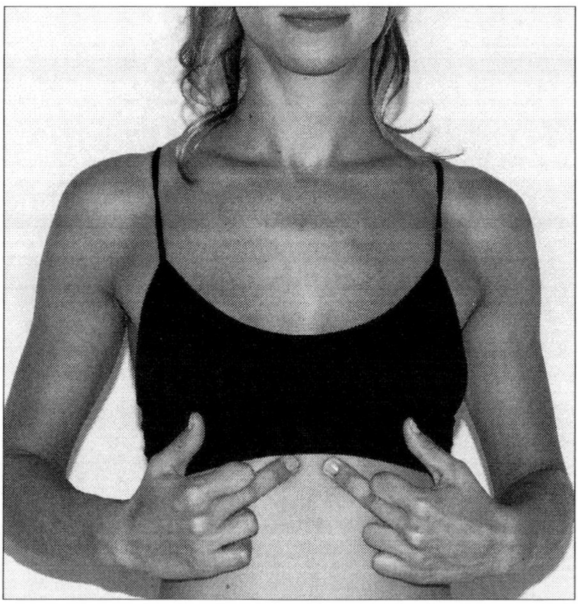

# GRIPE

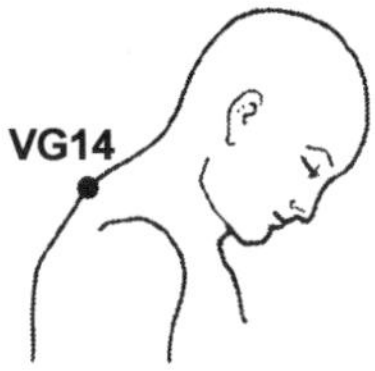


**Ponto** **VG14**

**Técnica** Pressionar continuamente com a polpa do dedo médio.

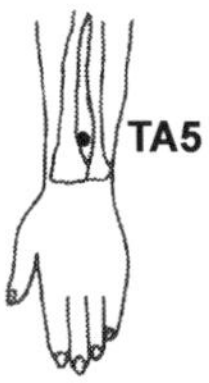


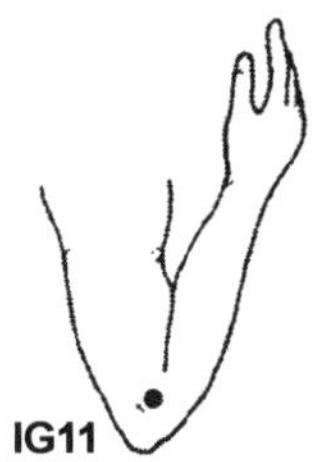


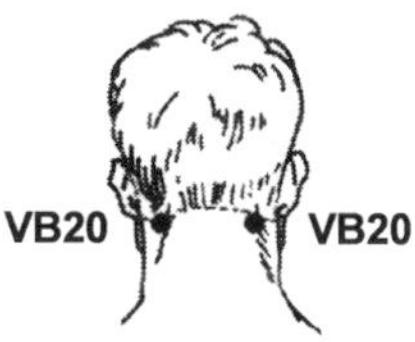


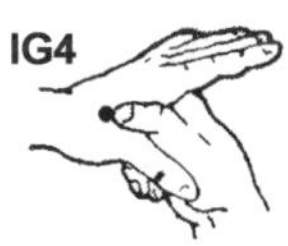


## Também indicados

**TA5** Friccionar com os nós dos dedos da mão fechada; repetir no outro braço.

**IG11** Tratar como acima.

**VB20** Pressionar continuamente com a polpa dos polegares.

**IG4** Pressionar continuamente com a polpa do polegar; repetir na outra mão.

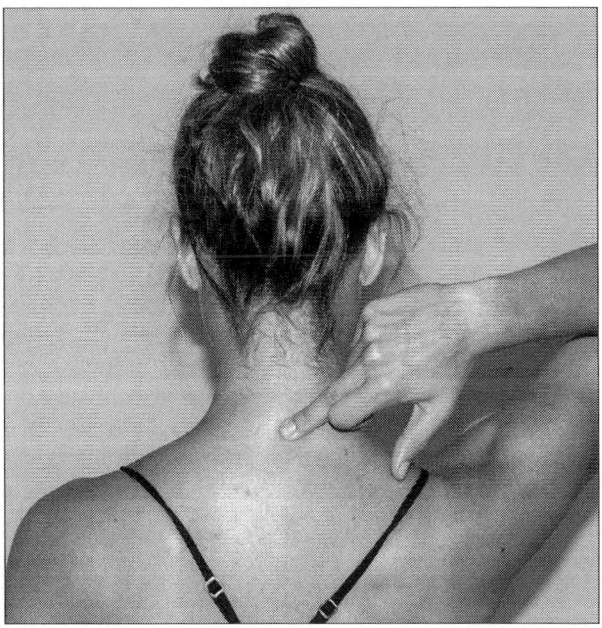

# HEMORRAGIA

## em geral – não muito severa

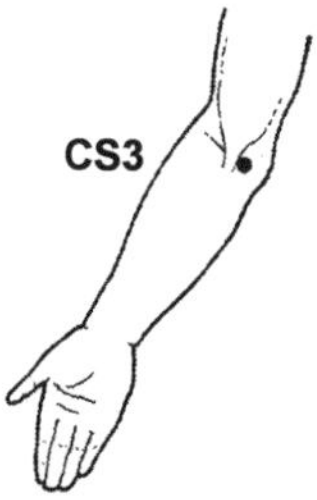


**Ponto** **CS3**

**Técnica** Pressionar continuamente com a polpa do polegar; repetir no outro braço.

# HEMORRAGIA

## nasal

**Pontos** **VG26 + VG16**

**Técnica** Pressionar continuamente os dois pontos ao mesmo tempo com a ponta dos dedos médios.

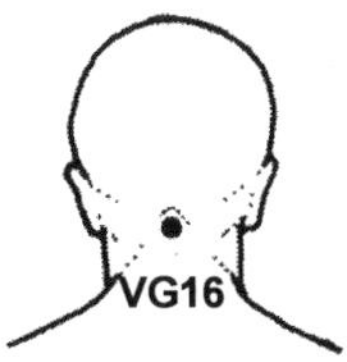


**Também indicados**

**VB20** Pressionar continuamente com a polpa dos polegares.

**IG4** Pressionar continuamente com a polpa do polegar; repetir na outra mão.

**CS3** Tratar como acima.

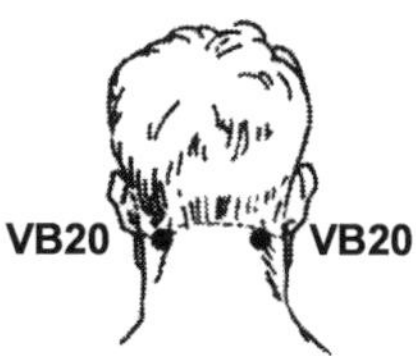

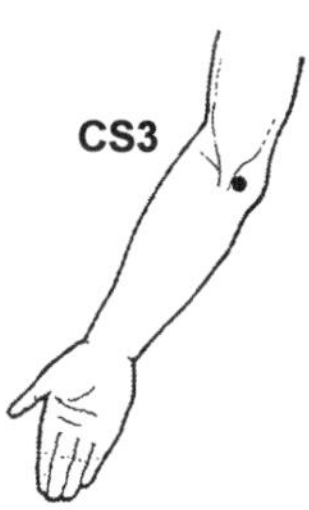


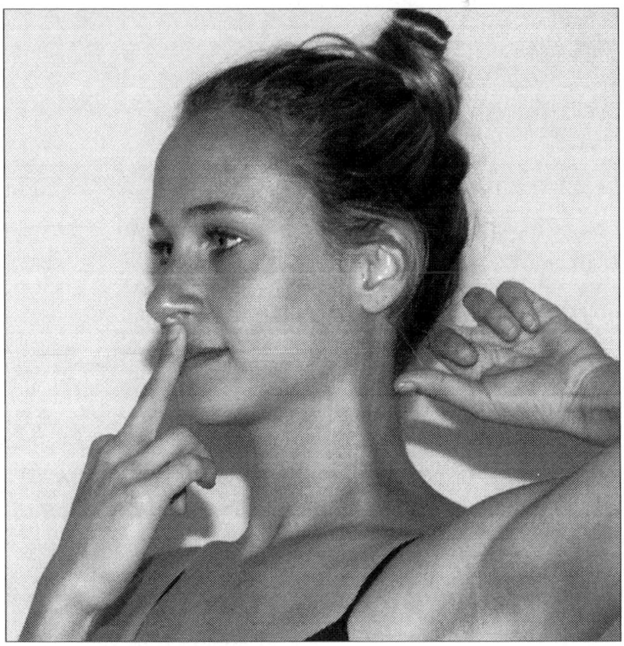

# HEMORRAGIA

## uterina

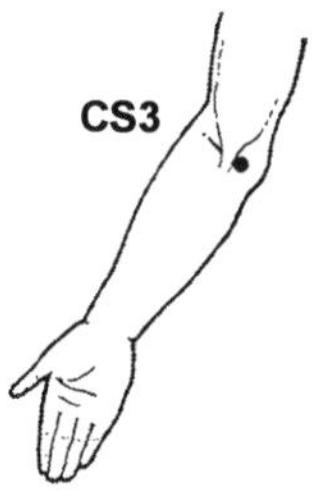


**Ponto** **CS3**

**Técnica** Pressionar continuamente com a polpa do polegar; repetir no outro braço.

### Também indicados

**BP6** Pressionar continuamente com a polpa dos polegares.

**VC3** Pressionar continuamente com a polpa do polegar.

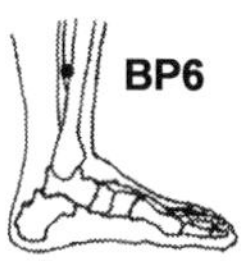


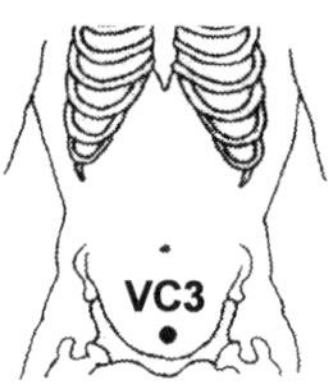


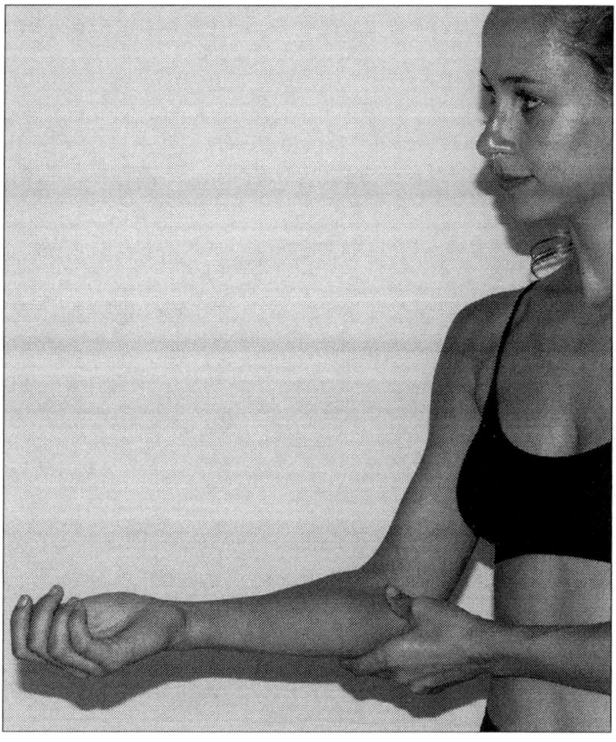

# HEMORRÓIDA

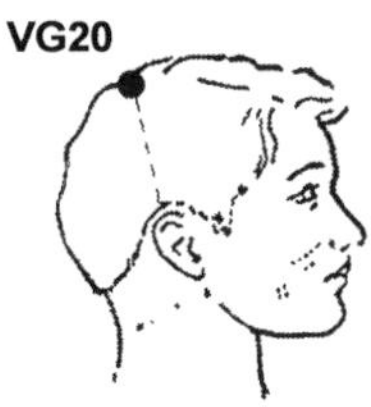


**Ponto** **VG20**

**Técnica** Pressionar firme e continuamente com a ponta dos dedos alinhados.

**Também indicados**

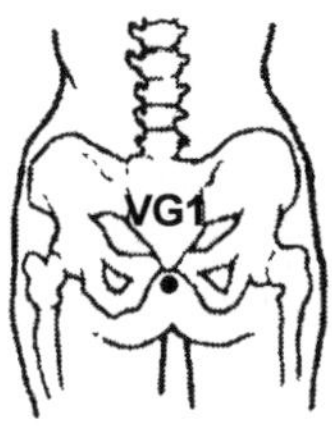


**VG1** Pressionar continuamente com a ponta do dedo médio.

**B40** Pressionar continuamente com a polpa dos polegares.

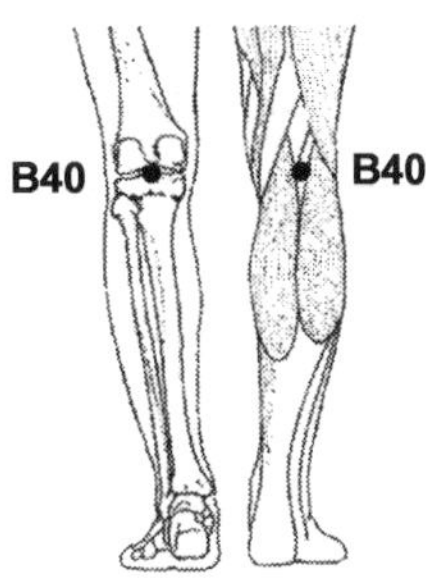


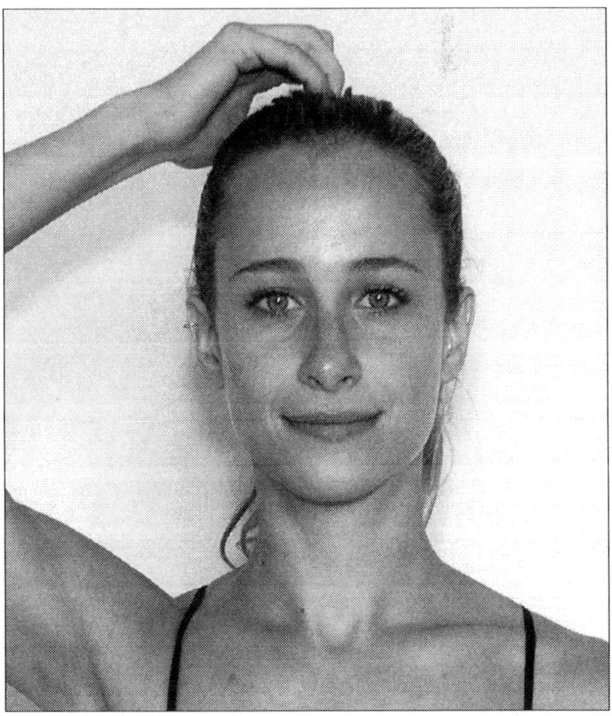

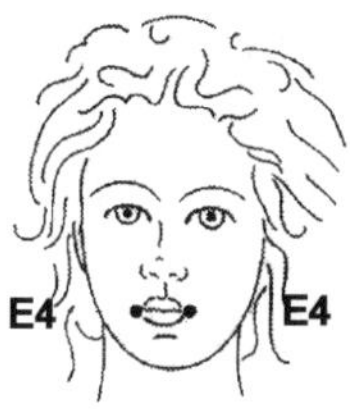


**Ponto** **E4**

**Técnica** Pressionar continuamente com a ponta dos dedos médios.

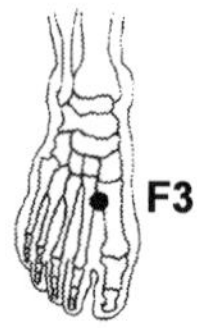


**Também indicado**

**F3** Tratar como acima.

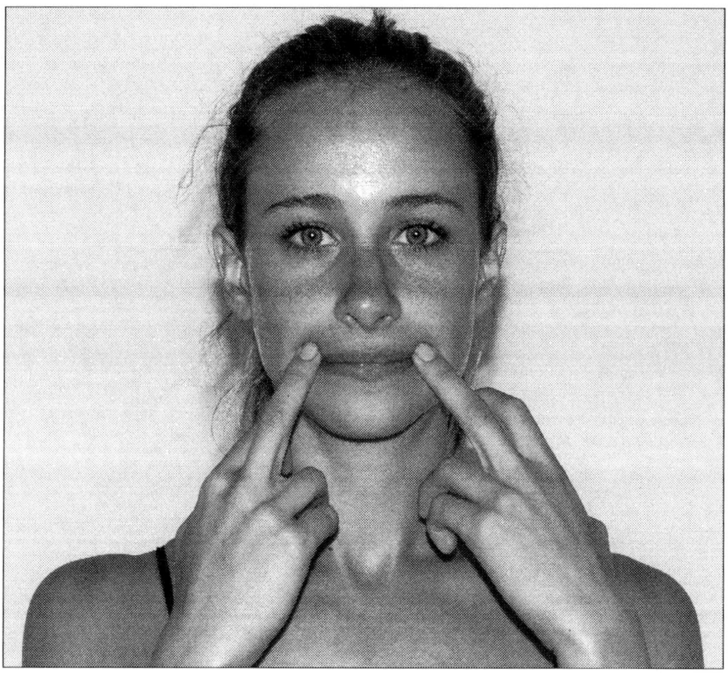

# HIPOGLICEMIA

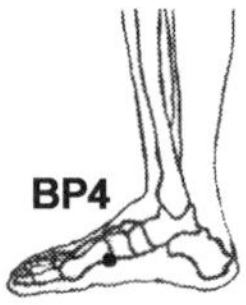


**Ponto BP4**

**Técnica** Percutir repetida e secamente com a base da mão; repetir no outro pé.

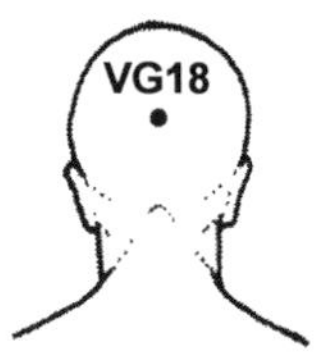


**Também indicado**

**VG18** Pressionar firmemente e fazer movimentos circulares com a polpa do polegar, sem deslizar sobre o escalpo.

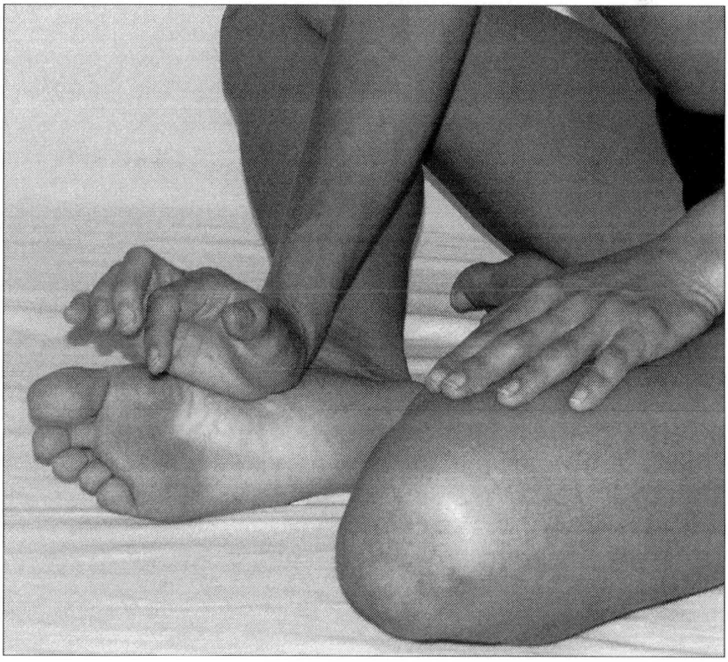

# INDIGESTÃO

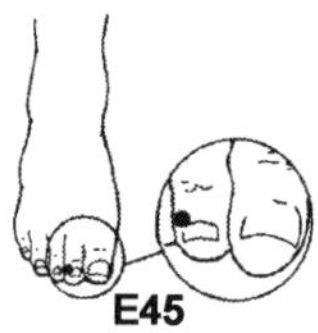


**Ponto** **E45**

**Técnica** Pressionar continuamente com as unhas dos polegares.

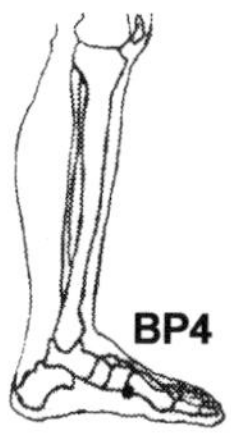


**Também indicados**

**BP4** Esfregar com o calcanhar oposto; repetir no outro pé.

**VC12** Colocar a mão fechada entre o umbigo e a parte do esterno, deitar de bruços, mantendo a pressão com o peso do corpo.

**E36** Friccionar vigorosamente com os nós dos dedos das mãos fechadas.

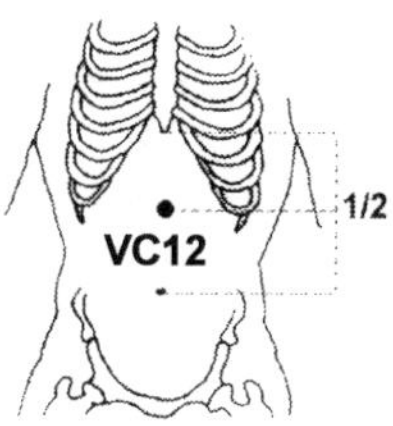


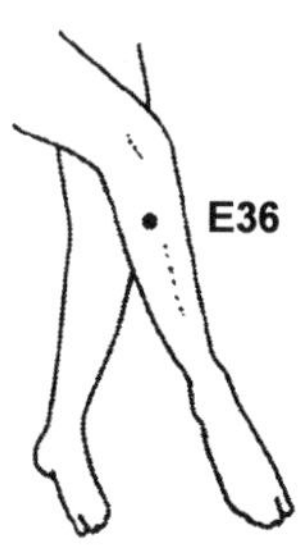


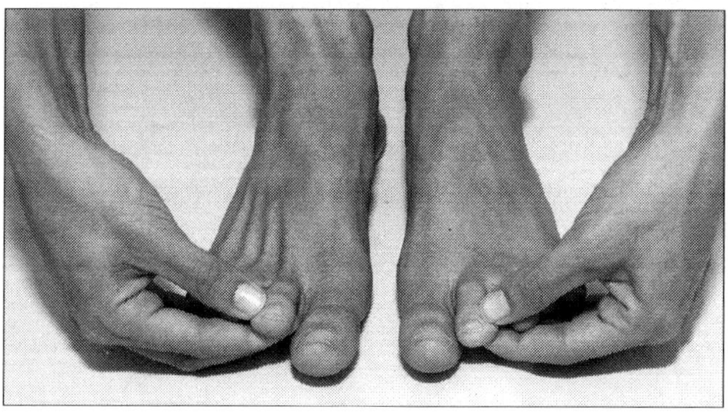

# INFARTO

## na iminência de colapso, com sensação de síncope

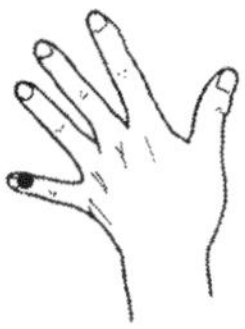

**Ponto** **C9**

**Técnica** Beliscar repetidamente os lados da base da unha do dedo mínimo com o polegar e o indicador, no ritmo cardíaco normal; repetir na outra mão.

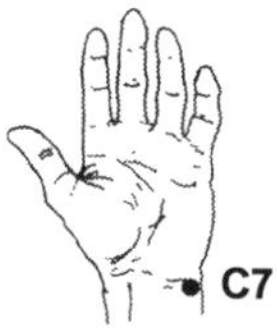


**Também indicado**

**C7** Em seguida, pressionar continuamente com a polpa do polegar; repetir na outra mão.

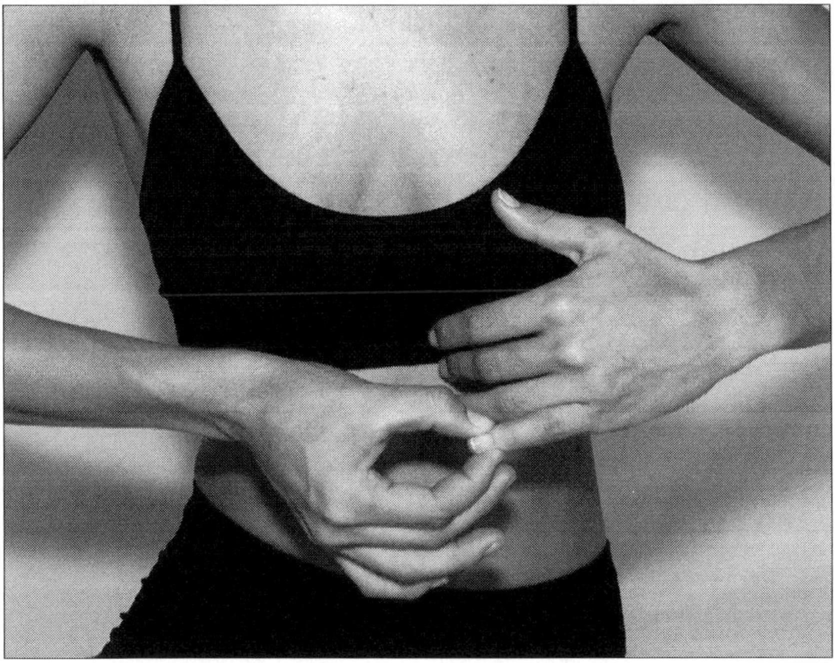

**Ponto** **VC15**

**Técnica** Pressionar continuamente com a ponta do polegar.

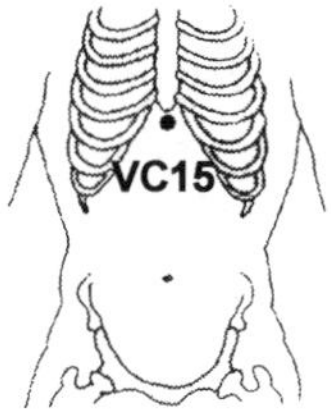


**Também indicados**

**VC12** Tratar como acima.

**VC6** Tratar como acima.

**R23** Pressionar continuamente com a polpa dos polegares.

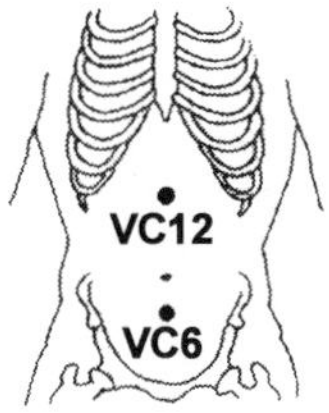


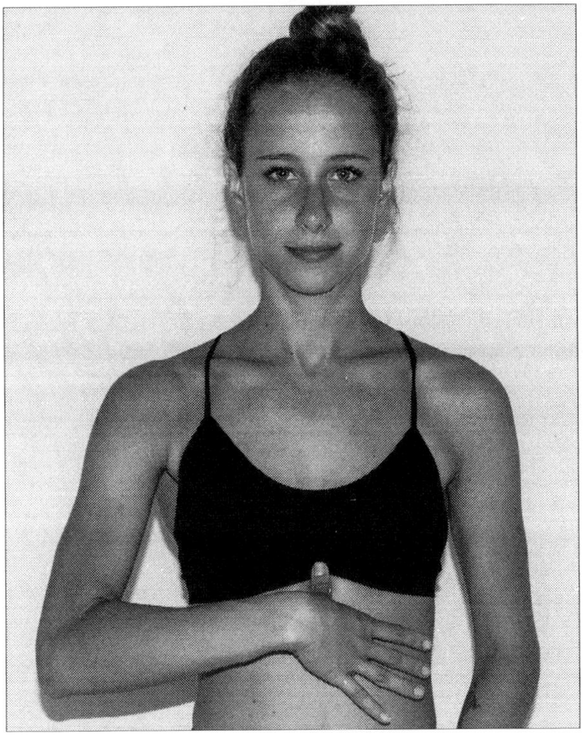

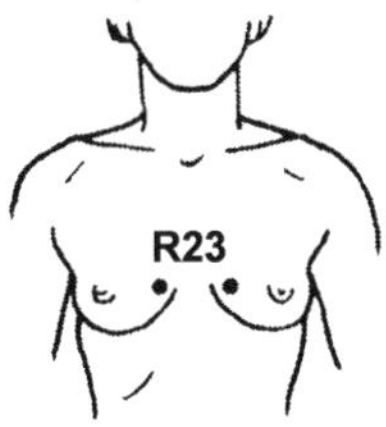

# INSÔNIA

## com preocupações ou má digestão

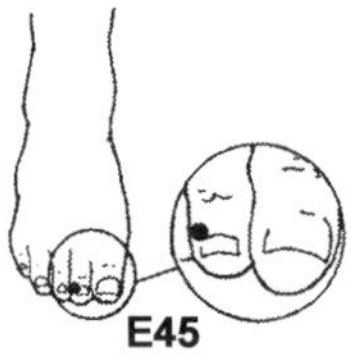


**Ponto E45**

**Técnica** Pressionar continuamente com as unhas dos polegares.

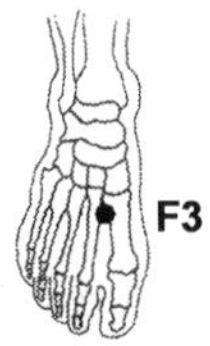


**Em seguida tratar os pontos:**

**F3** Pressionar continuamente com a polpa dos polegares.

**BP6** Tratar como acima.

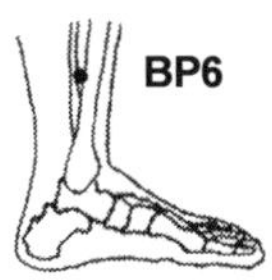


**Também indicados**

**C7** Pressionar continuamente com a polpa dos polegares; repetir na outra mão.

**CS6** Tratar como acima.

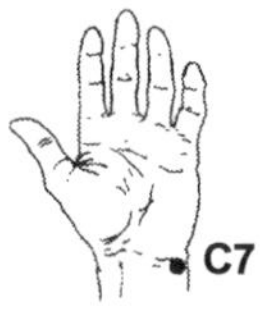


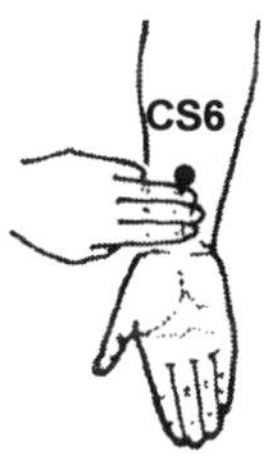


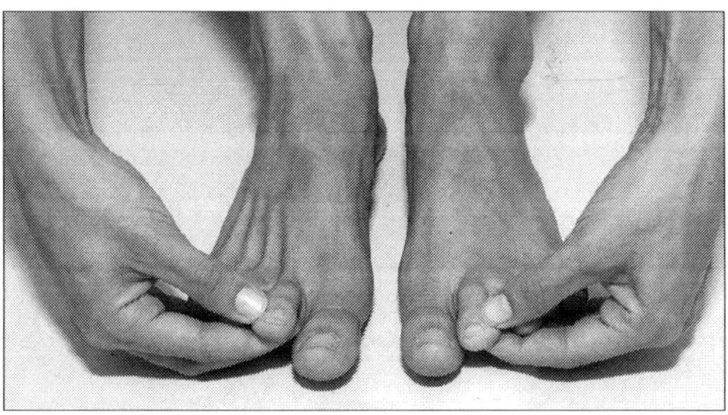

# INSÔNIA

## com excitação ou euforia

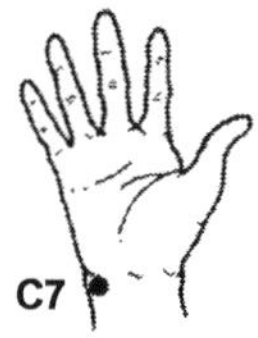


**Ponto** **C7**

**Técnica** Pressionar continuamente com a polpa do polegar; repetir na outra mão.

**Também indicados**

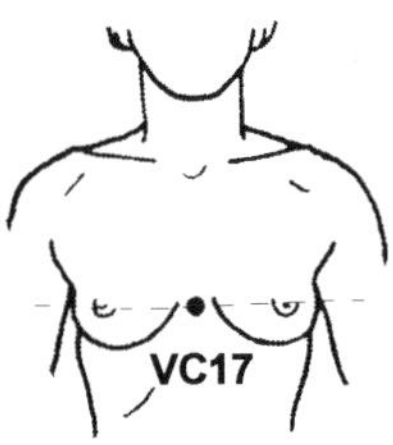


**VC17** Pressionar continuamente com a polpa do polegar.

**C8** pressionar continuamente com a polpa do polegar; repetir na outra mão.

**R1** Pressionar continuamente com a polpa dos polegares.

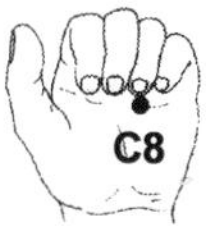


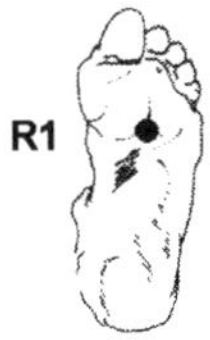


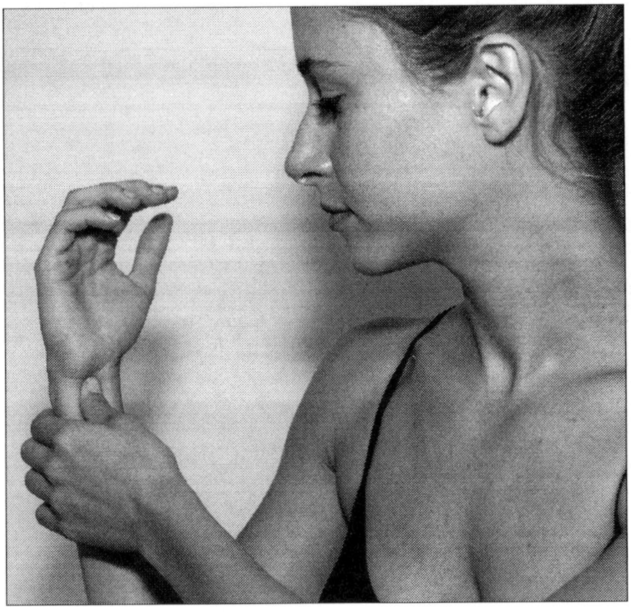

# INSÔNIA

## com irritação, inquietação e/ou calor na cabeça

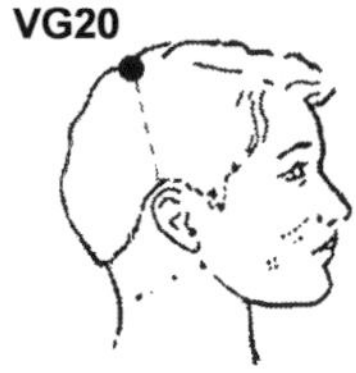


**Ponto** **VG20**

**Técnica** Pressionar firme e continuamente com a ponta dos dedos alinhados.

**Também indicados**

**R1** Pressionar continuamente com a polpa dos polegares.

**C7** Pressionar continuamente com a polpa do polegar; repetir na outra mão.

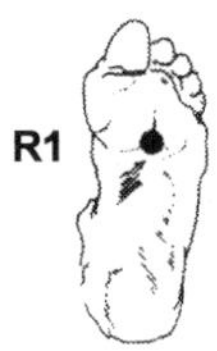


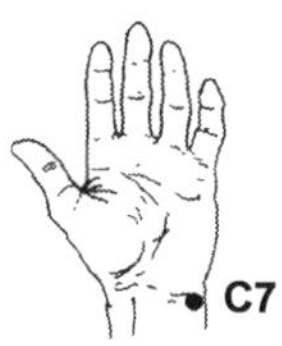


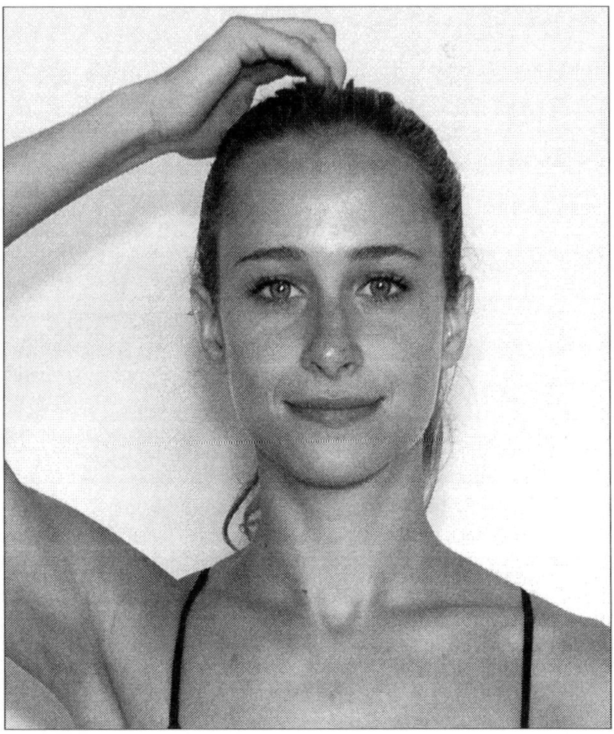

# IRRITAÇÃO

## repentina e incontida

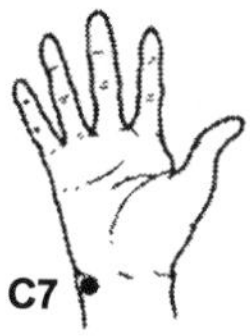


**Ponto** **C7**

**Técnica** Pressionar continuamente com a polpa do polegar; repetir na outra mão.

**Também indicados**

**VB20** Pressionar continuamente com a polpa dos polegares.

**F3** Pressionar continuamente com a polpa dos polegares; repetir no outro pé.

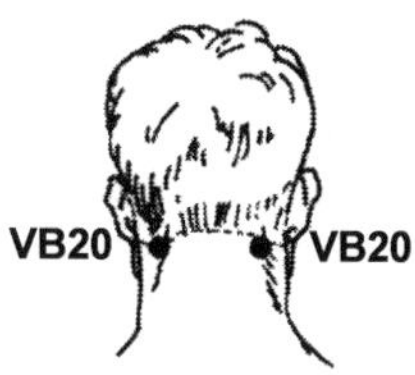


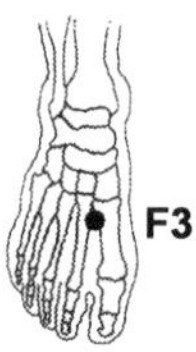


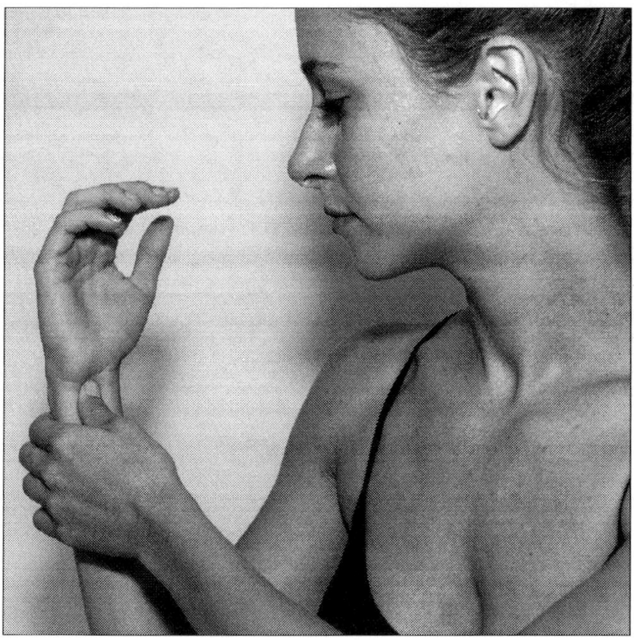

# INTOXICAÇÃO

## por alimentos

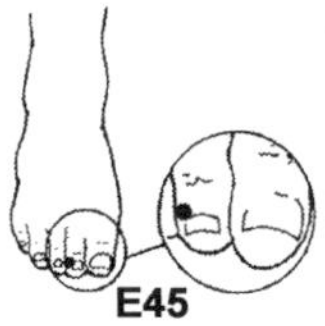


**Ponto** **E45**

**Técnica** Pressionar continuamente com as unhas dos polegares.

**Também indicados**

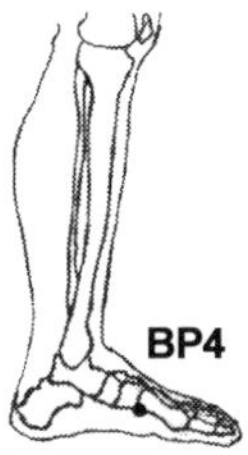


**BP4** Pressionar continuamente com a polpa dos polegares.

**P9** Esfregar repetidamente com a polpa do polegar; repetir na outra mão.

**E42** Pressionar continuamente com a ponta dos polegares.

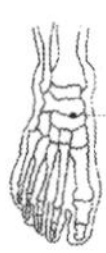


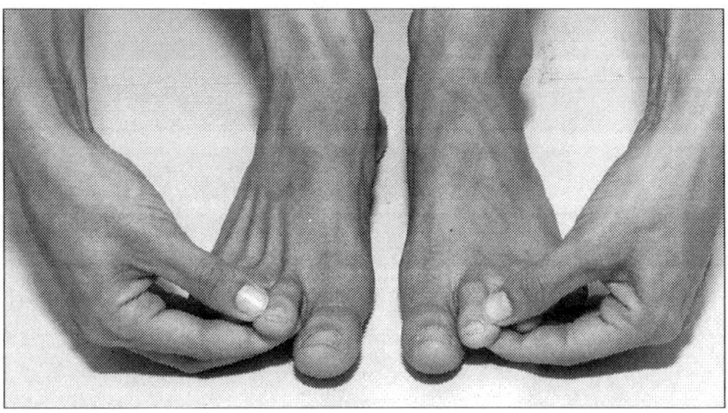

# INTOXICAÇÃO

## por monóxido de carbono

**Pontos** **P9 + P10**

**Técnica** Massagear depois de esfregar vigorosamente os dois pontos ao mesmo tempo deslizando a polpa do polegar para frente e para trás; repetir na outra mão.

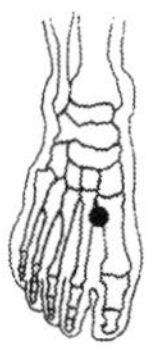


**Também indicado**

**F3** Pressionar continuamente com a ponta dos polegares.

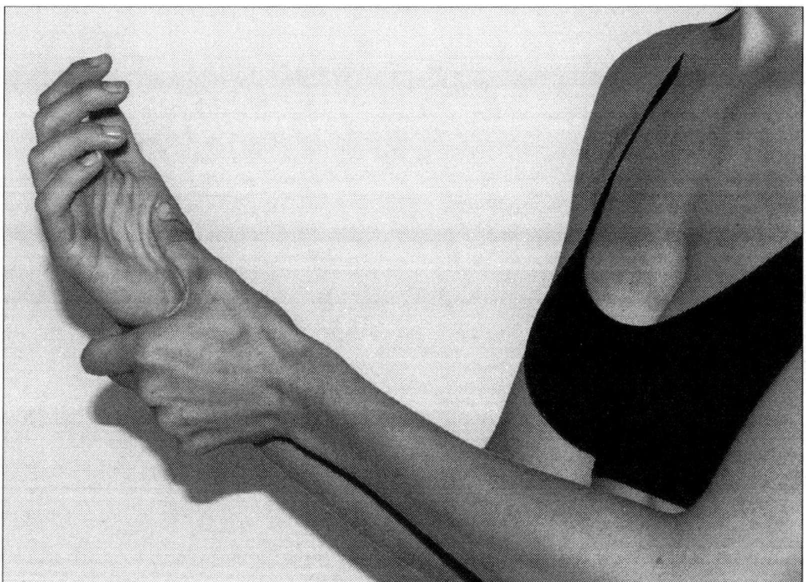

# INTOXICAÇÃO

## por drogas (farmacêuticas ou recreativas)

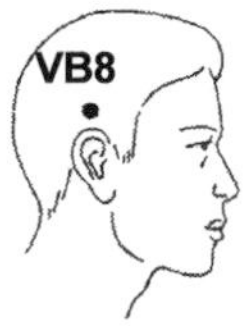


**Ponto** **VB8**

**Técnica** Pressionar continuamente com a polpa dos dedos médios.

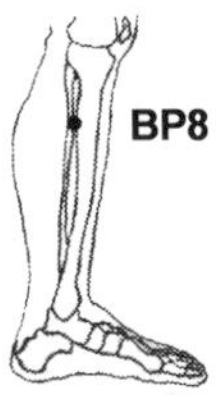


**Também indicado**

**BP8** Pressionar continuamente com a polpa dos polegares.

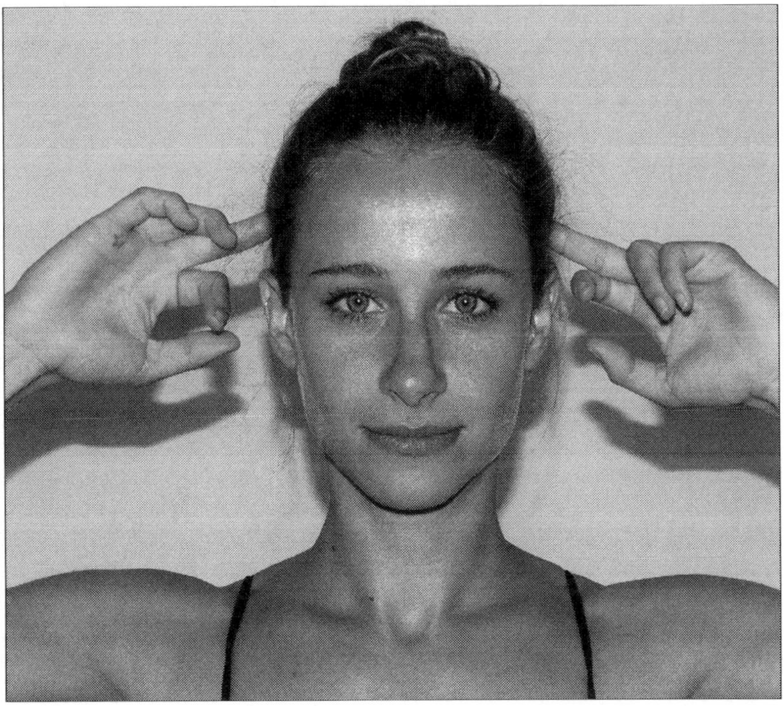

# LACTAÇÃO

## dores ou insuficiência de leite

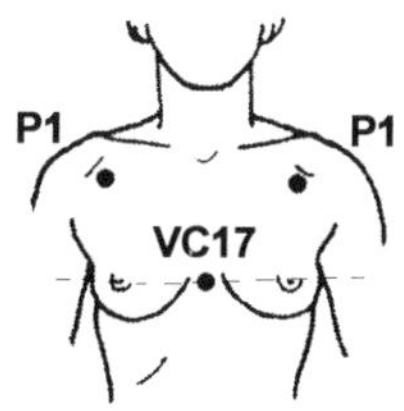


**Ponto** **VC17**

**Técnica** Massagear com a polpa do polegar, com movimento pronunciado para cima.

**Também indicados**

**CS1** Tratar como acima.

**P1** Tratar como acima.

**E16** Tratar como acima.

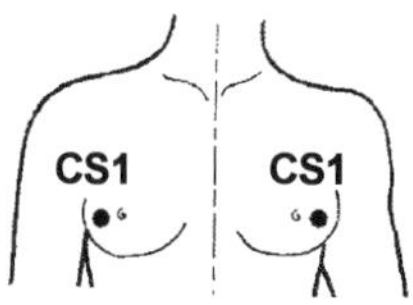


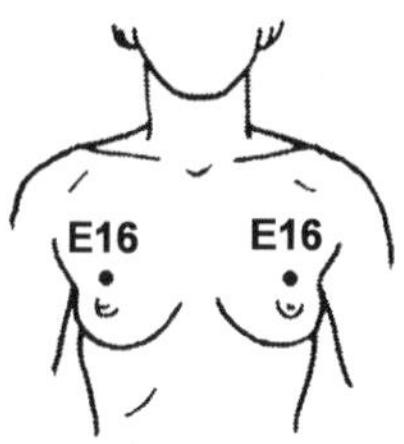


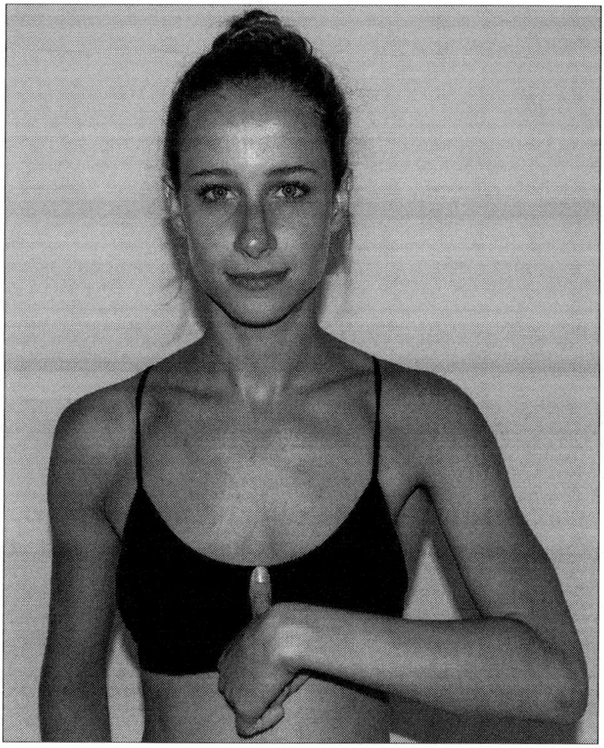

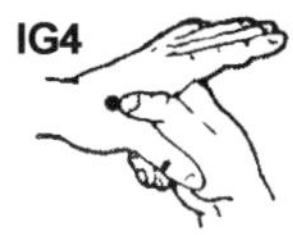


**Ponto** **IG4**

**Técnica** Pressionar continuamente com a polpa do polegar; repetir na outra mão.

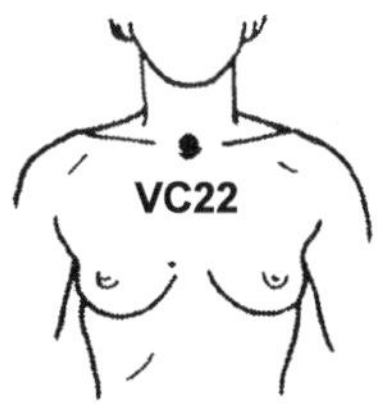


**Também indicados**

**VC22** Pressionar continuamente com a ponta do dedo médio.

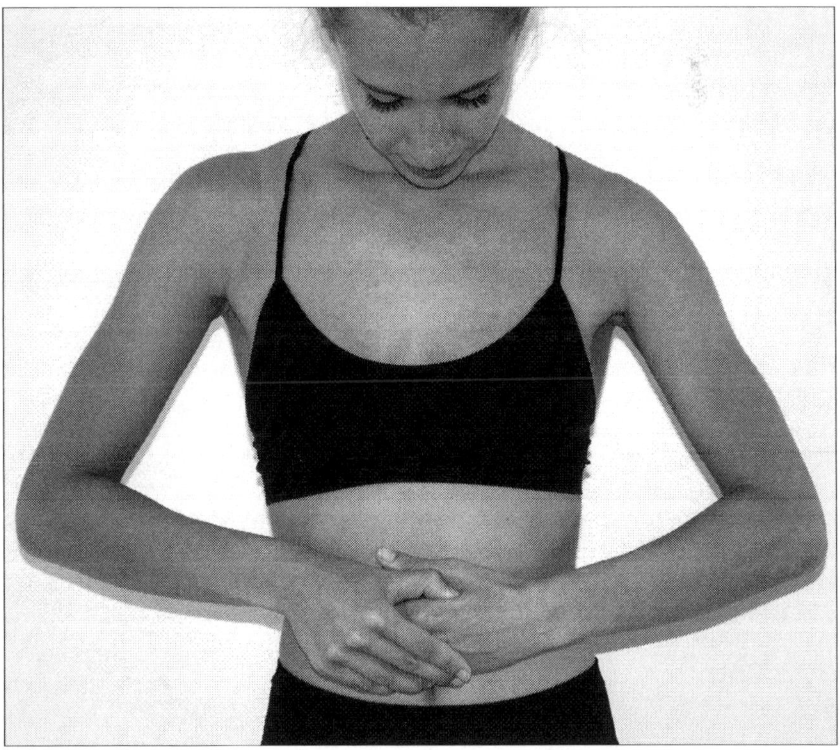

# L.E.R.

## lesão por esforço repetitivo nas mãos

**Pontos** **CS6 + TA5**

**Técnica** Pressionar simultaneamente ambos os pontos com o polegar e o dedo médio em alicate, girando alternadamente a mão tratada para a esquerda e para a direita.

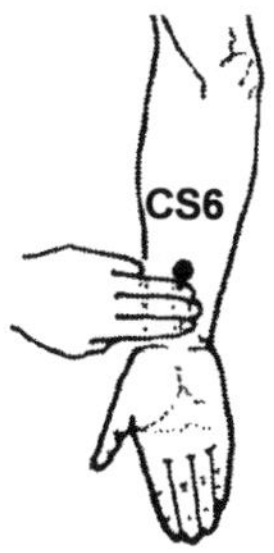

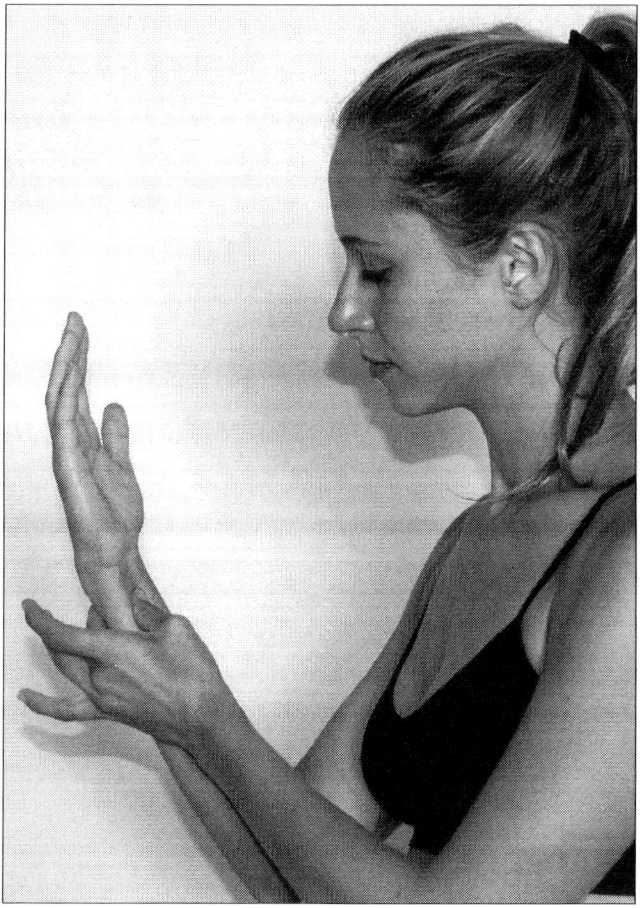

# MEDO

## sem causa aparente

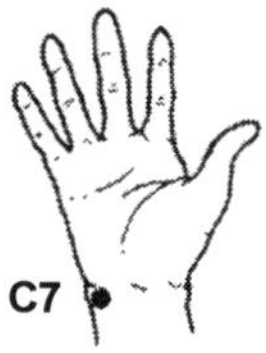


**Ponto** **C7**

**Técnica** Pressionar continuamente com a polpa do polegar; repetir na outra mão.

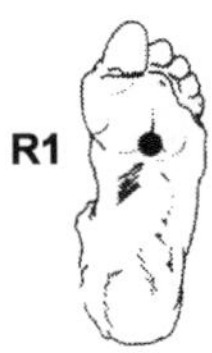


**Também indicados**

**R1** Friccionar repetidamente com a polpa dos dedos médios.

**B23 + B52** Esfregar a área lombar para cima e para baixo com as palmas das mãos.

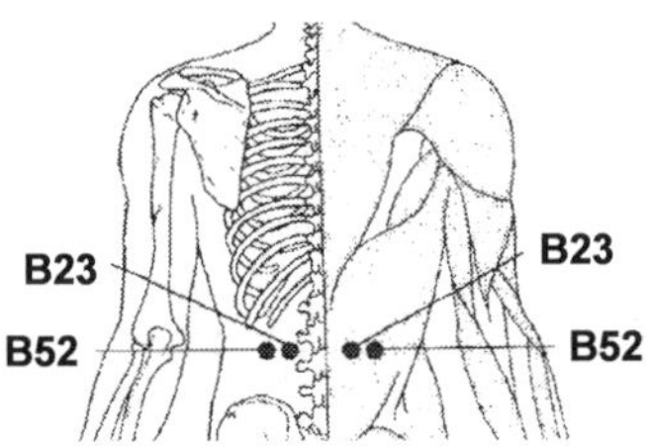


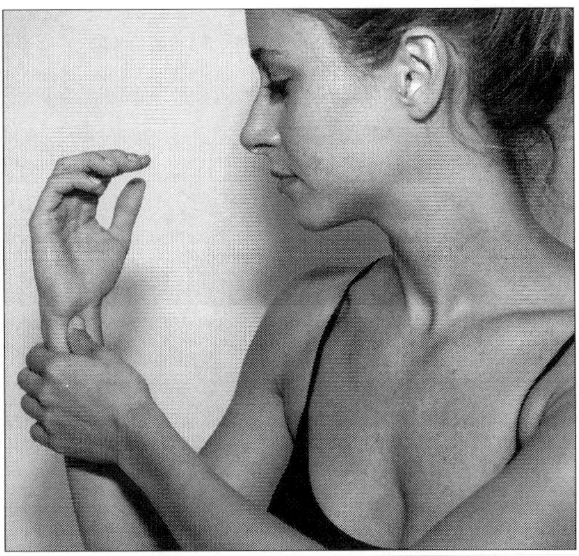

# MEDO

## de público

**Pontos** **C7 + C6 + C5 + C4**

**Técnica** Pressionar continuamente ao mesmo tempo os quatro pontos com os quatro dedos da mão; repetir no outro braço.

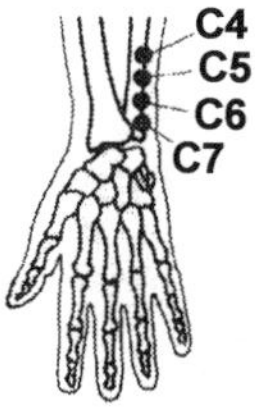


### Também indicado

**CS5** Pressionar continuamente com a polpa do polegar; repetir no outro braço.

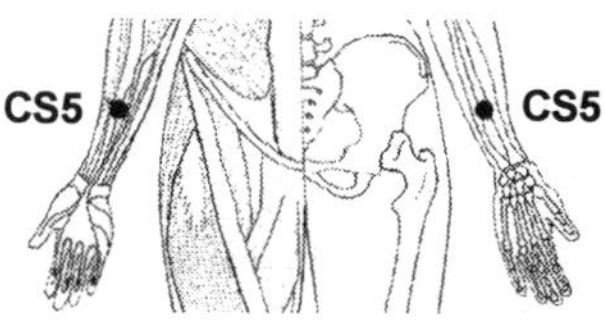

# MEMÓRIA

## deficiente

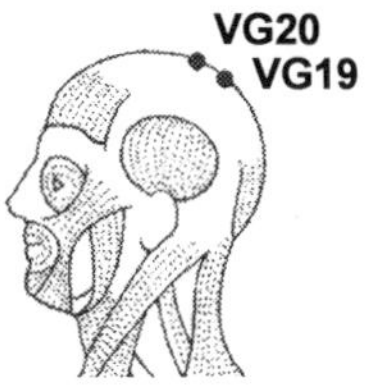


**Pontos** **VG20 + VG19**

**Técnica** Esfregar simultaneamente os dois pontos com os dedos enfileirados.

### Também indicados

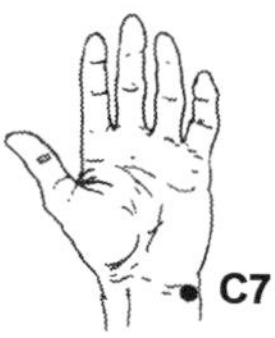


**C7** Massagear circularmente com a ponta do polegar; repetir na outra mão.

**B10** Pressionar continuamente com a polpa dos polegares.

**E36** Friccionar vigorosamente com os nós dos dedos das mãos fechadas.

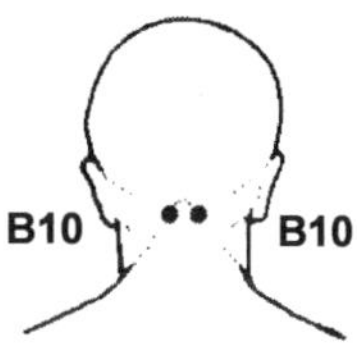


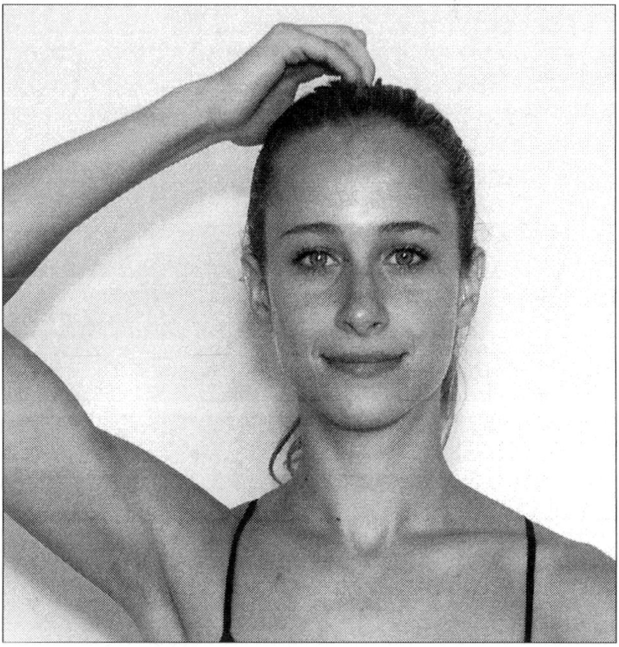

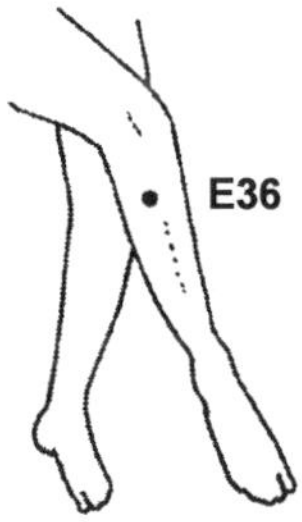

# MENOPAUSA

## desconfortos

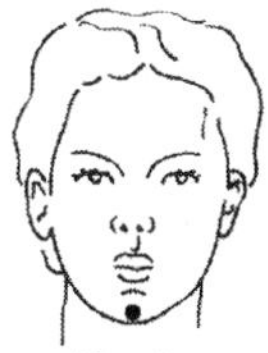


**Ponto** **Extra** (centro do queixo)

**Técnica** Pressionar continuamente com a ponta do dedo médio.

### Também indicados

**BP6** Pressionar continuamente com a polpa dos polegares.

**E36** Pressão contínua com a polpa dos polegares.

**BP4** Pressionar continuamente com movimentos rotativos no sentido horário com a polpa dos polegares.

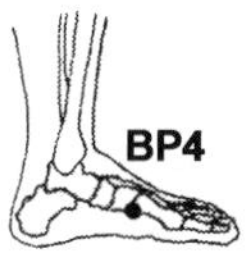


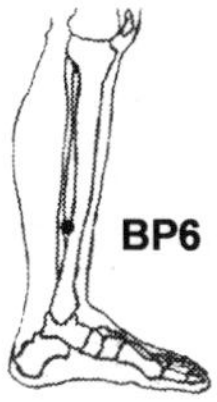


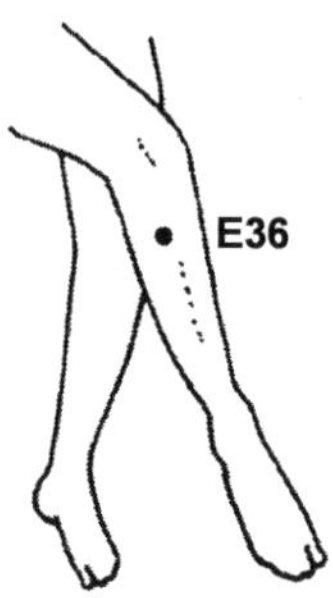


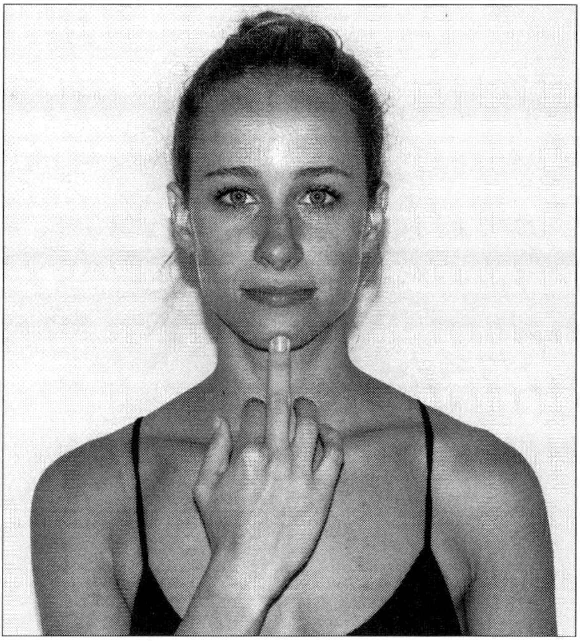

# MENSTRUAÇÃO

## distúrbios em geral

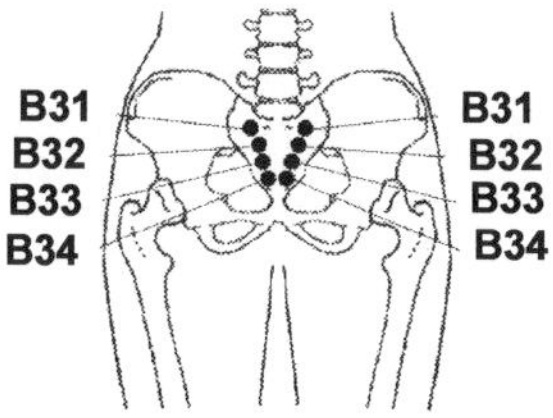


**Pontos** **B31 a B34**

**Técnica** Deitada de costas, com os joelhos dobrados, colocar as mãos abertas com as palmas voltadas para baixo sob as vértebras sacras; manter a postura respirando lenta e profundamente.

### Também indicados

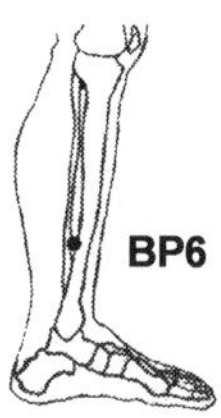


**BP6** Pressionar continuamente com a polpa dos polegares.

**VC6 + VC4** Pressionar continuamente com a ponta dos dedos das mãos alinhadas do umbigo até acima do osso púbico.

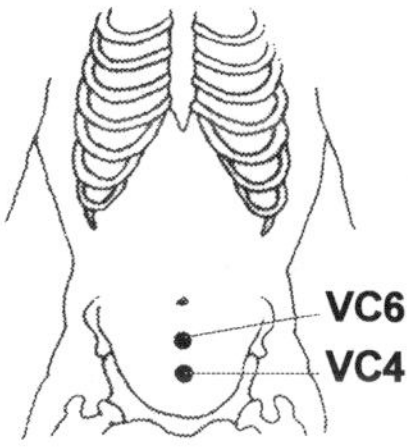


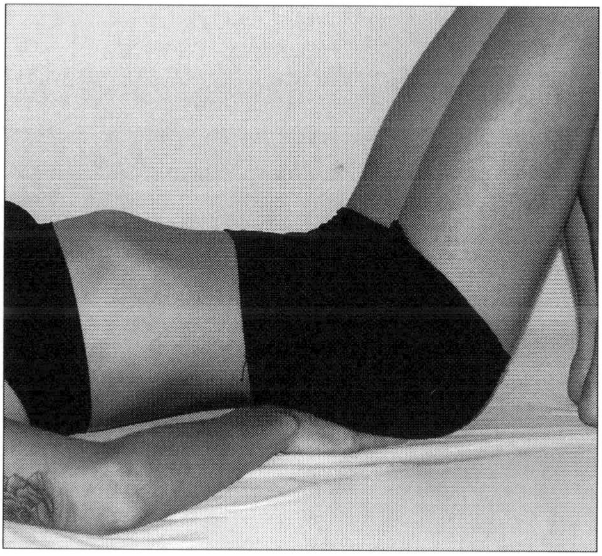

# MENSTRUAÇÃO

## atrasada ou interrompida

**Ponto** **BP6**

**Técnica** Pressionar continuamente exercendo movimento circular no sentido horário com a polpa dos polegares.

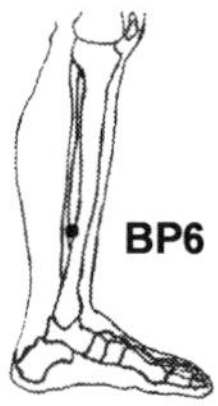


**Também indicados**

**B31 a B34** Esfregar vigorosamente ambos os lados das vértebras sacras para cima e para baixo com a palma das mãos.

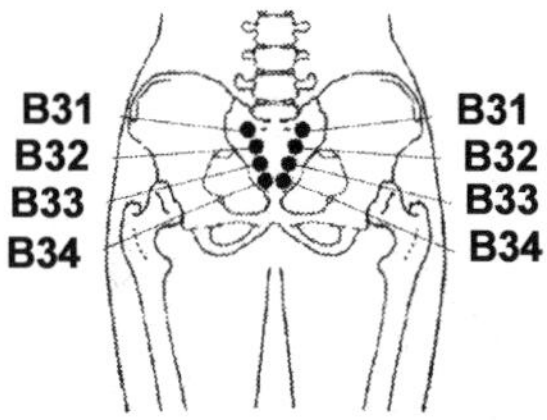


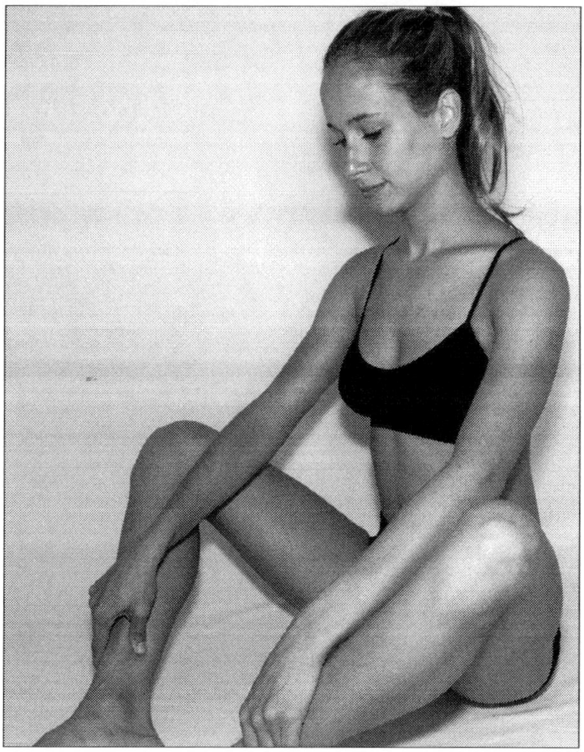

# MENSTRUAÇÃO

## muito frequente ou excessiva

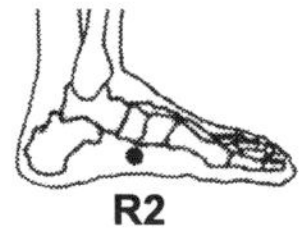


**Ponto** **R2**

**Técnica** Pressionar continuamente com a polpa dos polegares.

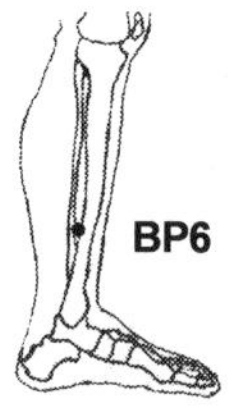


**Também indicados**

**BP6** Tratar como acima

**B31 a B34** Deitada de costas com os joelhos dobrados, colocar as mãos espalmadas voltadas para baixo sob as vértebras sacras mantendo a pressão com o peso do corpo.

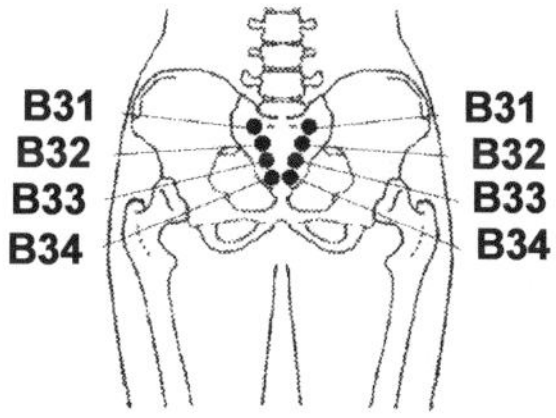


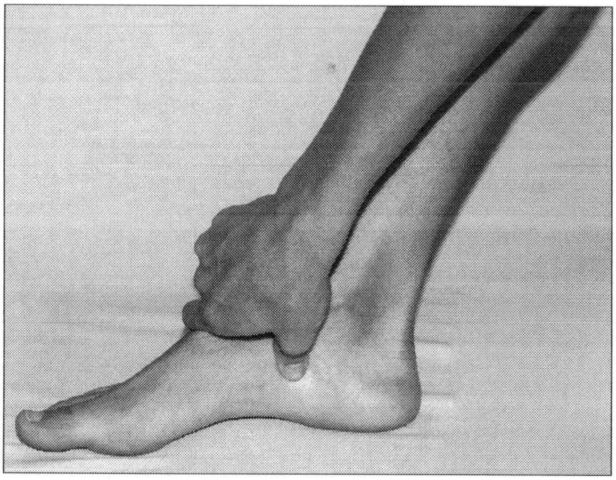

# METEORISMO

## *gases presos no estômago e/ou intestinos*

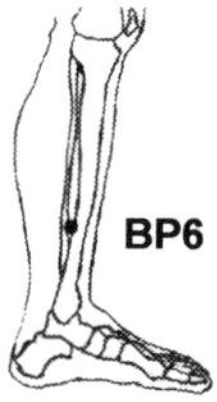


**Ponto** **BP6**

**Técnica** Pressionar continuamente com a polpa dos polegares.

**Também indicados**

**VC12** Pressionar continuamente com a polpa do polegar.

**VC15** Tratar como acima.

**VC6** Tratar como acima.

**CS6** Pressionar continuamente com a polpa do polegar; repetir no outro braço.

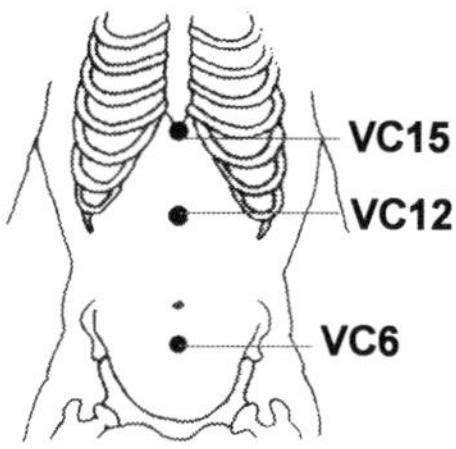


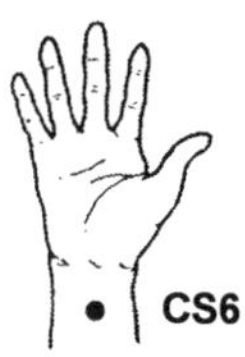


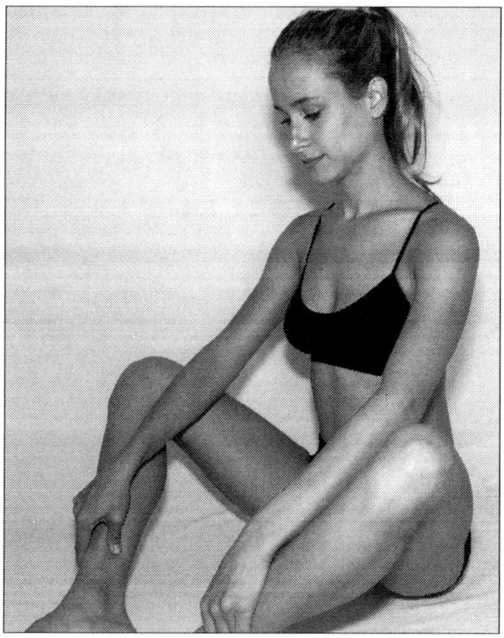

# MICÇÃO

## para aliviar temporariamente a urgência de urinar

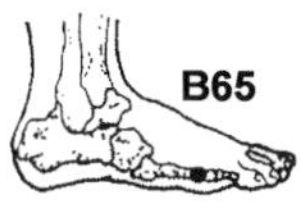


**Ponto** **B65**

**Técnica** Pressionar continuamente com as pontas dos dedos médios.

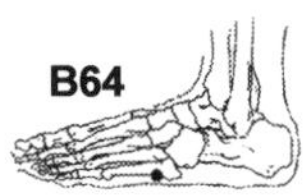


**Também indicado**

**B64** Tratar como acima.

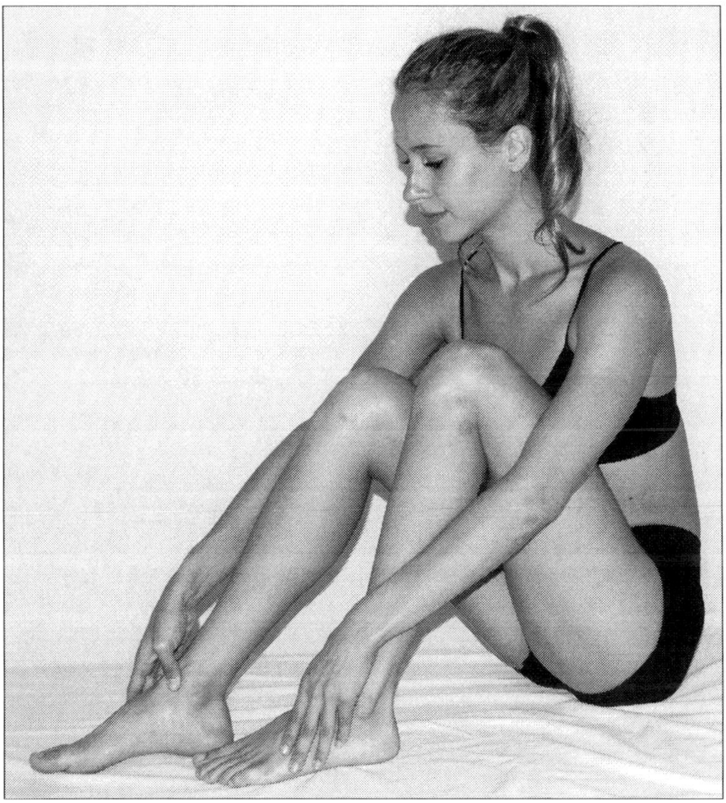

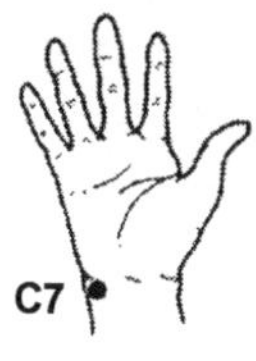


**Ponto** **C7**

**Técnica** Pressionar continuamente com a polpa do polegar; repetir na outra mão.

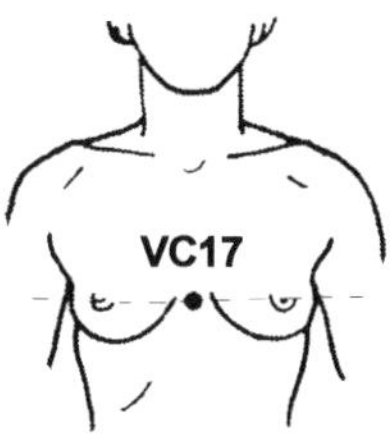


**Também indicados**

**VC17** Pressionar continuamente com a polpa do polegar.

**VG20** Pressionar continuamente com os quatro dedos enfileirados.

**VB20** Pressionar continuamente com a polpa dos polegares.

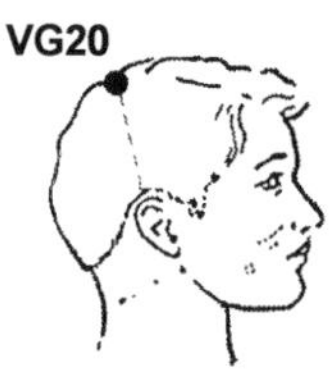


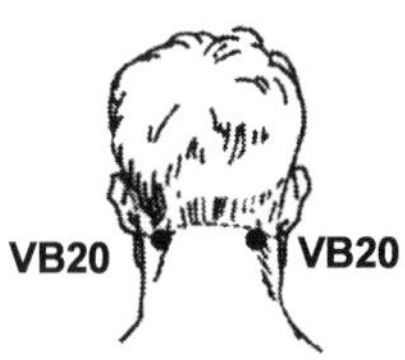


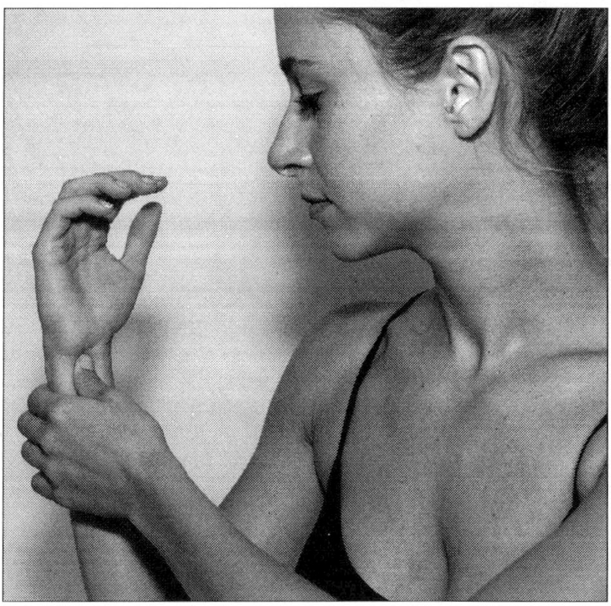

# NEVRALGIAS

## *dores nevrálgicas em geral*

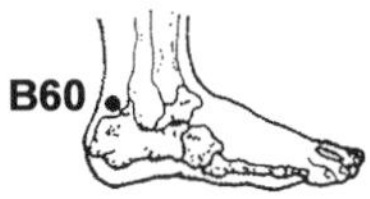


**Ponto** **B60**

**Técnica** Pressionar continuamente com as unhas dos polegares.

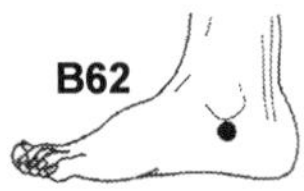


**Também indicado**

**B62** Tratar como acima.

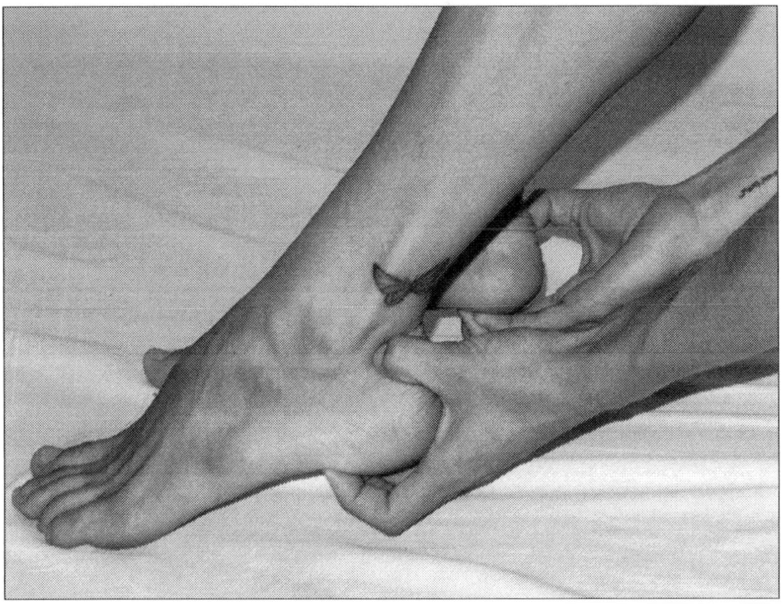

# NEVRALGIA FACIAL

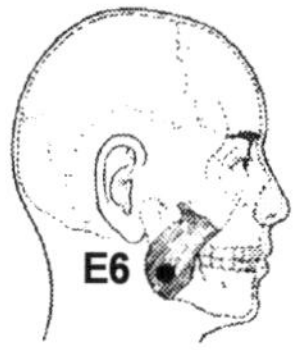


**Ponto** **E6**

**Técnica** Pressionar continuamente com a polpa dos polegares.

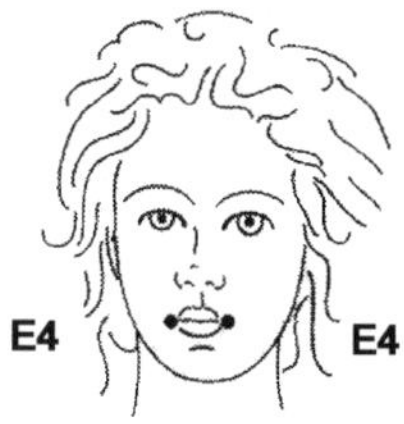


**Também indicados**

**E4** Pressionar continuamente com a ponta dos dedos médios.

**E7** Pressionar continuamente com a polpa dos polegares.

**VG26** Pressionar continuamente com a ponta do polegar.

**B60** Pressionar continuamente com a polpa dos polegares.

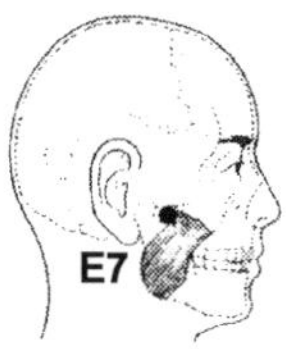

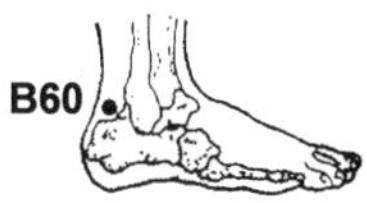


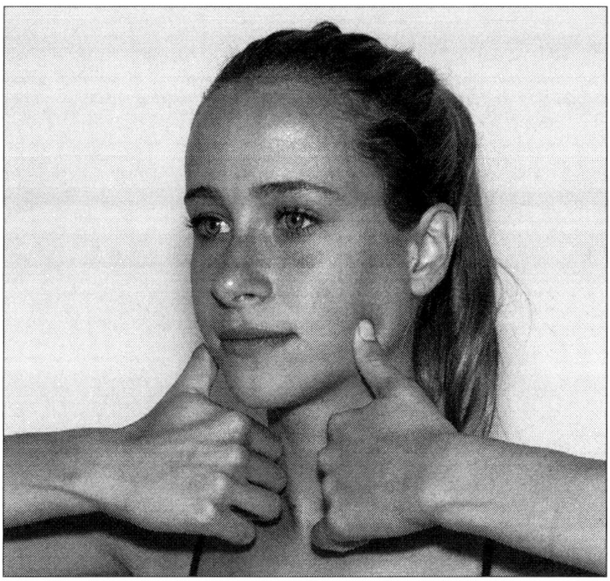

# OLHOS

## afecções em geral

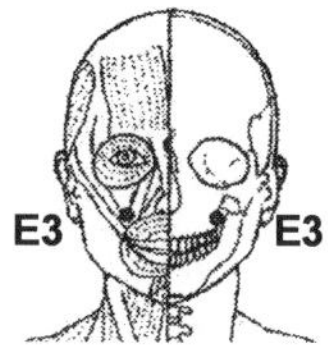


**Pontos E3 + B2 + Tai Yang**

**Técnica** Pressionar conjuntamente os pontos **E3** com a polpa dos polegares, B2 com a ponta dos dedos médios e **Tai Yang** com a ponta dos indicadores.

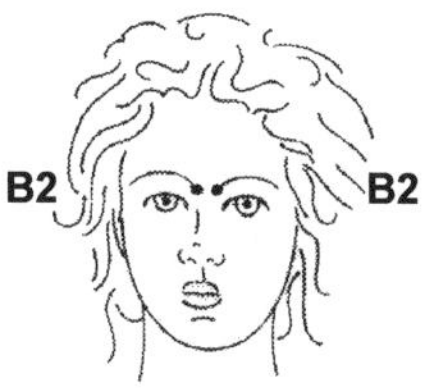


### Também indicados

**VB20** Pressionar continuamente com a polpa dos polegares.

**Yin Tang** Pressionar continuamente com a polpa do polegar.

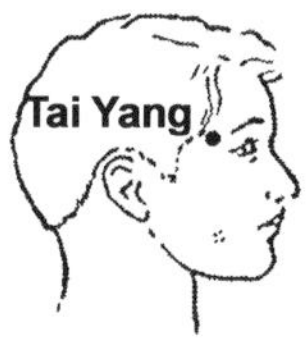


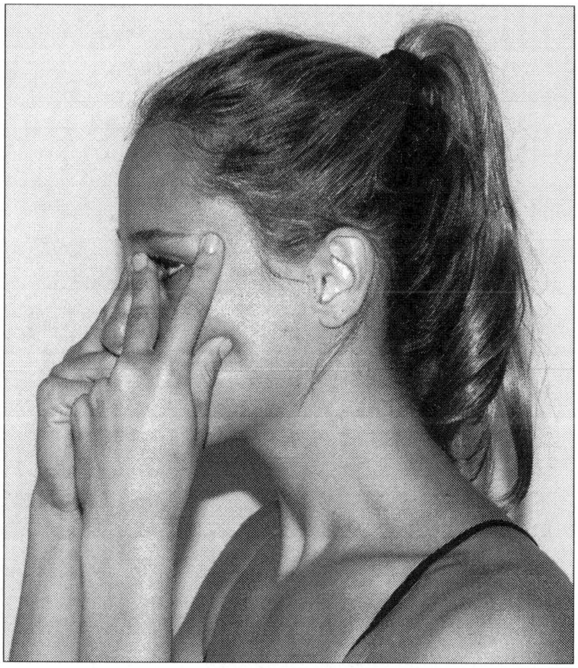

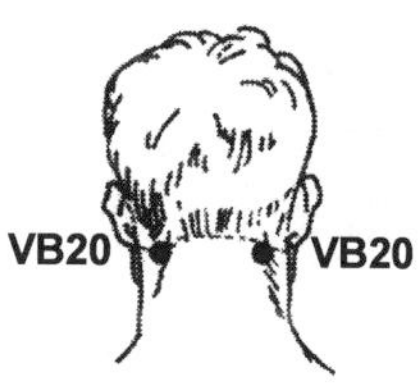

# OVÁRIOS

## irregularidades

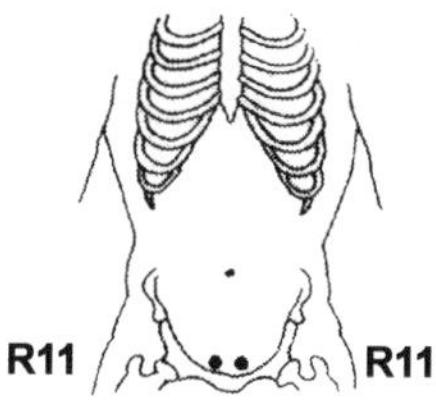


**Ponto** **R11**

**Técnica** Pressionar continuamente com a polpa dos polegares.

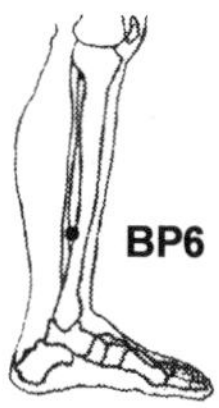


**Também indicado**

**BP6** Tratar como acima.

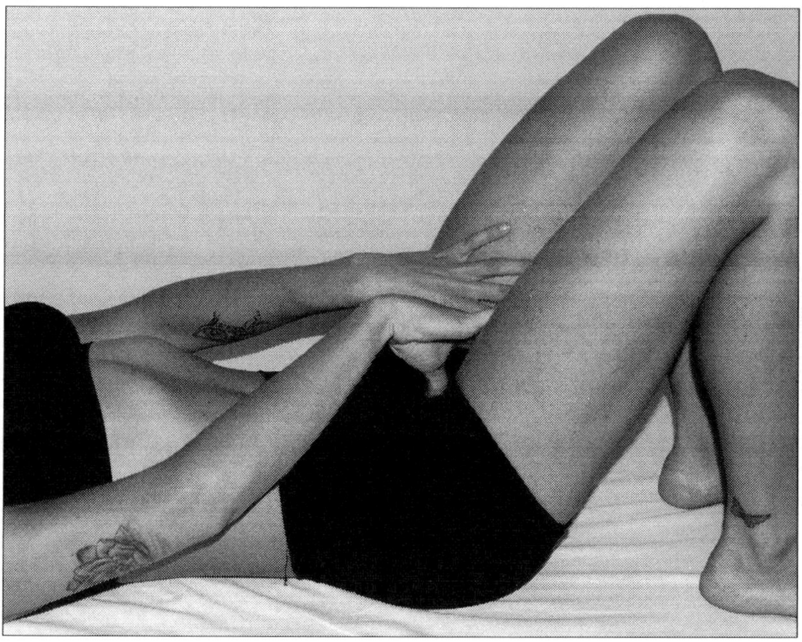

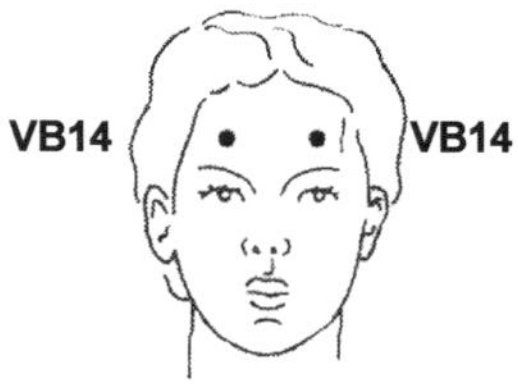


**Ponto** **VB14**

**Técnica** Pressionar continuamente e exercer movimentos circulares com a ponta dos dedos médios sem deslizar sobre a pele.

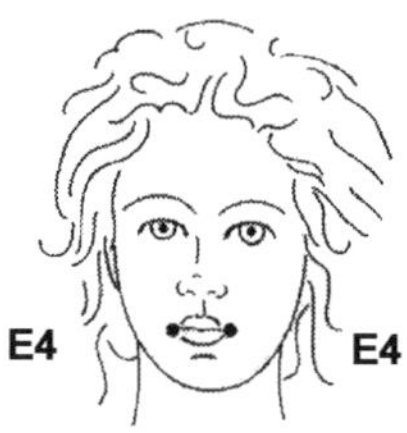


**Também indicados**

**E4** Tratar como acima.

**E6** Tratar como acima.

**IG4** Massagear e amassar repetidamente com a polpa do polegar; repetir na outra mão.

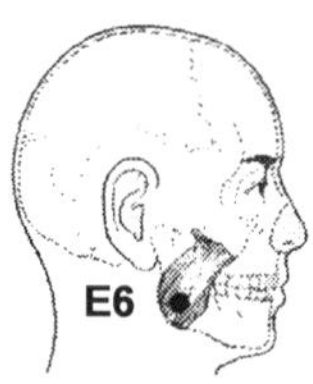


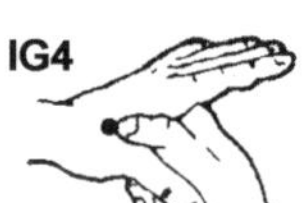


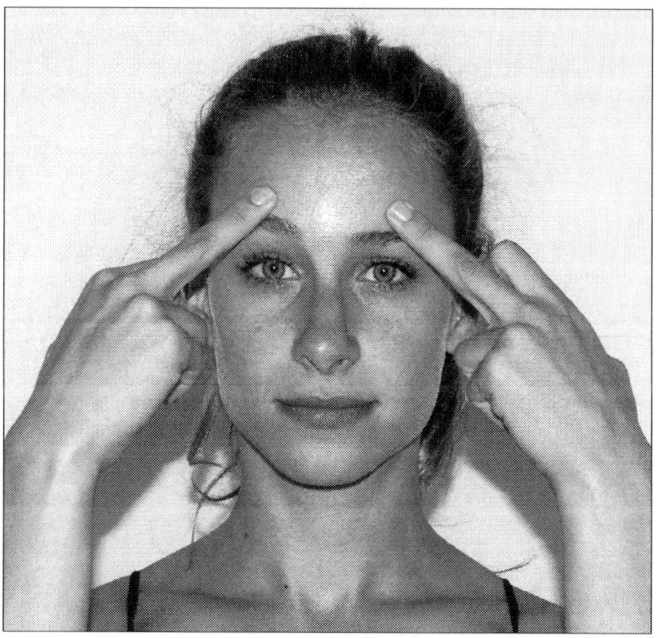

# PARTO

## para auxiliar, somente após iniciado o trabalho

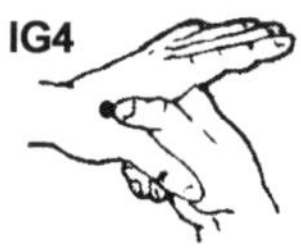


**Ponto** **IG4**

**Técnica** Pressionar continuamente com a polpa do polegar; repetir na outra mão.

**Também indicados**

**R3** Pressionar continuamente com a polpa dos polegares.

**B60** Tratar como acima.

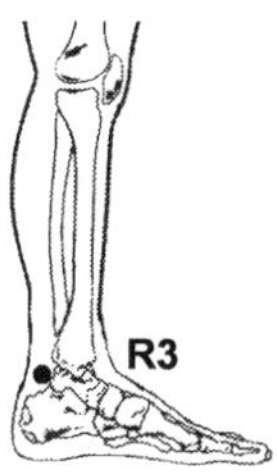


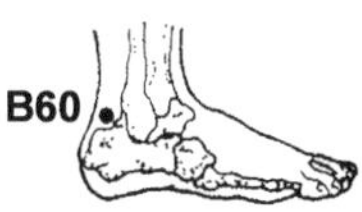


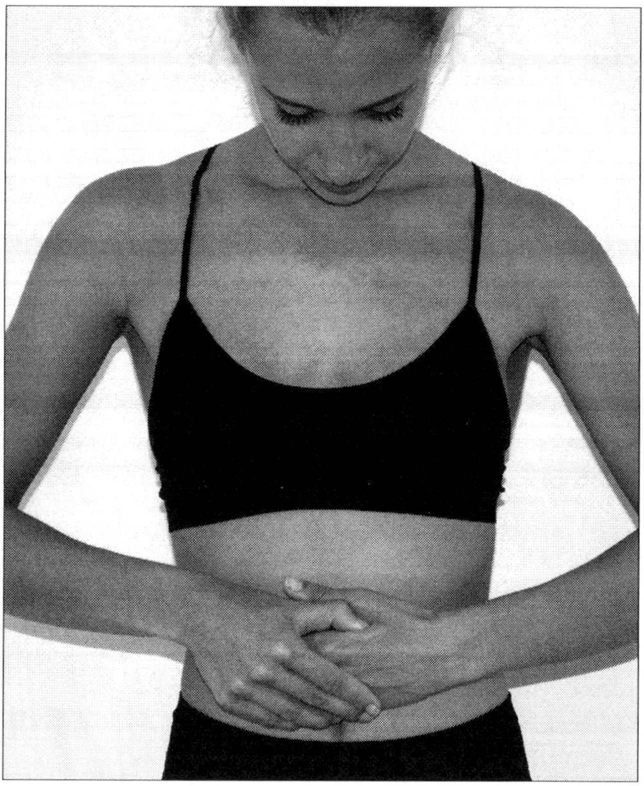

# PARTO

## feto na posição invertida

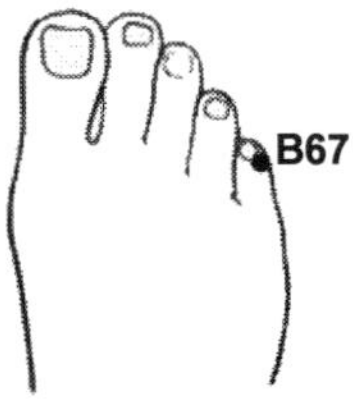


**Ponto** **B67**

**Técnica** Raspar repetidamente com as unhas dos polegares.

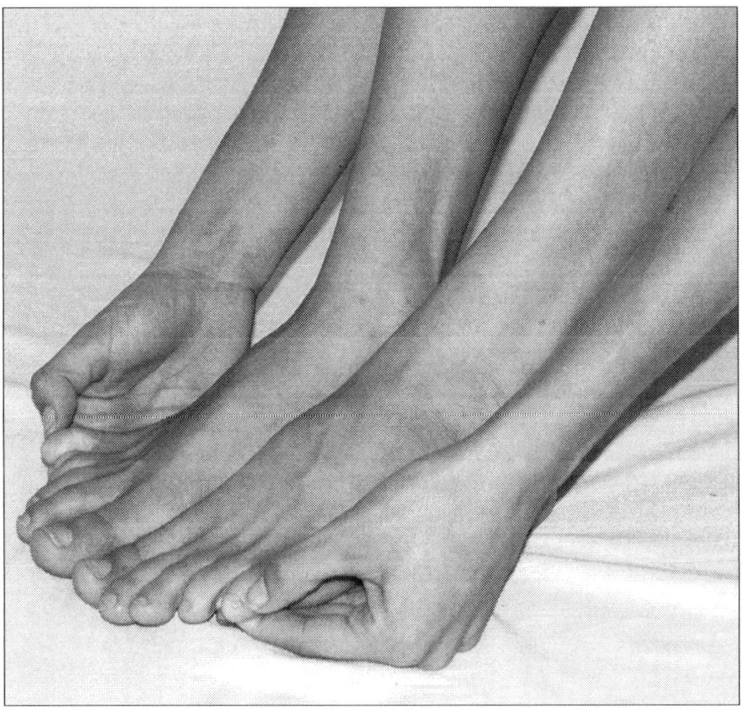

# PARTO

## para o restabelecimento pós-parto

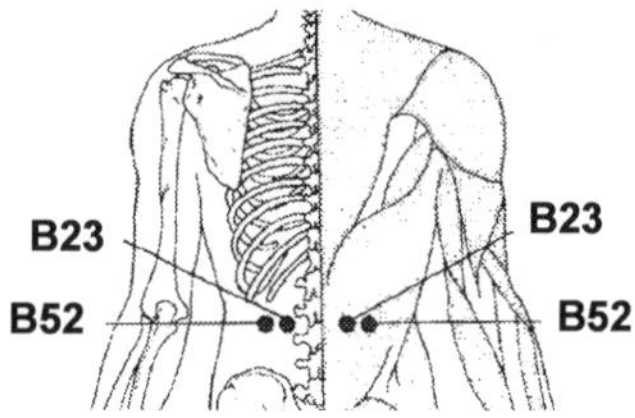


**Pontos** **B23 + B52**

**Técnica** Deitada de costas, inserir as mãos fechadas nas laterais do dorso, na altura da linha da cintura; relaxar e manter a pressão com o peso do corpo.

### Também indicados

**CS6** Pressionar continuamente com a polpa do polegar; repetir no outro braço.

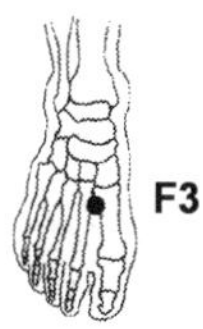


**F3** Esfregar com o calcanhar; repetir no outro pé.

**E36** Friccionar vigorosamente com os nós dos dedos das mãos fechadas.

**VC6** Pressionar continuamente com os dedos da mão alinhados na linha central abaixo do umbigo.

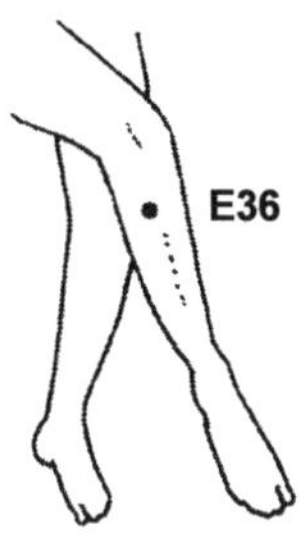


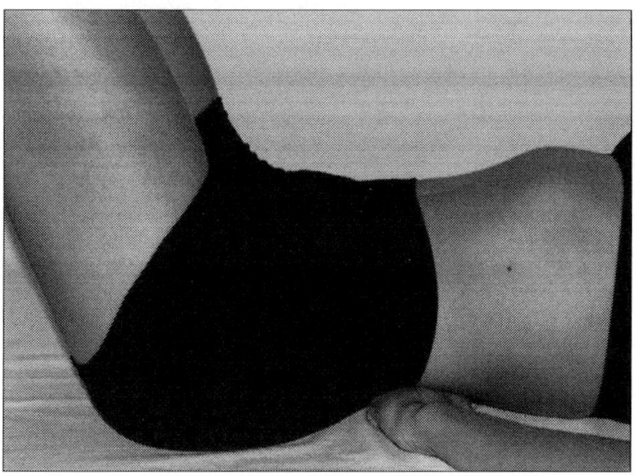

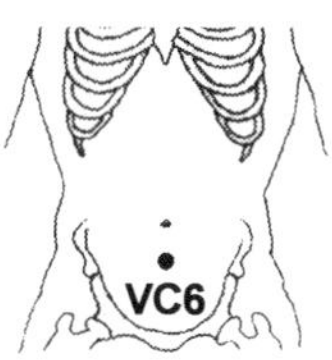

# PERNAS PESADAS

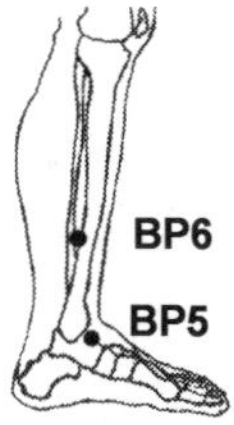


**Ponto** **BP6**

**Técnica** Pressionar continuamente com a polpa dos polegares.

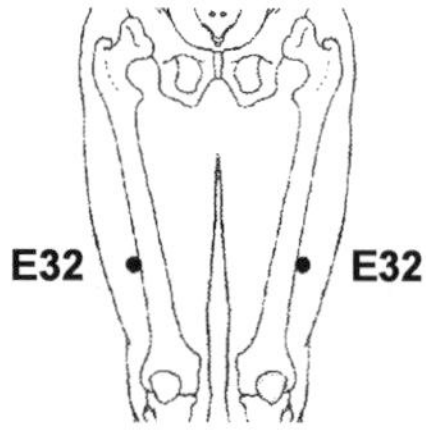


**Também indicados**

**BP5** Tratar como acima.

**E32** Tratar como acima.

**VB38** Tratar como acima.

**E36** Friccionar vigorosamente com os nós dos dedos das mãos fechadas.

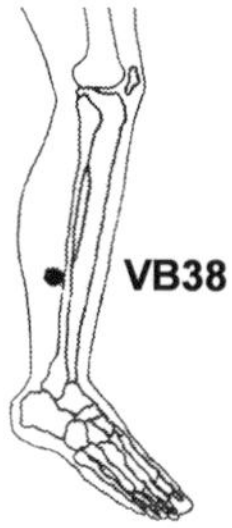


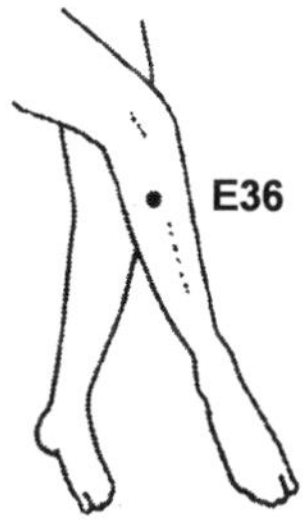


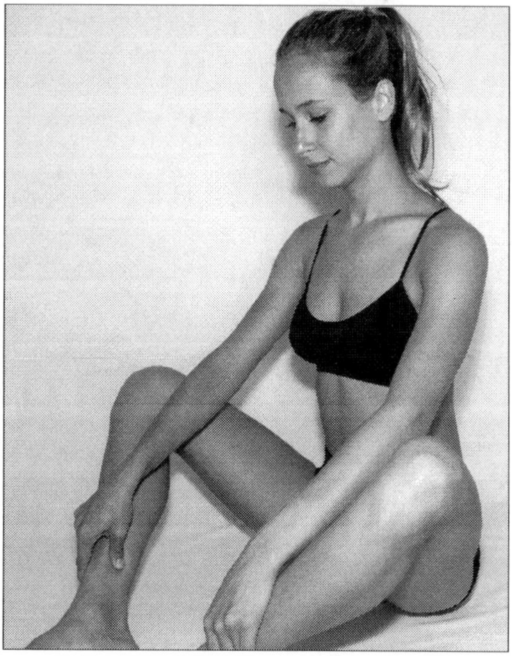

**Ponto** **IG11**

**Técnica** Pressão contínua com a polpa do polegar, repetir no outro braço.

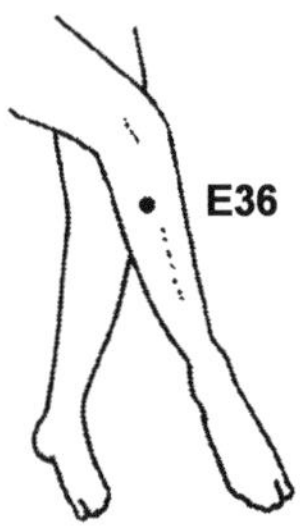


**Também indicados**

**E36** Pressionar continuamente com a polpa dos polegares.

**C7** Pressão contínua com a polpa do polegar; repetir na outra mão.

**E9** Pressionar contínua e suavemente com o polegar e o dedo médio em alicate.

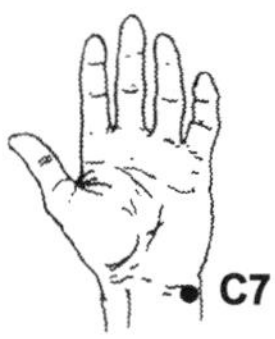


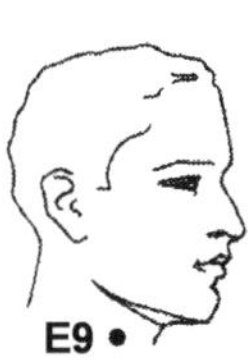


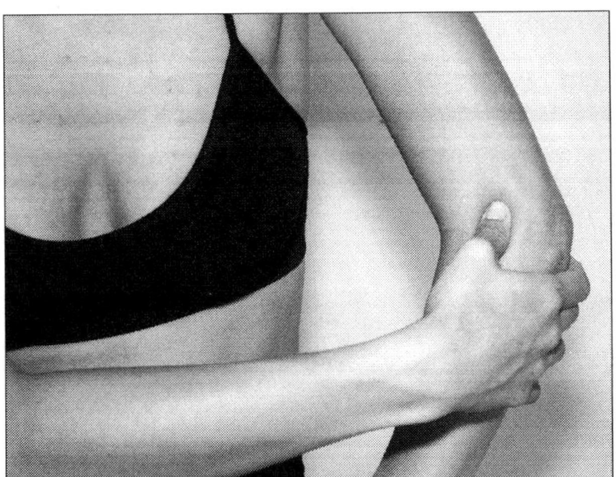

**Ponto VG26**

**Técnica** Pressionar firmemente com movimento pulsante com a ponta do polegar.

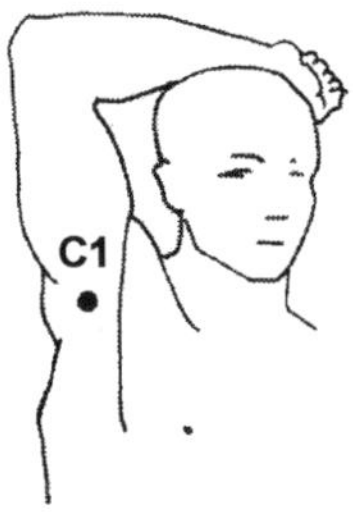


**Também indicado**

**C1** Pressão repetida com a ponta do dedo médio; repetir na outra axila.

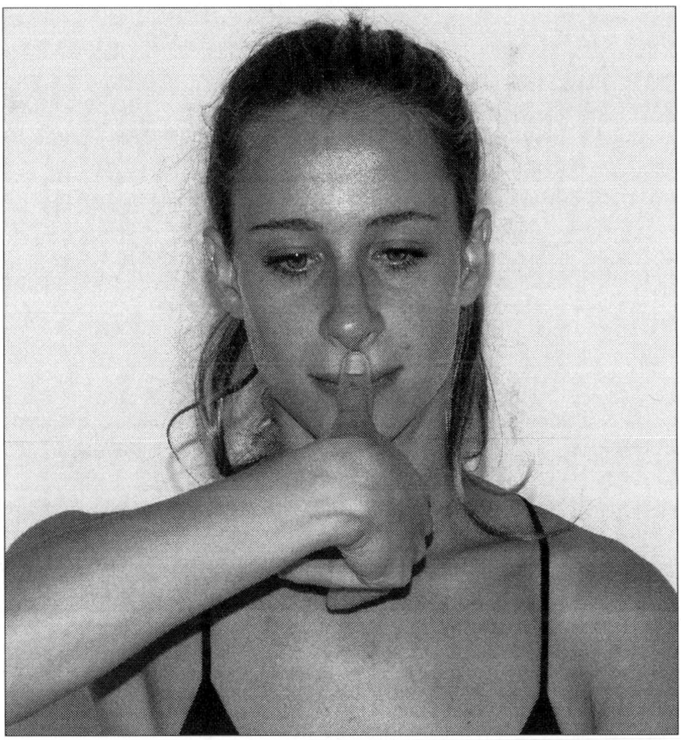

# PRISÃO DE VENTRE

**Ponto IG2**

**Técnica** Percutir repetidamente com a unha do dedo médio; repetir na outra mão.

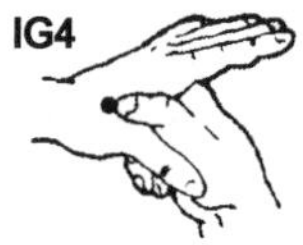


**Também indicados**

**IG4** Pressionar e massagear profundamente com a polpa do polegar; repetir na outra mão.

**VC6** Pressionar continuamente com os dedos da mão alinhados na linha central abaixo do umbigo.

**E36** Friccionar vigorosamente com os nós dos dedos das mãos fechadas.

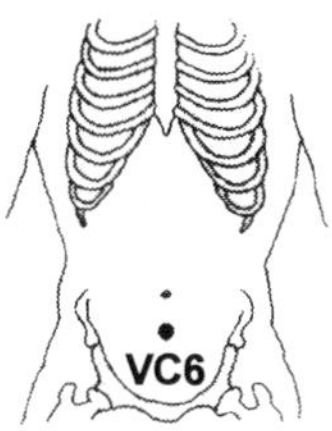


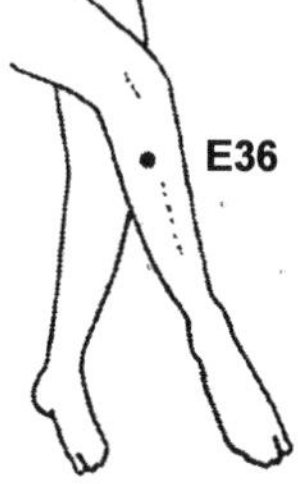


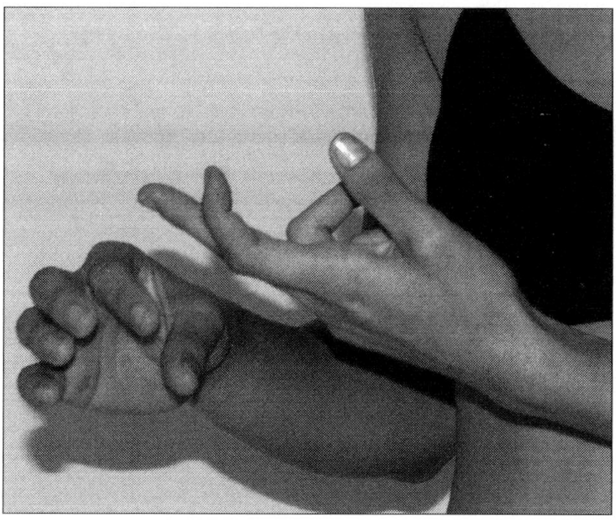

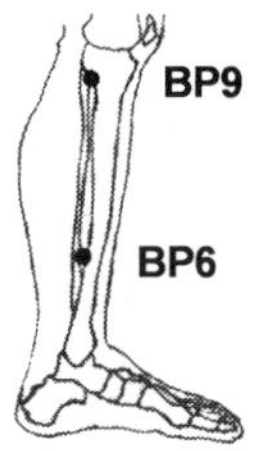


**Ponto** **BP6**

**Técnica** Pressão contínua com a polpa dos polegares.

## Também indicados

**BP9** Pressionar continuamente com a polpa dos polegares.

**R3** Tratar como acima.

**VC3 + VC4** Pressionar continuamente com a ponta dos quatro dedos alinhados na linha central imediatamente acima do osso púbico.

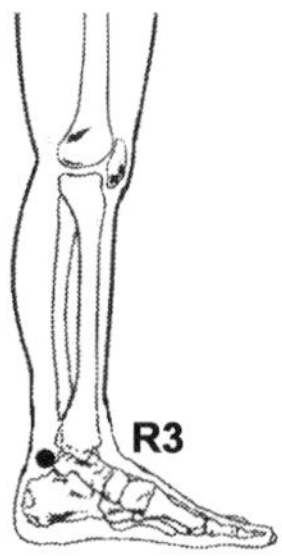


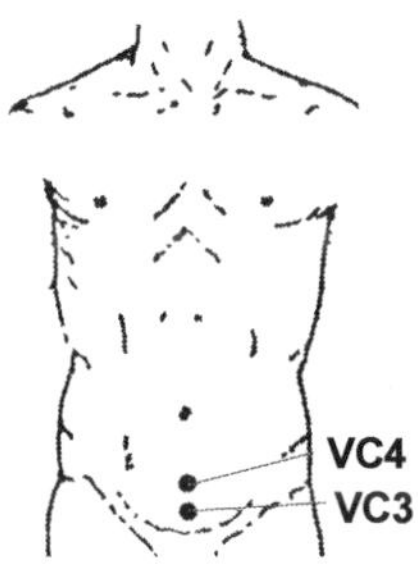


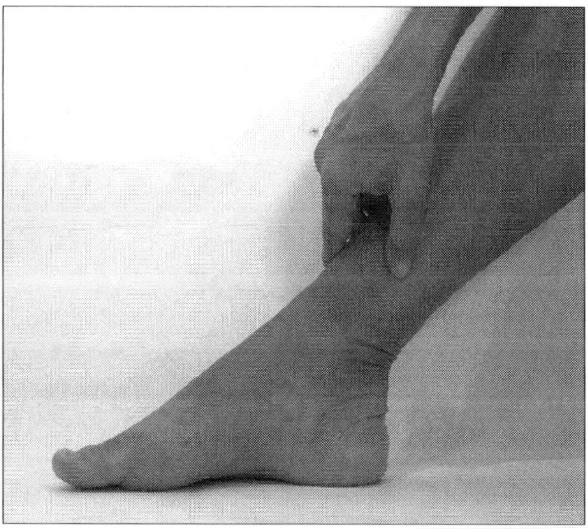

# REGURGITAÇÃO ÁCIDA

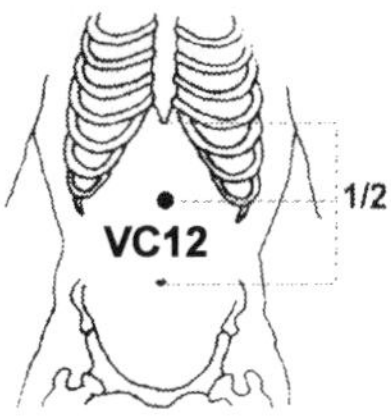


**Ponto** **VC12**

**Técnica** Pressionar continuamente com a polpa do polegar.

**Também indicados**

**E45** Pressionar continuamente com as unhas dos polegares.

**VC6** Pressionar continuamente com a polpa do polegar.

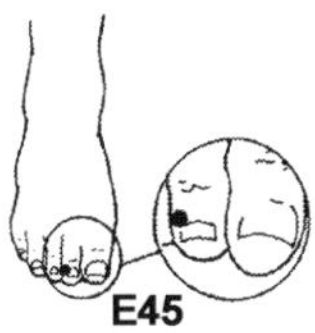


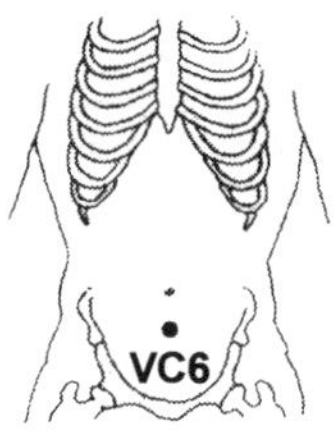

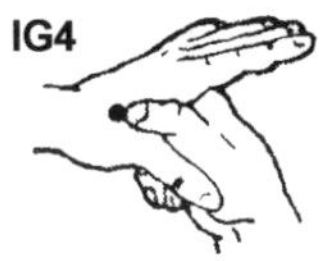


**Ponto** **IG4**

**Técnica** Pressionar continuamente com a polpa do polegar; repetir na outra mão.

**Também indicados**

**IG20** Pressionar continuamente com a ponta dos dedos médios.

**VB20** Pressionar continuamente com a polpa dos polegares.

**VG16** Pressionar continuamente com a ponta do polegar.

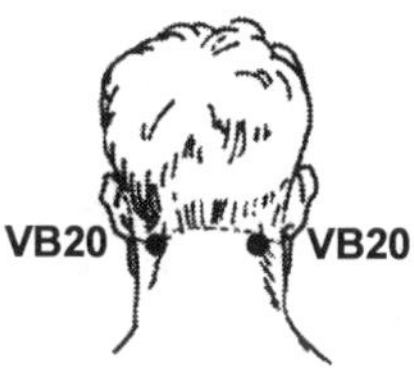


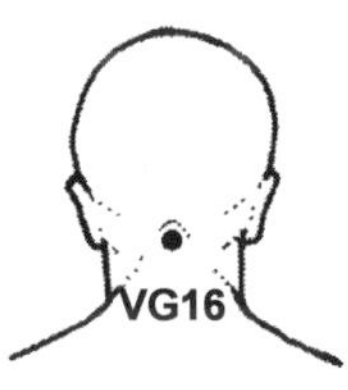


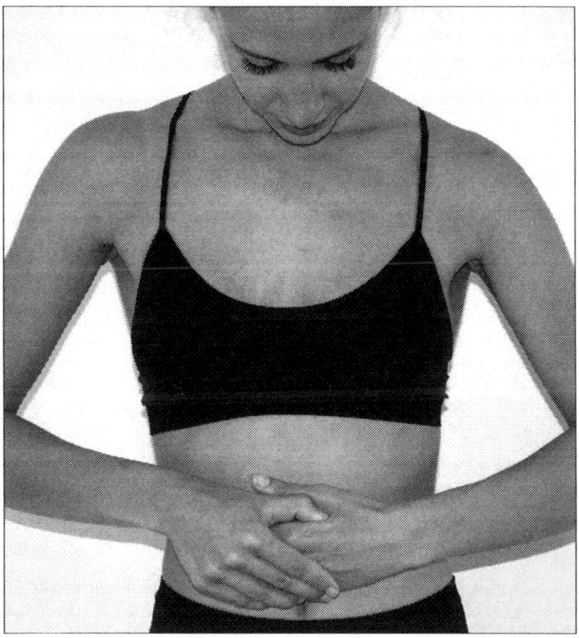

# RETENÇÃO URINÁRIA

## estritura aguda dolorosa

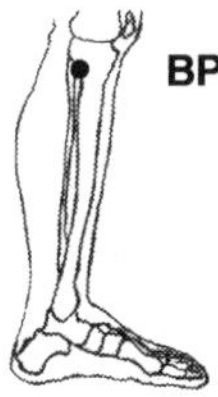


**Ponto** **BP9**

**Técnica** Pressionar continuamente com a polpa dos polegares.

**Também indicados**

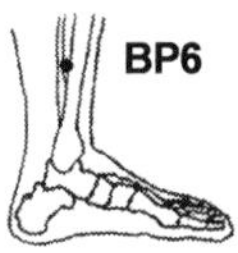


**BP6** Tratar como acima.

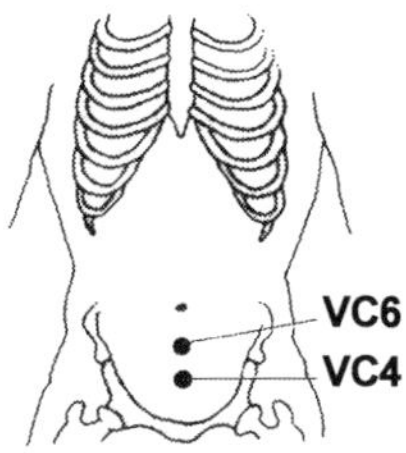


**VC4 + VC6** Pressionar continuamente com a ponta dos quatro dedos da mão alinhados sobre a linha central imediatamente abaixo do umbigo.

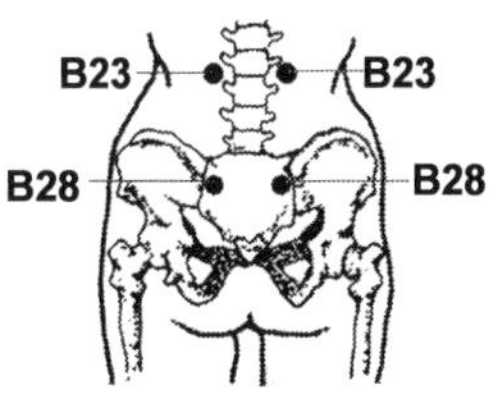


**B23 a B28** Com a ponta dos quatro dedos das mãos enfileirados, massagear lenta e energicamente a linha vertical formada entre esses dois pontos (ambos os lados) para cima e para baixo.

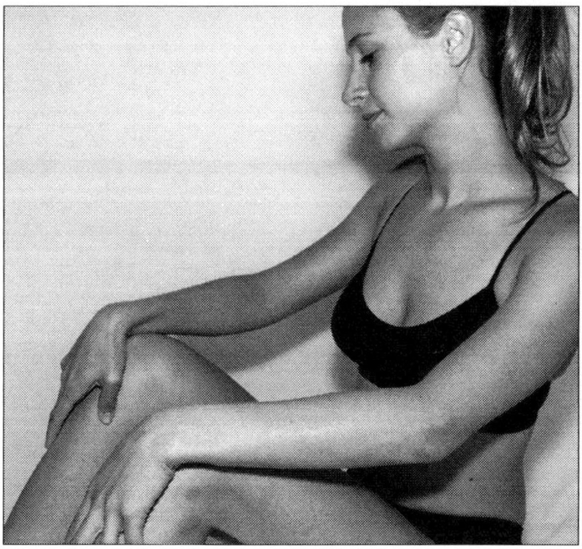

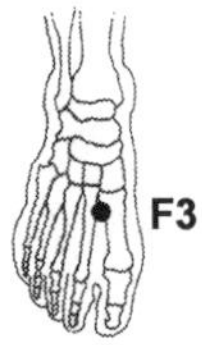


**Ponto** F3

**Técnica** Pressionar continuamente com a ponta dos dedos médios.

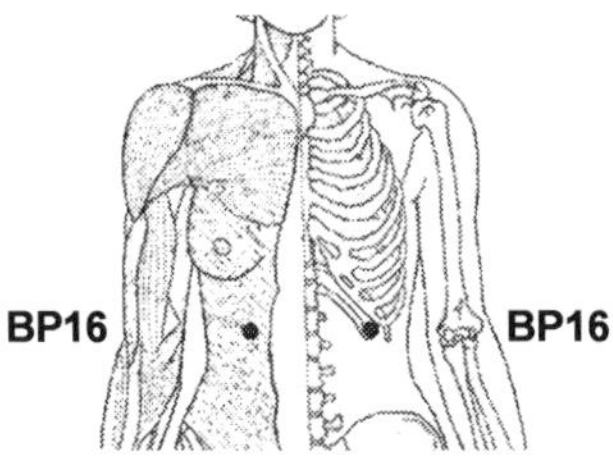


## Também indicados

**BP16** Com a ponta dos dedos das mãos em gancho, pressionar continuamente contra a base da caixa toráxica, abaixo da linha dos mamilos.

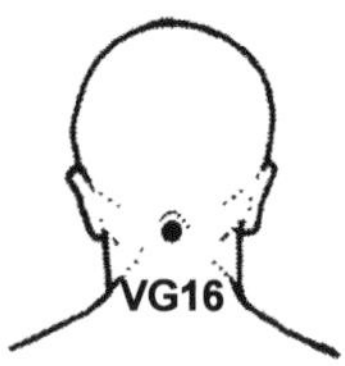


**VG16** Pressionar continuamente com a ponta do polegar.

**E45** Pressão contínua com a unha dos polegares.

**VB20** Pressionar continuamente com a polpa dos polegares.

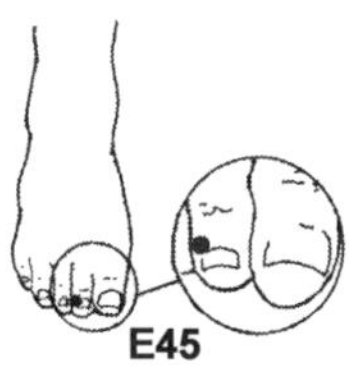


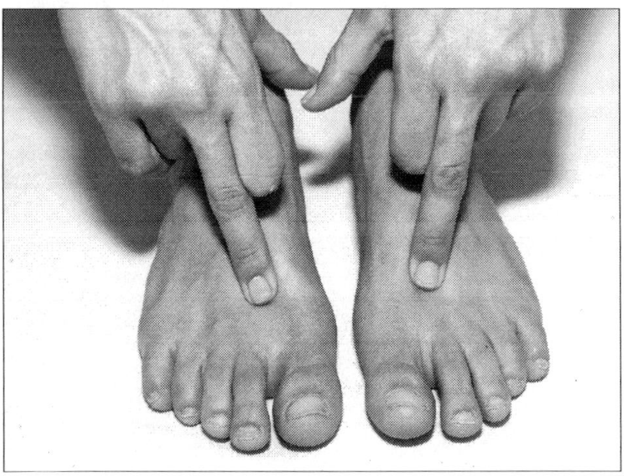

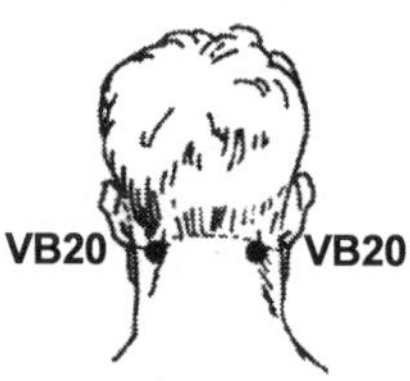

**Ponto** **VC22**

**Técnica** Pressionar continuamente para baixo com a ponta do dedo médio.

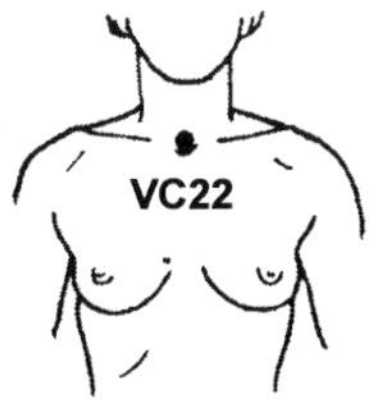


**Também indicados**

**IG4** Pressionar continuamente com a polpa do polegar; repetir na outra mão.

**P11** Pressão contínua com a unha do polegar; repetir na outra mão.

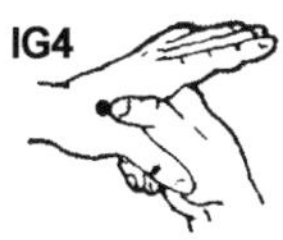


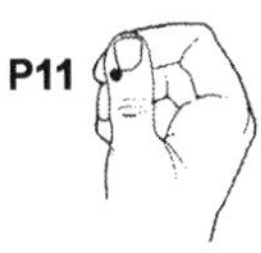


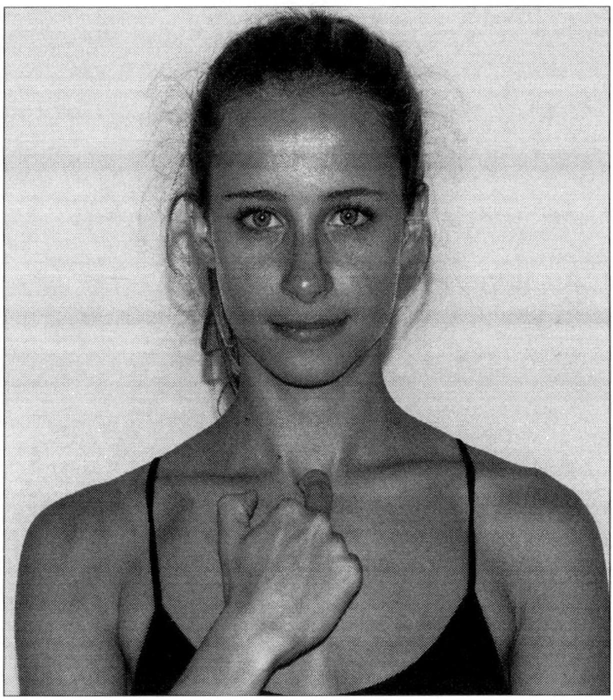

# SEDE

## para aliviar temporariamente

**Ponto** **Yan-Sen** (cerca de 1 cm atrás da ponta da língua).

**Técnica** Morder suave e repetidamente com os incisivos num ritmo de 20 segundos por um segundo de intervalo, engolindo a saliva.

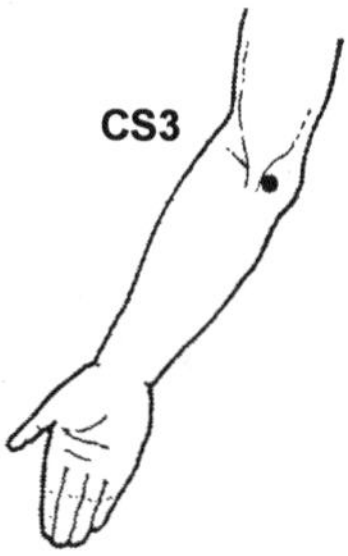


### Também indicados

**CS3** Massagear com movimentos circulares com a ponta do polegar; repetir no outro braço.

**P9** Tratar como acima.

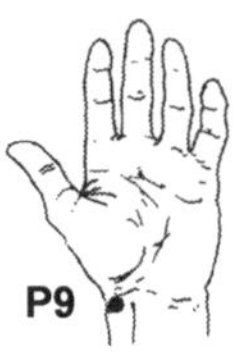


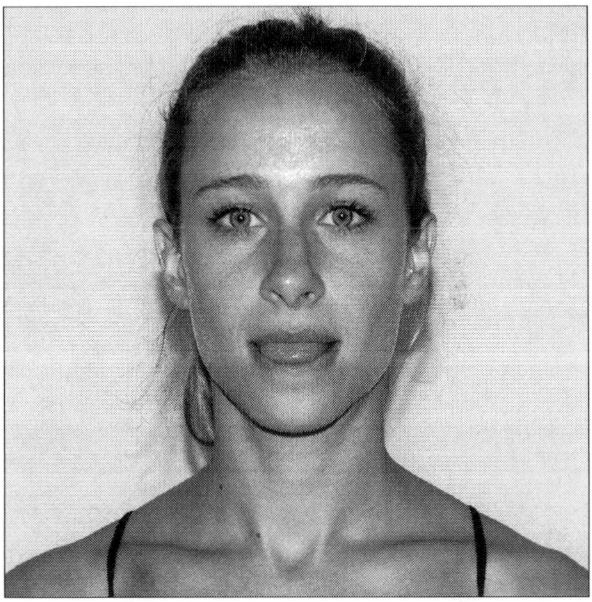

**Pontos** **CS7 + TA4**

**Técnica** Pressionar continuamente com a ponta dos dedos polegar e dedo médio em alicate; repetir na outra mão.

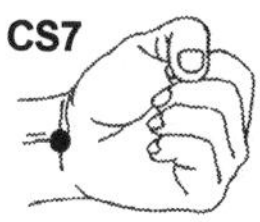

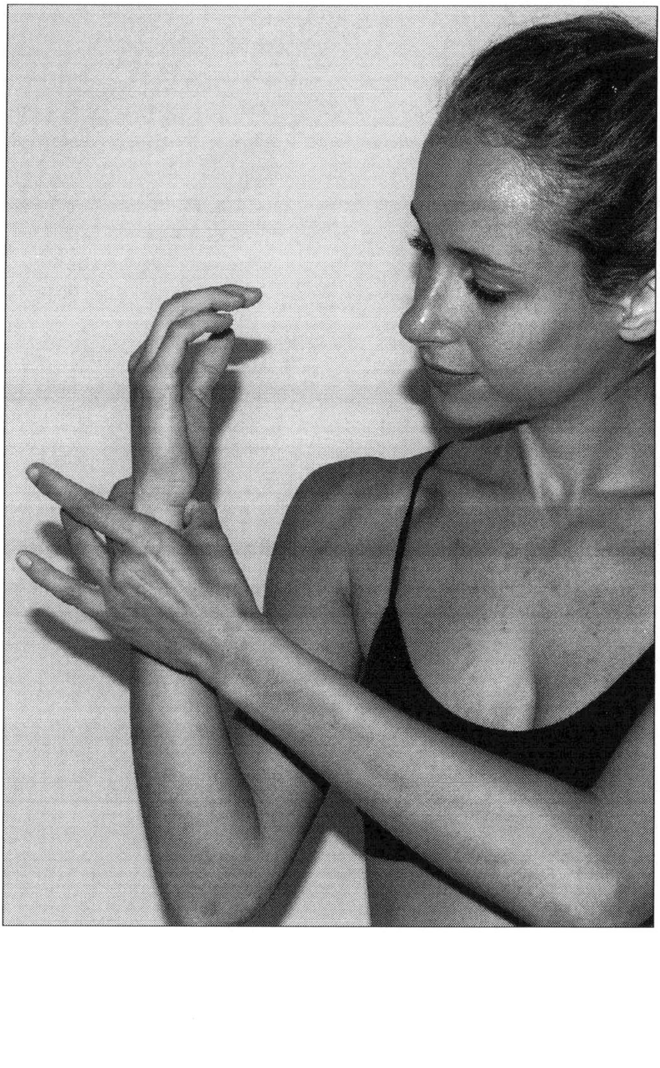

# SINUSITE E RINITE

**Ponto** **IG20**

**Técnica** Pressionar continuamente com a ponta dos dedos médios.

**Também indicados**

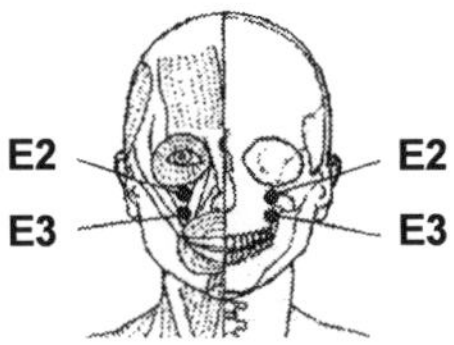


**E2 + E3** Pressionar continuamente com a ponta dos dedos indicador e médio.

**IG4** Pressionar continuamente com a polpa do polegar; repetir na outra mão.

**B2** Pressionar continuamente com a ponta dos dedos médios.

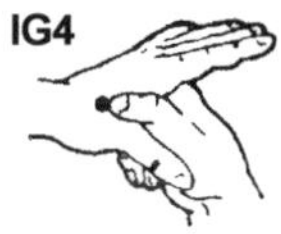


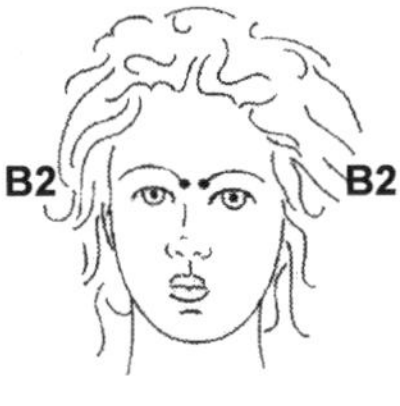


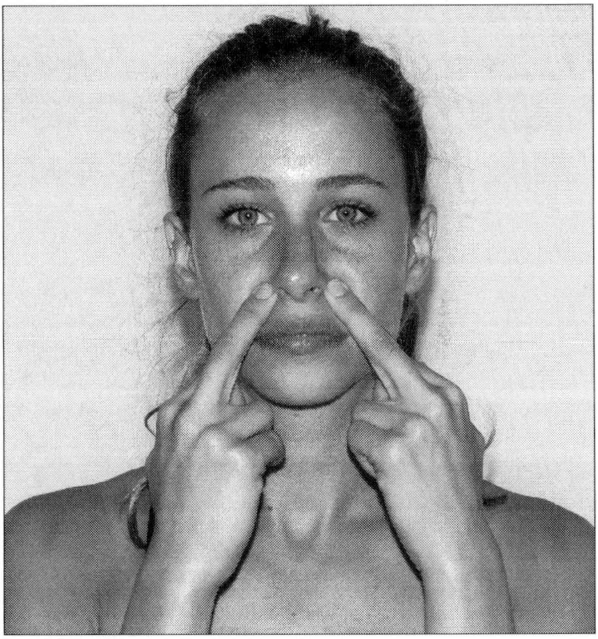

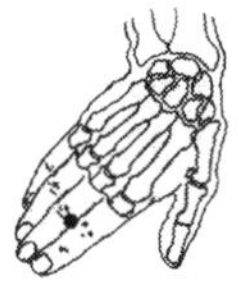


**Ponto** **Extra** (nas laterais da 2ª junta falangeal dos dedos médios)

**Técnica** Pressionar continuamente com a polpa do polegar e indicador em alicate; repetir na outra mão.

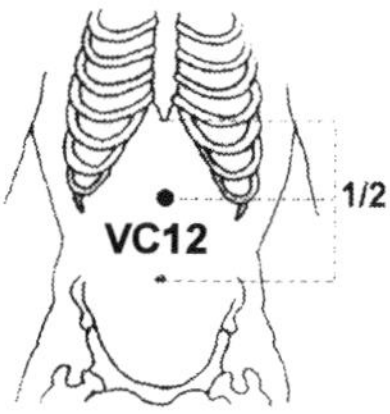


**Também indicados**

**VC12** Pressionar continuamente com a polpa do polegar.

**CS6** Pressionar continuamente com a polpa do polegar; repetir no outro braço.

**E36** Friccionar vigorosamente com os nós dos dedos das mãos fechadas.

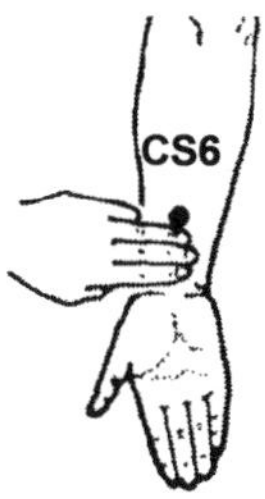


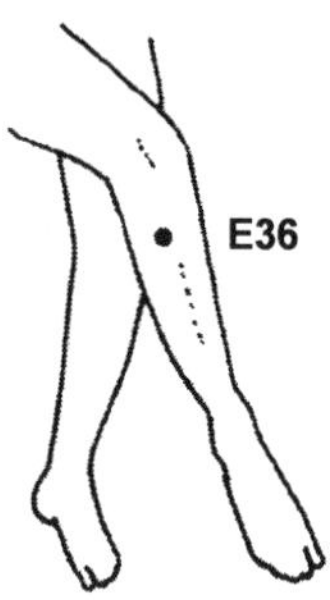


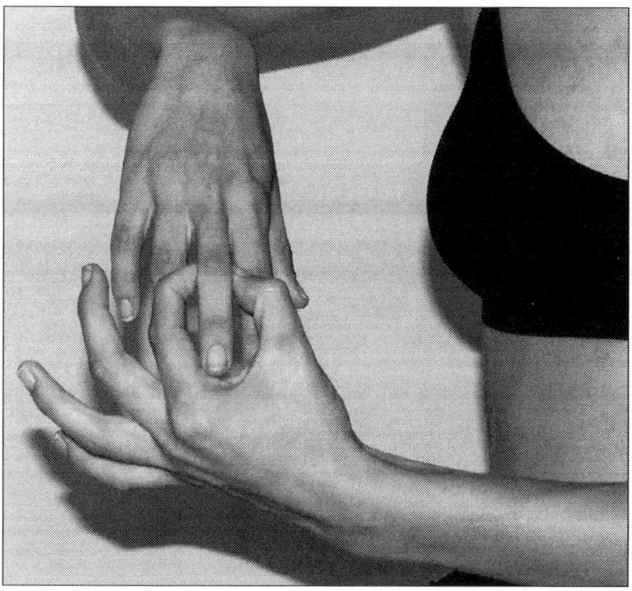

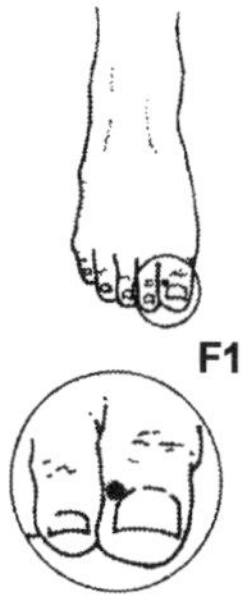


**Ponto** **F1**

**Técnica** Pressionar repetidamente com as unhas dos polegares.

**Também indicado**

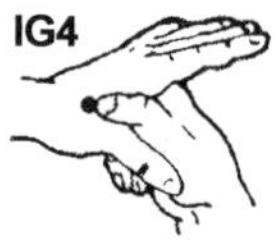


**IG4** Pressionar e massagear circularmente no sentido horário com a polpa do polegar; repetir na outra mão.

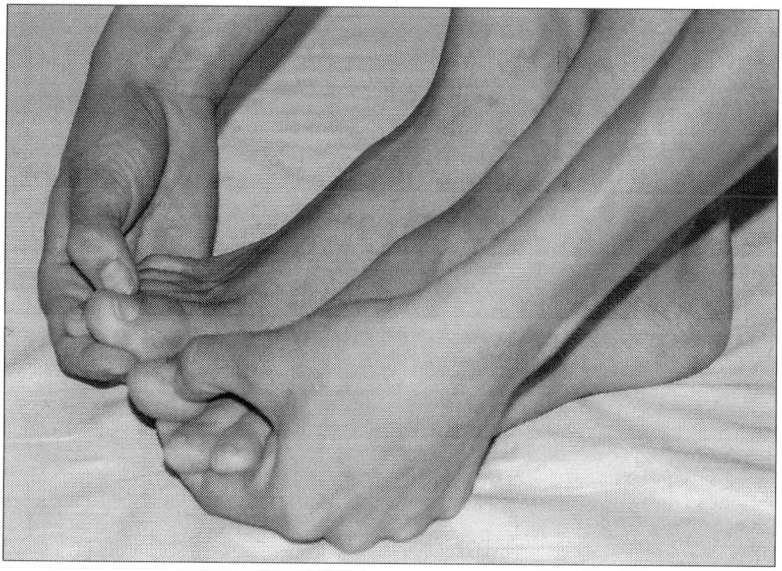

# SUOR EXCESSIVO

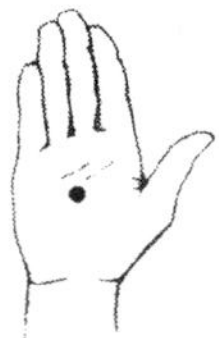

Ponto Extra

**Ponto** **Extra** (centro da palma das mãos)

**Técnica** Pressionar continuamente com a polpa do polegar; repetir na outra mão.

**Também indicados**

**C6** Tratar como acima.

**R7** Pressionar continuamente com a polpa dos polegares.

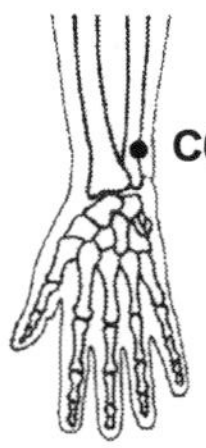


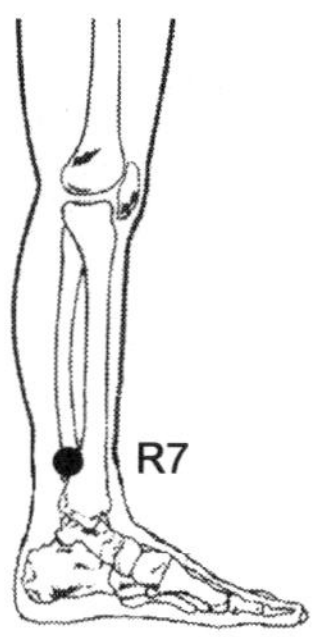


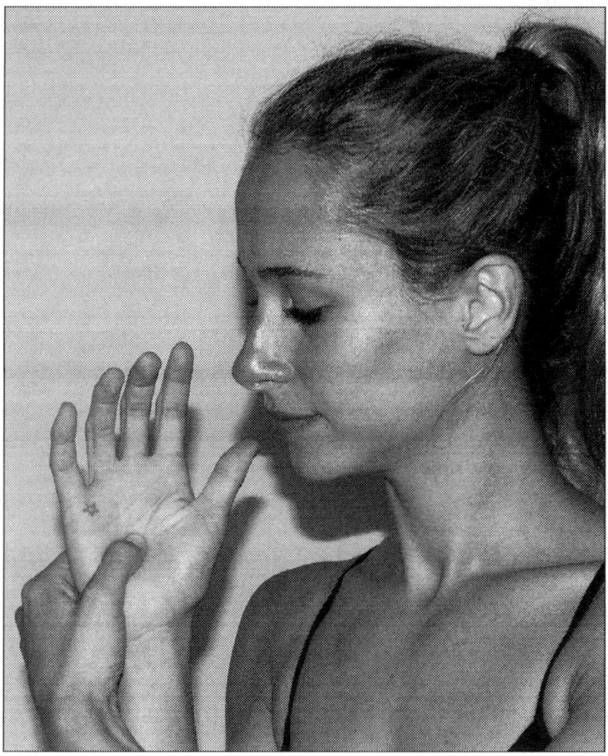

# SUOR NOTURNO

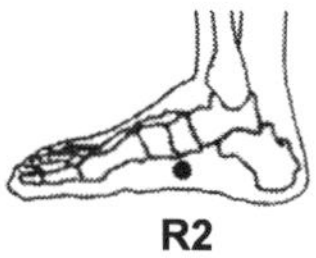


**Ponto** **R2**

**Técnica** Pressionar continuamente com a ponta dos polegares.

### Também indicado

**R1** Pressionar continuamente com a polpa dos polegares.

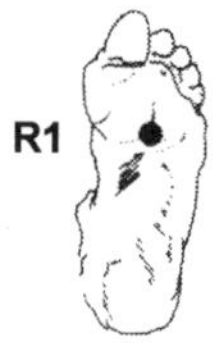


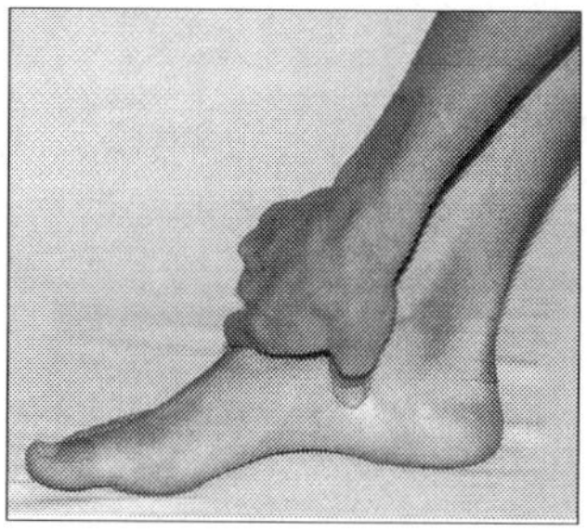

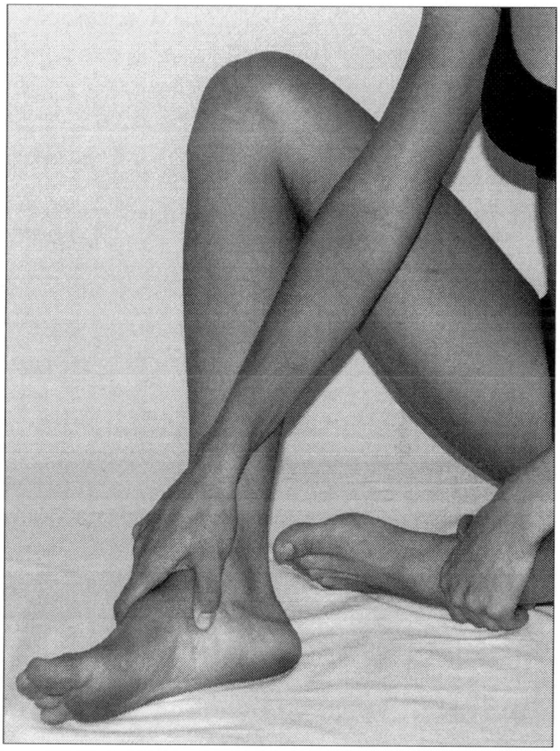

# SURDEZ

## parcial ou recente

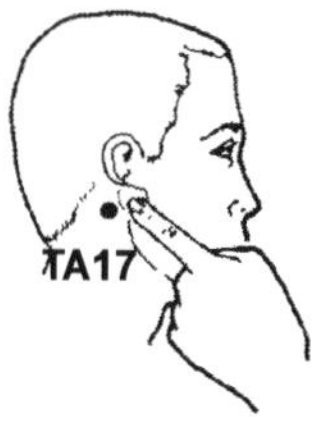


**Ponto** **TA17**

**Técnica** Pressionar continuamente o ponto atrás das orelhas com a ponta dos dedos médios.

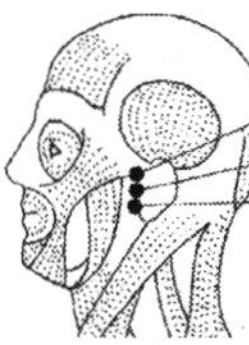


**Também indicados**

**VB2 + ID19 + TA21** Pressionar continuamente com a ponta dos dedos anulares, médios e indicadores com a boca entreaberta.

**VG15** Pressionar continuamente com a polpa do dedo médio.

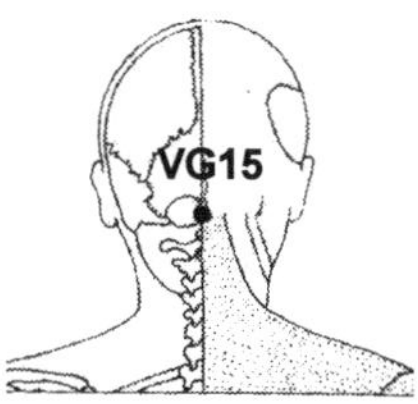


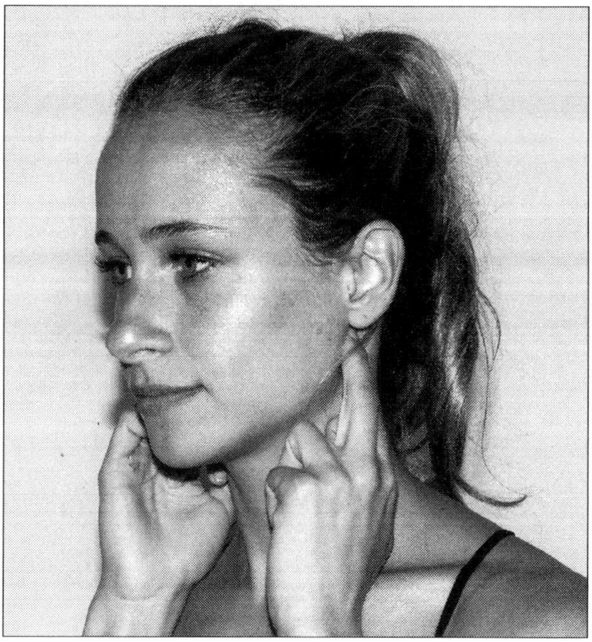

# SURTO EMOCIONAL

## com agitação e desnorteamento

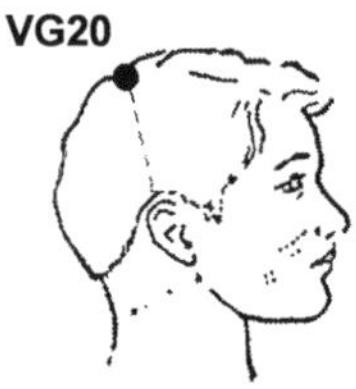


**Ponto** **VG20**

**Técnica** Pressionar continuamente com a ponta dos dedos da mão enfileirados.

**Também indicados**

**VC17** Tratar como acima.

**C7** Pressionar continuamente com a polpa do polegar; repetir na outra mão.

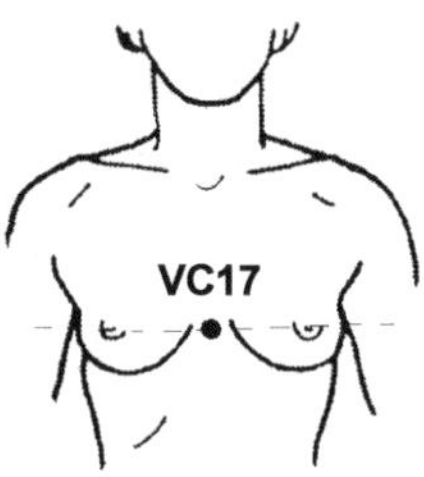


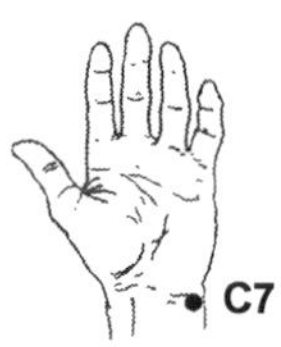


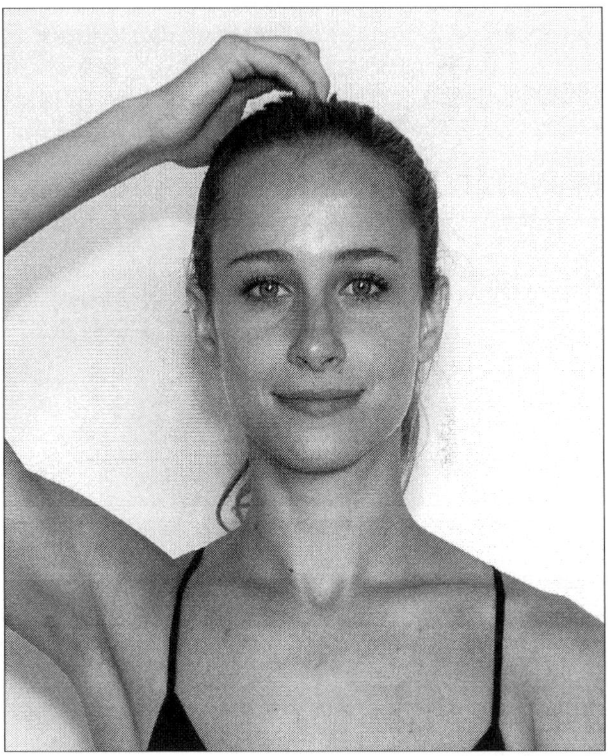

# TABAGISMO

## para aplacar a vontade de fumar

**Ponto** **VC22**

**Técnica** Pressionar firme e continuamente para baixo com a ponta do dedo médio.

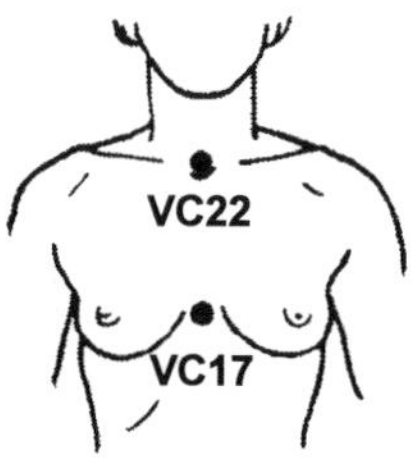


**Também indicados**

**VC17** Pressionar continuamente com a ponta dos dedos da mão enfileirados.

**CS6** Pressionar continuamente com a polpa dos polegares; repetir no outro braço.

**Tratamento complementar**
Fazer 10 respirações lentas, suaves e profundas inspirando pelo nariz e expirando suavemente através dos lábios semicerrados.

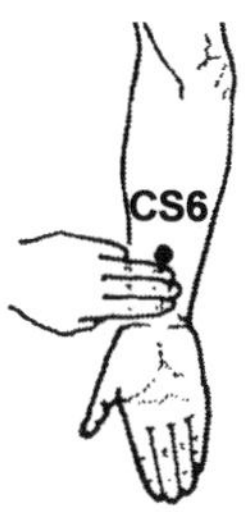


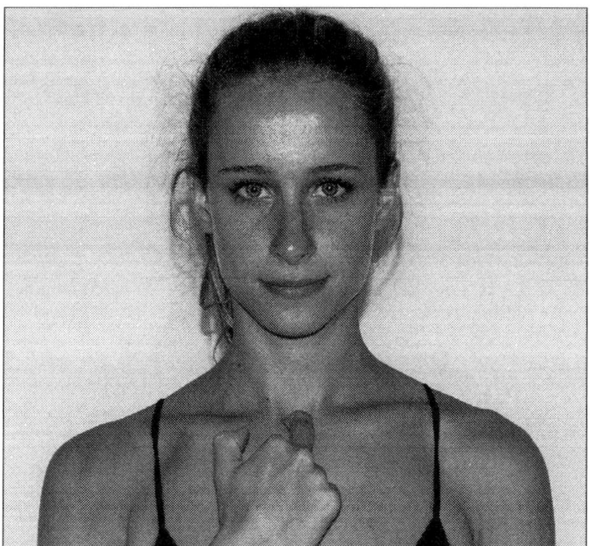

# TENSÃO CORPORAL

## nos ombros e no pescoço

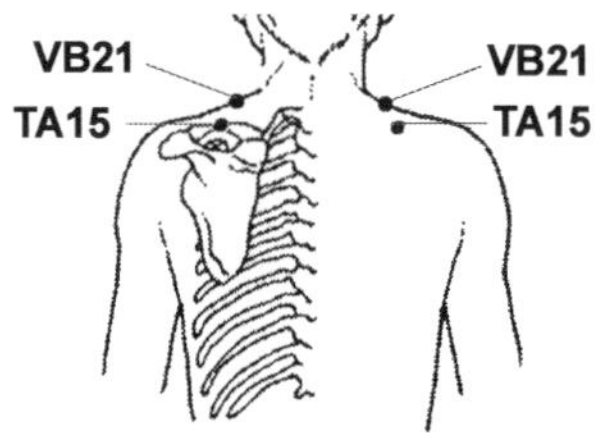


**Ponto** **VB21**

**Técnica** Enganchar as pontas dos dedos em garra no topo dos ombros e manter a pressão colocando o peso nos braços.

### Também indicado

**TA15** Tratar como acima, com os dedos enganchados cerca de 3 cm atrás e abaixo do topo dos ombros.

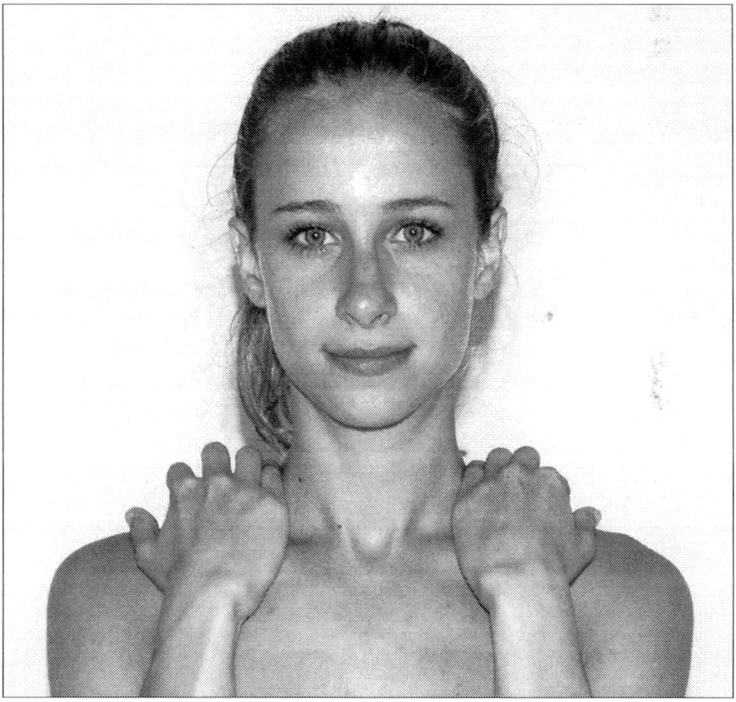

# TENSÃO PRÉ-MENSTRUAL (TPM)

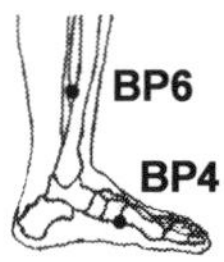


**Ponto** **BP4**

**Técnica** Pressionar continuamente com a polpa dos polegares.

**Também indicados**

**BP6** Tratar como acima.

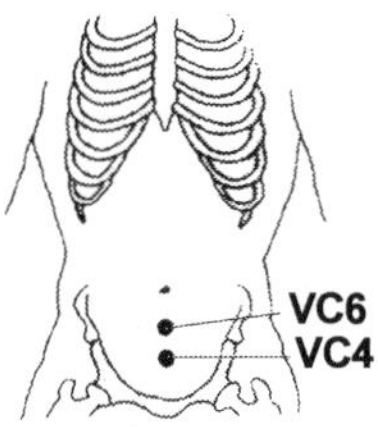


**VC6 + VC4** Deitada de costas, pressionar continuamente ao mesmo tempo ambos os pontos com a ponta dos dedos da mão.

**B31 a B34** Deitada de costas colocar as mãos unidas com as palmas voltadas para baixo sob a área sacra. Dobrar os joelhos e pender as pernas alternadamente para os lados.

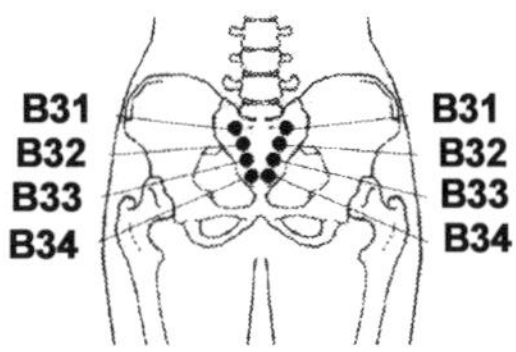


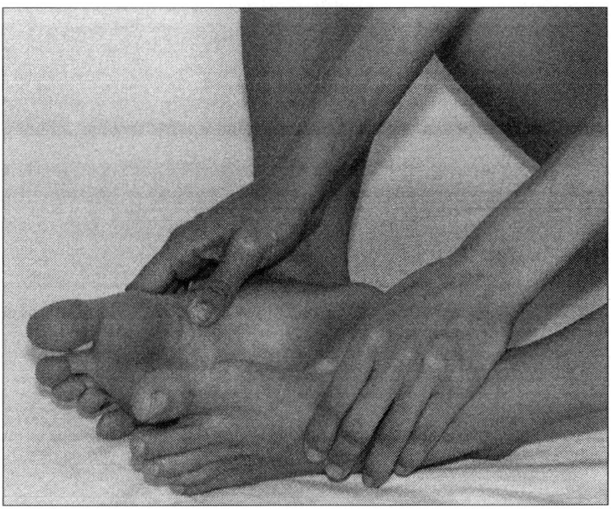

# TÉTANO

## para prevenir ou após primeiros sinais

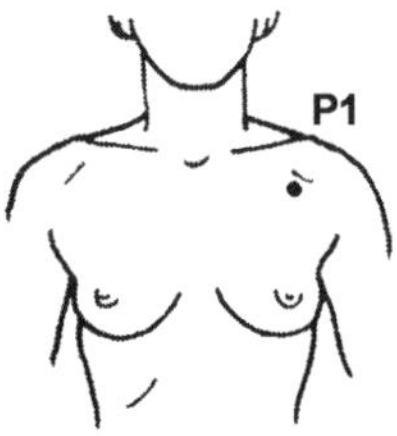


**Ponto** **P1** (lado esquerdo somente)

**Técnica** Pressionar firme e continuamente o ponto do lado esquerdo com a ponta do polegar; repetir a cada duas horas várias vezes.

### Também indicados

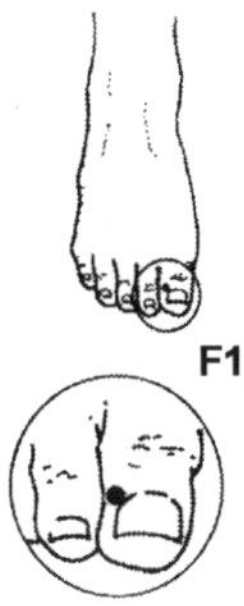


**F1** Pressionar continuamente com as unhas dos polegares três vezes ao dia.

**TA6** Tratar como acima.

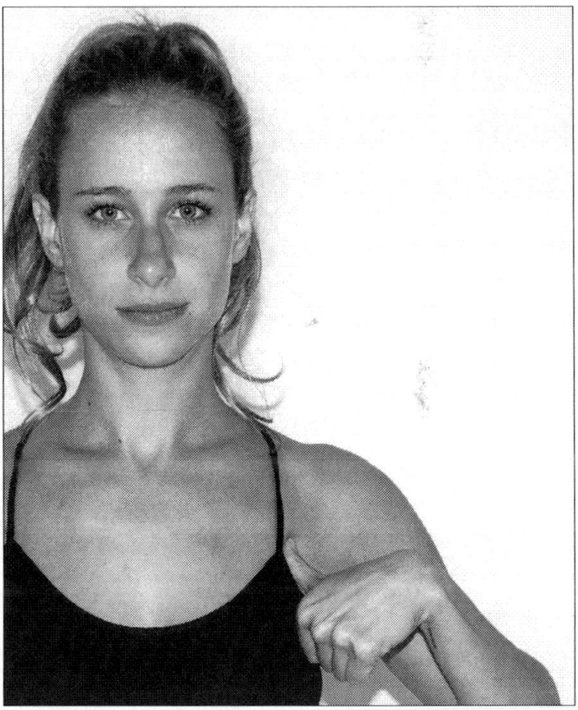

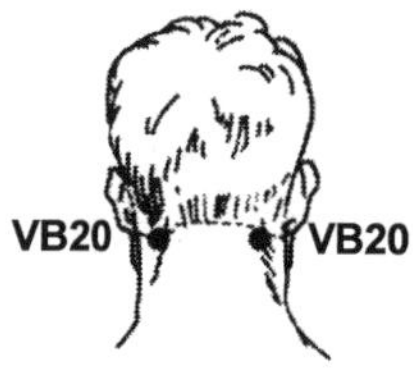


**Ponto** **VB20**

**Técnica** Pressionar continuamente com a polpa dos polegares, a cabeça inclinada para trás.

**Também indicados**

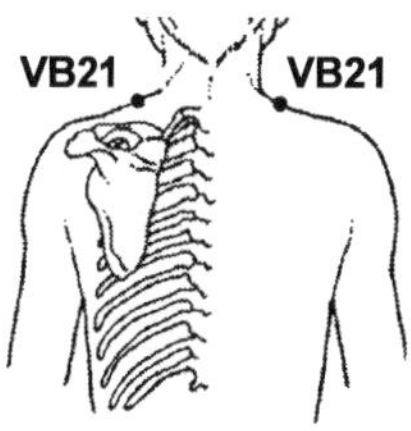


**VB21** Enganchar os dedos das mãos em garra no topo dos ombros e manter a pressão com o peso dos braços.

**ID3** Pressionar forte e continuamente com a ponta do polegar; repetir na outra mão.

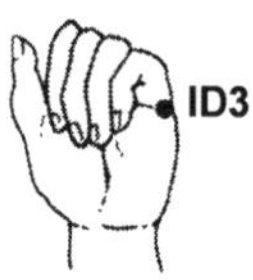


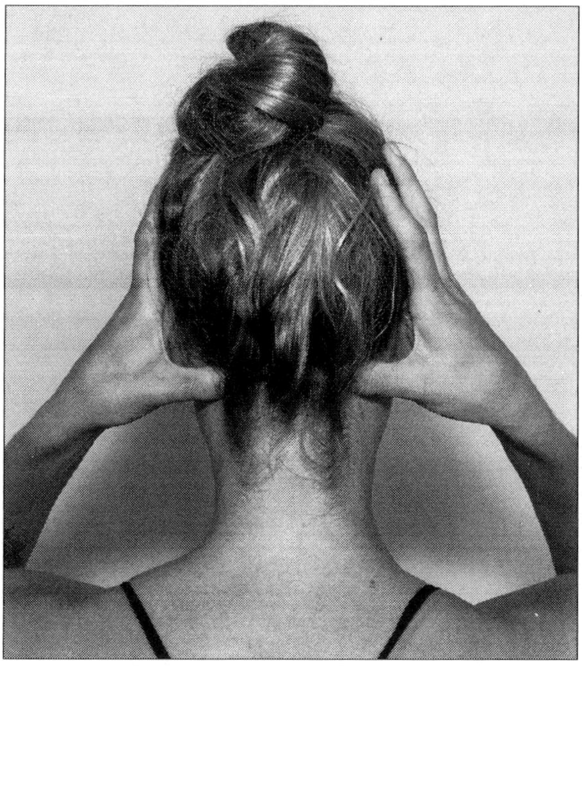

# TORPOR MENTAL

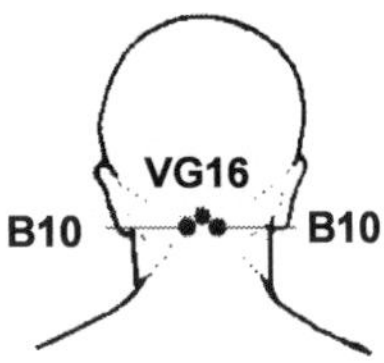


**Ponto** **B10**

**Técnica** Com as mãos em concha inserir os dedos alinhados verticalmente entre as cervicais e os tendões da nuca a partir da base do crâneo e manter a pressão.

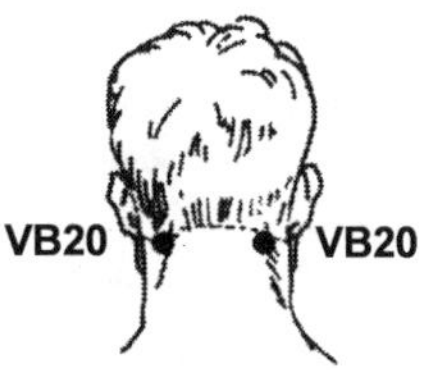


**Também indicados**

**VG16** Pressionar continuamente com a polpa do polegar.

**VB20** Pressionar continuamente com a polpa dos polegares.

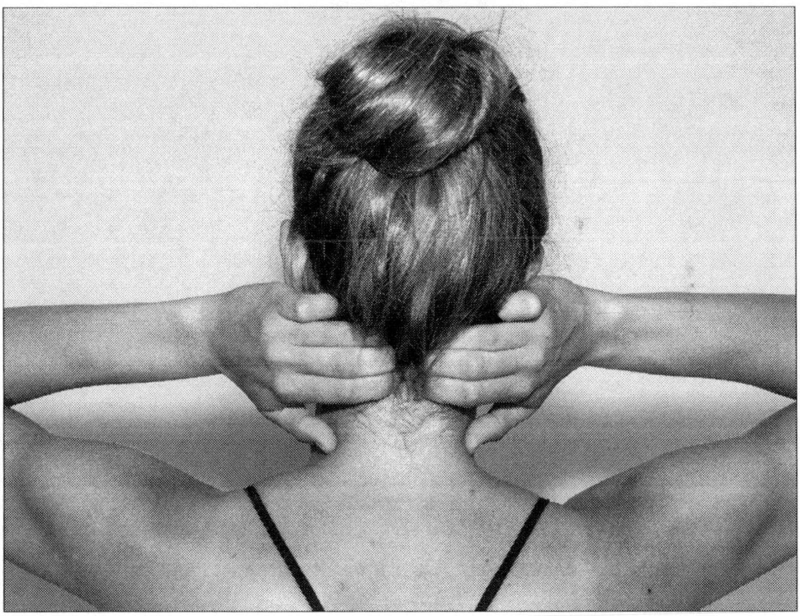

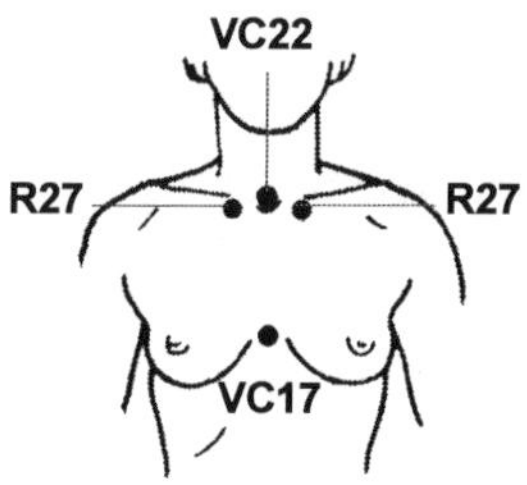


**Ponto** **VC22**

**Técnica** Pressionar firme e continuamente para baixo com a polpa do dedo médio.

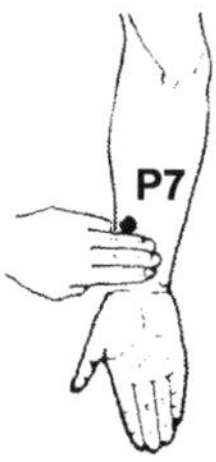


### Também indicados

**R27** Pressionar continuamente com a ponta dos dedos médios.

**VC17** Pressionar continuamente com a polpa do polegar.

**P7** Pressionar continuamente com a polpa do polegar; repetir no outro braço.

**B12** Pressionar e massagear com a ponta dos dedos médios.

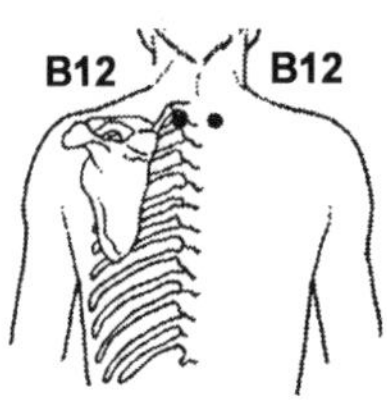


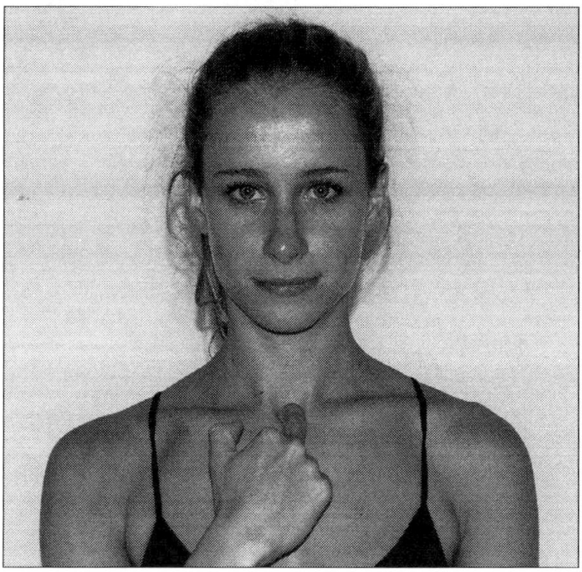

**Ponto** **VG26**

**Técnica** Pressionar continuamente com a polpa do polegar.

**Também indicados**

**E6** Pressionar continuamente com a polpa dos polegares.

**TA17** Pressionar continuamente o ponto atrás das orelhas com a ponta dos dedos médios.

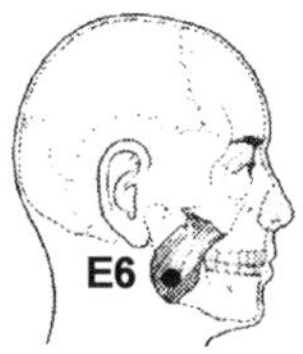


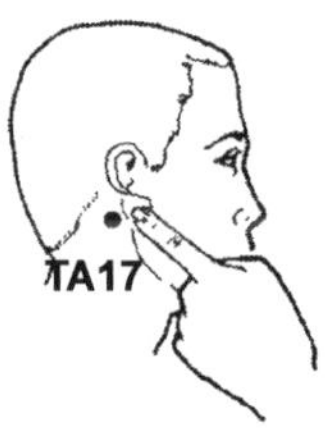


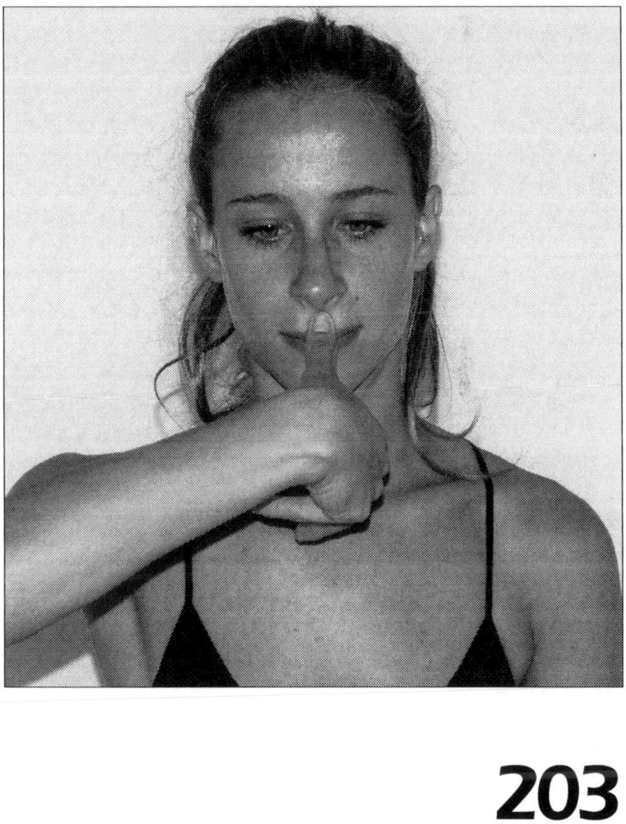

# ÚTERO

## prolapso e afecções em geral

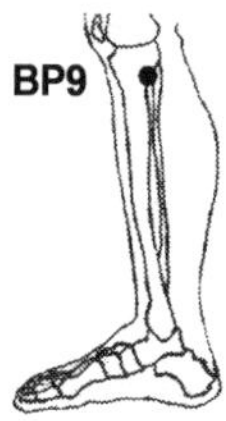


**Ponto** **BP9**

**Técnica** Pressionar continuamente com movimentos circulares com a polpa dos polegares.

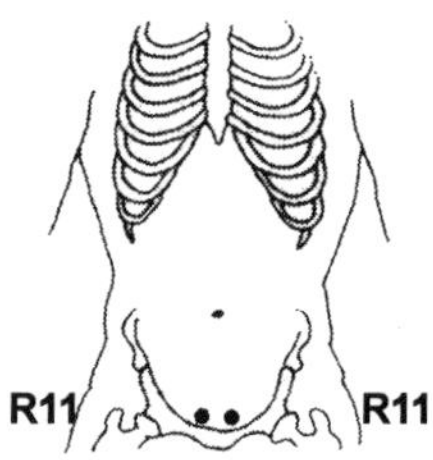


**Também indicados**

**R11** Pressionar continuamente com a polpa dos polegares.

**VG20** Pressionar continuamente com a ponta dos dedos da mão enfileirados.

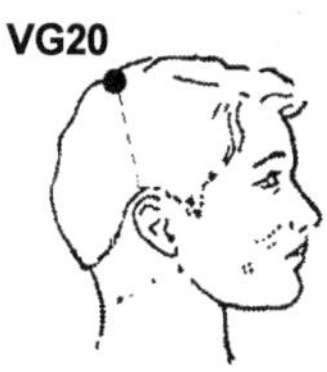


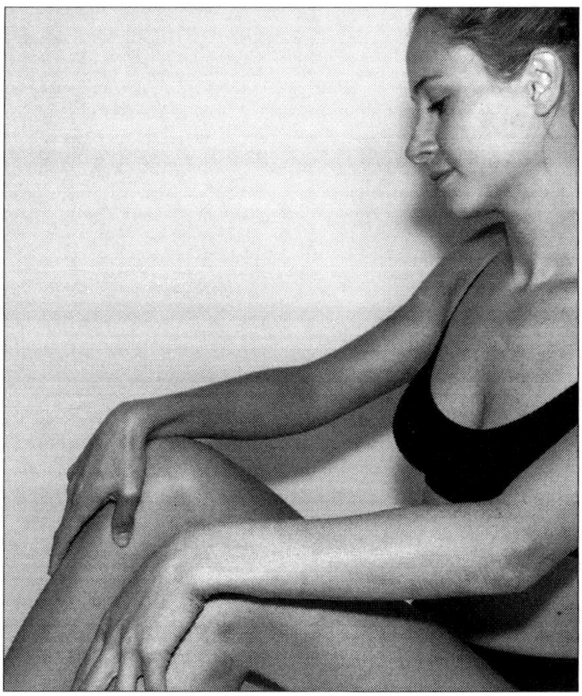

# VERTIGEM

**Ponto** **Yin Tang**

**Técnica** Pressionar continuamente com a ponta do dedo médio.

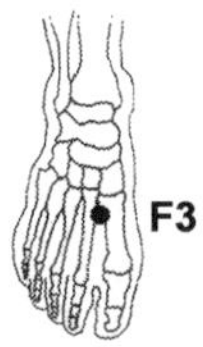


**Também indicados**

**F3** Esfregar repetidamente com a ponta dos dedos médios.

**VB20** Pressionar continuamente com a polpa dos polegares.

**E36** Friccionar vigorosamente com os nós dos dedos das mãos fechadas.

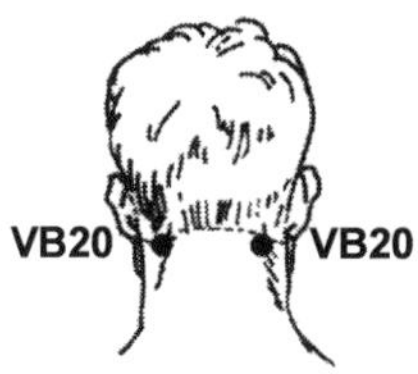


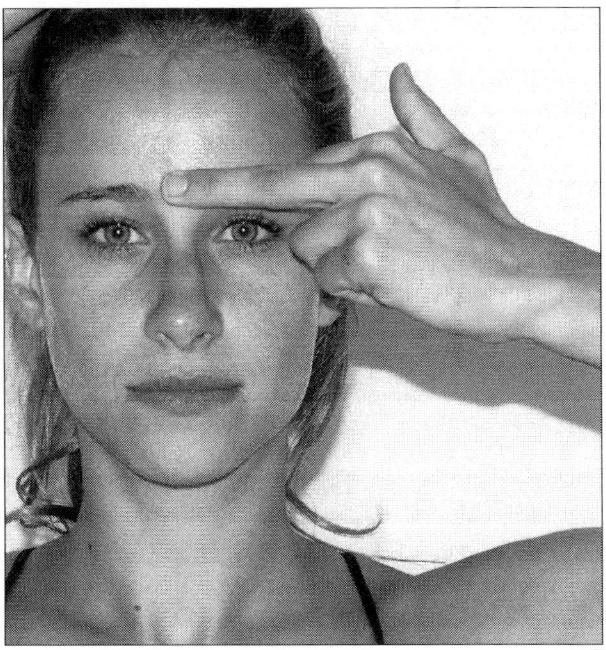

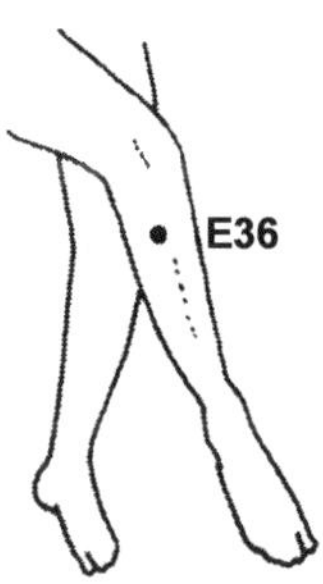

# ZUMBIDO NOS OUVIDOS

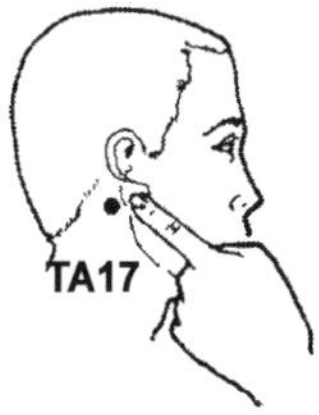


**Ponto** **TA17**

**Técnica** Pressionar continuamente o ponto atrás das orelhas com a ponta dos dedos médios.

**Também indicados**

**R3** Pressionar continuamente com a polpa dos polegares.

**TA21 + ID19 + VB2** Pressionar continuamente com a ponta dos dedos anulares, médios e indicadores com a boca entreaberta.

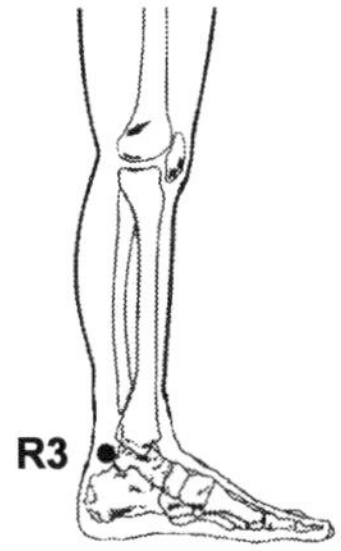


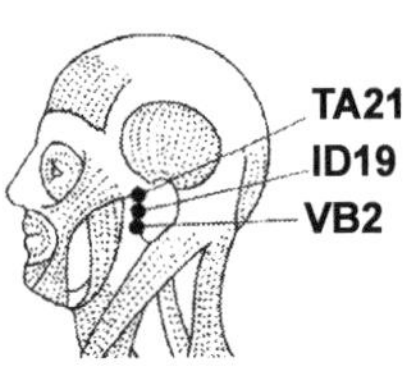


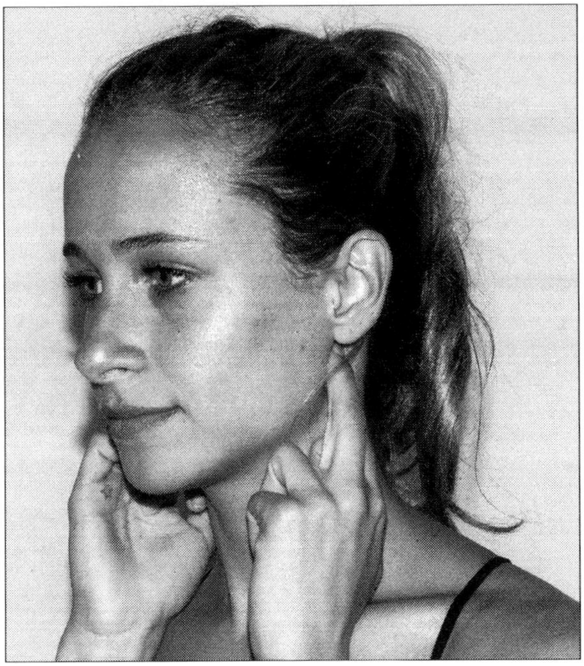

# PONTOS COMBINADOS

# PARA RETENÇÃO DE LÍQUIDOS E INCHAÇOS

**Pontos** **VC6, BP6 + BP9 e R2 + R6**

**Técnica**

1. **VC6** Deitada de costas, pressionar continuamente o centro da linha entre o umbigo e o osso púbico com a ponta dos dedos das mãos, por 1 minuto.

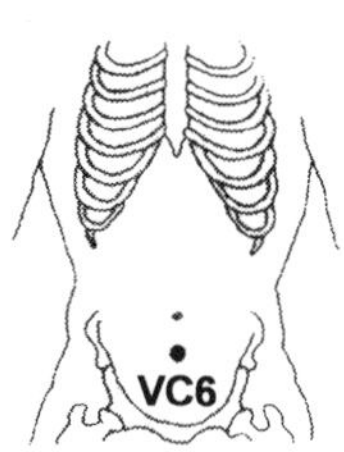


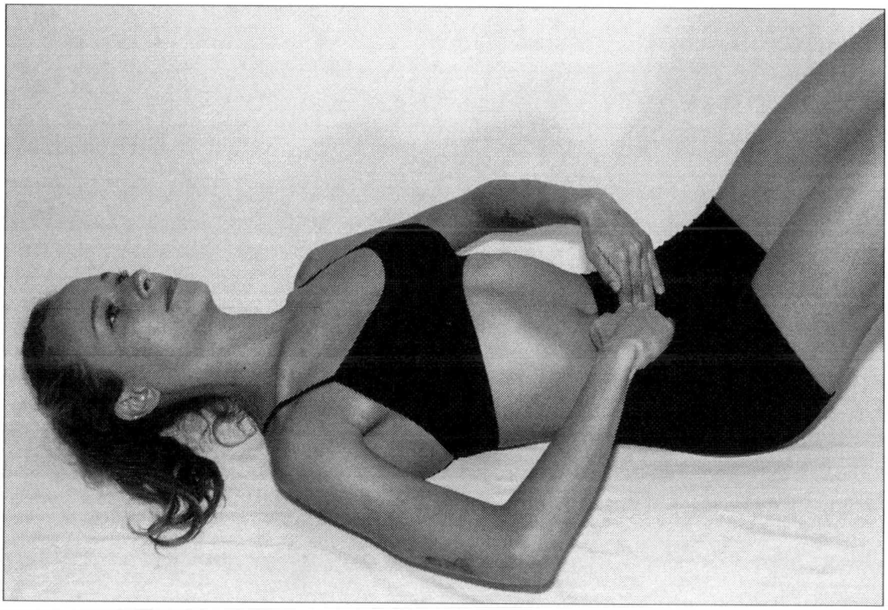

2. **BP6 + BP9** Colocar um pé sobre a coxa oposta e pressionar simultaneamente os dois pontos com a polpa dos polegares por 1 minuto; inverter e repetir no outro lado.

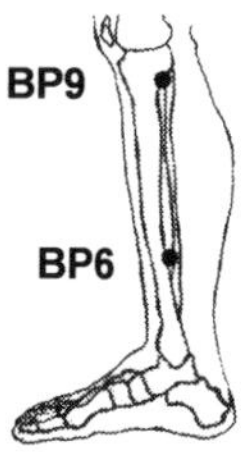


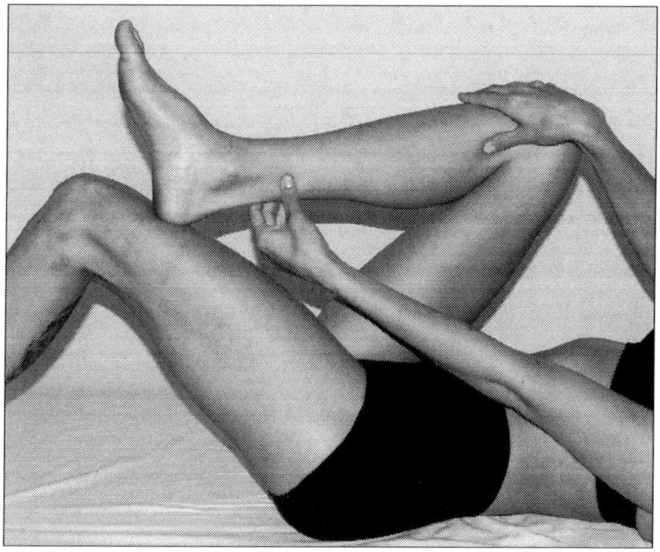

3. **R2 + R6** Tratar como os pontos anteriores.

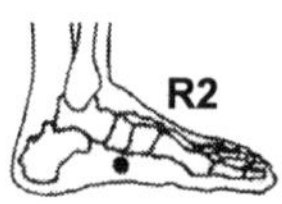


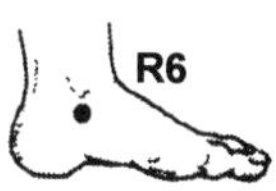


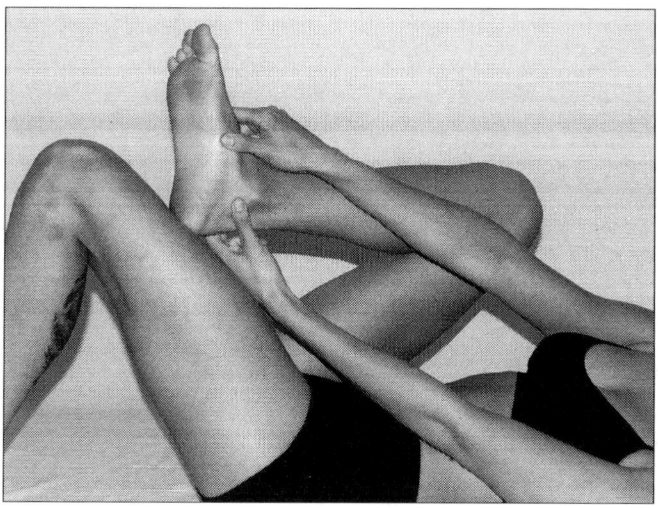

# PARA FORTALECIMENTO IMUNOLÓGICO

**Pontos B23 + B52, VC17, E36, R3 + R7, F3, TA5 + IG11 e VC6**

**Técnica**

1. **B23 + B52** Esfregar simultaneamente os dois pontos para cima e para baixo com o dorso das mãos fechadas por 1 minuto.

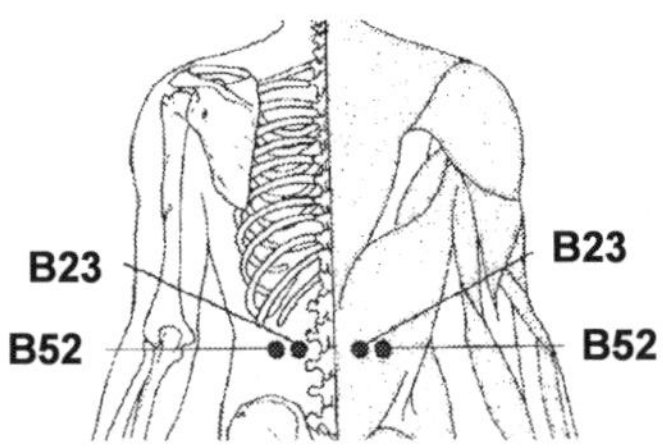


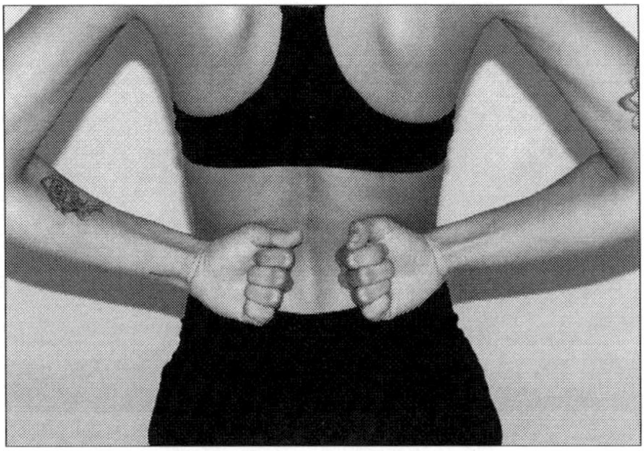

2. **VC17** Com a ponta de todos os dedos da mão unidos, percutir suave e secamente por 20 vezes no ritmo cardíaco normal.

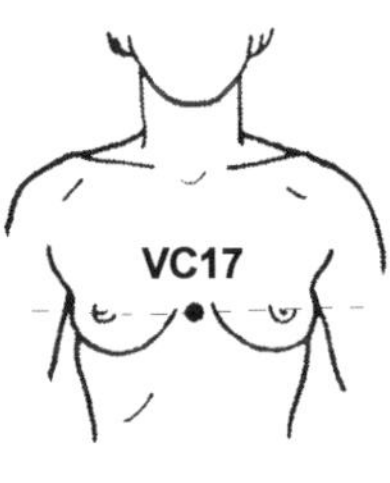


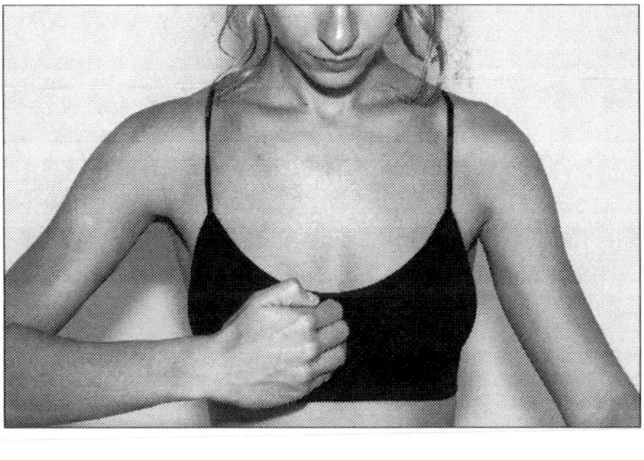

3. **E36** Friccionar vigorosamente com os nós dos dedos das mãos fechadas.

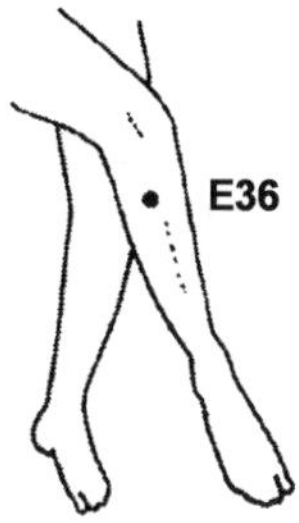


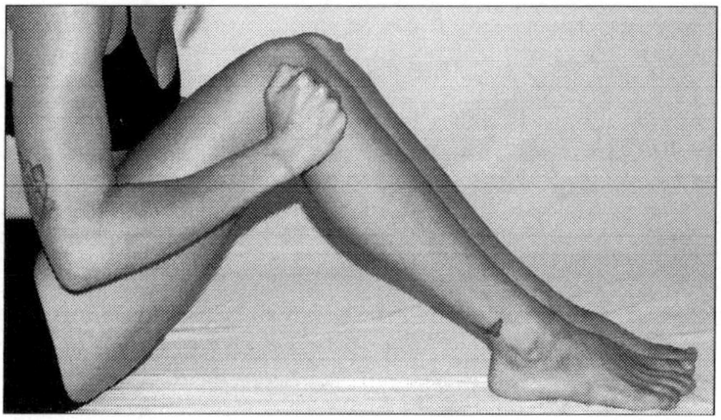

4. **R3 + R7** Esfregar simultaneamente os dois pontos com o calcanhar por 1 minuto; repetir no outro lado.

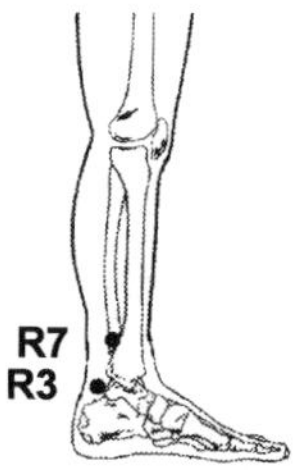


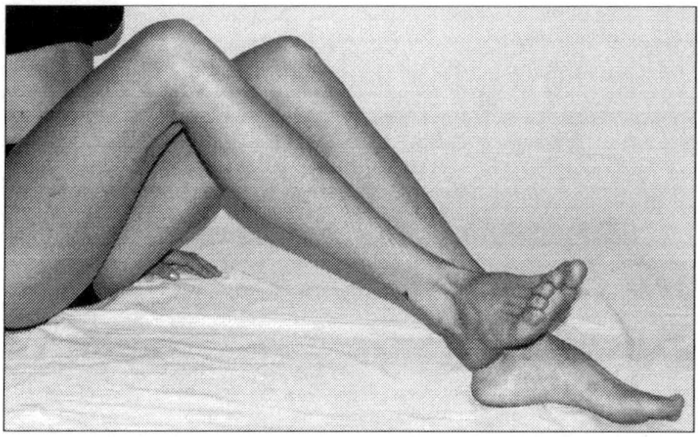

5. **F3** Esfregar com os dedos médios por um minuto ou esfregar com o calcanhar por 1 minuto; repetir no outro lado.

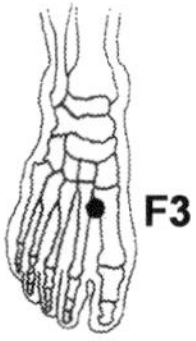


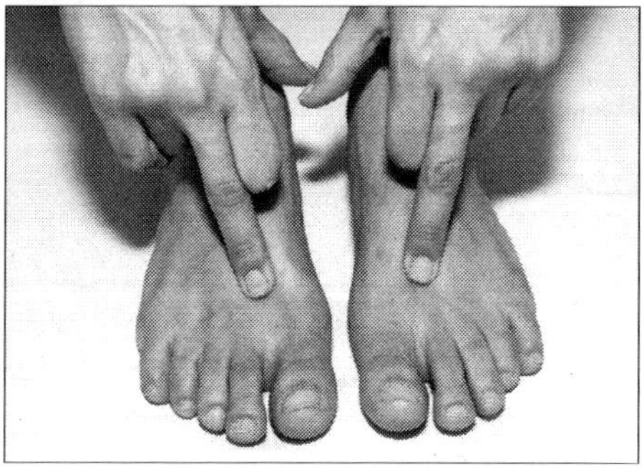

6. **TA5 + IG11** Esfregar por 30 segundos cada ponto com os nós dos dedos das mãos fechadas; inverter e repetir no outro lado.

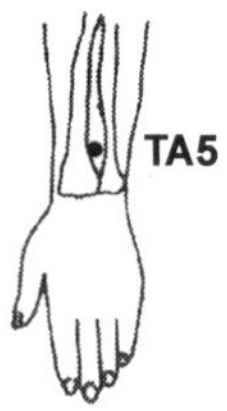


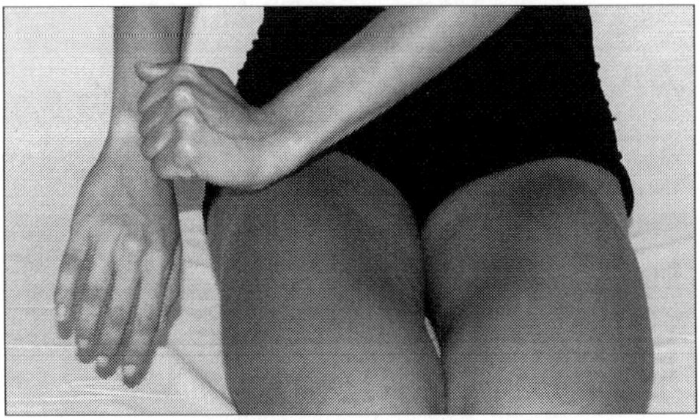

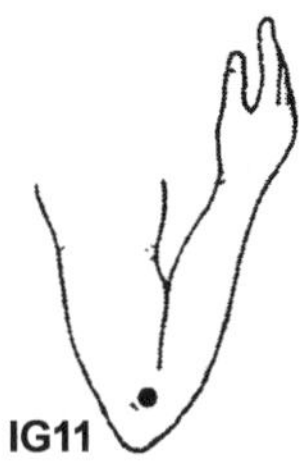


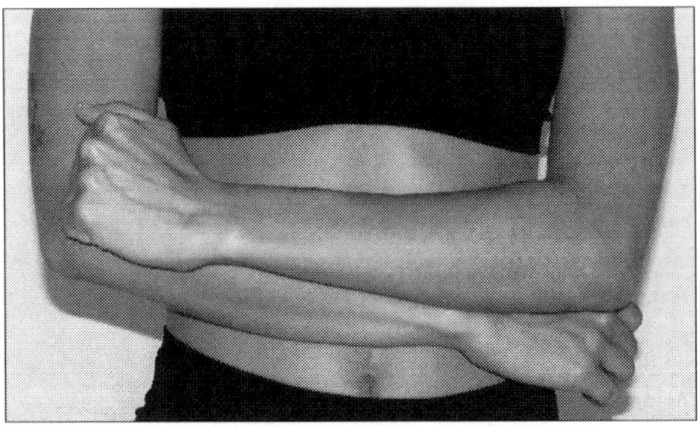

7. **VC6** Pressionar continuamente o centro da linha vertical entre o umbigo e o osso púbico com a ponta dos dedos das duas mãos por 1 minuto.

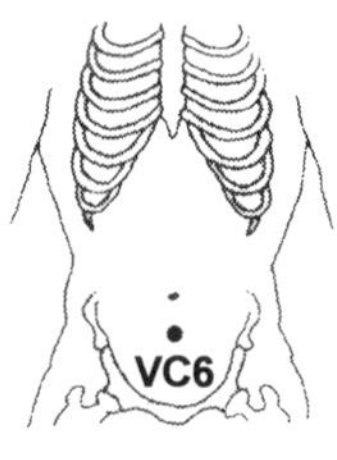


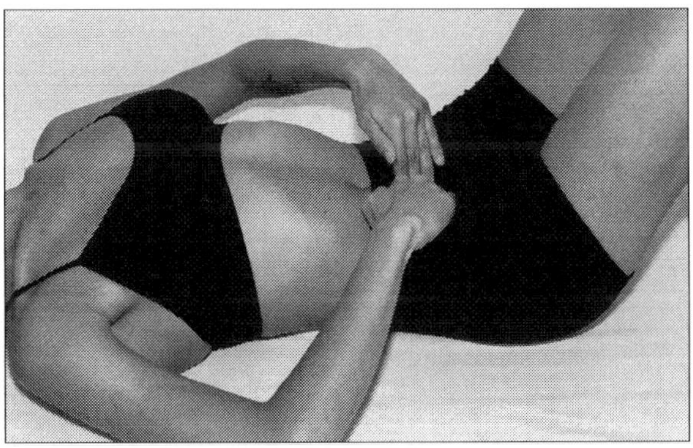

# PARA ESTRESSE EMOCIONAL NAS CRISES E MUDANÇAS

**Pontos VG20 + Yin Tang + VC17, P1, VB20, VB21, VC12**

**Técnica**

1. **VG20 + Yin Tang** Pressionar continuamente o ponto **VG20** com a ponta dos dedos da mão direita e simultaneamente pressionar continuamente o ponto **Yin Tang** com a ponta do dedo médio da mão esquerda, ambos por 30 segundos.

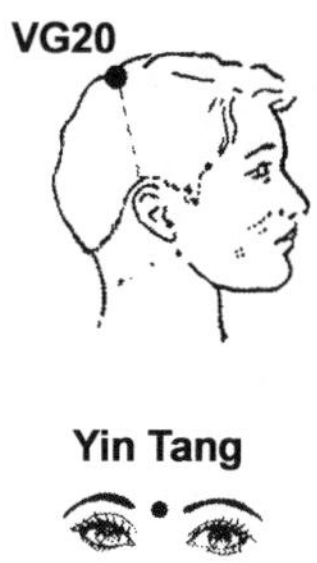


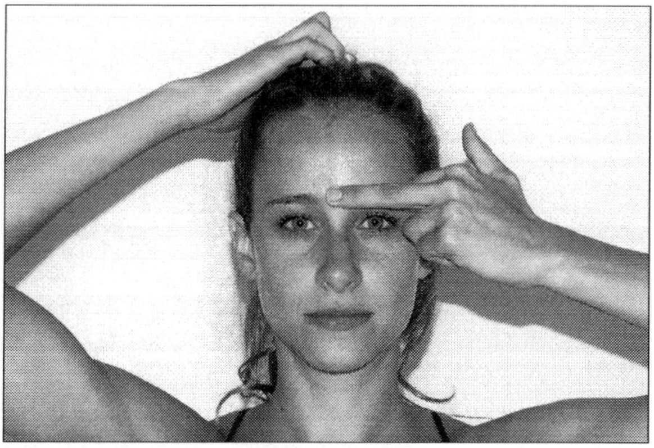

2. **VG20 + VC17** Manter a pressão no ponto **VG20** enquanto a mão esquerda desloca-se para o ponto **VC17**, mantendo a pressão por mais 30 segundos.

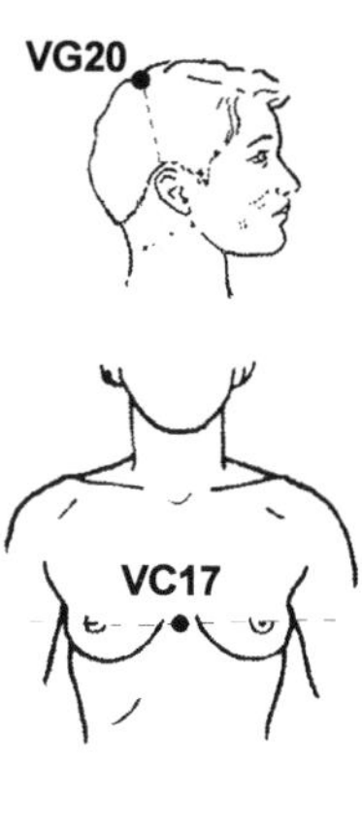


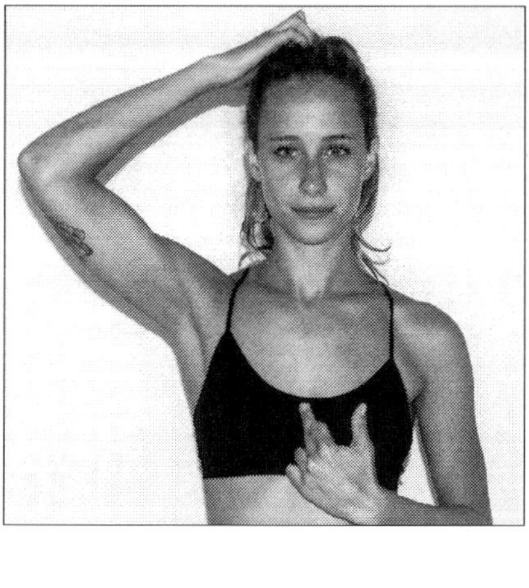

**3. P1** Pressionar continuamente com a ponta dos polegares por 1 minuto.

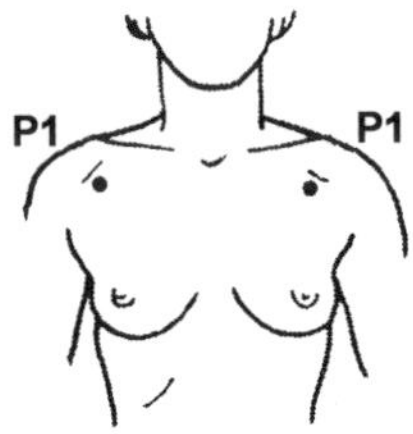


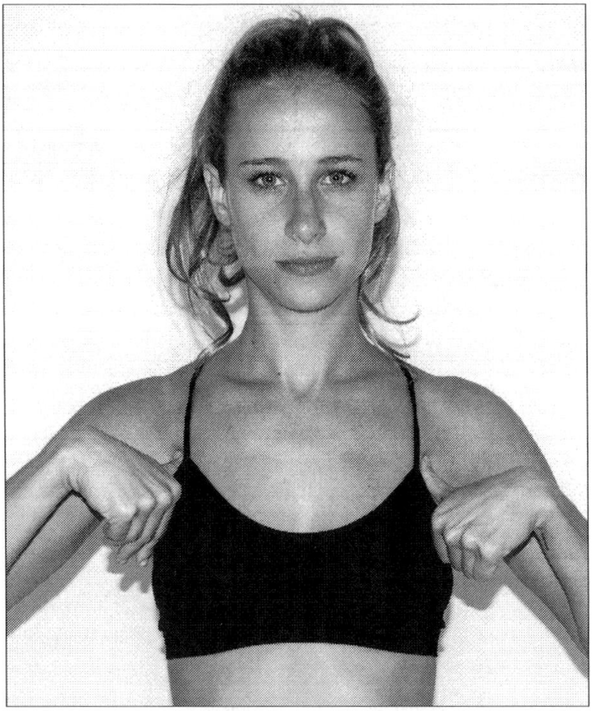

**4. VB20** Tratar como acima.

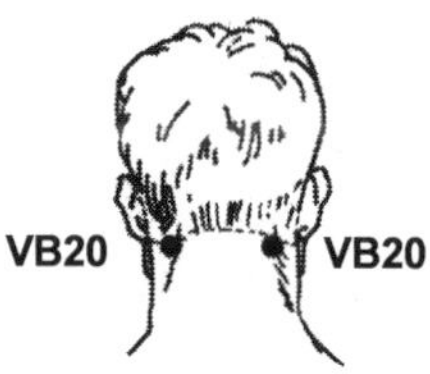


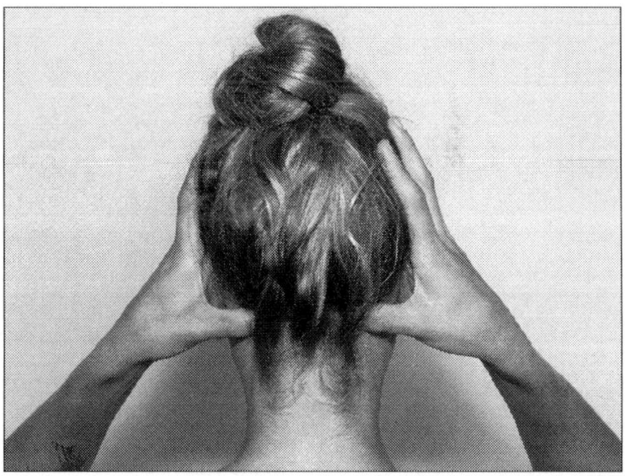

5. **VB21** Enganchar os dedos das mãos em garra no topo dos ombros a partir da base lateral do pescoço e manter a pressão com o peso dos braços por 1 minuto.

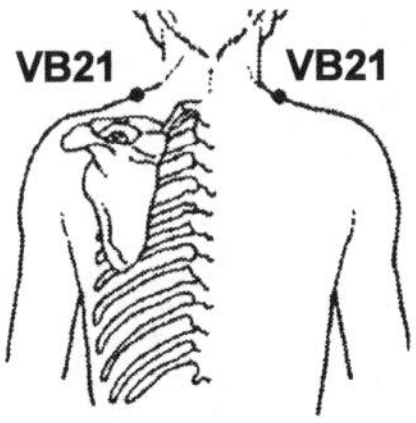


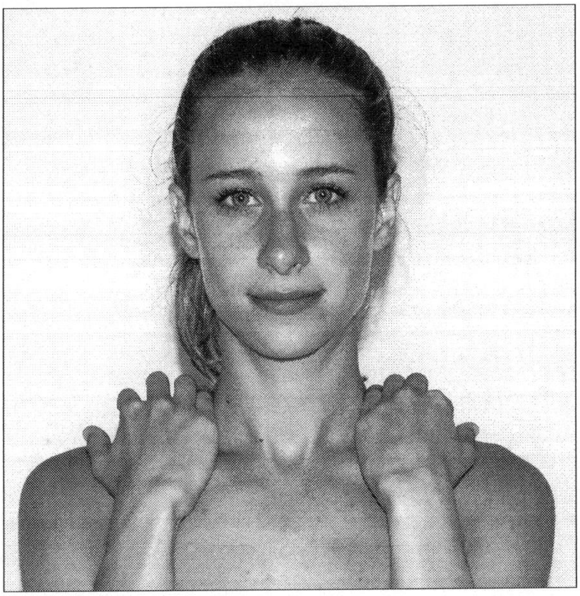

6. **VC12** Pressionar continuamente com a polpa do polegar; aumentar gradativamente a pressão respirando lenta e profundamente por 1 minuto.

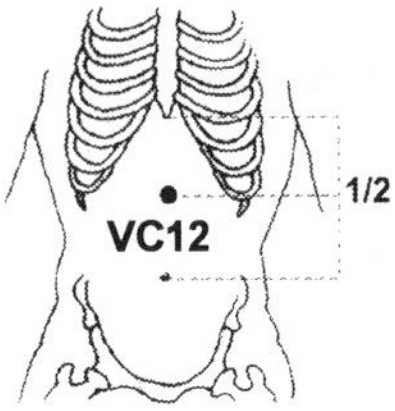


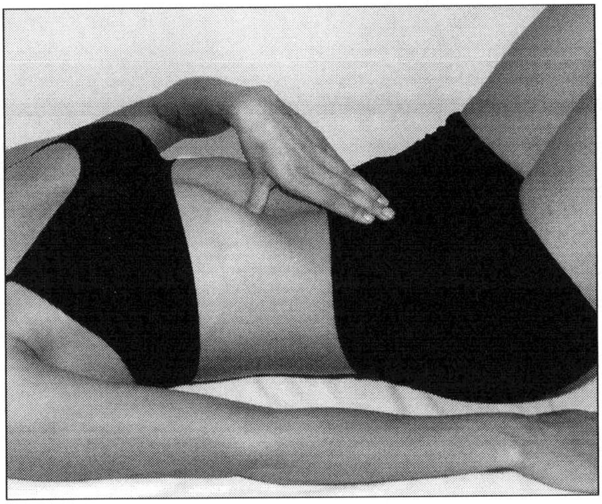

# PARA RAIVA E IRRITAÇÃO

**Pontos VB21, F3, BP4 e C56**

**Técnica**

1. **VB21** Enganchar a ponta dos dedos das mãos em garra no topo dos ombros, a partir da base lateral do pescoço, e manter a pressão com o peso dos braços por 2 minutos.

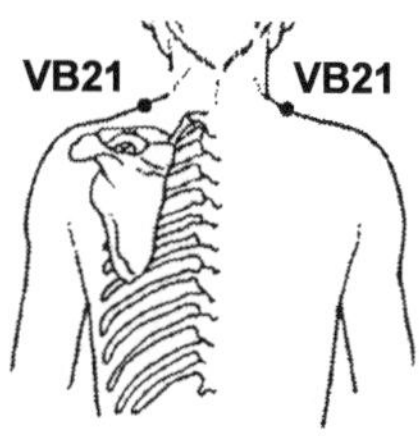


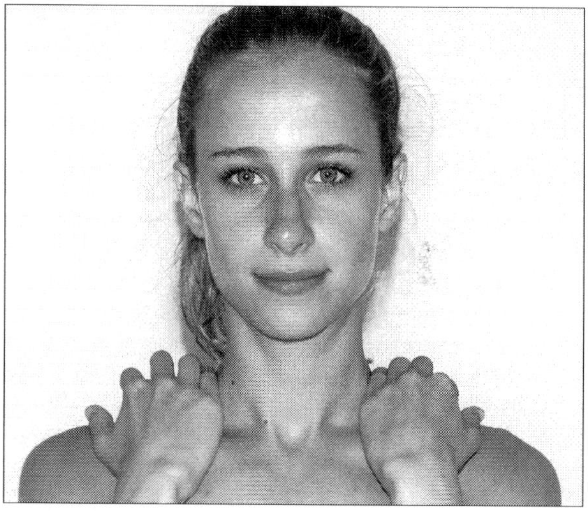

2. **F3** Pressionar continuamente com a ponta dos dedos médios por 1 minuto.

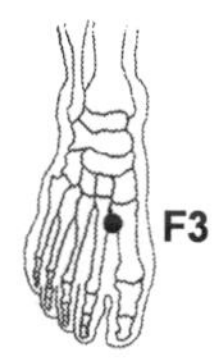


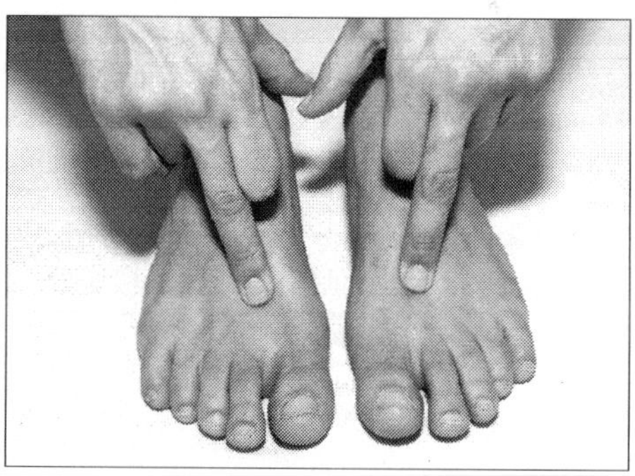

3. **BP4** Pressionar continuamente com a polpa dos polegares por um minuto.

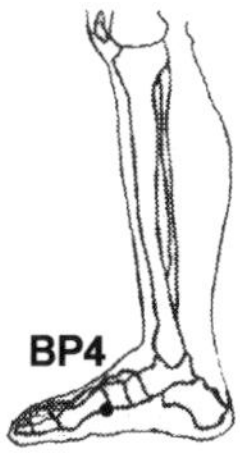


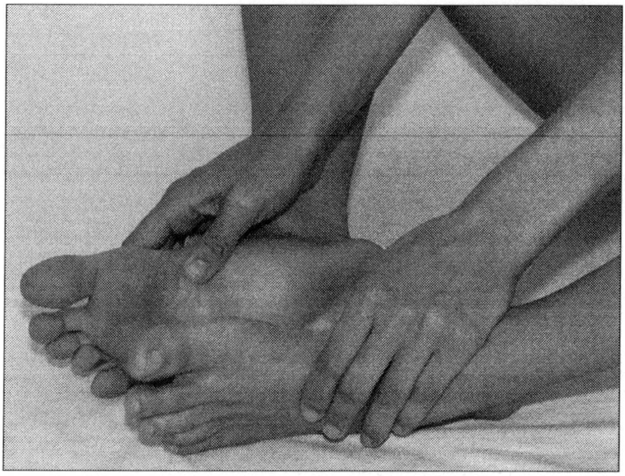

4. **CS6** Pressionar continuamente com a polpa do polegar por 1 minuto; repetir no outro braço.

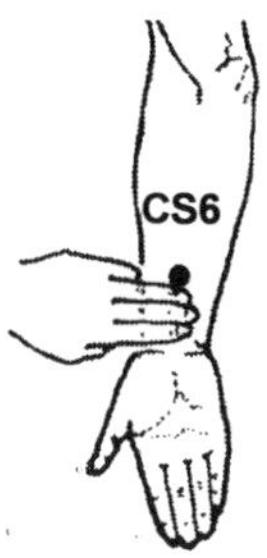

## PARA EXCITAÇÃO E HISTERIA

**Pontos C7 + C6 + C5 + C4, VG16 + VC17 e VC15**

**Técnica**

1. **C7 + C6 + C5 + C4** Pressionar firme e continuamente os quatro pontos com os quatro dedos da mão por 1 minuto; repetir no outro lado.

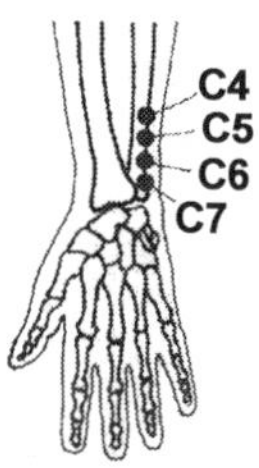

2. **VG16 + VC17** Pressionar continuamente o ponto **VC17** com a ponta do polegar esquerdo, e simultaneamente o ponto **VG16** com os dedos da mão direita por 1 minuto.

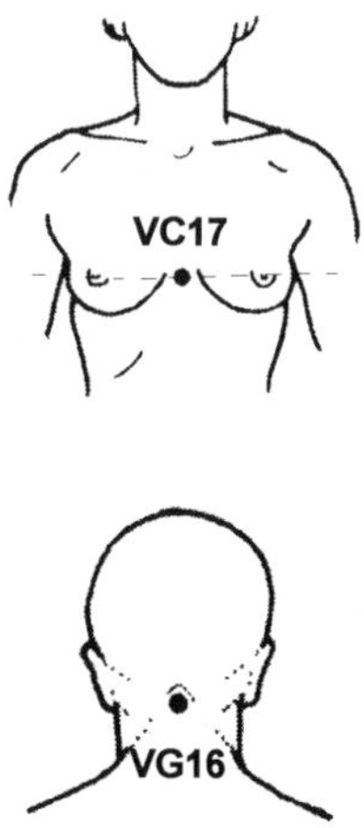


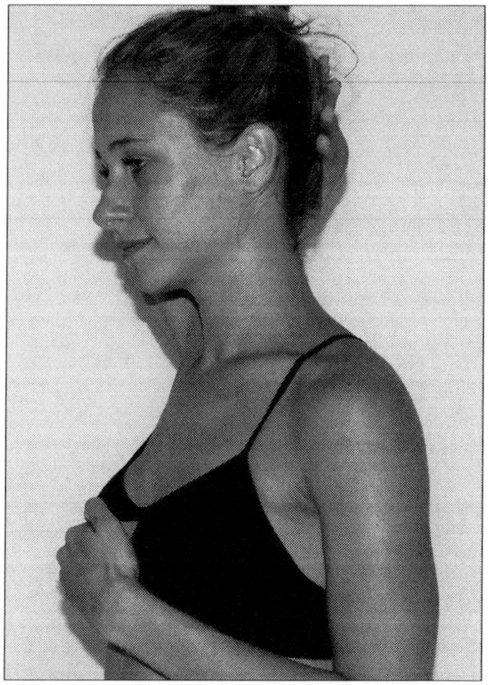

3. **VC15** Pressionar continuamente com a polpa do polegar por 1 minuto.

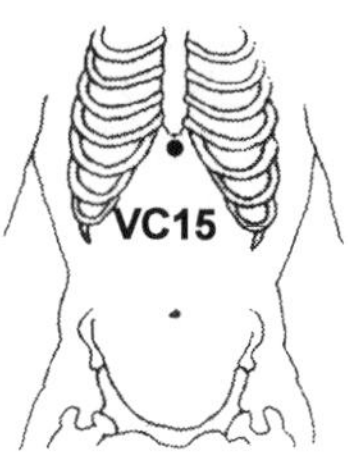


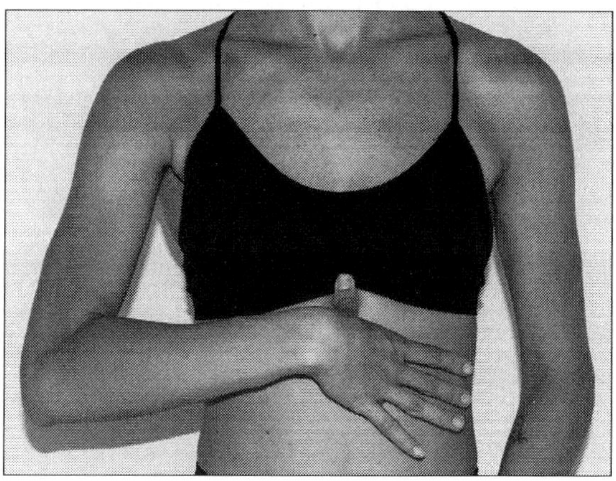

# PARA PREOCUPAÇÃO E OBCESSÃO MENTAL

**Pontos VG20 + Yin Tang, VB20, VB21, E45 e E36**

**Técnica**

1. **VG20 + Ying Tang** Pressionar continuamente o ponto **VG20** com os dedos da mão direita e, simultaneamente pressionar o ponto **Yin Tang** com a polpa do dedo médio, da mão esquerda, por 1 minuto.

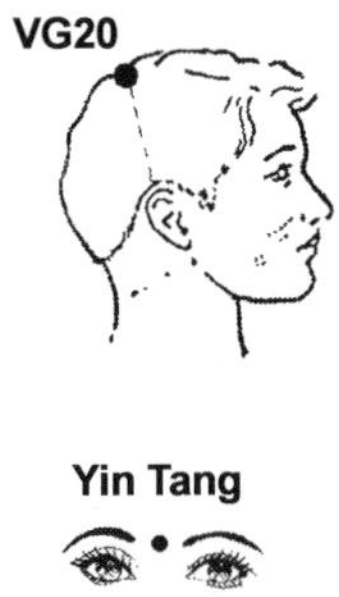


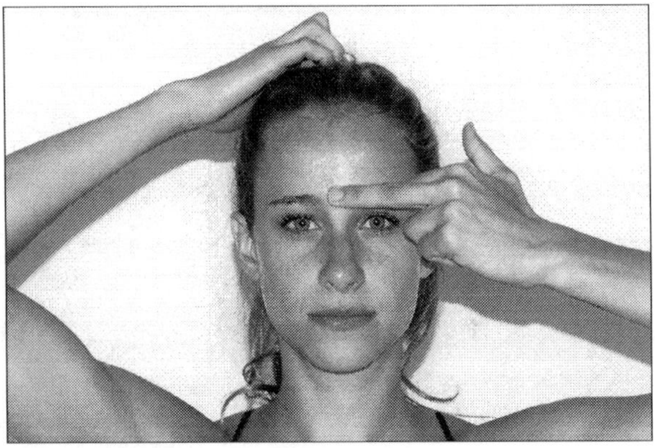

2. **VB21** Encaixar as pontas dos dedos das mãos em garra no topo dos ombros a partir das bases laterais do pescoço, e manter a pressão com o peso dos braços por 2 minutos.

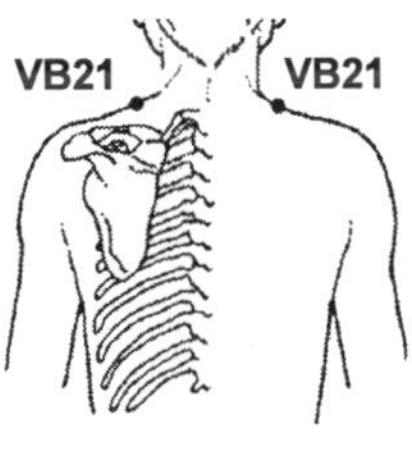


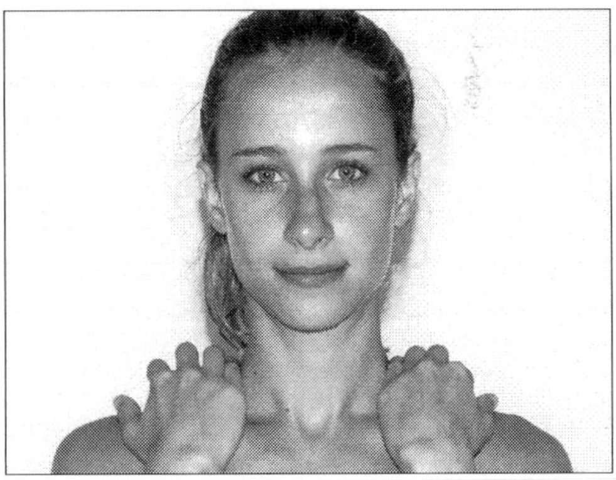

**3. VB20** Pressionar continuamente com a polpa dos polegares por 1 minuto.

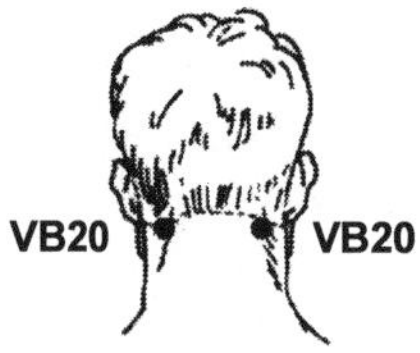


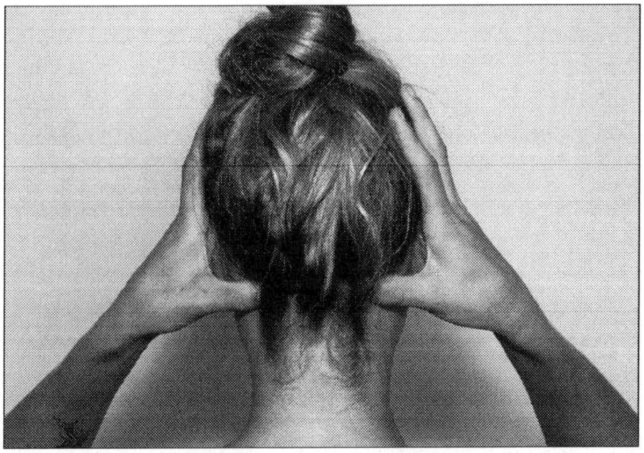

**4. E45** Pressionar continuamente com as unhas dos polegares por 1 minuto.

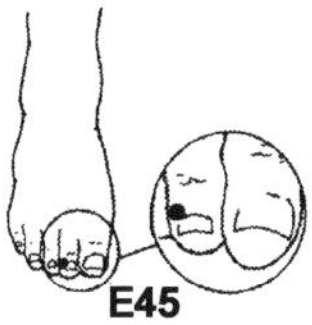


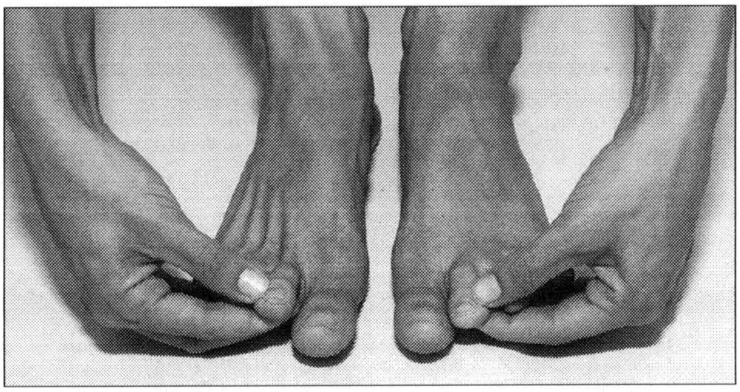

**5. E36** Friccionar com os nós dos dedos das mãos fechadas por 30 segundos.

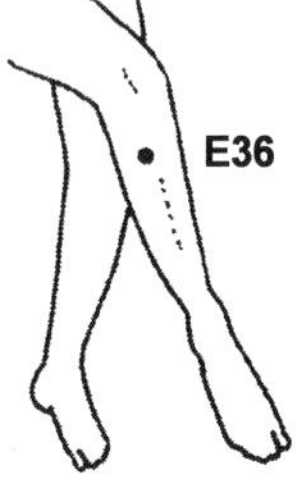


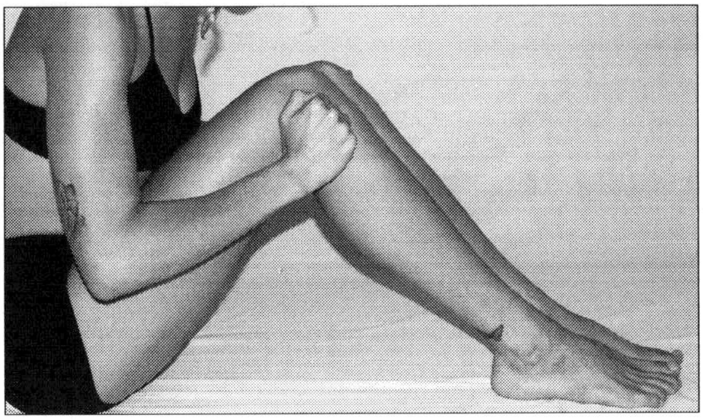

# PARA TRISTEZA, PESAR E MÁGOA

**Pontos P1, VC17 e VC15**

**Técnica**

1. **P1** Pressionar continuamente com a ponta dos polegares por 1 minuto.

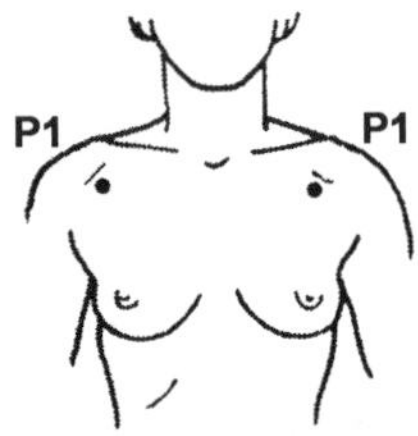

2. **VC17** Pressionar continuamente com os quatro dedos da mão por 1 minuto.

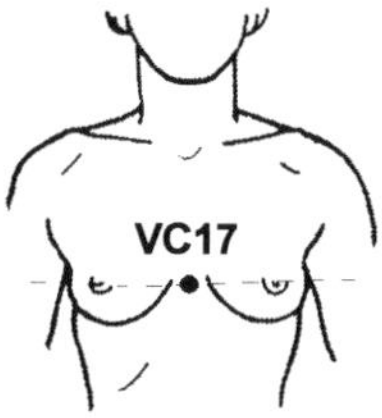

3. **VC15** Pressionar continuamente com a ponta do polegar por 1 minuto.

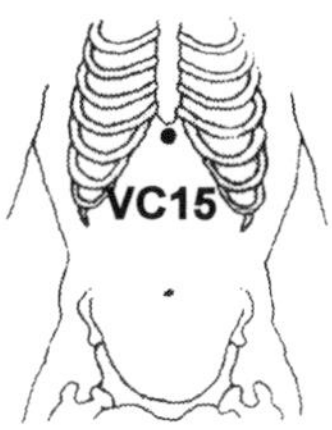


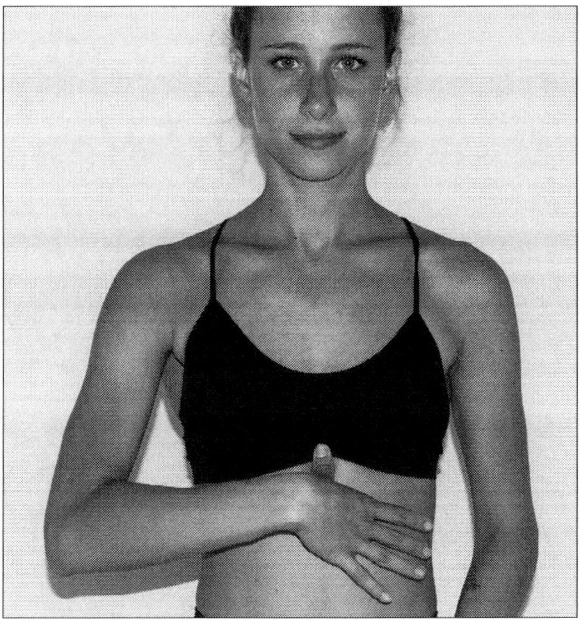

# PARA MEDO E APREENSÃO

**Pontos B52+B23, C7, CS6, R6**

**Técnica**

1. **B52 + B23** Esfregar os dois pontos simultaneamente com o dorso das mãos fechadas para cima e para baixo por 1 minuto.

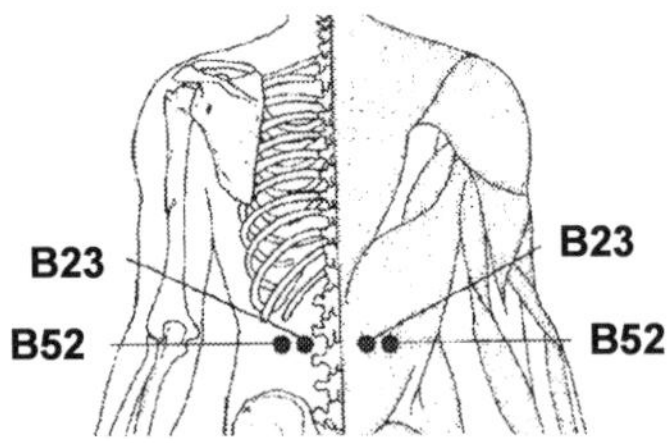


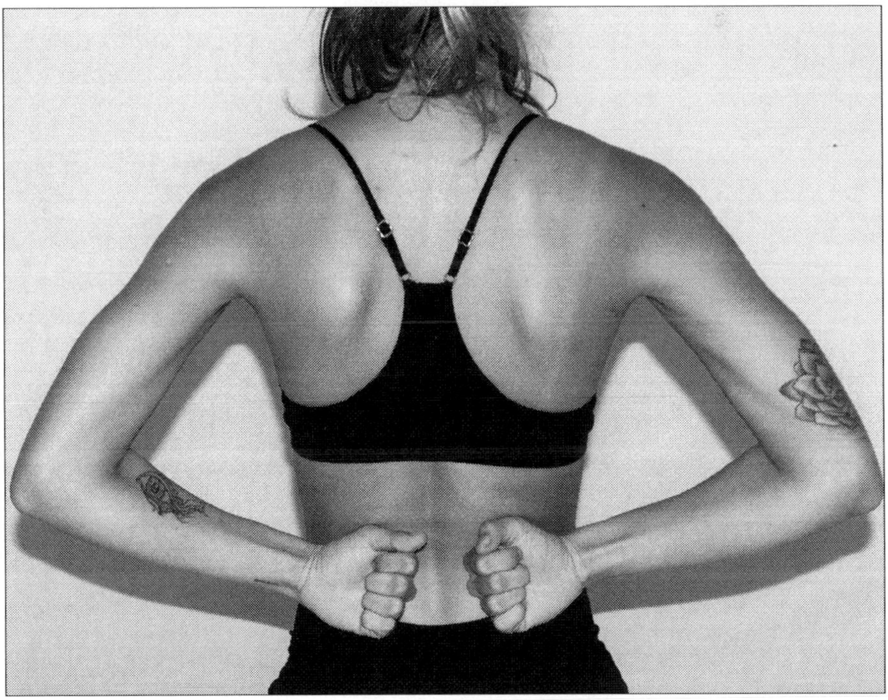

**2. C7** Pressionar continuamente com a polpa do polegar por 1 minuto; repetir no outro pulso.

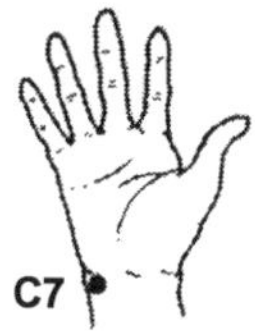


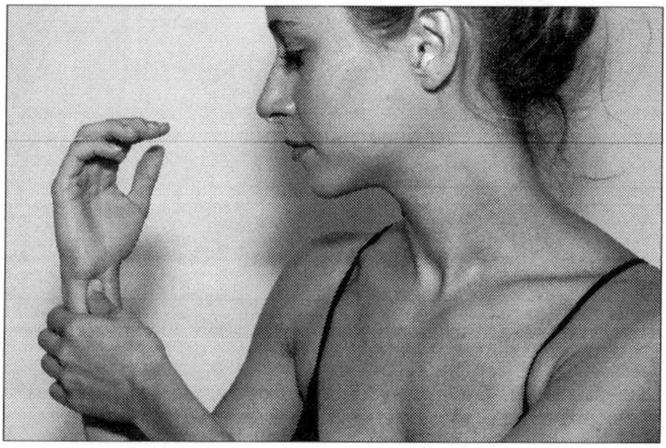

**3. CS6** Tratar como o ponto anterior.

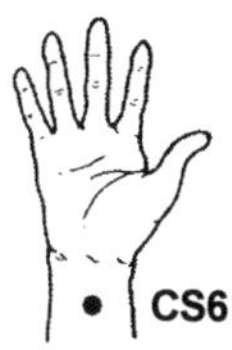


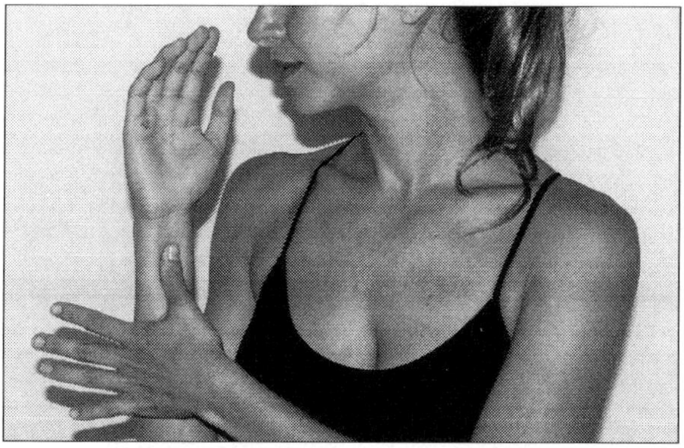

**4. R6** Pressionar continuamente com a ponta dos dedos médios.

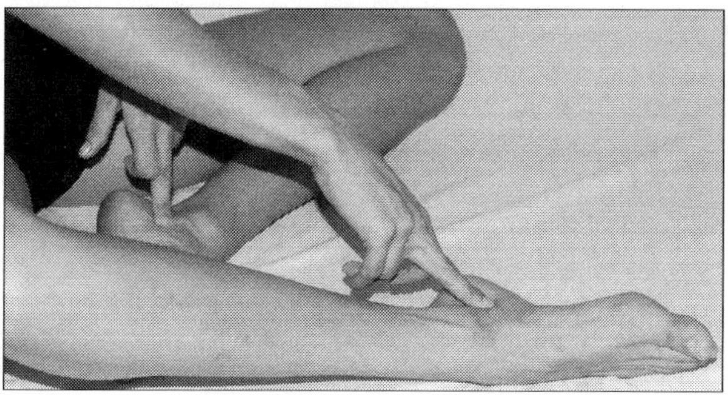

# PARA IMPOTÊNCIA E FRIGIDEZ

**Pontos B31 a B34, B23 + B52, VC6 + VC4 e E36**

**Técnica**

1. **B31 a B34** Com a face palmar das mãos, esfregar vigorosamente a área das vértebras sacras para cima e para baixo por 1 minuto.

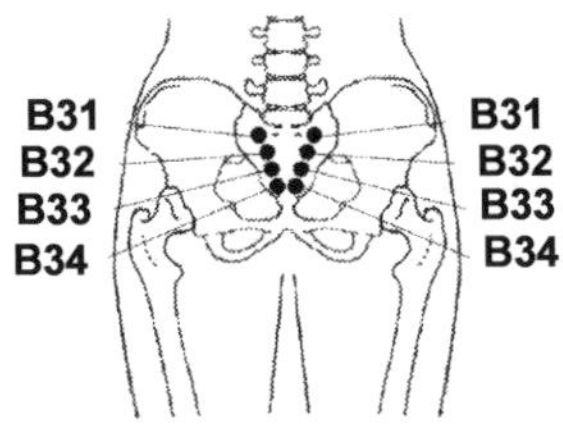


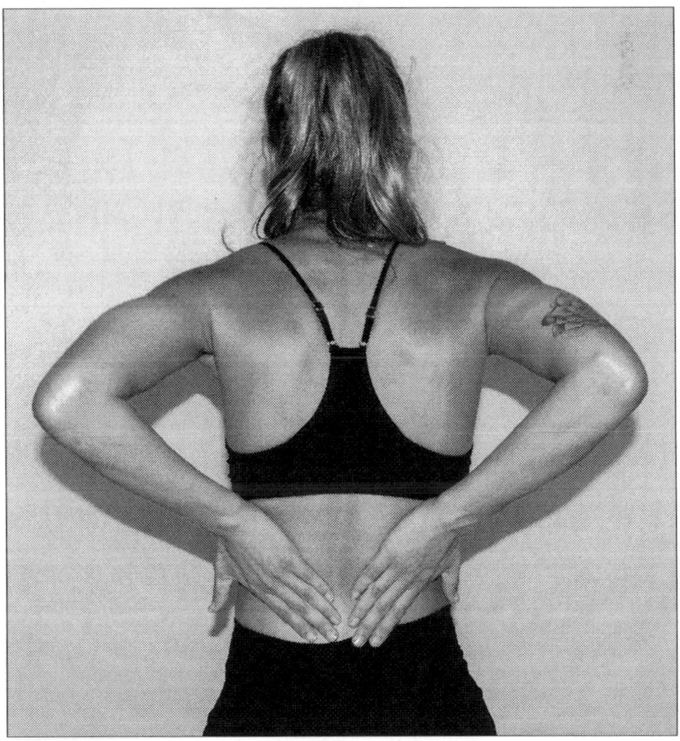

2. **B23 + B52** Com o dorso das mãos fechadas, esfregar vigorosamente a área dos dois pontos para cima e para baixo por 1 minuto.

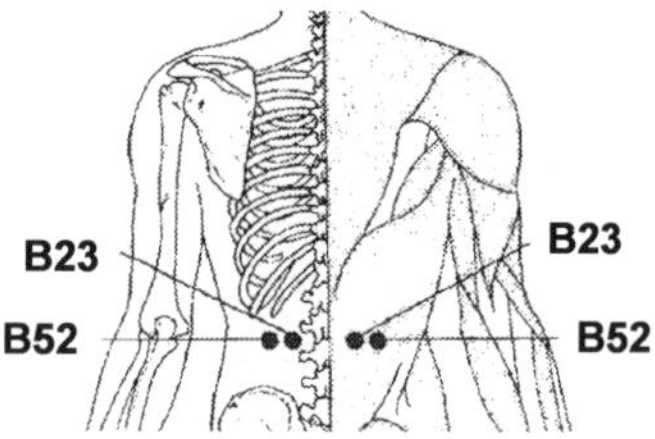


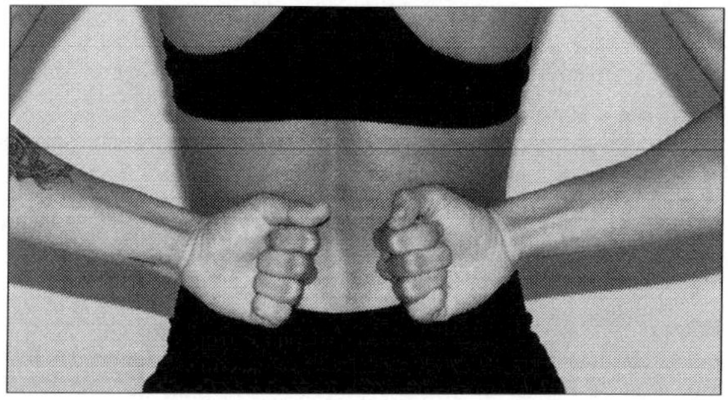

3. **VC6 + VC4** Deitar de costas, colocar a parte dos dedos enfileirados de ambas as mãos na linha central abaixo do umbigo. Exercer pressão contínua e profunda por 2 minutos.

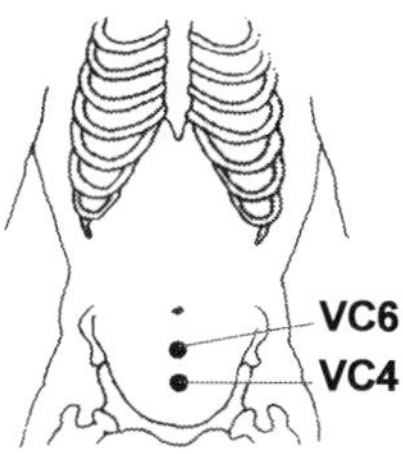


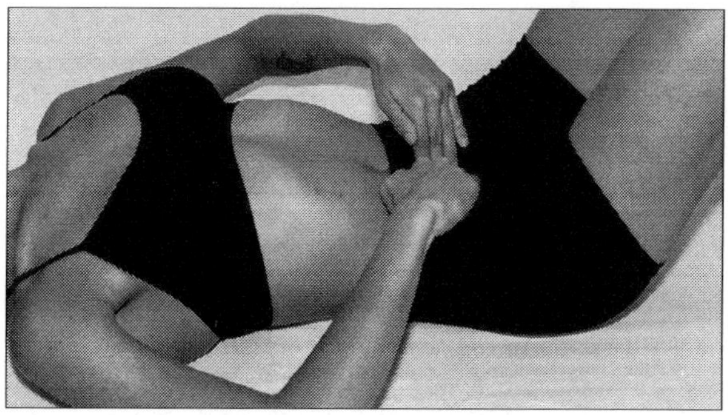

4. **E36** Esfregar vigorosamente com os nós dos dedos das mãos fechadas por 1 minuto.

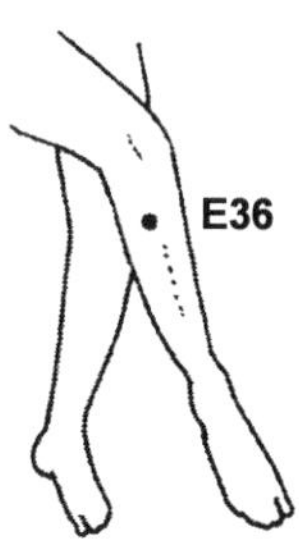


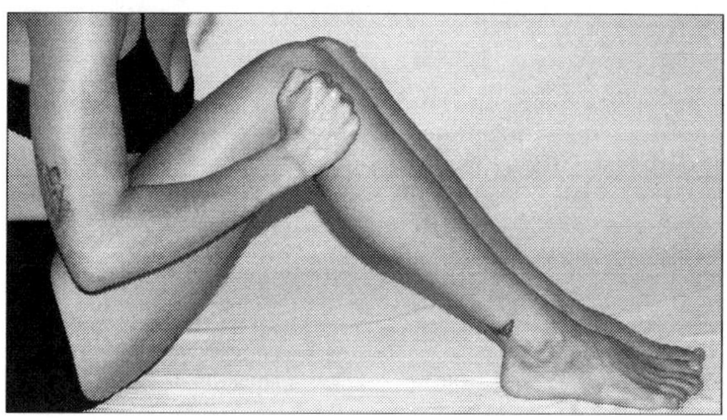

# PARA DESCONGESTIONAR A CABEÇA, CLAREAR A MENTE E ORDENAR O PENSAMENTO

**Pontos VB20 e VG20 + Yin Tang + VG25**

**Técnica**

1. **VB20** Pressionar continuamente com a polpa dos polegares por cerca de 2 minutos.

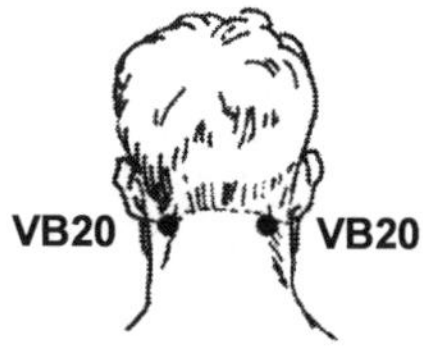


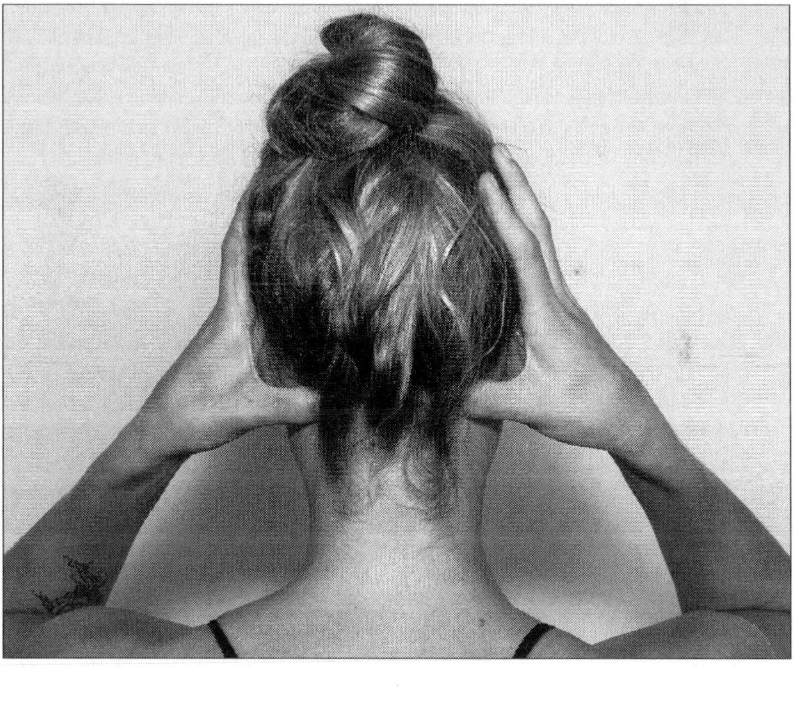

2. **VG20 + Yin Tang + VG25** Colocar a palma da mão direita no topo da cabeça e manter uma pressão moderada sobre o ponto **VG20** por 2 minutos. Simultaneamente com a ponta do dedo médio da mão esquerda pressionar primeiramente o ponto **Yin Tang** (entre as sobrancelhas), depois o ponto **VG25** (na ponta do nariz) por cerca de 1 minuto cada ponto.

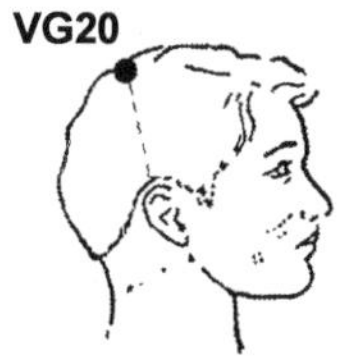

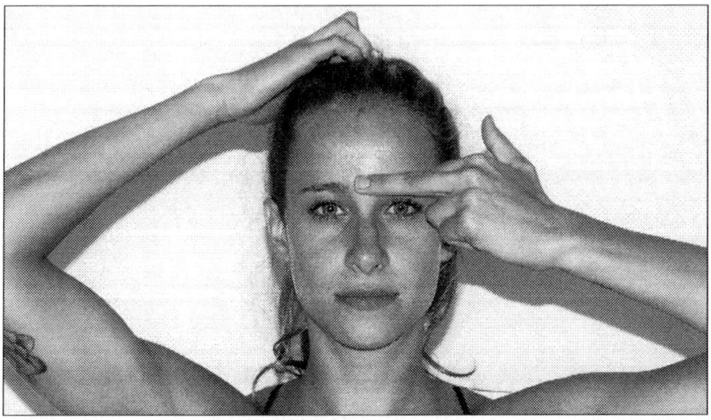

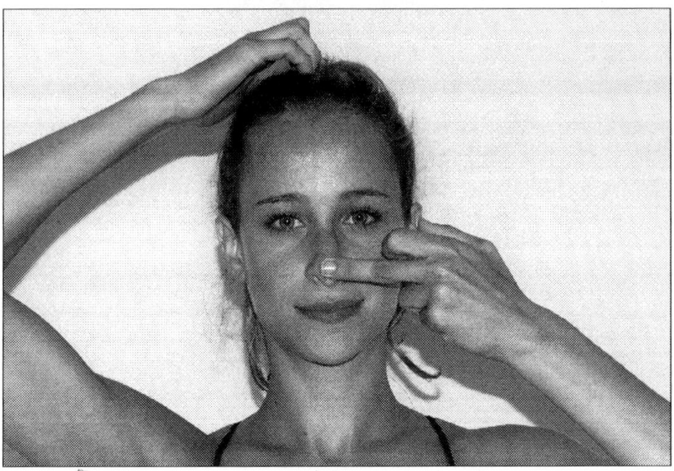

# PARA RECUPERAR UMA NOITE MALDORMIDA

**Ponto Extra** (centro do queixo), **IG20, Yin Tang e VG20**

**Técnica**

1. **Ponto Extra** Pressionar continuamente o centro do queixo com a ponta do dedo médio por 1 minuto.

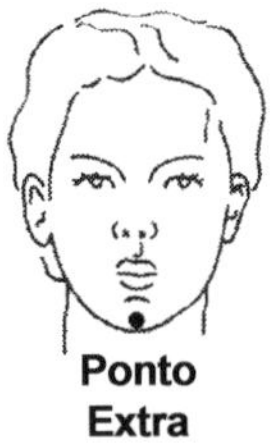


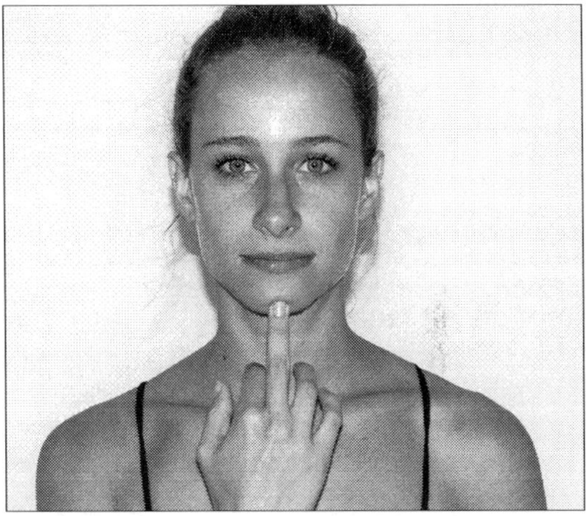

2. **IG20** Pressionar continuamente com a polpa dos dedos médios por 1 minuto.

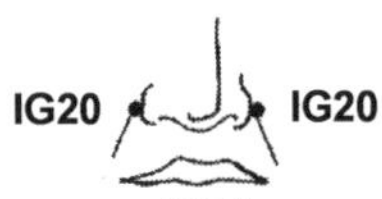


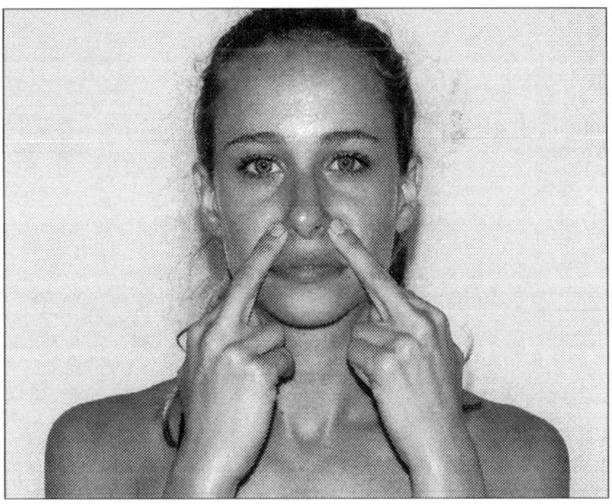

**3. Yin Tang** Pressionar continuamente com a ponta do dedo médio por 1 minuto.

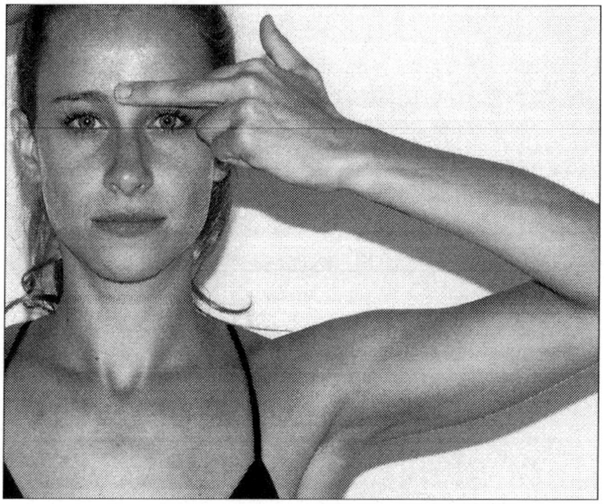

**4. VG20** Pressionar continuamente com a ponta dos dedos enfileirados por 1 minuto.

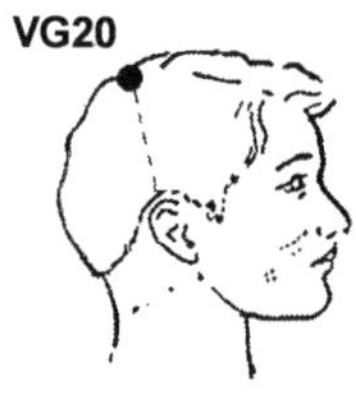


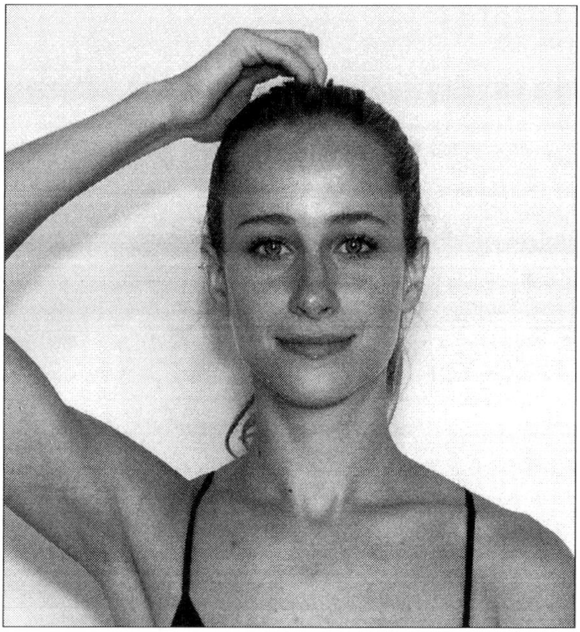

# PARA ALIVIAR A TENSÃO ABDOMINAL

## *incluindo indigestão, náusea e gases*

**Pontos B57 + B61**

**Técnica**

Pressionar simultaneamente os dois pontos com a polpa dos polegares por cerca de 3 minutos; repetir na outra perna.

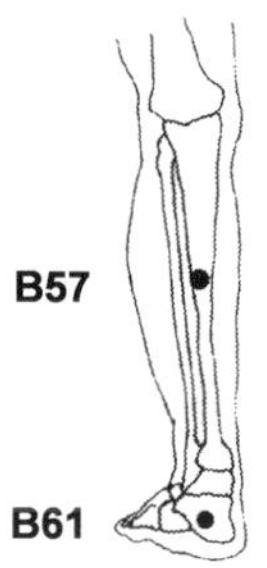


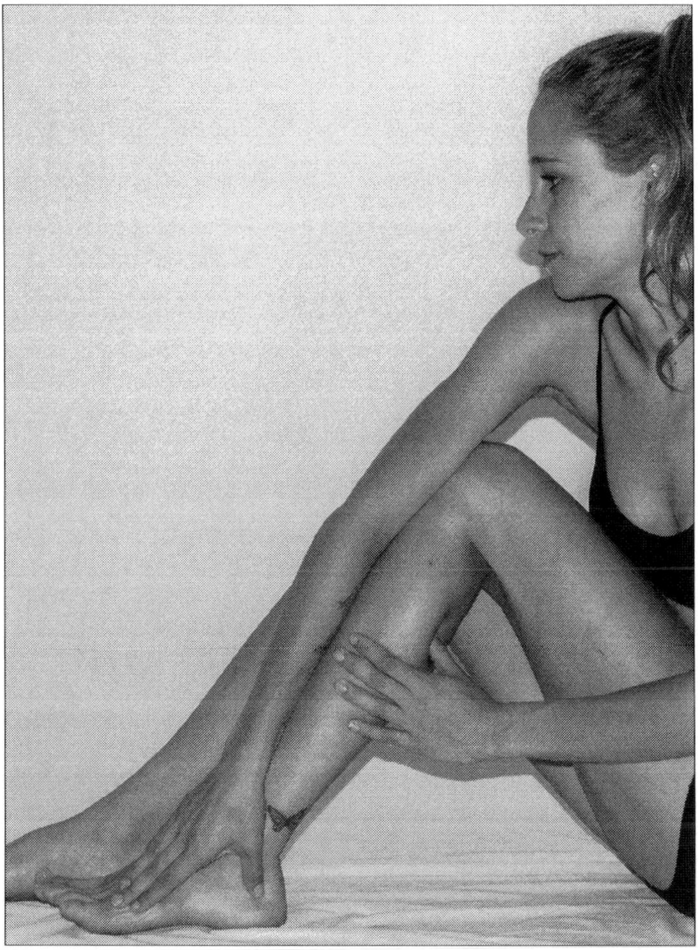

# 1^os^ SOCORROS NAS EMERGÊNCIAS

# AFOGAMENTO

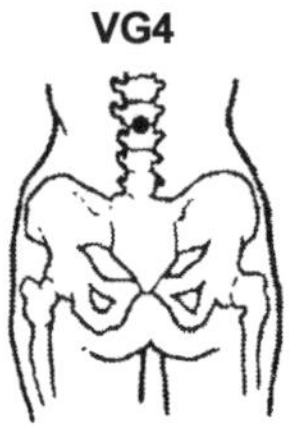


**Ponto** **VG4**

**Técnica** Com o paciente deitado de bruços, percutir repetidamente com a base da mão por meio de pequenos golpes curtos e secos, no sentido ascendente.

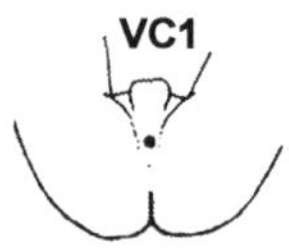


## Também indicados

**VC1** Pressionar continuamente com a unha do polegar (pode ser realizado enquanto a outra pessoa pratica a respiração boca-a-boca).

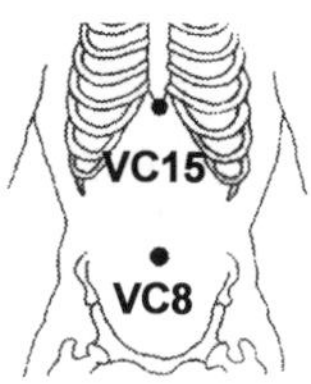


**VC8 e VC15** Com o paciente deitado de costas percutir suave mas energicamente com a palma da mão, do umbigo (**VC8**) até a ponta inferior do esterno (**VC15**) repetidamente.

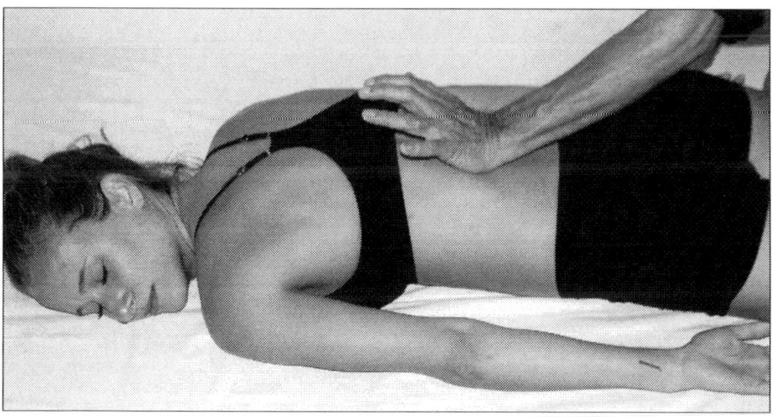

# APOPLEXIA

## resultado de coágulos sanguíneos ou hemorragia cerebral

**Pontos R6** (lado esquerdo)**, B31 e IG15**

**Técnica**

**R6** Pressionar continuamente com a polpa do polegar.

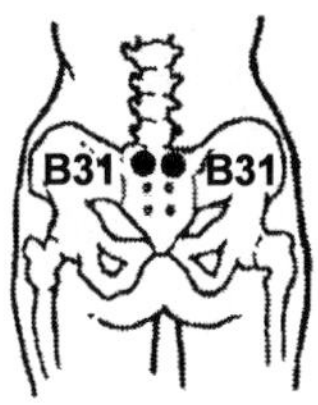


**B31** Em seguida pressionar continuamente o ponto com a polpa dos polegares.

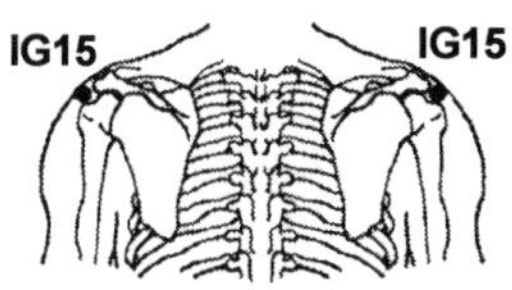


**IG15** Cerca de dez minutos após, percutir repetidamente no ponto **IG15** com a face palmar dos dedos das mãos.

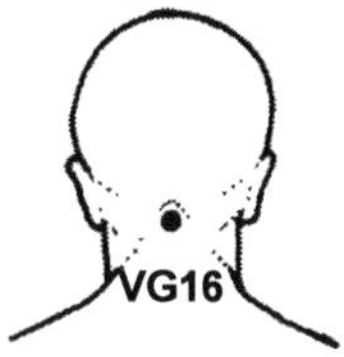


**Também indicado**

**VG16** Pressionar firme e continuamente com movimentos rotativos no sentido horário com a ponta do polegar.

# ASFIXIA

## com face pálida decorrente de excesso de dióxido de carbono no sangue

**Ponto** P9

**Técnica** Pressionar continuamente com movimento rotativo no sentido horário com a ponta dos polegares.

**Também indicado**

**R6** Tratar como acima.

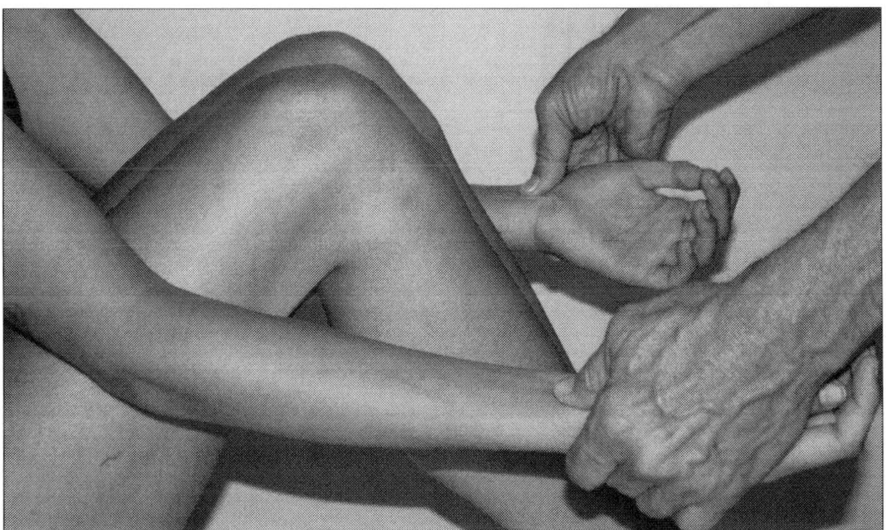

# ASFIXIA

## com face azulada

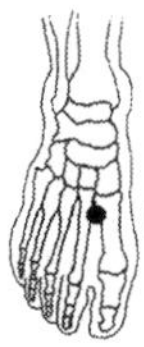


**Ponto** **F3**

**Técnica** Esfregar repetidamente com a polpa dos polegares.

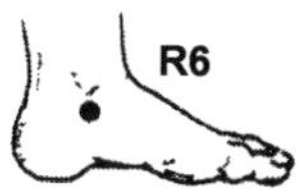


**Também indicado**

**R6** Pressionar continuamente com movimentos rotativos no sentido horário com a ponta dos polegares.

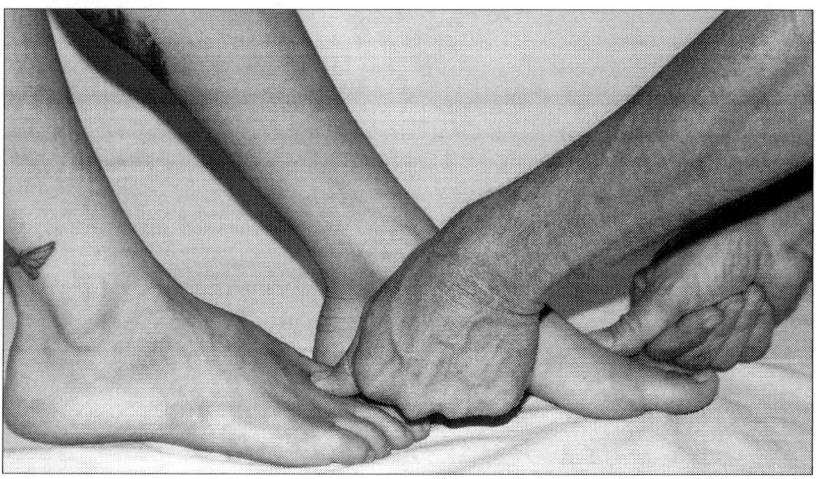

**Ponto** **P9**

**Técnica** Pressionar continuamente com movimentos rotativos no sentido horário com a ponta dos polegares.

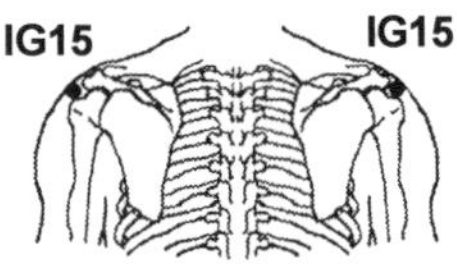


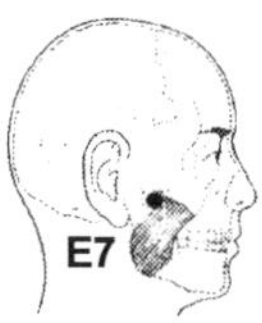


## Também indicados

IG15 **Com perda de consciência, para reanimação**: percutir repetidamente com a face palmar dos dedos das mãos.

E7 **Com sintomas de medo (ou agitação)**: pressionar continuamente com a polpa do polegar.

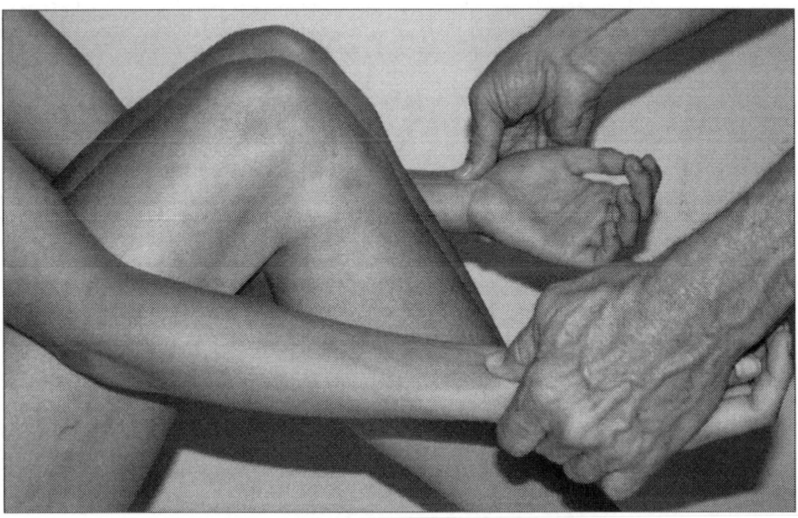

# CHOQUE EMOCIONAL

## com torpor, desconexão ou desmaio

**Ponto** **IG15**

**Técnica** Percutir repetidamente com a face palmar dos dedos das mãos.

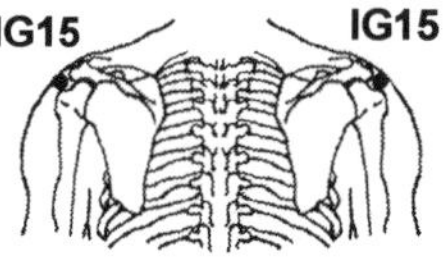


**Também indicado**

**R1** Friccionar vigorosamente com a ponta dos polegares.

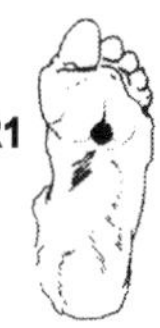


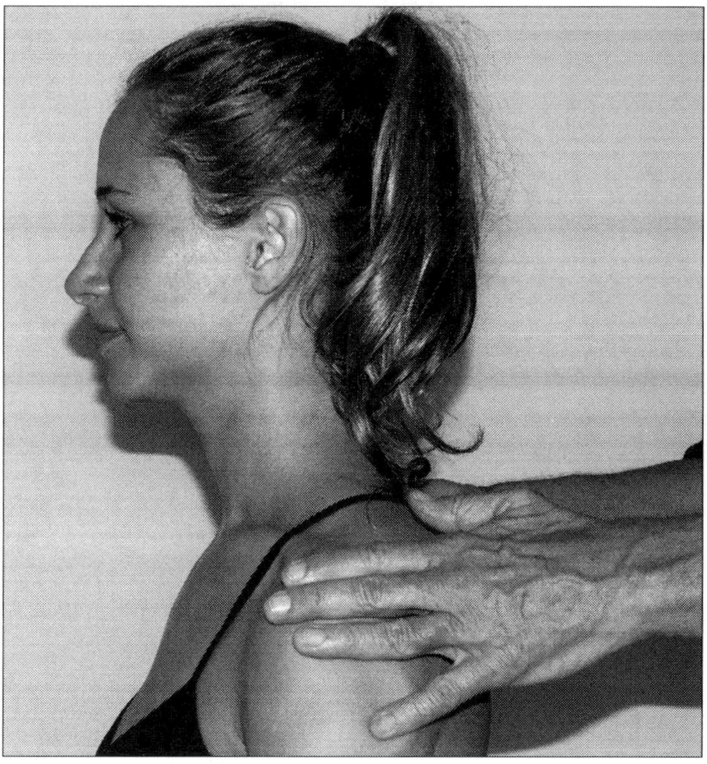

# CHOQUE EMOCIONAL

## com agitação, descontrole e histeria

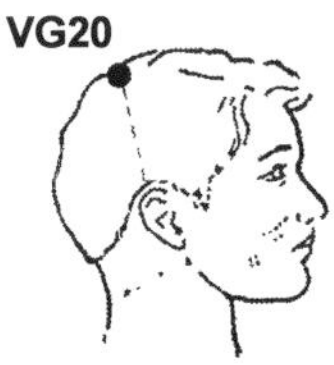


**Ponto** **VG20**

**Técnica** Pressionar firme e continuamente com a ponta dos dedos enfileirados ou com a palma da mão.

**Também indicado**

**C7** Pressionar continuamente com a polpa dos polegares.

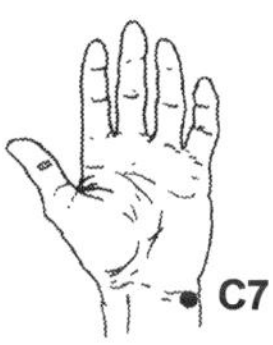


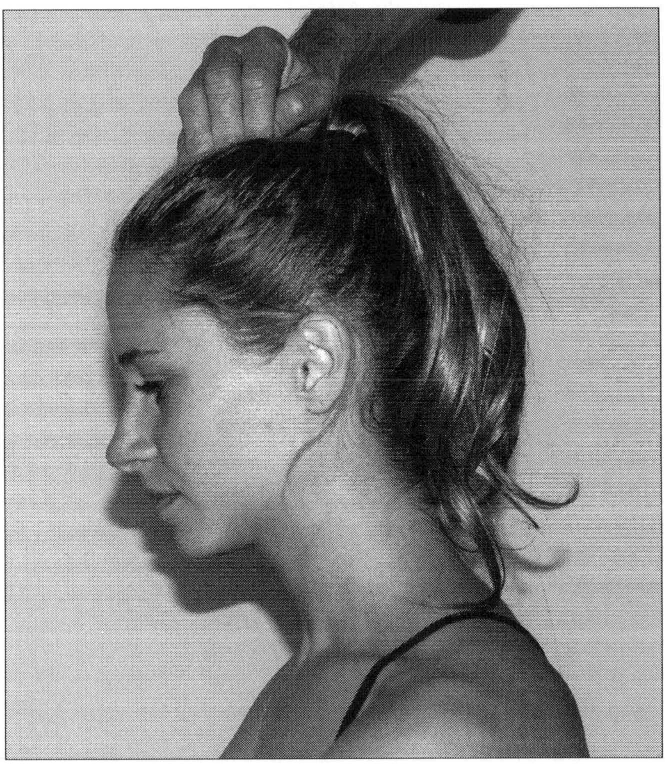

# COLAPSO CARDÍACO

**Ponto** **C9**

**Técnica** Beliscar repetidamente a base lateral das unhas dos dedos mínimos com os polegares e indicadores, no ritmo cardíaco normal.

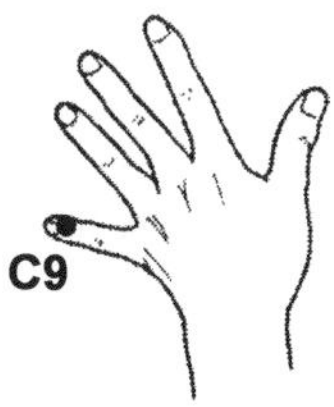


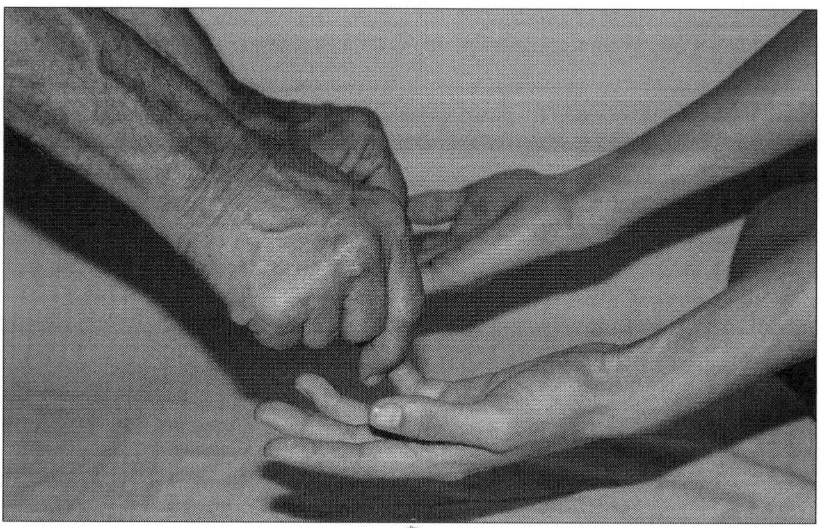

# COMA

## recente ou breve

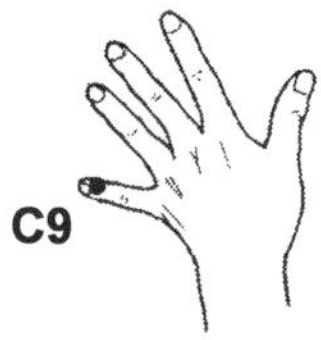


**Ponto** **C9**

**Técnica** Beliscar repetidamente as bases laterais das unhas dos dedos mínimos, com os polegares e indicadores, no ritmo cardíaco normal.

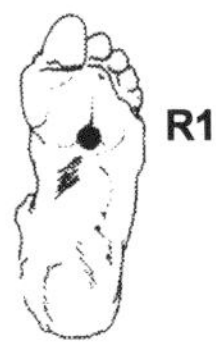


**Também indicados**

**R1** Friccionar repetidamente com a polpa dos dedos médios.

**Shin Xuan** Beliscar repetidamente as pontas dos dedos das mãos com os polegares e indicadores.

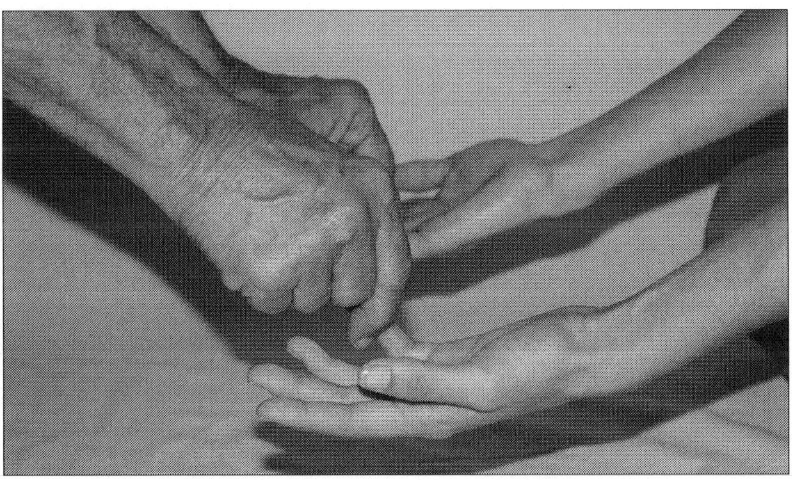

# CONCUSSÃO

## por golpe violento na coluna

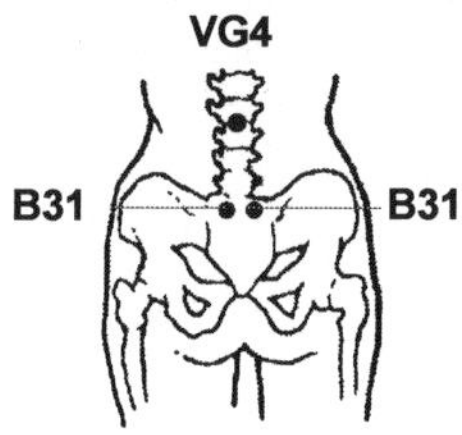


**Ponto** VG4

**Técnica** Com o paciente deitado de bruços, percutir repetidamente com a base da mão por meio de pequenos golpes curtos e secos, no sentido ascendente.

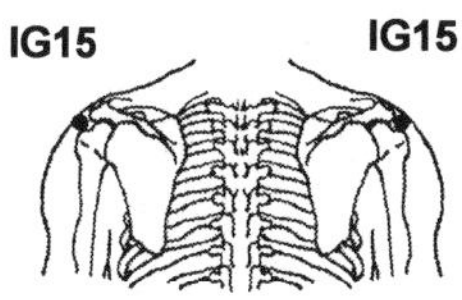


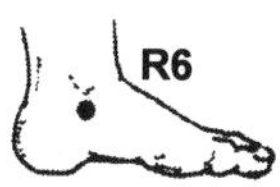


**Também indicados**

**IG15** Percutir repetidamente com a face palmar dos dedos das mãos.

**B31** Pressionar continuamente com a ponta dos polegares.

**R6** Tratar como acima.

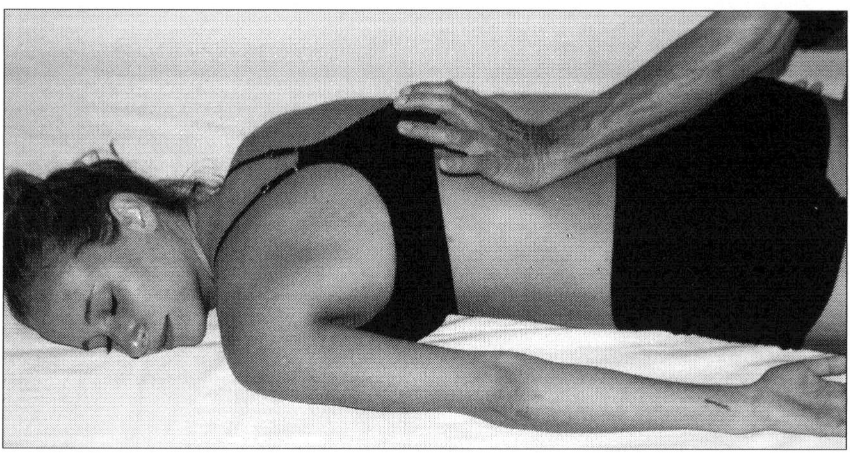

# CONCUSSÃO

## com golpe violento na cabeça

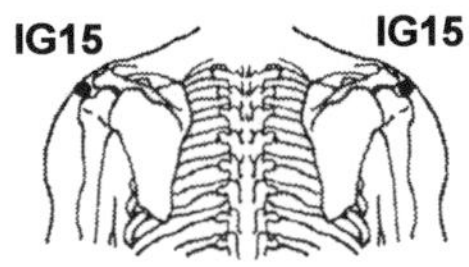


**Ponto IG15**

**Técnica** Percutir repetidamente com a face palmar dos dedos das mãos, até a reanimação.

### Também indicados

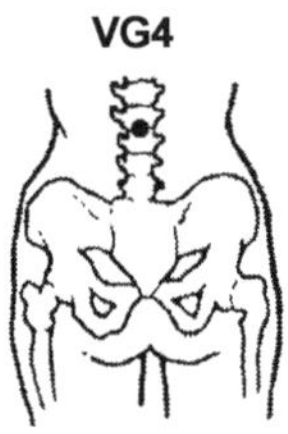


**VG4** Percutir repetidamente com a base da mão no sentido ascendente.

**B23** Massagear energicamente com a ponta dos polegares.

***Em qualquer traumatismo, se a morte parece eminente:***

**P9** Esfregar e massagear vigorosamente com a polpa dos polegares.

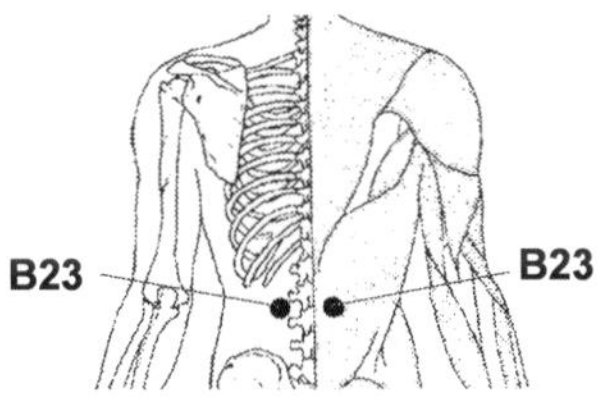


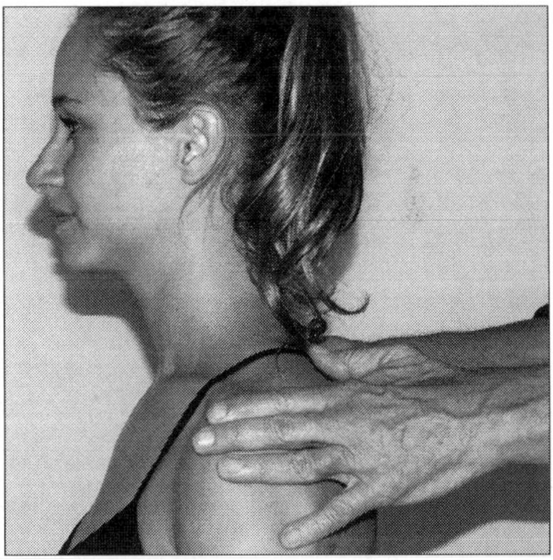

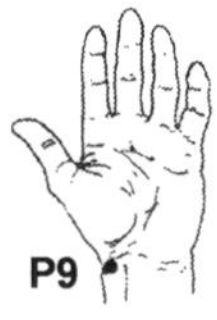

# CONVULSÕES

## em geral, especialmente do tipo epiléptico

**Ponto** **VG26**

**Técnica** Pressionar continuamente com a ponta do polegar.

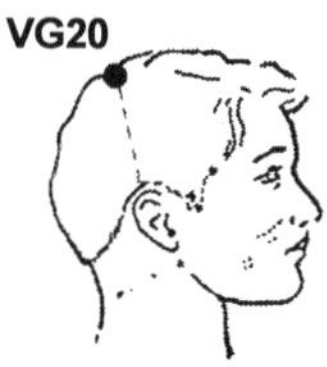


**Também indicados**

**VG20** Pressionar continuamente com a ponta dos dedos enfileirados.

**C7** Pressionar continuamente com a polpa dos polegares.

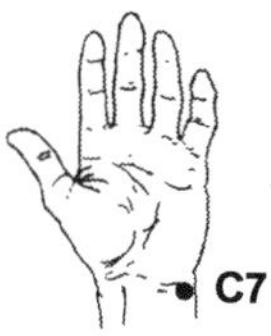


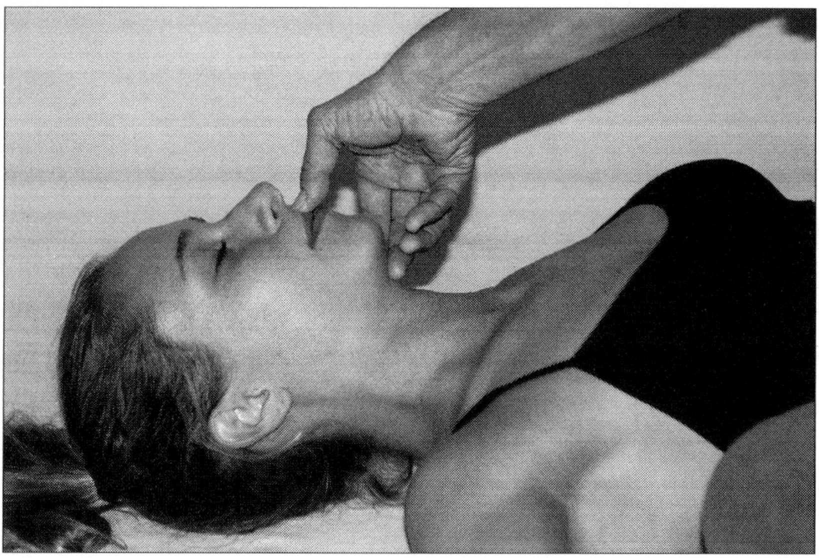

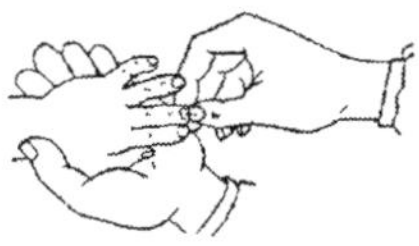



**Ponto** **Lao Long**

**Técnica** Beliscar suave e repetidamente a base das unhas dos dedos médios com os polegares e indicadores.

**Também indicados**

**VG26** Pressionar continuamente com a ponta do polegar.

**Ponto auricular** Apertar forte e continuamente os lóbulos das orelhas com os polegares e indicadores em alicate.

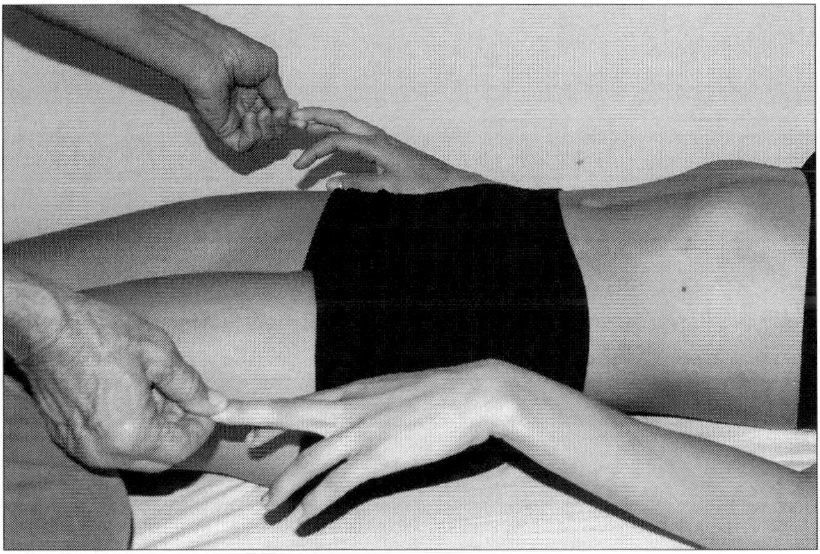

# CONVULSÕES OU INSENSIBILIDADE

## em acidentados

**Ponto** **B10**

**Técnica** Massagear firme e vigorosamente partindo do ponto e descendo até a base da nuca com a polpa dos polegares.

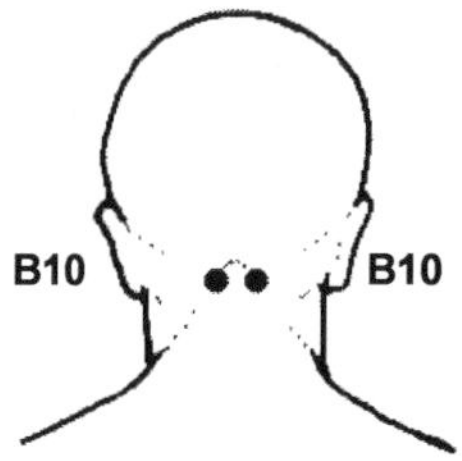


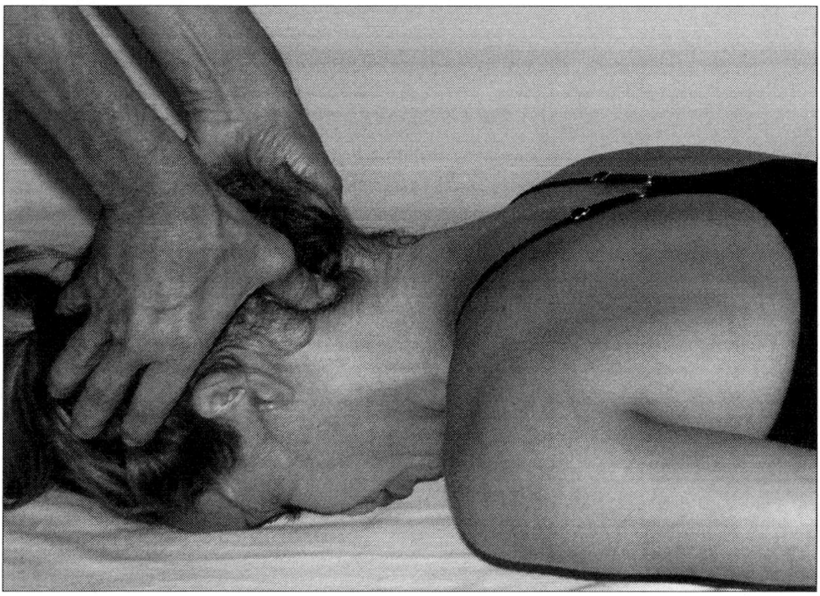

# DESMAIO

## em geral

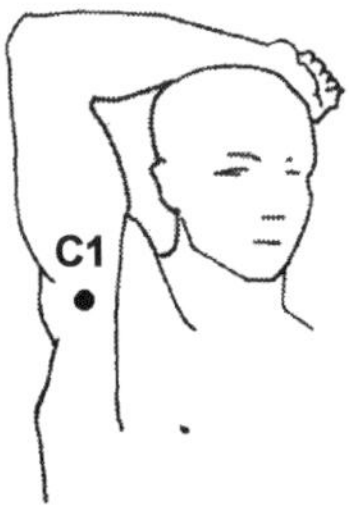


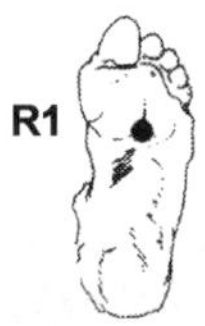


**Ponto** **VG26**

**Técnica** Pressionar continuamente com movimento rotativo no sentido horário com a ponta do polegar.

**Também indicados**

**C1** Pressionar repetidamente para cima com a ponta dos dedos médios.

**R1** Friccionar repetidamente com a ponta dos dedos médios.

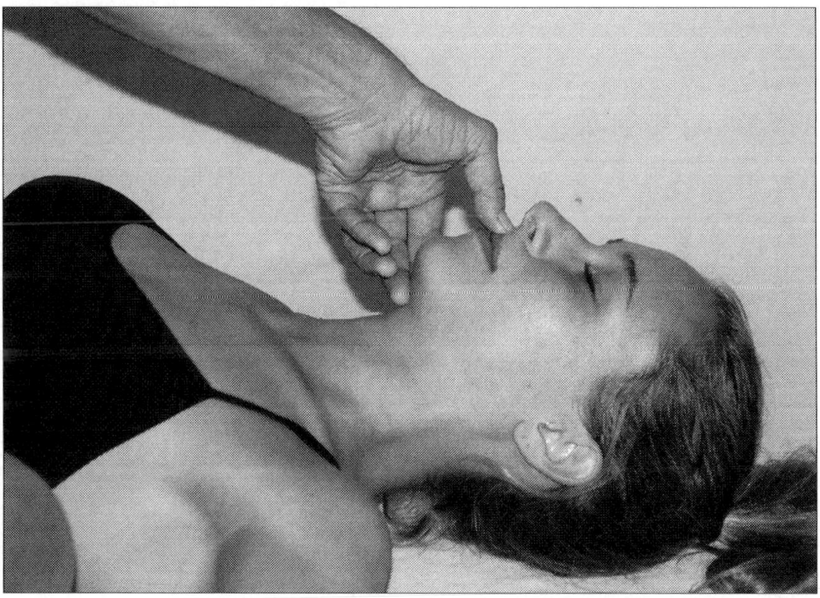

# DESMAIO

## *por golpe violento*

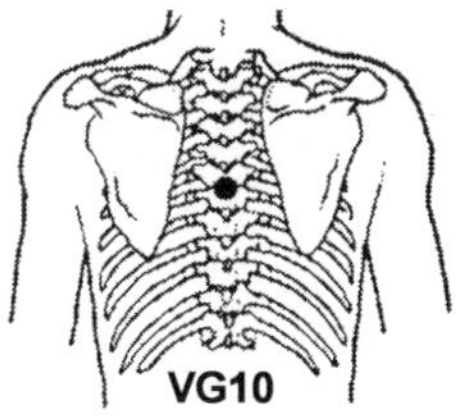


**Ponto** **VG10**

**Técnica** Com o paciente deitado de bruços percutir suave e repetidamente no sentido ascendente.

**Nota:** Este tratamento produz um afluxo de adrenalina que pode elevar a pressão sanguínea – não utilizar em hipertensos.

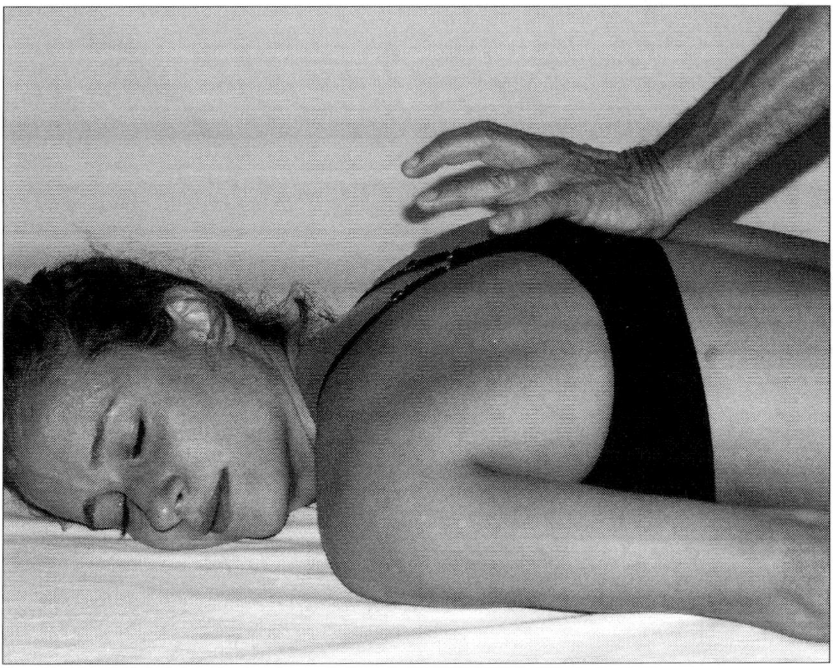

# DESMAIO

## *por golpe nos testículos*

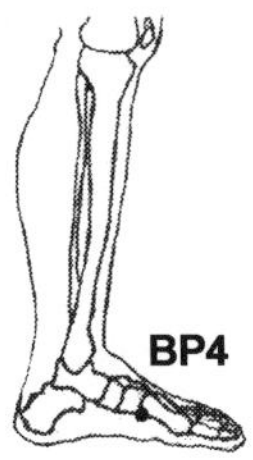


**Ponto** **BP4**

**Técnica** Percutir suave e repetidamente com a base da mão; repetir no outro pé.

**Também indicado**

Percutir seca e repetidamente com a base da mão no centro da borda superior do osso púbico.

# ENVENENAMENTO

## por ingestão de substâncias tóxicas

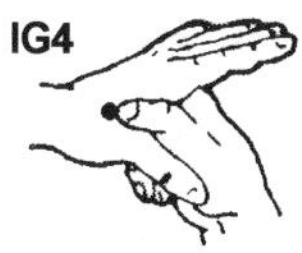


**Ponto IG4**

**Técnica** Pressionar continuamente com a polpa dos polegares.

**Também indicados**

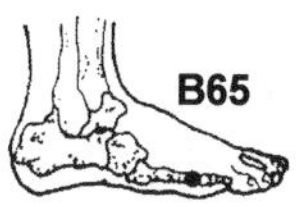


**B65** Pressionar continuamente com as unhas dos polegares.

**BP4** Pressionar continuamente com a polpa dos polegares.

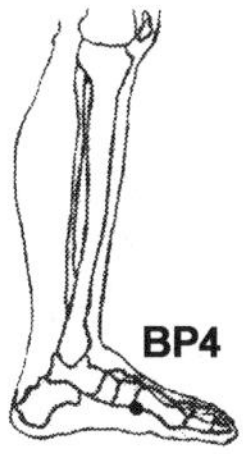


***Para convalescença após a fase crítica:***

**VB8** Pressionar continuamente com a polpa dos dedos médios.

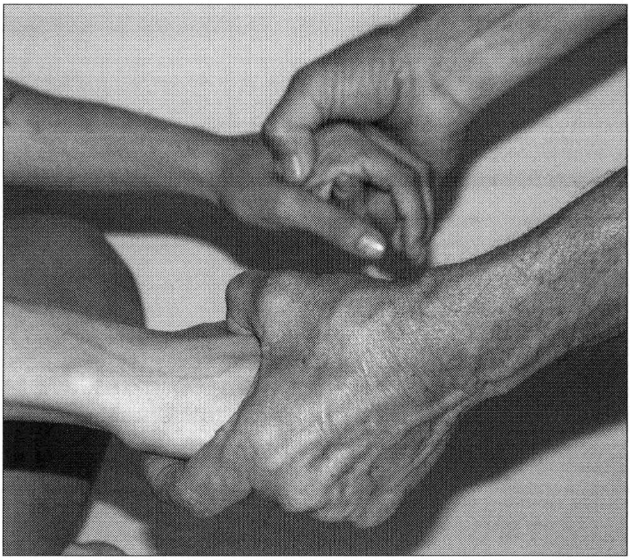

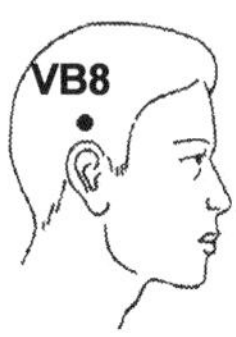

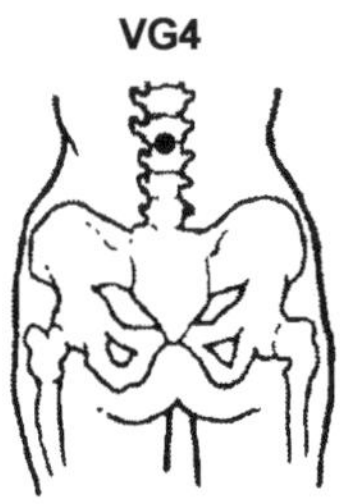


**Ponto** **VG4**

**Técnica** Com o paciente deitado de bruços, percutir repetidamente com a base da mão com pequenos golpes curtos e secos no sentido ascendente.

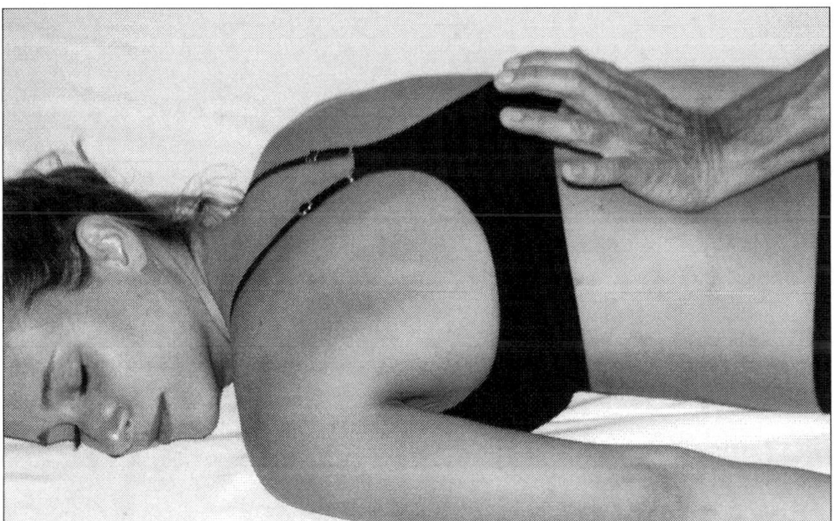

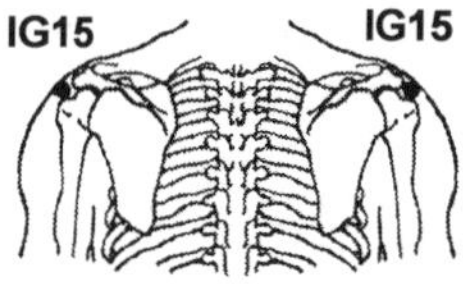


**Ponto** **IG15**

**Técnica** Pressionar continuamente com a polpa dos polegares.

**Também indicados**

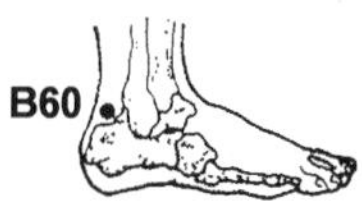


**B60** Tratar como acima.

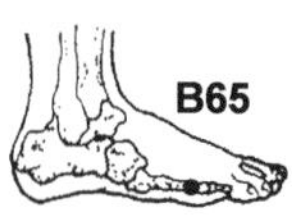


**B65** Pressionar continuamente com as unhas dos polegares.

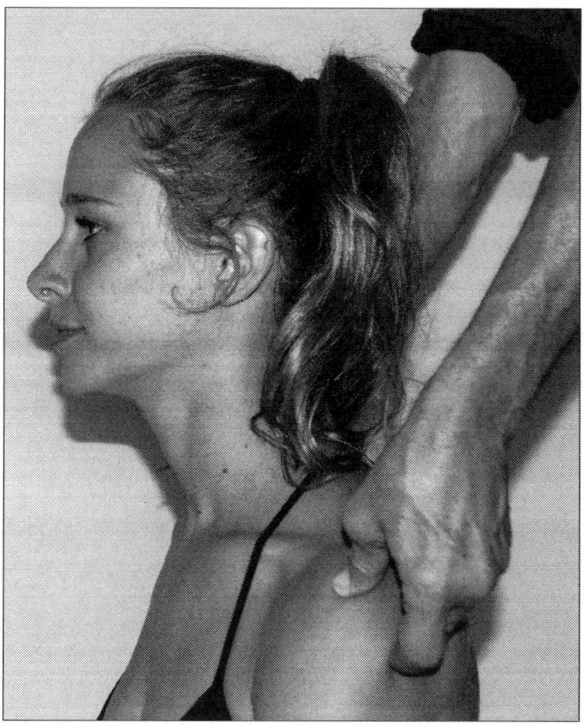

# FRATURAS

## para o estado geral e a dor

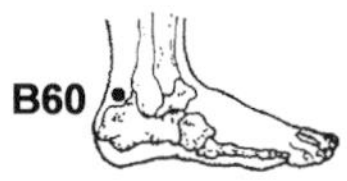


**Ponto B60**

**Técnica** Pressionar continuamente com a ponta dos dedos médios.

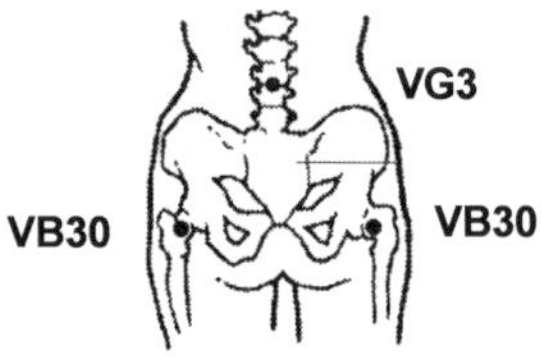


**Também indicados**

**VG3** Pressionar continuamente com a polpa do polegar.

**VB30** Pressionar continuamente com a polpa dos polegares.

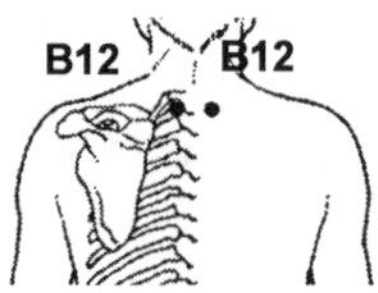


***Para auxiliar a calcificação:***

**B12** Pressionar com movimentos rotativos no sentido horário com a polpa dos polegares.

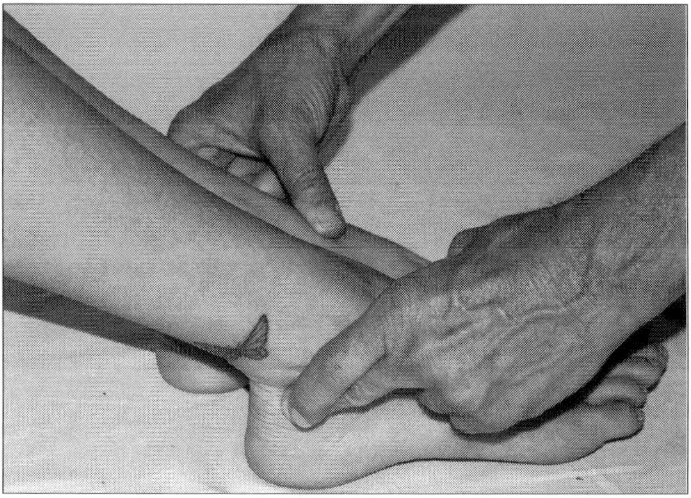

# HEMIPLEGIA

## recente, para auxiliar o restabelecimento

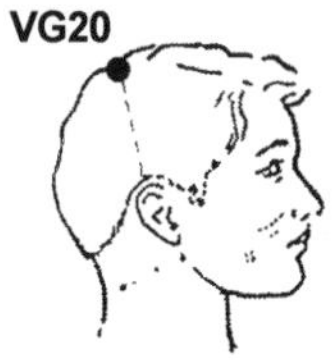


**Ponto VG20**

**Técnica** Pressionar firme e continuamente com a ponta dos dedos médios enfileirados, movimentando para frente e para trás, repetidamente, sem deslizar sobre o escalpo.

**Também indicados**

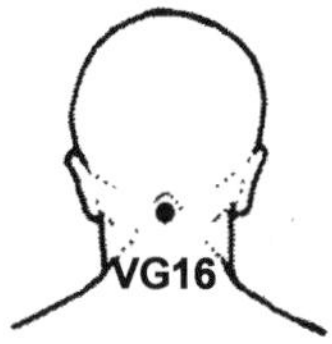


**VG16** Pressionar continuamente com movimentos rotativos no sentido horário com a ponta do polegar.

**CS3** Pressionar continuamente com movimentos rotativos no sentido horário com a polpa do polegar; repetir no outro braço.

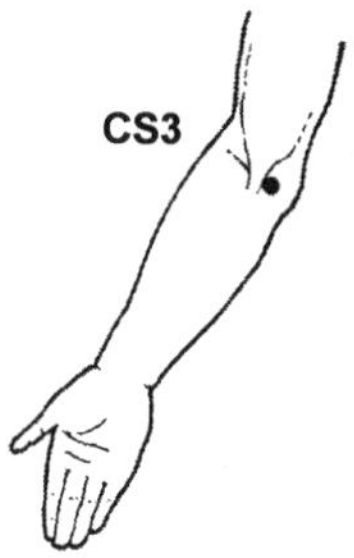


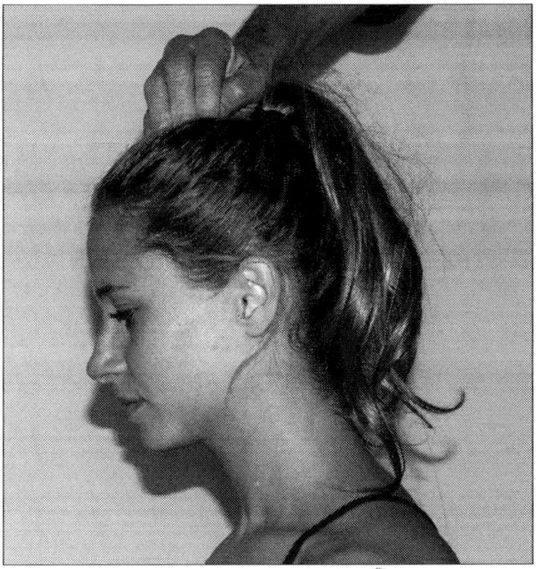

# HEMORRAGIA

## venosa (sangue escuro escoando do ferimento)

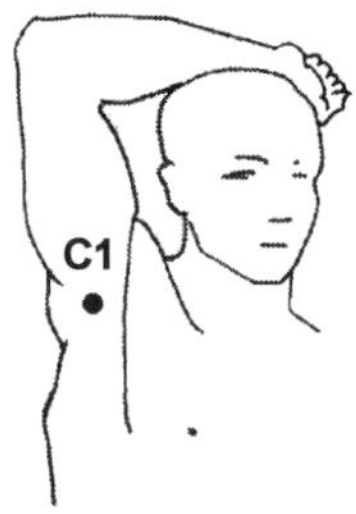


**Ponto** **C1** (lado direito)

**Técnica** Encaixar a mão **esquerda** fechada do acidentado na sua própria axila **direita** e manter pressão forçando o braço contra o tronco.

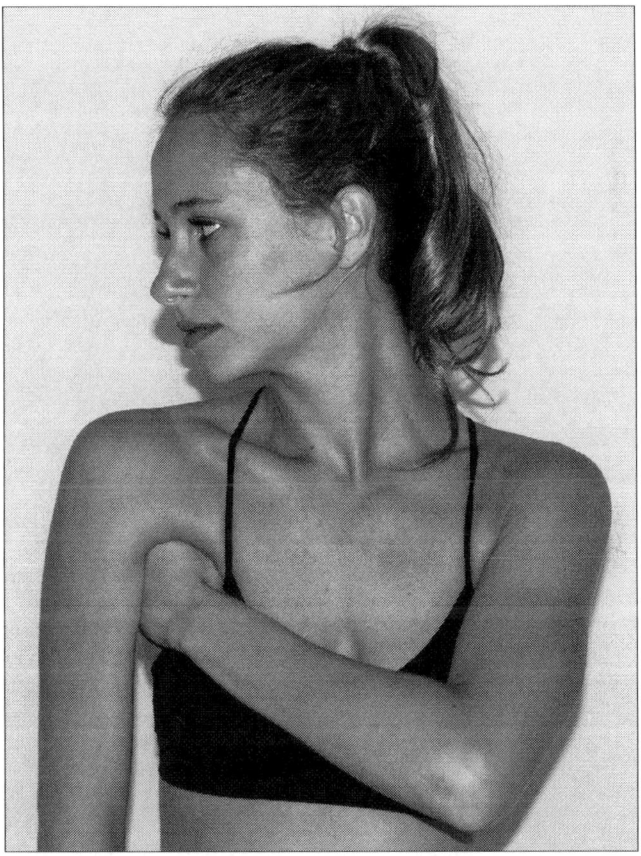

# HEMORRAGIA

## arterial (sangue claro jorrando em jatos do ferimento)

**Ponto** **C1 (lado esquerdo)**

**Técnica** Encaixar a mão **direita** fechada do acidentado na sua própria axila **esquerda** e manter pressão forte, deitando-o sobre o lado tratado, enquanto se aguarda o auxílio médico.

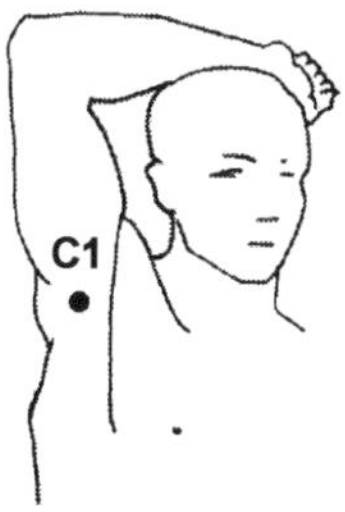


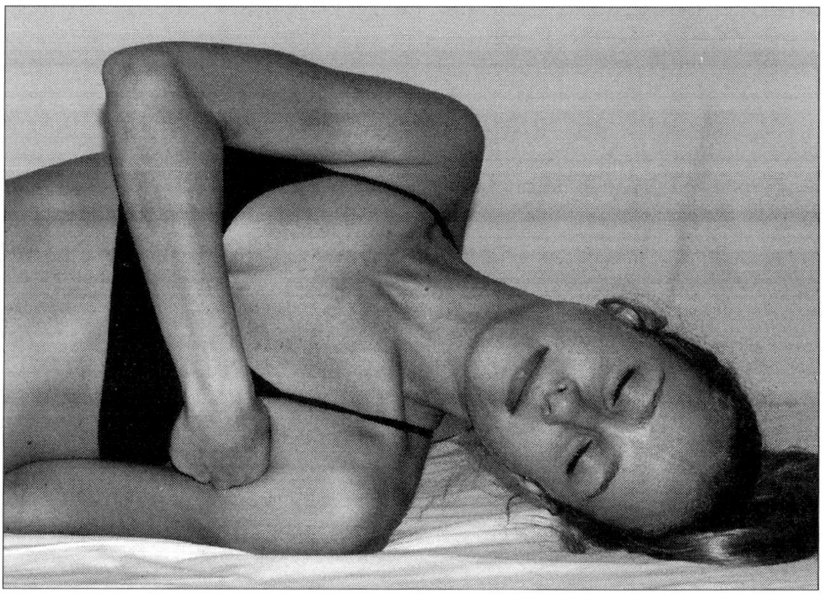

# IRRITAÇÃO EM CRIANÇAS

## nervosismo, agitação ou choro incontido

**Ponto VG11**

**Técnica** Pressionar continuamente com a polpa do polegar.

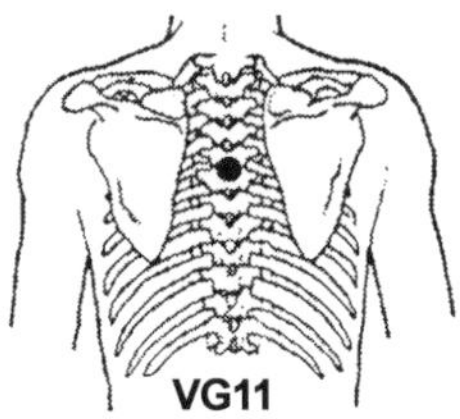


**Nota:** Localizado entre a 4ª e 5ª vértebras dorsais, este ponto é de difícil localização em crianças pequenas. Para encontrá-lo deve-se pressionar levemente a coluna da criança com a polpa do polegar em sentido descendente, a partir da última vértebra cervical. Aproximadamente no centro das omoplatas a pressão fará a criança se contorcer – aí estará o ponto **VG11**.

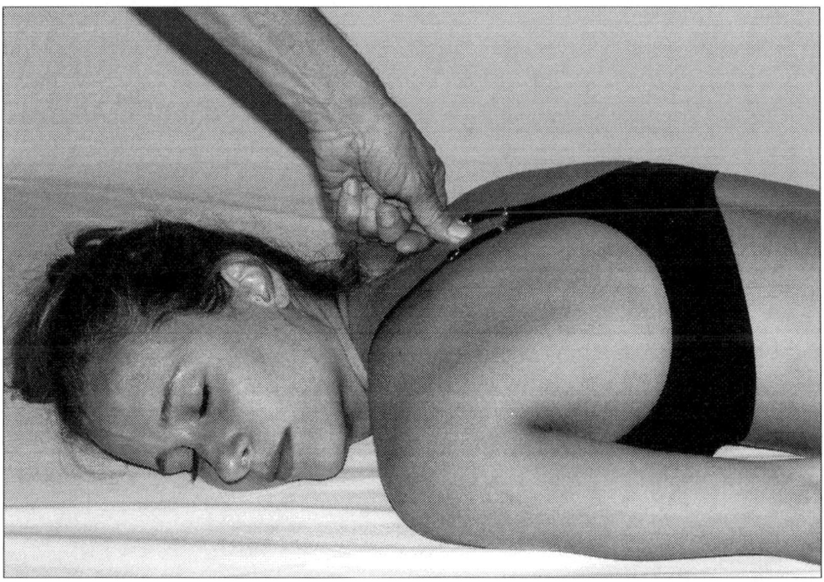

# MORDIDA DE CÃO RAIVOSO

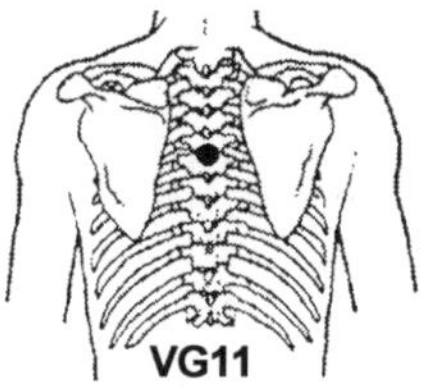


**Ponto VG11**

**Técnica** Pressionar firme e continuamente com a ponta do polegar, repetindo três vezes em intervalos de duas horas.

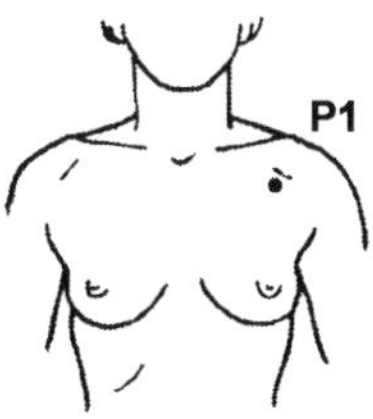


**Também indicados**

**P1 (lado esquerdo)** Pressionar continuamente com a ponta do polegar somente o ponto do lado esquerdo.

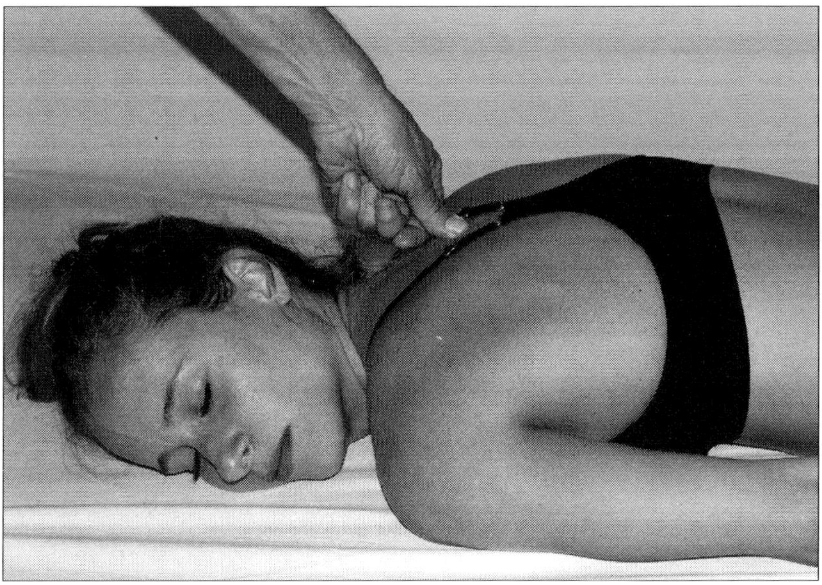

# PICADAS

## abelhas, aranhas, mosquitos e insetos em geral

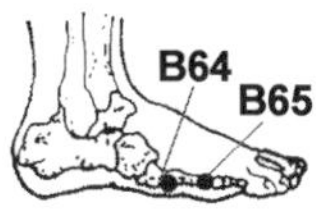


**Ponto B65**

**Técnica** Pressionar continuamente com a unha dos polegares.

**Também indicados**

**B64** Tratar como acima.

**R6** Pressionar continuamente com a polpa dos polegares.

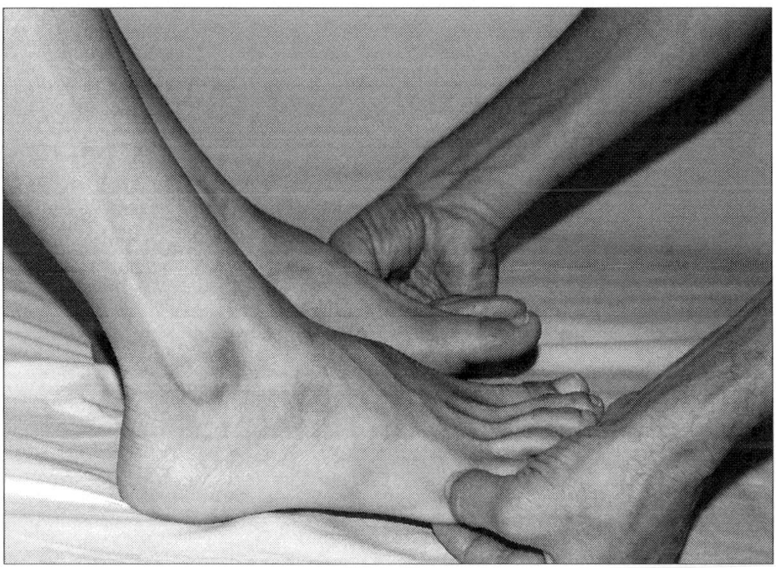

# PICADAS

## de cobra

**Ponto** **R6**

**Técnica** Pressionar continuamente com a unha dos polegares.

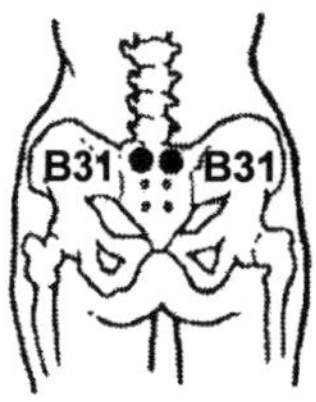


**Também indicado**

**B31** Tratar como acima.

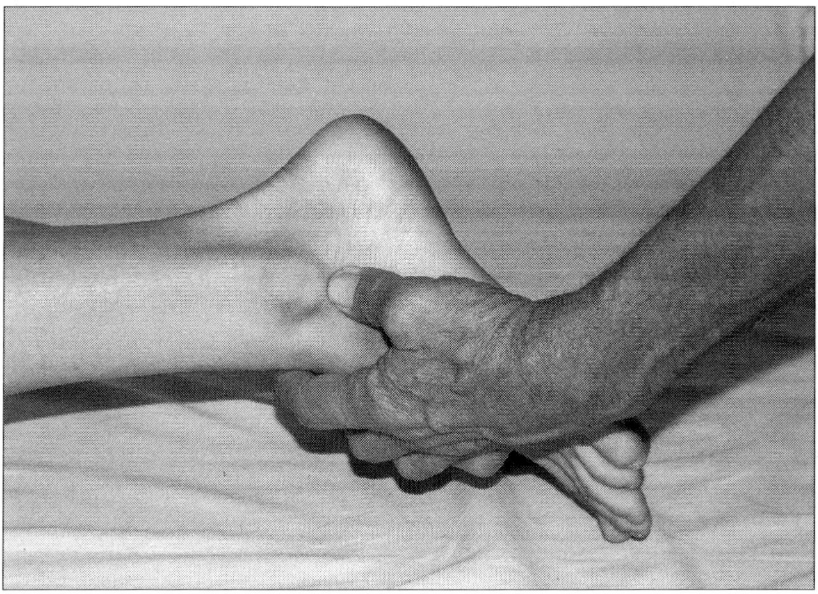

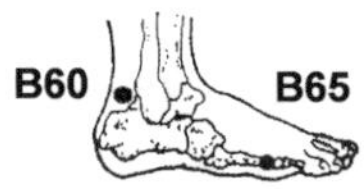


**Ponto B65**

**Técnica** Pressionar continuamente com a unha dos polegares.

## Também indicado

**B60** Pressionar continuamente com a polpa dos polegares.

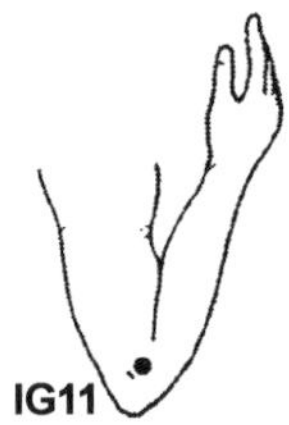


**Para a regeneração da pele:**

**IG11** Pressionar continuamente com movimento circular no sentido horário com a polpa dos polegares.

**BP10** Tratar como acima.

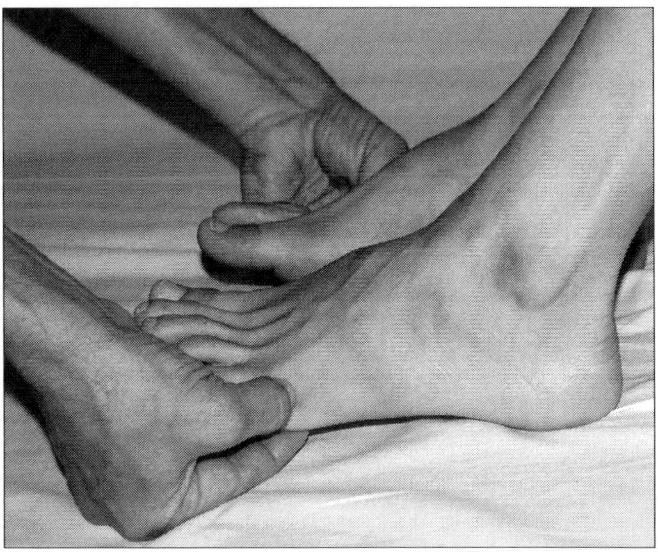

# SUFOCAÇÃO

## objeto preso na garganta

**Ponto** **CS5**

**Técnica** Pressionar continuamente com movimento rotativo com a polpa dos polegares.

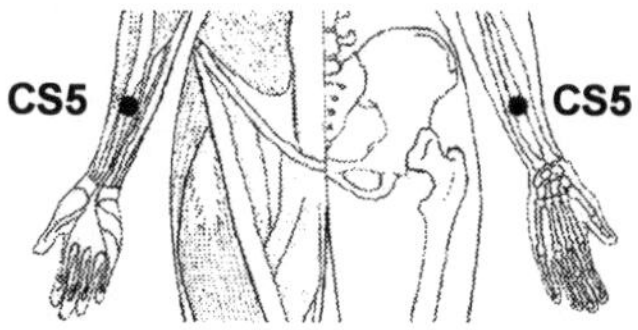


**Importante:** A primeira providência é percurtir repetidamente com a base da mão na coluna do acidentado, entre as omoplatas, para fazer mover o objeto. Imediatamente após tratar o ponto indicado.

# EXERCÍCIOS COMPLEMENTARES

# PARA ARTRITE E L.E.R. NAS MÃOS

Com o nome de Qi Gong (Chi Kun) para as Mãos, e especialmente indicada para artrite e L.E.R. nas mãos, a série abaixo pode ser praticada tanto preventivamente quanto nas crises. Isoladamente ou em conjunto, os exercícios são também indicados para fortalecer as articulações e para o alívio de dores e rigidez nas mãos e nos dedos. Após repetir cada manobra de 30 a 50 vezes, soltar os braços e relaxá-los para permitir a circulação do Qi.

## 1. O Nado do Golfinho

- Estender as mãos à frente do peito, separando e estirando os dedos, mas sem tensão.

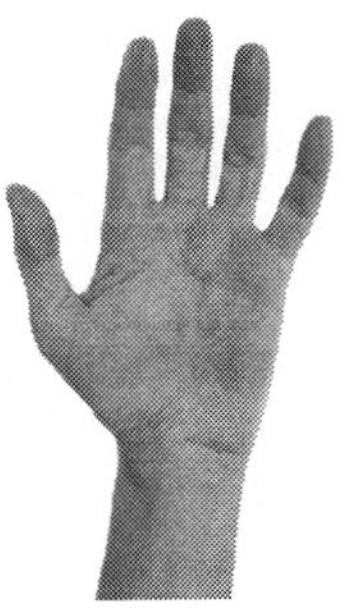

- Lentamente, dobrar os punhos para baixo e para dentro, juntando as pontas dos dedos esticados, até formar um bico apontado para baixo.

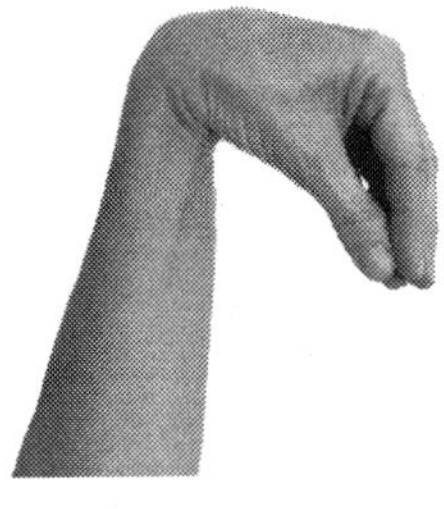

- Alternar seguidamente os movimentos de abrir e fechar as mãos de modo que sugiram o nado de um golfinho mergulhando e retornando à superfície.

## 2. As Ondas dos Dedos Voadores

- Abrir amplamente as mãos como no exercício anterior.

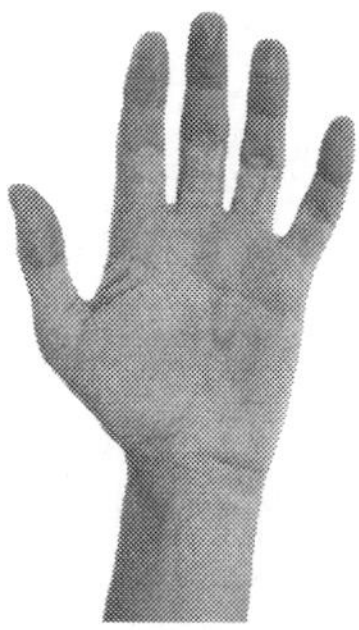

- Lentamente, mas com tensão, dobrar sucessivamente os dedos "em ondas", do polegar ao dedo mínimo, "quebrando" somente nas articulações dos dedos com as mãos (os dedos ficam retos formando um ângulo de 90° com as mãos).

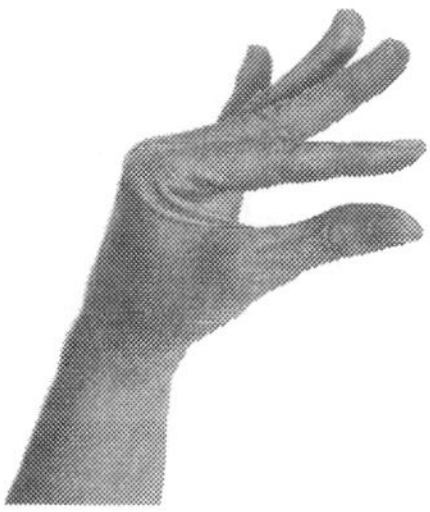

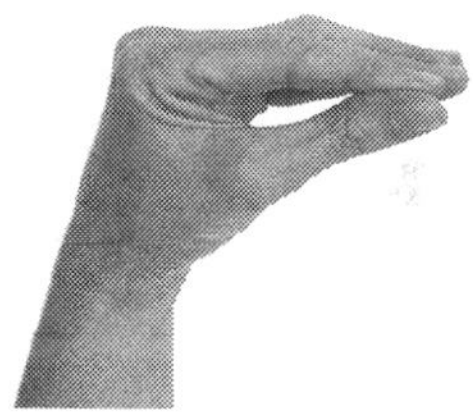

- Repetir, alternando as manobras.

### 3. As Garras do Tigre

- Abrir as mãos à frente do peito, com os dedos ligeiramente curvos, formando garras.

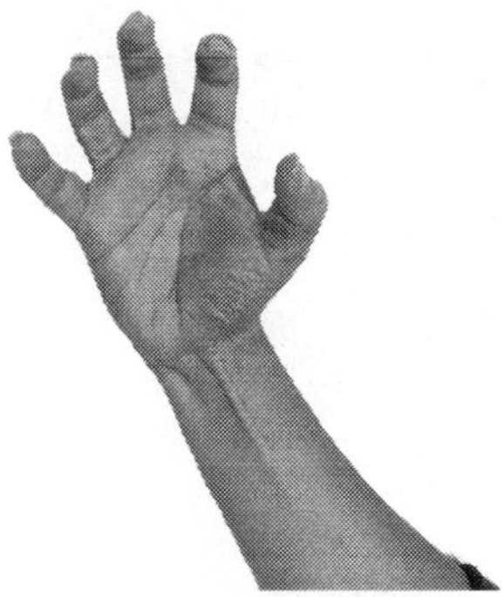

- Fechar lentamente mas com tensão todos os dedos até que suas pontas toquem o centro da palma da mão.

- Repetir, alternando as manobras.

# PARA DOR DE CABEÇA E ENXAQUECA

Com a polpa do dedo médio, pressionar um lado do nariz fechando a narina e, lentamente, inspirar e expirar pela outra narina. Liberar a pressão e fechar a narina oposta, alternando repetidamente a respiração por cada narina várias vezes.

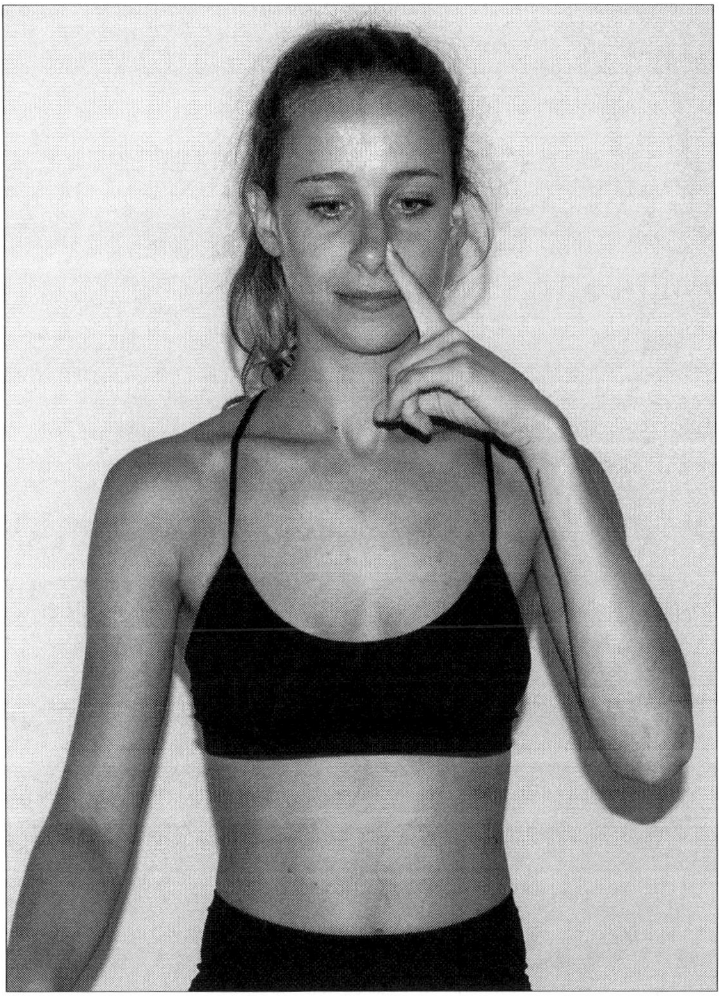

## PARA RIGIDEZ E DOR NOS JOELHOS

Encaixar o calcanhar correspondente ao joelho afetado na palma da mão do mesmo lado do corpo.
Fechar a mão e agarrar forte e firmemente o calcanhar e o polegar na fossa lateral imediatamente acima do calcâneo.
Aliviar e repetir a pressão alternadamente várias vezes. Testar o joelho e, se ainda for necessário, repetir a manobra.
Se ambos os joelhos estiverem afetados, repetir a manobra no outro lado, ou tratar simultaneamente as áreas reflexas em ambos os pés.

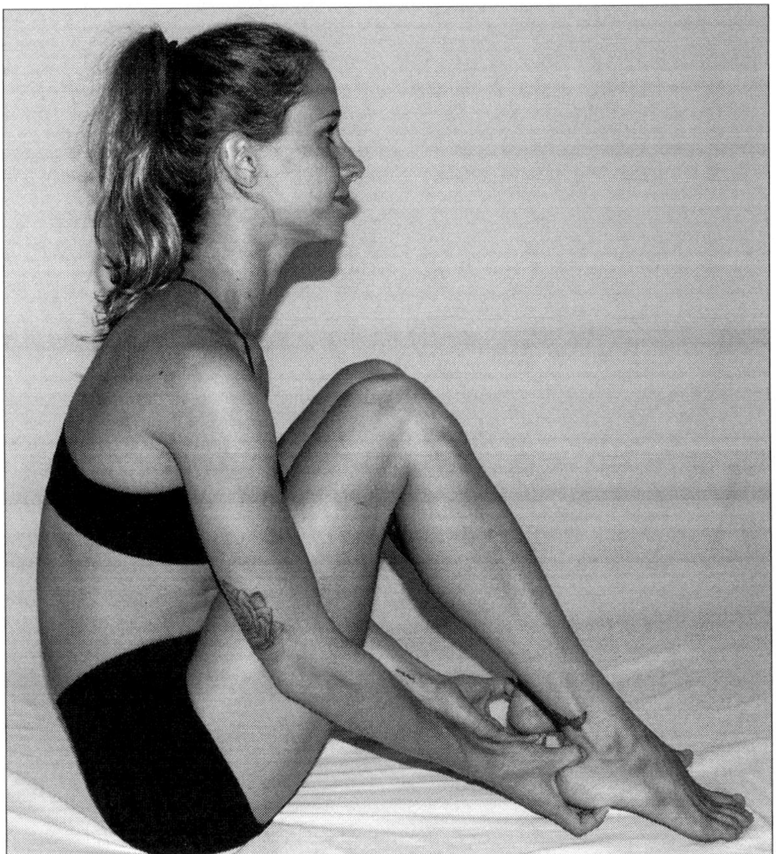

## PARA RIGIDEZ NA COLUNA

Particularmente indicado para dificuldade em tocar a ponta dos dedos no chão sem dobrar os joelhos.

1. Primeiramente massagear forte e profundamente toda a extensão do arco do pé (área reflexa da coluna) com os polegares.

2. Em seguida, com a mão fechada e o punho relaxado, golpear fortemente o arco do pé várias vezes; repetir o procedimento no outro pé.

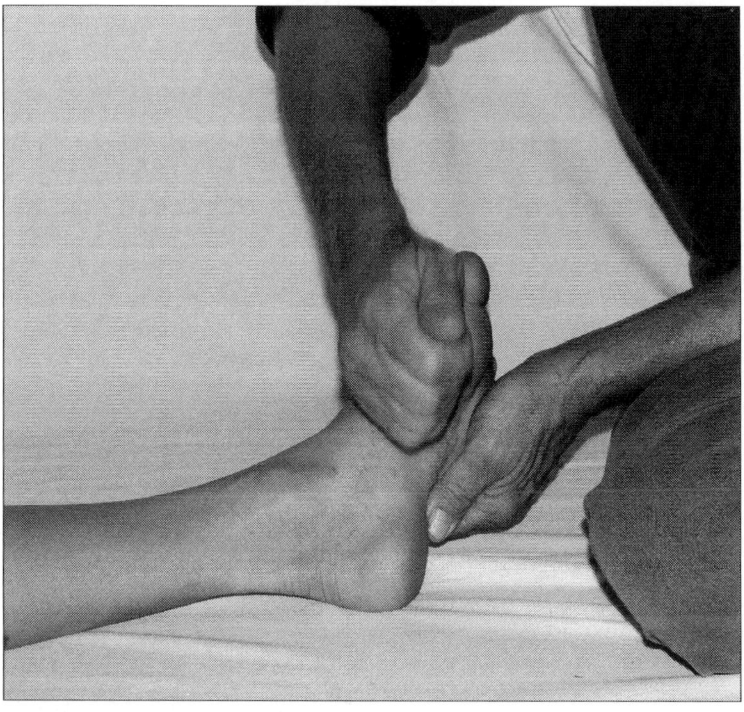

3. Ficar de pé, esticar os braços para cima com os dedos esticados e, expirando, projetar as mãos para baixo, flexionando a base da coluna.

# PARA RIGIDEZ DA ARTICULAÇÃO OMBRO-BRAÇO

Especialmente indicado para artrite ou bursite no ombro, com dores e incapacidade de elevar o braço.

1. Primeiramente, o praticante apoia em sua mão o braço afetado do paciente, elevando-o até o limite do suportável.

2. Em seguida, com a face palmar dos dedos da outra mão, o praticante bate repetidamente na ponta do ombro oposto do paciente, enquanto movimenta suave mas persistentemente seu braço afetado para cima e para baixo, até conseguir elevar o braço.

# PARA AFECÇÕES DA GARGANTA E DAS CORDAS VOCAIS

1. Esticar os braços lateralmente ao tronco com as mãos espalmadas para baixo.

2. Inspirar, prender o ar e, com a língua projetada para fora e os olhos voltados para cima, expirar.

# PARA AUMENTAR O VIGOR SEXUAL

## Homens

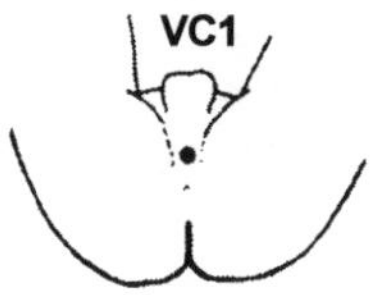


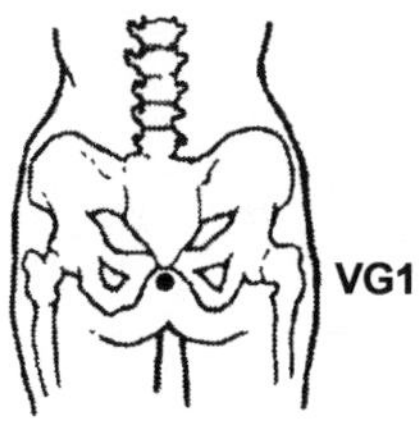


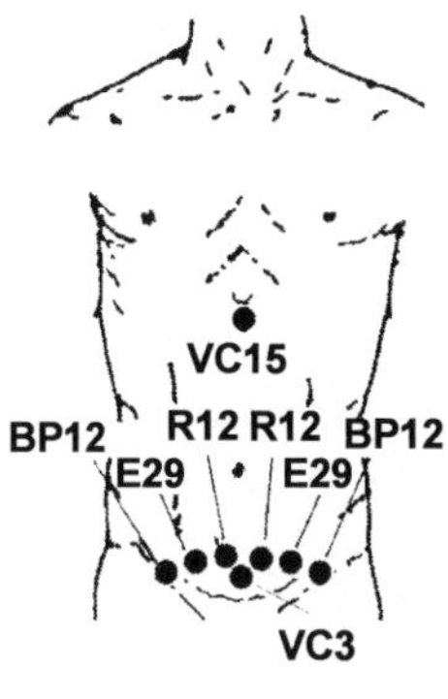


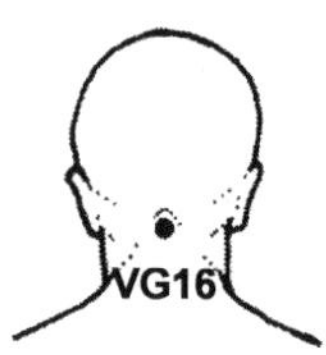


1. Segurar os testículos delicadamente com uma mão e comprimi-los firme e intermitentemente (25 vezes).
2. Pressionar o ponto **VC1** (entre o ânus e os genitais) com a ponta do dedo médio.
3. Pressionar toda a área do períneo em volta do ânus.
4. Pressionar o ponto **VG1** (entre o ânus e a ponta do cóccix). Repetir 5 vezes.
5. Com as mãos na cintura, polegares projetados para trás, pressionar os lados da parte superior do sacro até o cóccix.
6. Com as pontas dos quatro dedos unidos pressionar repetidamente o púbis, logo abaixo dos pelos púbicos, no sentido das virilhas para o centro. Com os polegares exercer pressão rotativa nos pontos **BP12**, **E29**, **R12** e **VC3**.
7. Penetrar os dedos das mãos sob a caixa torácica (lado direito). Pressionar repetidamente e mover os dedos para estimular o fígado.
8. Pressionar o ponto **VC15** e a área logo abaixo da ponta do osso externo com as pontas dos dedos de ambas as mãos. Manter a pressão por 5 segundos, soltar e inspirar profundamente. Repetir 5 vezes.
9. Pressionar o ponto **VG16** (medula oblonga) por 5 segundos. Repetir 5 vezes.

# PARA AUMENTAR O VIGOR SEXUAL

## Mulheres

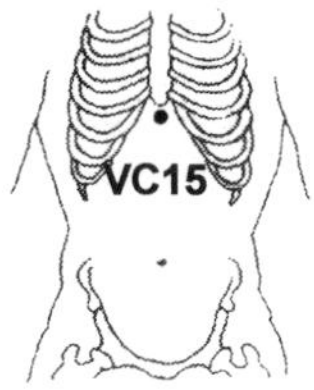


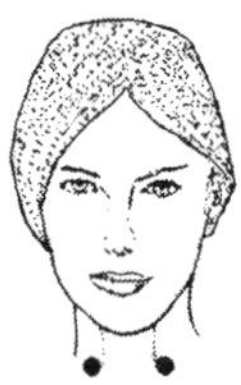


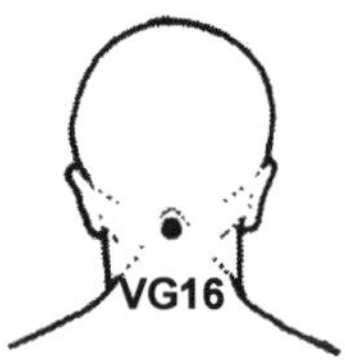


1. Pressionar os lados do osso sacro (ver exemplo 5 para homens).

2. Pressionar o ponto **VC15**.

3. Pressionar as virilhas com as palmas das mãos (de 5 a 10 vezes).

4. Com as pontas dos dedos massagear para cima e para baixo o osso externo entre os seios.

5. Massagear os seios e esfregar gentilmente os mamilos.

6. Pressionar leve e repetidamente os lados da carótida, especialmente o ponto **E10**, para estimular a glândula tireóide.

7. Pressionar o ponto **VG16** (ver exemplo 9 para homens).

# ÁREAS REFLEXAS DOS PÉS

SIMILARES AOS PONTOS CHINESES, AS "ÁREAS DE REFLEXO" LOCALIZADAS nos pés são regiões profusamente dotadas de terminações nervosas. Constituem um mapa completo para o diagnóstico e tratamento dos órgãos internos do corpo, pois estes, quando apresentam desequilíbrio em sua atividade funcional, acionam imediatamente seus sinalizadores externos. Assim, pontos ao longo dos meridianos registram bloqueios do fluxo energético da mesma forma que as "áreas de reflexo" correspondentes tornam-se anormalmente sensíveis à pressão, ou mesmo dolorosas, indicando cristalizações de toxinas nas terminações nervosas. Massagem e pressão nessas regiões-problemas ajudam na dissolução dos cristais, e enviam impulsos aos órgãos correspondentes, que tendem a regularizar a função afetada.

Discordâncias com relação à localização precisa de certas áreas à parte, os mapas dos pés, utilizados tradicionalmente em diferentes culturas antigas, são basicamente coincidentes. Denominado hoje "Reflexologia" ou "Zonoterapia", o método de estimulação das áreas de reflexo é parte do conjunto de recursos terapêuticos milenares para o autotratamento, reunidos originariamente sob o nome de Do-In.

## Massagem nos pés

Praticada diariamente, a massagem geral nos pés propicia a estimulação de todo o organismo, promovendo a manutenção das funções orgânicas. Áreas excepcionalmente sensíveis requerem atenção especial: uma pressão contínua conjugada a movimentos circulares lentos com a polpa do polegar durante cerca de 3 a 5 minutos constituem excelentes tratamentos para órgãos cronicamente afetados.

Como primeiros socorros a mesma técnica é utilizada – isoladamente e/ou associada ao estímulo dos pontos dos meridianos – para o alívio de dores e outros desconfortos. Em geral, a pressão firme com a polpa do polegar na área afetada provoca uma dor aguda, indicando o local preciso a ser tratado. Em certos casos haverá necessidade de se detectar previamente o órgão cujo mau funcionamento é a causa do problema.

Em caso de dúvida quanto a qual área tratar ou à sua localização, a regra é simples: trate as áreas sensíveis, elas sinalizam que os órgãos

## PÉ DIREITO

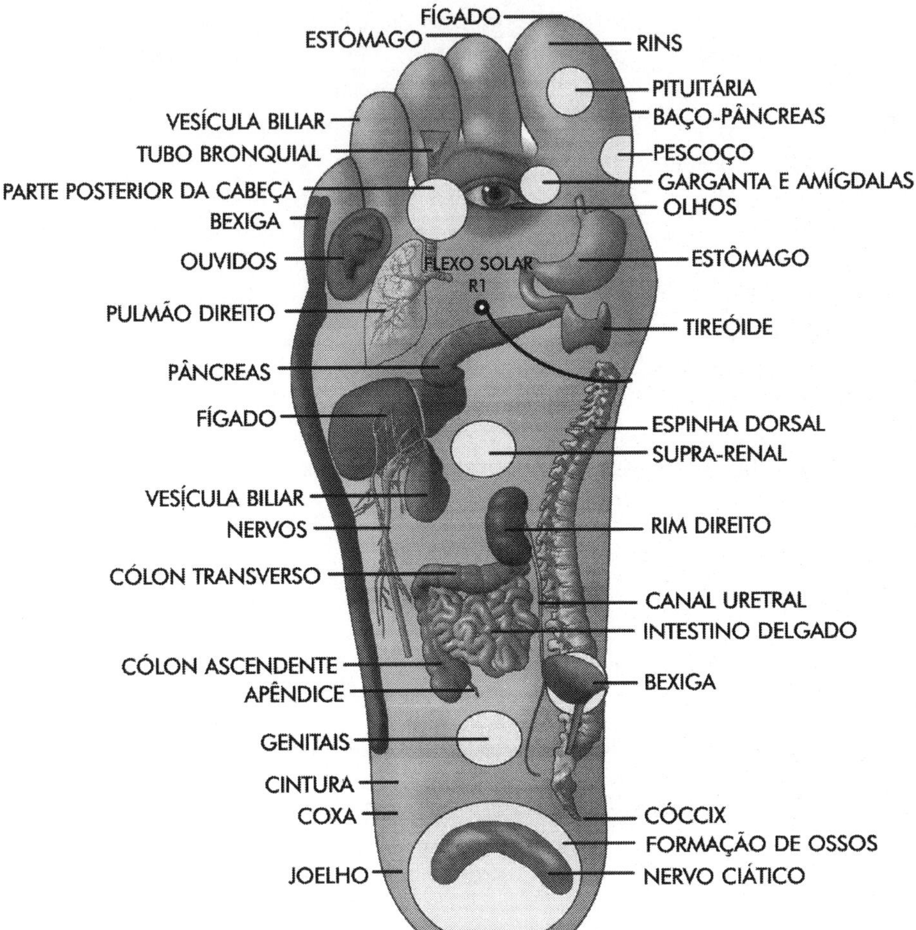
FÍGADO
ESTÔMAGO
RINS
PITUITÁRIA
VESÍCULA BILIAR
BAÇO-PÂNCREAS
TUBO BRONQUIAL
PESCOÇO
PARTE POSTERIOR DA CABEÇA
GARGANTA E AMÍGDALAS
OLHOS
BEXIGA
OUVIDOS
FLEXO SOLAR
R1
ESTÔMAGO
PULMÃO DIREITO
TIREÓIDE
PÂNCREAS
FÍGADO
ESPINHA DORSAL
SUPRA-RENAL
VESÍCULA BILIAR
NERVOS
RIM DIREITO
CÓLON TRANSVERSO
CANAL URETRAL
INTESTINO DELGADO
CÓLON ASCENDENTE
APÊNDICE
BEXIGA
GENITAIS
CINTURA
COXA
CÓCCIX
FORMAÇÃO DE OSSOS
JOELHO
NERVO CIÁTICO

# PÉ ESQUERDO

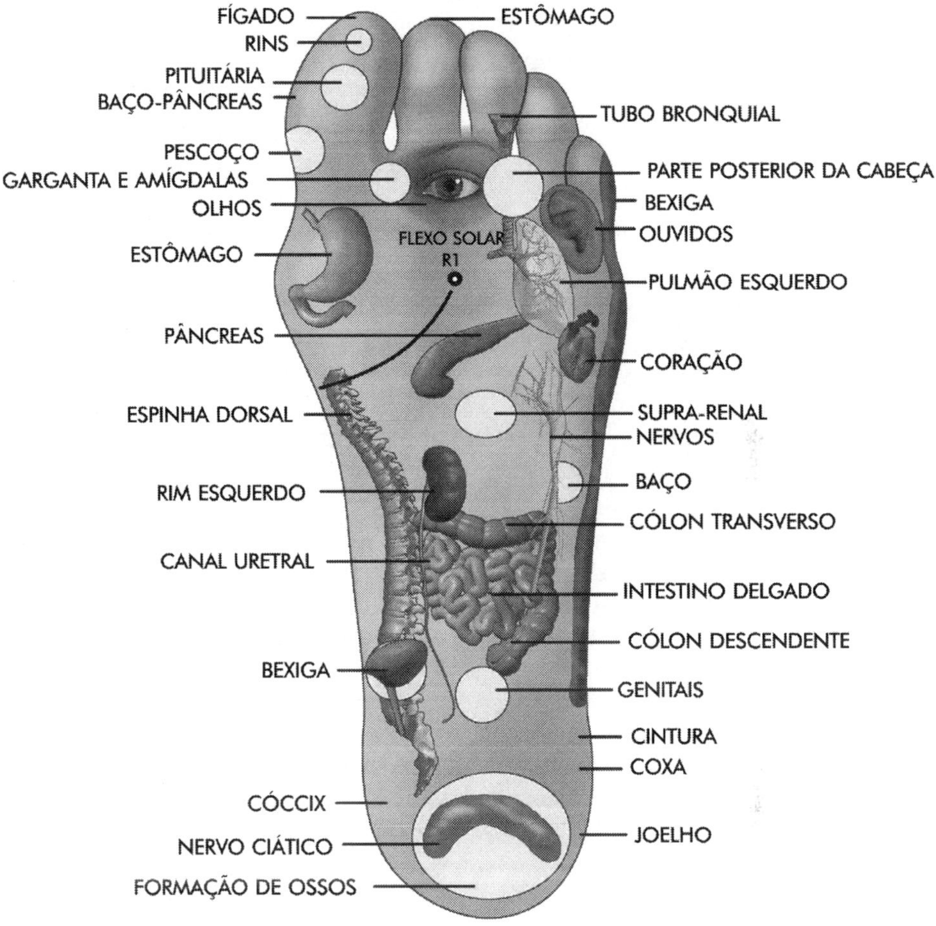

FÍGADO
RINS
PITUITÁRIA
BAÇO-PÂNCREAS
PESCOÇO
GARGANTA E AMÍGDALAS
OLHOS
ESTÔMAGO
PÂNCREAS
ESPINHA DORSAL
RIM ESQUERDO
CANAL URETRAL
BEXIGA
CÓCCIX
NERVO CIÁTICO
FORMAÇÃO DE OSSOS
ESTÔMAGO
TUBO BRONQUIAL
PARTE POSTERIOR DA CABEÇA
BEXIGA
OUVIDOS
FLEXO SOLAR
R1
PULMÃO ESQUERDO
CORAÇÃO
SUPRA-RENAL
NERVOS
BAÇO
CÓLON TRANSVERSO
INTESTINO DELGADO
CÓLON DESCENDENTE
GENITAIS
CINTURA
COXA
JOELHO

respectivos estão desequilibrados. Dessa forma você estará não apenas tratando sintomaticamente um problema, mas se colocando em sintonia com os sinalizadores do corpo e se desfazendo de pequenos desequilíbrios antes que se transformem em grandes males.

As técnicas de tonificação e sedação são as mesmas utilizadas nos pontos dos Meridianos: para tonificar é indicado percutir ou pressionar de forma mais leve, rápida e repetidamente com a ponta dos dedos; para sedar pressiona-se profunda, lenta e continuamente com o polegar.

A massagem geral nos pés produz estímulos em quase todas as partes do corpo, já que eles contam com 72.000 terminações nervosas. Ela deve ser iniciada com uma fricção vigorosa de 1 minuto, com ambas as mãos em cada pé, de modo a aquecê-los e ativar a circulação. Em seguida, com uma mão segurando o tornozelo, rodar várias vezes o pé com a outra mão num movimento lento e ritmado. Da mesma forma, segurar o pé e rodar cada dedo, flexionando-os para frente e para trás, depois massagear, torcer e apertar cada dedo. Com o calcanhar na palma da mão penetrar profundamente os quatro dedos da mão, beliscar repetidamente o tendão de Aquiles e finalmente, exercer pressão moderada em todos os pontos de reflexo dedicando especial atenção às regiões-problema. Finalizar com pequenos tapas na sola dos pés para um estímulo geral.

Interessante lembrar que apenas um ponto chinês encontra-se na sola dos pés, o R1, ponto inicial do Meridiano dos Rins.

Ao terminar a massagem é aconselhável esfregar vigorosamente as mãos e lavá-las com água quente e depois fria, para eliminar as energias estagnadas (resíduos e toxinas) provenientes dos pés.

## Zona de descarga

A sola dos pés, com suas zonas de reflexo, funciona como "fio-terra", colocando os órgãos diretamente em contato com a energia do solo e fazendo escoar os resíduos e toxinas que bloqueiam a força vital.

Um ótimo exercício para descarregar o excesso de energia e, ao mesmo tempo, ativar todo o organismo é caminhar descalço no campo, especialmente em terreno acidentado com pedrinhas arredondadas. A experiência tem demonstrado que caminhar descalço de 10 a 30 minutos diários de manhã cedinho, enquanto ainda há orvalho na grama, constitui um ótimo tratamento para a deficiência do complexo vitamínico B e para a restauração da flora intestinal. Mas, claro, nem sempre isso é possível, assim, ficar descalço por um tempo já propiciará uma descarga razoável da energia através dos pés.

Pode parecer estranho, mas é eficaz!

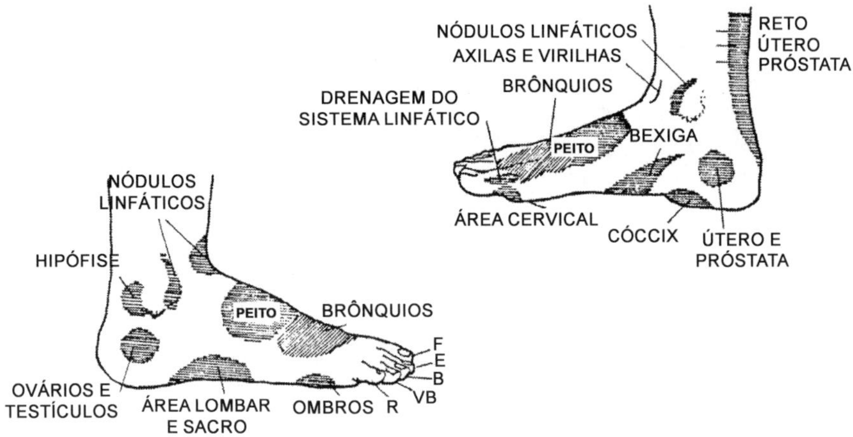


## Informações importantes

Sapatos com sola dura impedem os benefícios decorrentes da constante estimulação natural da planta dos pés proporcionados pelo caminhar. Da mesma forma, os dedos rigidamente contraídos em sapatos apertados na parte da frente, perdem a flexibilidade original dificultando a sua função de dar ao organismo o equilíbrio físico e psíquico. (Pessoas dissociadas da realidade, que não têm "os pés no chão", geralmente apresentam problemas nas pernas, dedos rígidos e arqueados, pés contraídos com reduzida área de contato com a terra).

Esses sintomas nos pés podem vir acompanhados de dores nas pernas, especialmente nos pontos do Meridiano da Bexiga, órgão considerado pela medicina chinesa como sendo estreitamente relacionado com problemas mentais. Por isso, além dos benefícios citados, o caminhar descalço em contato direto com a natureza é um excelente estímulo para os pés enrijecidos do homem civilizado.

# PRÁTICAS DE PREVENÇÃO E APRIMORAMENTO PESSOAL

NESTE CAPÍTULO O FOCO SE DETÉM NO QUE HÁ DE MAIS SIMPLES E ACESSÍVEL nas práticas de autocura do Dao Yin/Do-In. Associando automassagens, fricções, deslizamentos energizantes e alongamentos, a sequência aqui sugerida representa uma versão facilitada de variadas técnicas tradicionais para a prevenção de enfermidades e o desenvolvimento pessoal, nascidas dos insights dos antigos mestres chineses (ver "Práticas chinesas de autocura", p.35).

Como não envolve o tratamento de pontos chave específicos (embora sua inclusão ampliará as possibilidades da prática), o procedimento funciona como uma simples mas essencial "faxina" cotidiana que mantém o ambiente funcional e preserva sua estrutura. O arrefecimento de tensões e contrações corporais libera o fluxo do Qi ao longo dos meridianos e corrige as alterações funcionais, que assinalam no corpo as inscrições iniciais do adoecimento. Sua meta primordial é manter abertos os caminhos que conduzem a vida.

Embora comporte variáveis – acréscimos ou supressões – a série de manobras proposta é completa por permitir uma visitação a toda a extensão do corpo, seguindo o sentido natural do fluxo do Qi ao longo da topografia ordenada e precisa dos meridianos (ver "Os Meridianos Principais e os 12 Oficiais", p.25). Isoladamente, cada exercício pode ser praticado sempre que necessário. Na prática regular, contudo, é importante que a sequência – mesmo sucinta – seja realizada em sua totalidade, de maneira fluída, do começo ao fim. Uma rotina frequente, breve mas completa (o ideal é que seja diária, antes do desjejum) é incomparavelmente mais benéfica do que uma longa sequência realizada eventualmente.

A setorização dos exercícios tem aqui tão somente o objetivo de ilustrar a extensa gama de funções trabalhadas em razão dos trechos de meridianos e dos pontos que se assentam nessas áreas. As automassagens chinesas, vale lembrar, atuam tanto na estrutura, pela energização local, quanto nas funções internas ali representadas. Em princípio, todas as manobras serão efetuadas igualmente nos dois lados do corpo, mas áreas e pontos particularmente tensos, rígidos e/ou dolorosos devem ser trabalhados de forma mais dedicada.

As condições para melhores resultados são basicamente as mesmas sugeridas para o tratamento sintomático no capítulo "Como usar este livro", p.39.

Progressivamente, o praticante poderá formular sua série individual segundo as necessidades circunstanciais do seu organismo e sua disponibilidade de tempo. O Do-In propõe, acima de tudo, o desenvolvimento da criatividade e da autonomia.

## Membros superiores

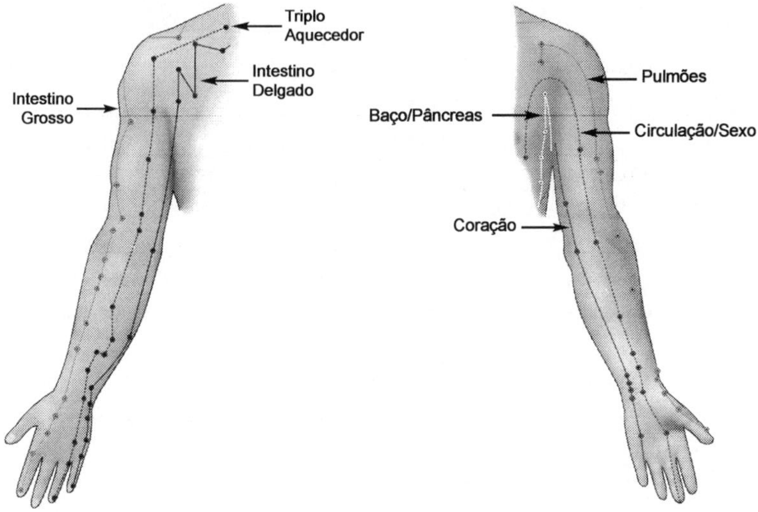


1. Esfregar as mãos e os pulsos (mãos acima dos olhos). Essa manobra deverá ser repetida ao longo da prática para mobilizar o Qi para as pontas dos dedos.
2. Com a mão fechada, golpear a face interna dos braços, do ombro até a mão.
3. Massagear toda a extensão do antebraço interno, do cotovelo ao pulso.
4. Massagear as mãos.
5. Amassar, puxar e estalar cada dedo.
6. Beliscar as pontas dos dedos.
7. Massagear o dorso da mão com a ponta dos dedos, no sentido do braço.
8. Com os 4 dedos unidos pressionar entre os metacarpios, no sentido do braço.
9. Massagear a face externa do antebraço, do pulso ao cotovelo.
10. Com a mão em concha, envolver e amassar a face externa do braço, do cotovelo ao ombro.

## Pescoço e cabeça

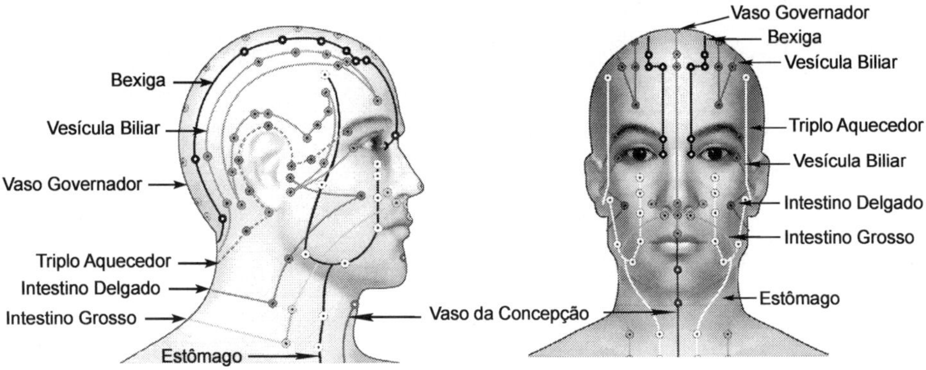


11. Apertar e amassar repetidamente a área dos ombros.
12. Encolher fortemente os ombros e soltá-los relaxando-os.
13. Mãos em concha superpostas, envolver e amassar a nuca.
14. Com os polegares massagear forte e repetidamente a base do crânio, das orelhas ao centro da nuca (os dedos se apóiam no alto da cabeça).
15. Idem, em torno das orelhas.
16. Massagear profusamente as orelhas.
17. Puxar a ponta das orelhas para cima e o lóbulo para baixo.
18. Bater nas orelhas para frente, dobrando-as contra o rosto.
19. Mão em concha sobre o ouvido, bater 20 vezes com os dedos estendidos da outra mão.
20. Golpear a cabeça com a ponta dos dedos.
21. Com a ponta dos dedos em rotações, massagear a cabeça do centro para os lados.
22. Puxar repetidamente os cabelos.
23. Girar a cabeça nos sentidos horário e anti-horário; pendê-la repetidamente para os lados, para trás e para frente.
24. Com as pontas dos dedos em rotações, massagear na testa do centro até as têmporas.

25. Com as pontas dos dedos unidos, bater levemente na testa do centro até as têmporas.
26. Beliscar as sobrancelhas, do centro para fora.
27. Com o polegar e o indicador, pressionar a lateral interna dos olhos fechados; manter a pressão por 10 segundos depois puxar a mão aberta para a frente do rosto, abrindo os olhos.
28. Com os polegares pressionando as têmporas, massagear em torno dos olhos, de dentro para fora, com o lado interno da 2ª falange do indicador.
29. Mover os olhos para cima e para baixo; para esquerda e para direita; girá-los no sentido horário e anti-horário.
30. Inspirar e fechar fortemente os olhos, depois abri-los amplamente, expirando.
31. Pressionar suavemente a base das mãos sobre as pálpebras cerradas, enquanto se projeta os olhos para fora.
32. Beliscar repetidamente as pálpebras superiores.
33. Esfregar e massagear o nariz da base até a ponta.
34. Inspirar, cerrar e apertar os lábios e os dentes fortemente; abrir amplamente a boca e expirar.
35. Formar um bico com os lábios e girá-los nos sentidos horário e anti-horário; aspirar as bochechas, inspirando; expirar fortemente pelos lábios semicerrados produzindo um ruído alto e vibrante.
36. Massagear fortemente a raiz dos dentes com as pontas dos dedos.
37. Rodar e friccionar fortemente a língua na parte externa das gengivas e no céu da boca.
38. Puxar o lábio superior para os lados e sacudi-lo.
39. Pressionar fortemente em baixo do queixo com os polegares.
40. Deslizar suavemente os dedos nos lados da carótida, décima para baixo.

# Tronco

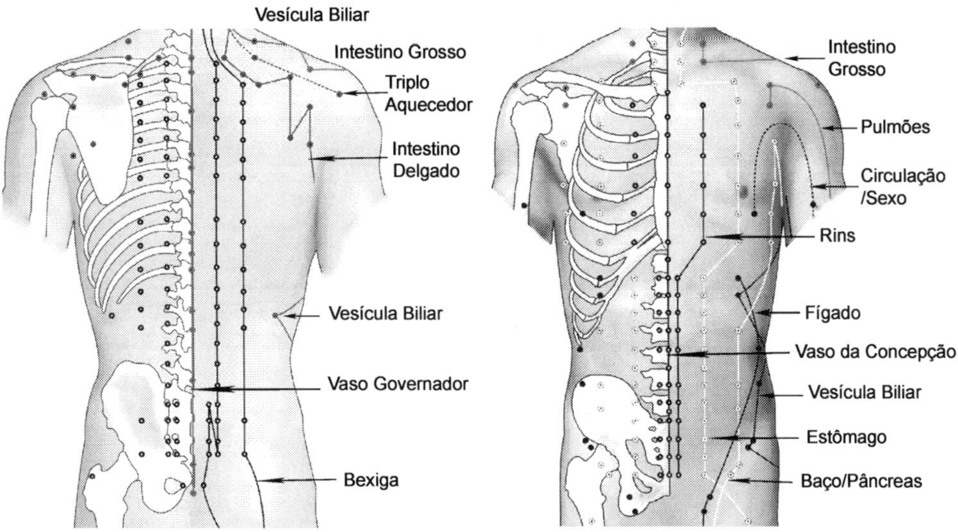


41. Massagear toda a extensão do osso esterno.
42. Com a ponta dos dedos unidos bater repetidamente 20 vezes na parte superior do esterno sobre a glândula timo.
43. Com as pontas dos dedos, massagear em torno dos seios.
44. Com as mãos em garra envolver e girar os seios para fora.
45. Esfregar as mãos nos lados do tórax, para cima e para baixo.
46. Uma mão acima e outra abaixo do umbigo, movê-las uma a outra, movendo a pele para os lados.
47. Mãos superpostas sobre o umbigo, massagear profundamente o abdome, girando a pele no sentido horário.
48. Penetrar e movimentar os dedos eretos por baixo da caixa torácica.
49. Pressionar e massagear toda a extensão do osso púbico.
50. Pressionar e massagear em torno dos genitais e do ânus.
51. Esfregar as virilhas com as laterais das mãos.

52. Com as mãos fechadas, bater suavemente na região dorsal imediatamente abaixo da caixa torácica.

53. Repetir a manobra nas vértebras sacras e nas nádegas.

54. Esfregar em círculos fortemente a área renal com as palmas das mãos.

## Membros inferiores

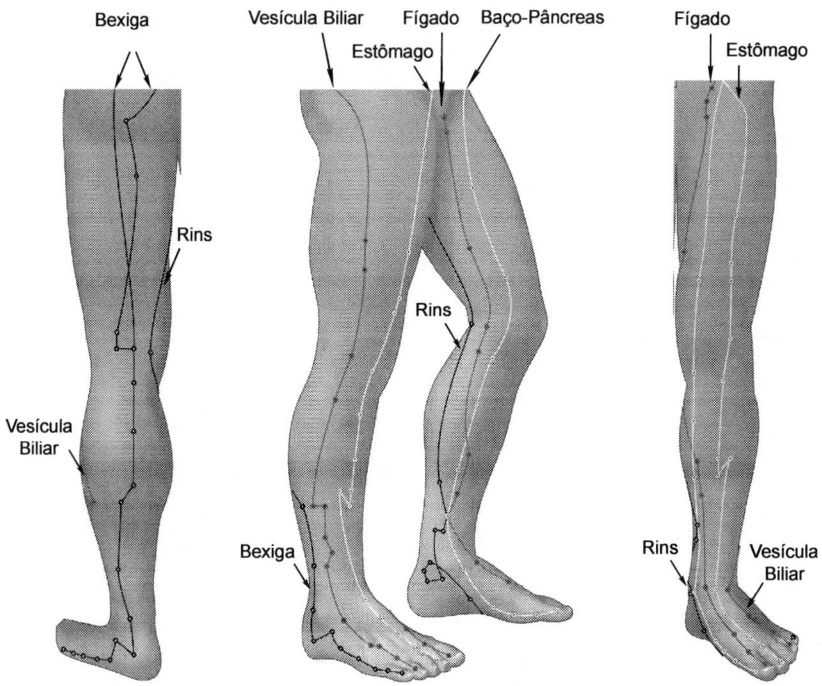


55. Bater nas coxas com as mãos fechadas de cima para baixo na face externa e de baixo para cima na face interna.
56. Envolver o joelho com a mão e, com a ponta dos dedos em garras, pressionar repetidamente em torno da rótula.

57. Com a palma das mãos, apertar repetidamente os lados da panturrilha em toda a extensão da perna.

58. Deslizar repetidamente a palma da mão pela face externa da perna, do joelho ao tornozelo, e daí até o joelho pela face interna da perna.

59. Com os polegares massagear a face interna da perna imediatamente atrás da tíbia, do tornozelo ao joelho.

60. Envolver o tendão de Aquiles com o polegar e os 4 dedos; beliscar e massagear a área.

61. Bater com os calcanhares no chão.

62. Massagear o topo dos pés no sentido dos dedos.

63. Esfregar o topo, os lados e a planta dos pés.

64. Massagear detalhadamente as áreas reflexas na planta dos pés.

65. Amassar, puxar e estalar cada dedo do pé.

66. Dar pequenos tapas nas plantas dos pés.

67. Com a mão fechada dar 30 marteladas no arco de ambos os pés.

68. De pé, com o corpo relaxado, dar pequenos saltos repetidos; depois, estirar os braços para cima inspirando e cruzá-los à frente dos joelhos, curvando o corpo para frente e expirando.

# Índice da localização dos pontos

## MERIDIANO DO PULMÃO

| Ponto | Localização | Utilização | Ilustração |
|---|---|---|---|
| P1 | 9 dedos laterais à linha mediana anterior, ao nível do primeiro espaço intercostal | Asma; Distúrbios respiratórios; Estresse emocional nas crises e mudanças; Lactação (dores ou insuficiência de leite); Mordida de cão raivoso; Tétano (para prevenir ou após os primeiros sinais); Tristeza, pesar e mágoa. | 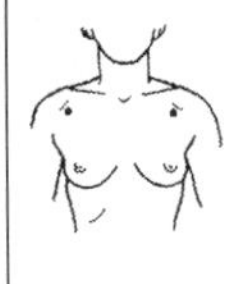 |
| P7 | 3 dedos acima da dobra do punho, sobre a artéria radial | Bocejos; Bronquite (com secreção respiratória); Tosse. | 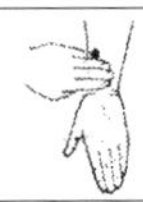 |
| P9 | na depressão da dobra do punho, sobre a artéria radial | Asfixia (com face pálida); Asma; Choque elétrico; Claustrofobia (pânico de lugares fechados); Colapso (prostração intensa e repentina); Concussão com golpe violento na cabeça; Dispneia (falta de ar); Distúrbios respiratórios em geral; Intoxicação por alimentos; Intoxicação por monóxido de carbono; Sede (para aliviar temporariamente). |  |
| P10 | na face palmar da mão, no centro da almofada na base do polegar | Afecções da pela (erupções e pruridos em geral); Alergias em geral; Alergias especialmente cutâneas; Asma; Dispneia (falta de ar); Distúrbios respiratórios em geral; Intoxicação por monóxido de carbono. | 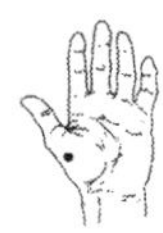 |
| P11 | cerca de 2 mm do ângulo ungueal lateral (lado externo) do polegar | Amidalite e qualquer inflamação na garganta; Dor de garganta; Rouquidão. |  |

## MERIDIANO DO INTESTINO GROSSO

| Ponto | Localização | Utilização | Ilustração |
|---|---|---|---|
| IG1 | cerca de 2 mm do ângulo ungueal lateral (lado do polegar) do dedo indicador | Acne e outras afecções da pele; Aftas e outras ulcerações da boca; Dentes - dores em geral, durante o trabalho dentário, incômodos da primeira dentição. | 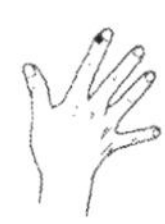 |

## (...) MERIDIANO DO INTESTINO GROSSO

| Ponto | Localização | Utilização | Ilustração |
|---|---|---|---|
| IG2 | numa depressão depois da articulação metacarpofalangeal no lado externo do indicador | Prisão de ventre |  |
| IG4 | no dorso da mão, no ângulo formado pelos 1º e 2º metacarpos | Acne e outras afecções da face; Aftas e outras ulcerações da boca; Alergias - em geral, cutâneas, respiratórias; Amidalite e qualquer inflamação na garganta; ATM (disfunção da articulação temporo mandibular); Conjuntivite; Dentes - dores em geral; Dor de cabeça; Dor de garganta; Dores - em geral, nos dedos das mãos, nos punhos; Enxaqueca; Febre; Febre do feno - rinite alérgica; Gengivite - inflamação e sangramento das gengivas; Gripe; Hemorragia nasal; Laringite; Paralisia facial; Parto - para auxiliar somente após iniciado o trabalho; Prisão de ventre; Resfriados; Rouquidão; Sinusite e rinite; Sonolência. |  |
| IG5 | na prega dorsal do punho, na cavidade entre os 2 tendões do polegar | Dores nos dedos das mãos |  |
| IG11 | na extremidade externa da linha de flexão do cotovelo | Afecções da pele - erupções e pruridos em geral; Alergias - especialmente cutâneas; Bursite - para alívio da dor e das inflamações; Cotovelo de tenista; Dores no cotovelo; Dores nos ombros; Febre; Fortalecimento imunológico; Gripe; Pressão alta; Queimaduras. |  |
| IG15 | na depressão que se forma entre a cabeça do úmero e a extremidade externa no ombro quando se eleva o braço | Apoplexia - resultado de coágulos sanguíneos ou hemorragia cerebral; Bursite - para alívio da dor e das inflamações; Choque elétrico; Choque emocional - com torpor, desconexão ou desmaio; Concussão com golpe violento na cabeça; Concussão por golpe violento na coluna; Contusão na cabeça - para alívio da dor e restabelecimento; Dores nos ombros; Ferimentos e cortes. |  |
| IG20 | na extremidade superior do sulco nasolabial, ao lado da asa do nariz | Alergias - especialmente respiratórias; Congestão nasal; Febre do feno - rinite alérgica; Para recuperar de uma noite maldormida; Resfriados, Sinusite e rinite. |  |

## MERIDIANO DO ESTÔMAGO

| Ponto | Localização | Utilização | Ilustração |
|---|---|---|---|
| E2 | na depressão óssea, um dedo abaixo da borda inferior da cavidade orbital, na linha vertical do centro da íris | Acne e outras afecções da face; Fadiga ocular - olhos irritados, inchados e/ou avermelhados; Sinusite e rinite. | 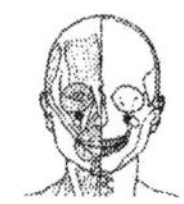 |
| E3 | imediatamente abaixo do osso malar, na linha vertical da íris | Acne e outras afecções da face; Dentes - dores em geral; Fadiga ocular - olhos irritados, inchados e/ou avermelhados; Olhos - afecções em geral; Sinusite e rinite; Soluços. | 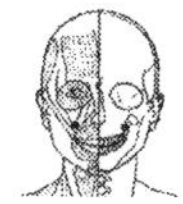 |
| E4 | ao lado do canto da boca, na dobra nasolabial | Aftas e outras ulcerações da boca; Gengivite - inflamação e sangramento das gengivas; Herpes facial; Nevralgia facial; Paralisia facial. |  |
| E6 | um dedo acima do ângulo da mandíbula, no ponto mais elevado do músculo masseter | ATM - disfunção da articulação temporo mandibular; Bruxismo; Dentes - dores (especialmente inferiores); Nevralgia facial; Paralisia facial; Trismo. | 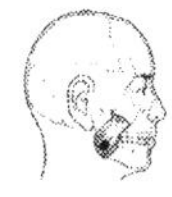 |
| E7 | na depressão abaixo e a frente do ângulo formado pela extremidade superior da mandíbula e o osso zigomático | ATM - disfunção da articulação temporo mandibular; Bruxismo; Choque elétrico; Dentes - dores (especialmente superiores); Nevralgia facial. | 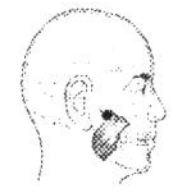 |
| E8 | no ângulo fronto temporal, um dedo dentro da linha do couro cabeludo | Enxaqueca | 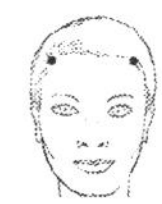 |
| E9 | na face lateral do pescoço, a dois dedos da proeminência laringeal | Pressão alta | 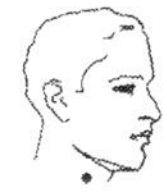 |
| E16 | na linha vertical do mamilo entre as 3ª e 4ª costelas | Lactação - dores ou insuficiência de leite | 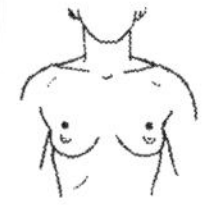 |
| E27 | a três dedos laterais a linha média ventral e três dedos abaixo da linha horizontal do umbigo | Ejaculação precoce | 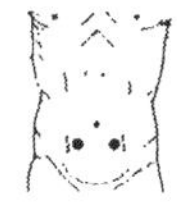 |

## (...) MERIDIANO DO ESTÔMAGO

| Ponto | Localização | Utilização | Ilustração |
|---|---|---|---|
| E32 | na face externa da coxa, 9 dedos do ângulo superior externo da patela, na linha vertical com a ponta anterior do osso ilíaco | Pernas pesadas | 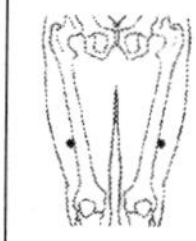 |
| E35 | na cavidade externa lateral à ponta da rótula do joelho | Artrite - parte inferior do corpo; Dores nos joelhos. |  |
| E44 | no dorso do pé, imediatamente atrás da prega interdigital dos 2º e 3º dedos | Dentes - dores especialmente superiores; Distúrbios digestivos em geral. |  |
| E45 | cerca de 2 mm do ângulo ungueal do 2º dedo do pé | Ansiedade com preocupações, obsessão mental ou estômago "nervoso"; Enjoo e náusea; Indigestão; Insônia com preocupações ou má digestão; Intoxicação por alimentos; Para preocupação e obcessão mental; Regurgitação ácida. | 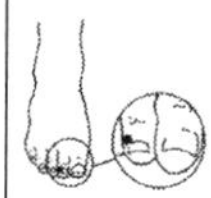 |

## MERIDIANO DO BAÇO-PÂNCREAS

| Ponto | Localização | Utilização | Ilustração |
|---|---|---|---|
| BP4 | no do arco do pé, numa depressão abaixo e diante da articulação do 1º metatarso com o 1º cuneiforme, na linha branco-vermelha da pele | Ansiedade com preocupações, obsessão mental ou estômago "nervoso"; Contusão nos testículos; Desmaio por golpe nos testículos; Diabetes; Diarreia; Distúrbios digestivos em geral; Envenenamento por ingestão de substâncias tóxicas; Gastrite - acidez e dor no estômago; Hipoglicemia; Indigestão; Intoxicação por alimentos; Para raiva e irritação; Tensão pré-menstrual (TPM). | 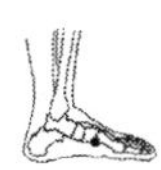 |
| BP5 | adiante e abaixo do maléolo interno, em um oco à meia distância entre o maléolo e a tuberosidade do osso navicular | Gota; Pernas pesadas. | 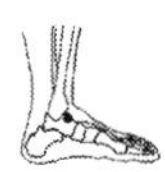 |

## (...) MERIDIANO DO BAÇO-PÂNCREAS

| Ponto | Localização | Utilização | Ilustração |
|---|---|---|---|
| BP6 | 4 dedos acima da proeminência do maléolo interno, atrás da borda da tíbia | Alergias (especialmente cutâneas); Cólicas e espasmos menstruais; Diabetes; Ejaculação involuntária noturna; Ejaculação precoce; Hemorragia uterina; Insônia com preocupações ou má digestão; Menopausa - desconfortos, distúrbios em geral, atrasada ou interrompida, muito frequente ou excessiva; Meteorismo - gases presos no estômago e/ou intestinos; Ovários - irregularidades; Para retenção de líquidos e inchaços; Pernas pesadas; Prostatite; Retenção urinária - estritura aguda dolorosa; Sistite; Tensão pré--menstrual (TPM). | 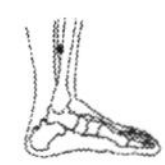 |
| BP8 | na face medial (interna) da perna, 4 dedos abaixo do ponto BP9, atrás da borda da tíbia | Intoxicação por drogas (farmacêuticas ou recreativas) | 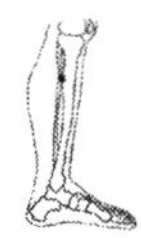 |
| BP9 | numa depressão da borda inferior da cabeça da tíbia, em um oco | Cólicas e espasmos - intestinos; Colite aguda; Distúrbios urinários; Para retenção de líquidos e inchaços; Prostatite; Retenção urinária - estritura aguda dolorosa; Útero - prolapso e afecções em geral. | 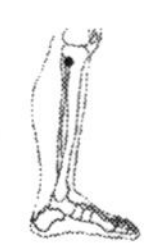 |

## MERIDIANO DO CORAÇÃO

| Ponto | Localização | Utilização | Ilustração |
|---|---|---|---|
| C1 | no centro da cavidade da axila | Congestão nasal; Desmaio em geral; Hemorragia venosa - sangue escuro escoando do ferimento, arterial - sangue claro jorrando em jato do ferimento; Pressão baixa. | 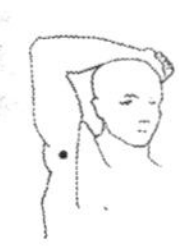 |
| C3 | na extremidade medial (interna) da linha de flexão do cotovelo | Cotovelo de tenista; Depressão psíquica; Dores no cotovelo. |  |
| C4 | 3 dedos da linha de flexão do pulso, sobre a artéria cubital | Medo de público; Para excitação e histeria. |  |

## (...) MERIDIANO DO CORAÇÃO

| Ponto | Localização | Utilização | Ilustração |
|---|---|---|---|
| C5 | 2 dedos acima da linha de flexão do pulso, sobre a artéria cubital | Medo de público; Para excitação e histeria. | 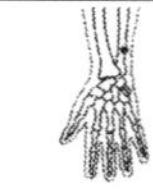 |
| C6 | 1 dedo acima da linha de lexão fdo pulso, sobre a artéria cubital | Medo de público; Para excitação e histeria; Suor excessivo. | 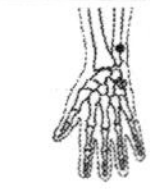 |
| C7 | na linha de flexão do pulso, lateral ao tendão do dedo mínimo, sobre a artéria cubital | Ansiedade com nervosismo, inquietação e/ou angústia; Ansiedade com preocupações, obcessão mental ou estômago "nervoso"; Ansiedade com tensão muscular, irritação e opressão; Arritmia cardíaca - taquicardia ou bradicardia; Choque emocional com agitação, descontrole e histeria; Convulsões em geral, especialmente do tipo epiléptico; Dentes antes de extração ou qualquer cirurgia dentária; Dores nos dedos das mãos; Epilepsia - para prevenção e na iminência de crise; Infarto - na iminência de colapso com sensação de síncope; Insônia com preocupações ou má digestão, com excitação ou euforia; Insônia com irritação, inquietação e/ou calor na cabeça; Irritação repentina e incontida; Medo sem causa aparente, de público; Memória deficiente; Nervosismo; Para excitação e histeria; Para medo e apreensão; Pressão alta; Surto emocional. | 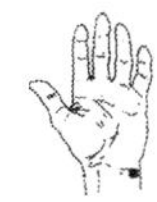 |
| C9 | cerca de 2 mm do ângulo ungueal lateral (lado da anular) do dedo mínimo | Arritmia cardíaca - taquicardia ou bradicardia; Coma recente ou breve; Infarto na iminência de colapso cardíaco com sensação de síncope. | 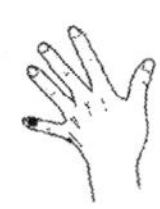 |

## MERIDIANO DO INTESTINO DELGADO

| Ponto | Localização | Utilização | Ilustração |
|---|---|---|---|
| ID1 | cerca de 2 mm do ângulo ungueal medial (canto de fora) do dedo mínimo | Apetite - para estimular | 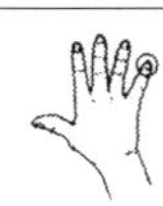 |
| ID19 | na depressão que se forma à frente do trago da orelha, com a boca aberta | ATM - disfunção da articulação temporo mandibular; Dor de ouvido; Surdez parcial ou recente; Zumbido nos ouvidos. | 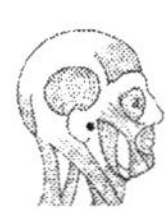 |

## MERIDIANO DA BEXIGA

| Ponto | Localização | Utilização | Ilustração |
|---|---|---|---|
| B1 | imediatamente acima e ao lado do canto interno do olho | Conjuntivite |  |
| B2 | abaixo da extremidade interna da sobrancelha, no canto interno do osso orbital superior | Conjuntivite; Fadiga ocular - olhos irritados, inchados e/ou avermelhados; Olhos - afecções em geral; Sinusite e rinite. |  |
| B10 | no oco abaixo da base do crânio, 2 dedos laterais à linha média cervical | Alergias especialmente respiratórias; Convulsões ou insensibilidade em acidentados; Dores no pescoço e na nuca; Memória deficiente; Torpor mental. | 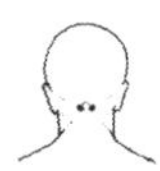 |
| B12 | no dorso, 3 dedos laterais à linha média dorsal, entre as 1ª e 2ª vértebras torácicas | Fraturas - para o estado geral e a dor; Friagem para elevar a temperatura do corpo; Tosse. | 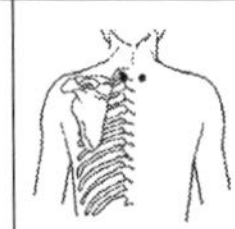 |
| B20 | no dorso, 3 dedos laterais à linha média dorsal, entre as 11ª e 12ª vértebras torácicas | Diabetes | 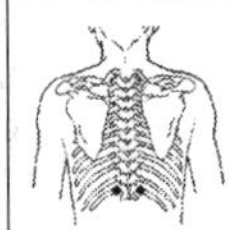 |
| B23 | no dorso, 3 dedos laterais à linha média dorsal, entre as 2ª e 3ª vértebras lombares | Acne e outras afecções da face; Afecções da pele - erupções e pruridos em geral; Concussão com golpe violento na cabeça; Coragem para enfrentar adversidades; Depressão psíquica; Dores lombares; Ejaculação involuntária noturna; Ejaculação precoce; Fadiga - cansaço crônico; Força de vontade para iniciativa, determinação e tomada de decisão; Gravidez - desconfortos; Impotência e frigidez; Medo e apreensão; Medo sem causa aparente; Para o fortalecimento imunológico; Parto - para o restabelecimento pós--parto; Retenção urinária - estritura aguda dolorosa. | 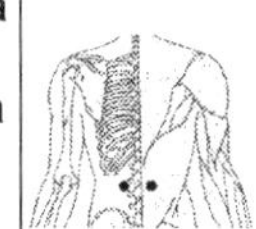 |
| B28 | no nível do 2º forame sacro 3 dedos laterais à linha média dorsal | Dores nos quadris; retenção urinária, estritura aguda dolorosa. | 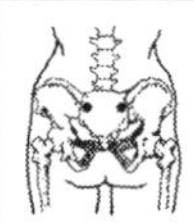 |

## (...) MERIDIANO DA BEXIGA

| Ponto | Localização | Utilização | Ilustração |
|---|---|---|---|
| B31 | na cavidade do 1º forame sacro | Apoplexia - resultado de coágulos sanguíneos ou hemorrgia cerebral; Concussão por golpe violento na cabeça; Dores lombares; Menstruação - distúrbios em geral, atrasada ou interrompida, muito frequente ou excessiva; Para impotência e frigidez; Picada de cobra; Tensão pré-menstrual (TPM). | 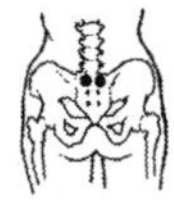 |
| B40 | no meio da dobra da flexão do joelho | Ciática; Dores nos joelhos; Dores lombares; Hemorróida. | 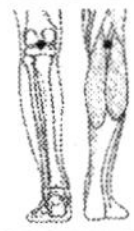 |
| B52 | 6 dedos laterais à linha média dorsal, entre as 2ª e 3ª vértebras lombares | Acne e outras afecções da face; Afecções da pele - erupções e pruridos em geral; Coragem para enfrentar adversidades; Depressão psíquica; Ejaculação involuntária noturna; Fadiga - cansaço crônico; Força de vontade para iniciativa, determinação e tomada de decisão; Medo sem causa aparente; Para o fortalecimento imunológico, impotência e frigidez, medo e apreensão, restabelecimento pós-parto. | 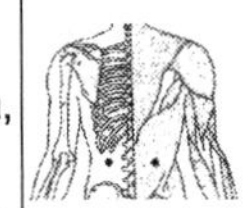 |
| B57 | no centro da face dorsal da panturrilha, em um oco cerca de 11 dedos da linha de flexão do joelho | Câimbras; Distensões, luxações e torceduras; Dores lombares; Esporão do calcâneo; Para aliviar a tensão abdominal (incluindo indigestão, náusea e gases). |  |
| B60 | a meia distância entre o maléolo extremo e o tendão do calcâneo, acima da borda superior do calcanhar | Artrite - parte inferior do corpo; Ciática; Dentes - dores em geral e especialmente inferiores; Distensões, luxações e torceduras; Dores - em geral, nos quadris, no tornozelo ou calcanhar; Esporão do calcâneo; Ferimentos e cortes; Fraturas - para o estado geral e a dor; Nevralgia facial; Nevralgias - dores nevrálgicas em geral; Parto - para auxiliar somente após iniciado o trabalho; Queimaduras. | 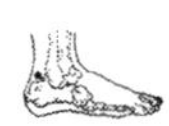 |
| B61 | 3 dedos abaixo do ponto B60, na depressão óssea onde ocorre a mudança da cor da pele | Para aliviar a tensão abdominal - incluindo indigestão, náusea e gases. |  |

## (...) MERIDIANO DA BEXIGA

| Ponto | Localização | Utilização | Ilustração |
|---|---|---|---|
| B62 | na depressão óssea, 1 dedo abaixo do maléolo externo | Dores em geral; Nevralgias - dores nevrálgicas em geral. |  |
| B64 | na face externa do pé, na depressão óssea atrás da tuberosidade do 5º metatarso | Micção - para aliviar temporariamente a urgência de urinar; Picadas - abelhas, aranhas, mosquitos e insetos em geral. |  |
| B65 | na face externa do pé, na depressão óssea atrás da articulação metatarso falangeal do 5º dedo | Distúrbios urinários; Micção - para aliviar temporariamente a urgência de urinar; Envenenamento - por ingestão de substâncias tóxicas; Ferimentos e cortes; Picadas - abelhas, aranhas, mosquitos e insetos em geral; Queimaduras. | 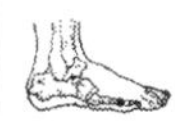 |
| B67 | cerca de 2 mm do ângulo ungueal externo do 5º dedo do pé | Parto - feto na posição invertida |  |

## MERIDIANO DOS RINS

| Ponto | Localização | Utilização | Ilustração |
|---|---|---|---|
| R1 | num oco que se forma na planta do pé com os dedos flexionados, entre as articulações metatarsofalangeais do 2º e 3º dedos | Choque emocional - com torpor, desconexão ou desmaio; Coma - recente ou breve; Coragem para enfrentar adversidades; Desmaio em geral; Fogacho - calores na menopausa; Força de vontade para iniciativa, determinação e tomada de decisão; Insônia - com excitação ou euforia; Insônia - com irritação, inquietação e/ou calor na cabeça; Medo - sem causa aparente; Suor noturno. |  |
| R2 | na face anterior (interna) do pé, abaixo e diante da proeminência do osso navicular | Contusão nos testículos; Menstruação - muito frequente ou excessiva; Para retenção de líquidos e inchaços; Suor noturno. | 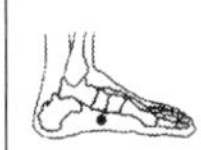 |
| R3 | a meia distância entre a ponta do maléolo interno e o tendão de Aquiles, acima do bordo superior do calcâneo | Cólicas e espasmos renais; Dor de ouvido; Dores (no tornozelo ou calcanhar); Para o fortalecimento imunológico; Parto - para auxilar somente após iniciar o trabalho de parto; Prostatite; Zumbido nos ouvidos. | 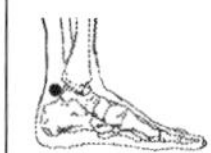 |

## (...) MERIDIANO DOS RINS

| Ponto | Localização | Utilização | Ilustração |
|---|---|---|---|
| R6 | 1 dedo abaixo do bordo inferior do maléolo interno, numa depressão entre 2 tendões | Apoplexia - resultado de coágulos sanguíneos ou hemorragia cerebral; Asfixia - com face azulada; Asfixia - com face pálida decorrente de excesso de dióxido de carbono no sangue; Concussão - por golpe violento na coluna; Para medo e apreensão; Para retenção de líquidos e inchaços; Picadas - abelhas, aranhas, mosquitos e insetos em geral; Picadas de cobra. | 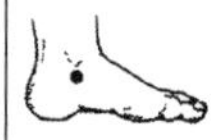 |
| R7 | 3 dedos acima do ponto R3, à frente do tendão do calcâneo | Dores no tornozelo ou calcanhar; para o fortalecimento imunológico; Suor excessivo. | 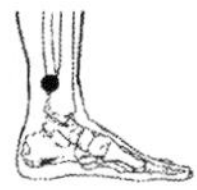 |
| R11 | no bordo superior do osso púbico, 1 dedo lateral à linha mediano ventral | Ovários - irregularidades; Útero - prolapso e afecções em geral. | 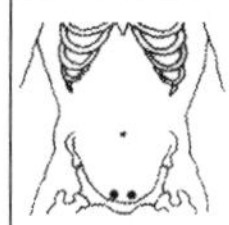 |
| R21 | 6 dedos acima do umbigo, 1 dedo lateral à linha média anterior | Gravidez - desconfortos | 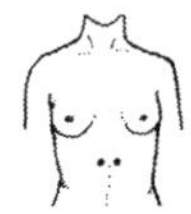 |
| R22 | 3 dedos laterais à linha média anterior, entre as 5ª e 6ª costelas | Bronquite - com secreção respiratória; Dispneia - falta de ar. | 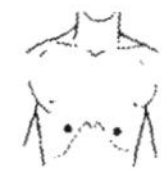 |
| R23 | a meia distância entre a linha vertical do mamilo e a linha média do tórax, entre as 4ª e 5ª costelas | Insolação | 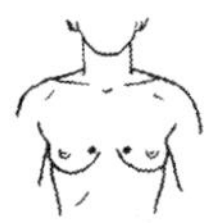 |
| R27 | 3 dedos laterais à linha média do tórax, entre o bordo inferior da clavícula e a 1ª costela | Alergias - especialmente respiratórias; Bronquite - com secreção respiratória; Dispneia - falta de ar; Distúrbios respiratórios em geral; Tosse. | 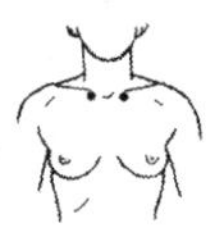 |

## MERIDIANO DA CIRCULAÇÃO-SEXO

| Ponto | Localização | Utilização | Ilustração |
|---|---|---|---|
| CS1 | 1 polegar lateral ao mamilo, entre a 4ª e 5ª costelas | Lactação - dores ou insuficiência de leite | 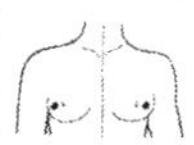 |

## (...) MERIDIANO DA CIRCULAÇÃO-SEXO

| Ponto | Localização | Utilização | Ilustração |
|---|---|---|---|
| CS3 | na linha de flexão do cotovelo, junto à borda medial (interna) do tendão do bíceps | Angina de peito - opressão e dor torácica irradiando pelo braço esquerdo; Ansiedade com preocupações, obsessão mental ou estômago "nervoso"; Bronquite - com secreção respiratória; Bursite - para alívio da dor e das inflamações; Cotovelo de tenista; Dores no cotovelo; Hemiplegia - recente para auxiliar o restabelecimento; Hemorragia - em geral não muito severa; Hemorragia nasal; Hemorragia uterina; Sede - para aliviar temporariamente. | 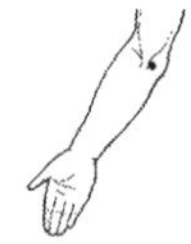 |
| CS4 | 6 dedos acima da linha de flexão do pulso, entre os 2 tendões centrais do antebraço | Circulação deficiente. | 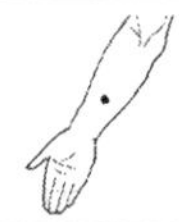 |
| CS5 | 4 dedos acima da linha de flexão do pulso, entre os 2 tendões centrais do antebraço | Medo de público; Sufocação - objeto preso na garganta. |  |
| CS6 | 3 dedos acima da linha de flexão do punho, entre os 2 tendões centrais do antebraço | Angina de peito - opressão e dor torácica irradiando pelo braço esquerdo; Distúrbios digestivos em geral; Dores nos dedos das mãos; Dores nos punhos; Enjoo e náusea; Gastrite - acidez e dor no estômago; Gravidez - desconfortos; Insônia - com preocupações ou má digestão; L.E.R. nas mãos; Meteorismo - gases presos no estômago e/ou intestinos; Para medo e apreensão; Para raiva e irritação; Parto - para o restabelecimento pós-parto; Soluço; Tabagismo - para aplacar a vontade de fumar. | 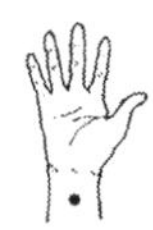 |
| CS8 | na palma da mão, antes das juntas metacarpafalangeais dos dedos indicador e médio | Circulação deficiente; Fadiga - cansaço crônico. | 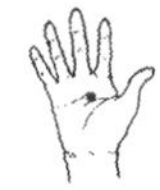 |
| CS9 | cerca de 2 mm atrás do ângulo ungueal lateral (lado do indicador) do dedo médio | Dentes - antes da extração ou qualquer cirurgia dentária. | 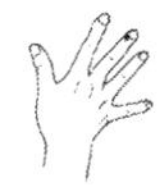 |

## MERIDIANO DO TRIPLO AQUECEDOR

| Ponto | Localização | Utilização | Ilustração |
|---|---|---|---|
| TA4 | na depressão no centro da prega dorsal do punho, na linha do dedo anular | Dores nos punhos; Síndrome do túnel do carpo. |  |
| TA5 | na face dorsal do antebraço, 3 dedos acima da linha de flexão do punho, entre os ossos rádio e ulna | Alergias em geral; Artrite - parte superior do corpo Dores nos punhos; Gripe; L.E.R. - Lesão por esforço repetitivo nas mãos; Para o fortalecimento imunológico. | 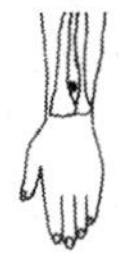 |
| TA6 | na face dorsal do antebraço, 5 dedos acima da linha de flexão do pulso, entre os ossos radio e ulna | Tétano - para prevenir ou após primeiros sinais. | 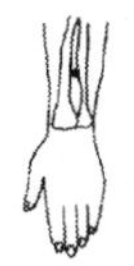 |
| TA15 | a meia distância entre a ponta do ombro e a linha média dorsal, 2 dedos abaixo do topo do ombro | Ansiedade - com tensão muscular, irritação e opressão; Dores no pescoço e na nuca; Dores nos ombros; Friagem - para elevar a temperatura do corpo; Tensão corporal - nos ombros e no pescoço. | 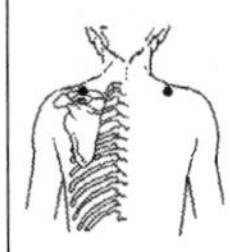 |
| TA17 | atrás do lóbulo da orelha, numa depressão atrás da ponta superior da mandíbula | Bruxismo; Dor de ouvido; Surdez - parcial ou recente; Trismo; Zumbido nos ouvidos. | 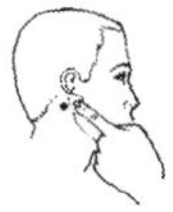 |
| TA21 | no alto da fenda que se forma antes da orelha, à frente do trago, quando se abre a boca | ATM - Disfunção da articulação temporo mandibular; Dor de ouvido; Surdez - parcial ou recente; Zumbido nos ouvidos. | 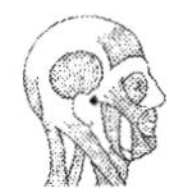 |

## MERIDIANO DA VESÍCULA BILIAR

| Ponto | Localização | Utilização | Ilustração |
|---|---|---|---|
| VB2 | em frente ao lóbulo da orelha, num oco que se forma com a boca aberta. | ATM - Disfunção da articulação temporo mandibular; Dor de ouvido; Surdez parcial ou recente; Zumbido nos ouvidos. | 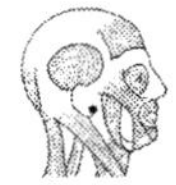 |
| VB8 | 2 dedos acima do vértice da orelha | Envenenamento por ingestão de substâncias tóxicas; Intoxicação por drogas - farmacêuticas ou recreativas. | 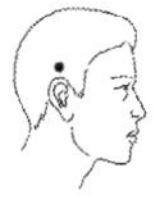 |

## (...) MERIDIANO DA VESÍCULA BILIAR

| Ponto | Localização | Utilização | Ilustração |
|---|---|---|---|
| VB20 | numa depressão abaixo da base do crânio, fora do tendão da nuca | ATM - Disfunção da articulação temporo mandibular; Congestão nasal; Dor de cabeça; Dores no pescoço e na nuca; Enxaqueca; Fadiga ocular - olhos irritados, inchados ou avermelhados; Fogacho - calores na menopausa; Gripe; Hemorragia nasal; Irritação repentina e incontida; Nervosismo; Olhos - afecções em geral; Para descongestionar a cabeça, clarear a mente e ordenar o pensamento; Para o estresse emocional nas crises e mudanças; Para preocupação e obcessão mental; Resfriados; Ressaca; Torcicolo; Torpor mental; Vertigem. |  |
| VB21 | a meia distância entre a ponta do ombro e a 1ª vértebra torácica, no ponto mais elevado da borda superior do ombro | Ansiedade - com tensão muscular, irritação e opressão; Dores no pescoço e na nuca; Friagem - para elevar a temperatura do corpo; Tensão corporal - nos ombros e no pescoço; Torcicolo; Para o estresse emocional nas crises e mudanças; Para preocupação e obcessão mental; Para raiva e irritação. | 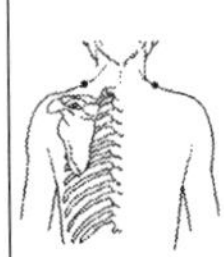 |
| VB30 | na face lateral das nádegas, imediatamente atrás da cabeça da tíbia, com a coxa flexionada | Artrite - parte inferior do corpo; Ciática; Distensões, luxações e torceduras; Dores lombares; Dores nos quadris; Fraturas - para o estado geral e a dor. | 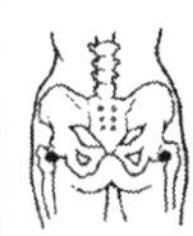 |
| VB34 | na face externa da perna, numa depressão abaixo e à frente da cabeça da fíbula | Artrite - parte inferior do corpo; Câimbras; Cólicas e espasmos - biliares; Distensões, luxações e torceduras; Dores musculares em geral; Dores nos joelhos; Dores nos ombros. | 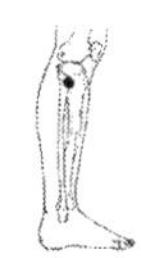 |
| VB38 | 6 dedos acima do maléolo externo, atrás da margem anterior da fíbula | Cólicas e espasmos - biliares; Cólicas e espasmos - renais; Pernas pesadas. | 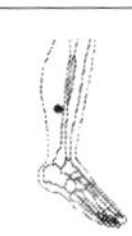 |
| VB39 | 4 dedos acima do maléolo externo, na margem anterior da fíbula | Dores no tornozelo ou calcanhar. |  |
| VB40 | adiante e abaixo do maléolo externo, numa depressão por fora do tendão extensor dos dedos do pé | Dores musculares em geral; Dores no tornozelo ou calcanhar; Dores nos quadris; Força de vontade - para iniciativa, determinação e tomada de decisão. |  |

## MERIDIANO DO FÍGADO

| Ponto | Localização | Utilização | Ilustração |
|---|---|---|---|
| F1 | cerca de 2 mm do ângulo ungueal lateral (lado do 2º dedo) do dedo grande do pé | Sonolência; tétano (para prevenir ou após primeiros sinais). |  |
| F3 | no dorso do pé, no ângulo formado pelo 1º e 2º metatarsos | Alergias em geral; Ansiedade - com tensão muscular, irritação e opressão; Asfixia com face azulada; Câimbras; Cólicas e espasmos em geral; Cólicas e espasmos intestinais; Cólicas e espasmos menstruais; Cólicas e espasmos biliares; Cólicas e espasmos renais; Colite aguda; Coragem - para enfrentar adversidades; Distúrbios urinários; Dor de cabeça; Dores musculares em geral; Enjoo e náusea; Fadiga - cansaço crônico; Gota; Herpes labial; Insônia - com preocupações ou má digestão; Intoxicação - por monóxido de carbono; Irritação repentina e incontida; Para o fortalecimento imunológico; Para raiva e irritação; Parto - para o restabelecimento pós-parto); Ressaca; Vertigem; | 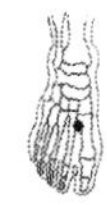 |

## VASO DA CONCEPÇÃO

| Ponto | Localização | Utilização | Ilustração |
|---|---|---|---|
| VC1 | no centro do períneo, entre o ânus e os órgãos genitais | Afogamento; Para aumentar o vigor sexual no homem. | 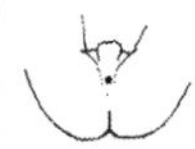 |
| VC2 | na linha média ventral, no nível da borda superior do osso púbico | Distúrbios urinários. | 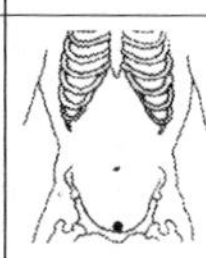 |
| VC3 | na linha média ventral, 6 dedos abaixo do umbigo | Cistite; Hemorragia uterina; Para aumentar o vigor sexual no homem; Prostatite. | 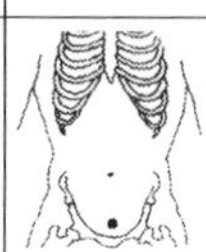 |
| VC4 | na linha média ventral, 4 dedos abaixo do umbigo | Distúrbios urinários; Ejaculação involuntária noturna; Menstruação - distúrbios em geral; Para impotência e frigidez; Prostatite; Retenção urinária - estritura aguda dolorosa; Tensão pré-menstrual (TPM). | 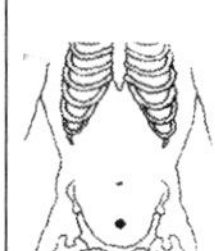 |

## VASO DA CONCEPÇÃO

| Ponto | Localização | Utilização | Ilustração |
|---|---|---|---|
| VC6 | na linha média ventral, 2 dedos abaixo do umbigo | Diarréia; Ejaculação involuntária noturna; Fadiga - cansaço crônico; Insolação; Menstruação - distúrbios em geral; Meteorismo - gases presos no estômago e/ou intestinos; Para impotência e frigidez; Para retenção de líquidos e inchaços; Parto - para o restabelecimento pós-parto; Prisão de ventre; Regurgitação ácida; Retenção urinária - estritura aguda dolorosa; Tensão pré-menstrual (TPM). | 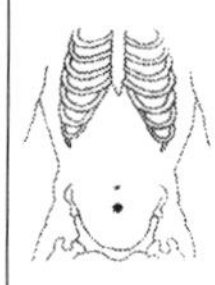 |
| VC8 | no centro do umbigo | Afogamento | 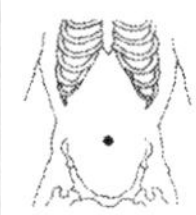 |
| VC12 | na linha média ventral, a meia distância entre o umbigo e a ponta inferior do osso esterno | Azia - acidez estomacal; Distúrbios digestivos em geral; Gastrite - acidez e dor no estômago; Indigestão; Insolação; Meteorismo - gases presos no estômago e/ou intestinos; Para o estresse emocional nas crises e mudanças; Regurgitação ácida; Soluço. | 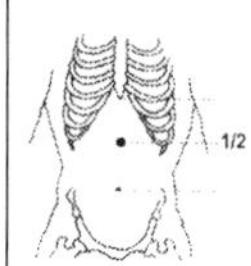  |
| VC15 | imediatamente abaixo da ponta do osso esterno (apêndice xifoide) | Ansiedade - com nervosismo, inquietação e/ou angústia; Compulsão por alimentos ou drogas; Gagueira e outros distúrbios da fala; Insolação; Meteorismo - gases presos no estômago e/ou intestinos; Para excitação e/ou histeria; Para tristeza, pesar e mágoa; afogamento. | 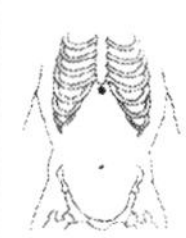 |
| VC17 | no centro do osso esterno, na linha horizontal dos mamilos | Angina de peito - opressão e dor torácica irradiando pelo braço esquerdo; Ansiedade - com nervosismo, inquietação e/ou angústia; Asma; Bronquite com secreção respiratória; Dispneia - falta de ar; Fogacho - calores na menopausa; Gravidez - desconfortos; Insônia - com excitação ou euforia; Lactação - dores ou insuficiência de leite; Nervosismo; Para excitação e histeria; Para o estresse emocional nas crises e mudanças; Para o fortalecimento imunilógico; Para tristeza, pesar e mágoa Surto emocional - com agitação e desnorteamento; Tabagismo - para aplacar a vontade de fumar; Tosse. | 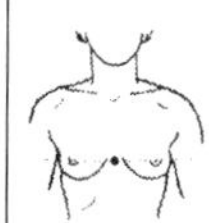 |

## VASO DA CONCEPÇÃO

| Ponto | Localização | Utilização | Ilustração |
|---|---|---|---|
| VC22 | no centro da fossa da borda superior do esterno | Amidalite - e qualquer inflamação na garganta; Laringite; Rouquidão; Tabagismo - para aplacar a vontade de fumar; Tosse. | 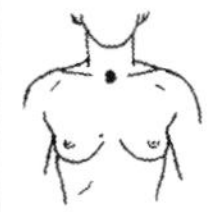 |
| VC23 | na linha média anterior do pescoço, na fossa acima da cartilagem tireoidea | Aftas - e outras ulcerações da boca; Gengivite - inflamação e sangramento das gengivas. | 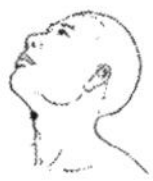 |
| VC24 | na linha média da mandíbula, no centro da depressão óssea entre o queixo e o lábio inferior. | Gagueira e outros distúrbios da fala. | 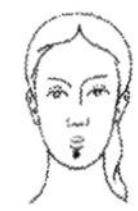 |

## VASO GOVERNADOR

| Ponto | Localização | Utilização | Ilustração |
|---|---|---|---|
| VG1 | a meia distância entre a ponta do cóccix e o ânus | Hemorróida | 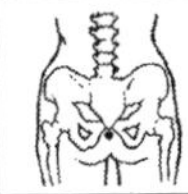 |
| VG3 | na linha média dorsal, entre a 4ª e 5ª vértebras lombares | Dentes - após extração ou qualquer cirurgia dentária; Fraturas - para o estado geral e a dor. | 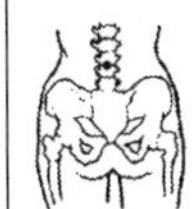 |
| VG4 | na linha média dorsal, entre a 2ª e 3ª vértebras lombares | Afogamento; Concussão com golpe violento na cabeça; Concussão por golpe violento na coluna; Dores lombares; Exaustão extrema. | 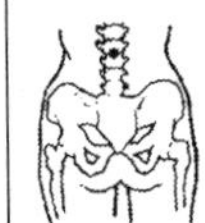 |
| VG10 | na linha média dorsal, entre a 6ª e 7ª vértebras torácicas | Desmaio por golpe violento | 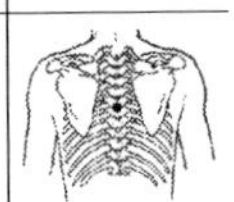 |
| VG11 | na linha média dorsal, entre a 5ª e 6ª vértebras torácicas | Irritação em crianças - nervosismo, agitação ou choro incontido | 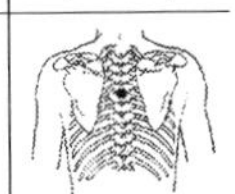 |
| VG14 | na linha média dorsal, entre a 7ª vértebra cervical e a 1ª vértebra torácica | Febre; Gripe. | 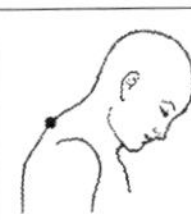 |

## (...) VASO GOVERNADOR

| Ponto | Localização | Utilização | Ilustração |
|---|---|---|---|
| VG15 | na linha média dorsal da nuca, abaixo da 1ª vértebra cervical, 2 dedos da protuberância occipital | Gagueira e outros distúrbios da fala; Surdez - parcial ou recente. | 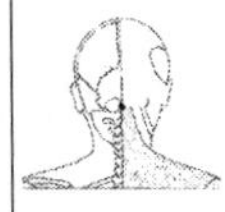 |
| VG16 | na linha média dorsal, na depressão abaixo da proeminência occipital | Apoplexia - resultado de coágulos sanguíneos ou hemorragia cerebral; Hemiplagia recente, para auxiliar o restabelecimento; Hemorragia nasal; Para excitação e histeria; Resfriados; Ressaca; Torpor mental. | 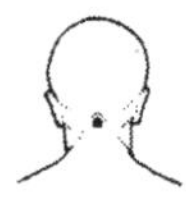 |
| VG18 | na linha média posterior do crânio, a meia distância entre os pontos VG16 e VG20 | Hipoglicemia |  |
| VG19 | na linha média posterior do crânio, no centro da coroa, a 3 dedos atrás do ponto VG20 | Memória deficiente | 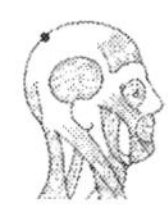 |
| VG20 | na intercessão da linha média do topo do crânio com a linha que interliga a ponta das orelhas | Choque emocional - com agitação, descontrole e histeria; Compulsão por alimentos ou drogas; Convulsões em geral, especialmente do tipo epiléptico; Depressão psíquica; Fogacho - calores na menopausa; Hemorróida; Insônia - com irritação, inquietação e/ou calor na cabeça; Memória deficiente; Nervosismo; Para descongestionar a cabeça, clarear a mente e ordenar o pensamento; Para estresse emocional nas crises e mudanças; Para preocupação e obcessão mental; Para recuperar uma noite maldormida; Surto emocional - com agitação e desnorteamento; Útero - prolapso e afecções em geral. | 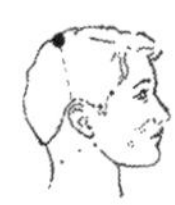 |
| VG25 | no centro da ponta do nariz | Para descongestionar a cabeça, clarear a mente e ordenar o pensamento. |  |
| VG26 | no sulco nasolabial, um terço de distância entre o nariz e o lábio superior | Convulsões em geral, especialmente do tipo epiléptico; Convulsões infantis; Desmaio - em geral; Epilepsia; Hemorragia nasal; Nevralgia facial; Pressão baixa; Trismo. |  |

**PONTOS EXTRAS**

| Ponto | Localização | Utilização | Ilustração |
|---|---|---|---|
| Lan Wei | na face externa da perna, 2 dedos abaixo do ponto E36 | Apendicite aguda | 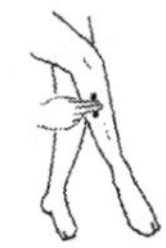 |
| Menopausa | no centro do queixo | Menopausa - desconfortos |  |
| Olho do Tigre | com o joelho fletido, na depressão anterior (interna) ao lado da ponta da patela, em paralelo com o E35 | Dores nos joelhos | 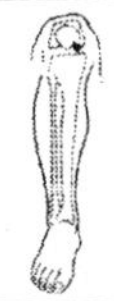 |
| Suor excessivo | no centro da palma da mão | Suor excessivo |  |
| Tai Yang | na depressão da têmpora, cerca de 1 dedo lateral ao canto do olho | Conjuntivite; Enxaqueca; Olhos - afecções em geral. | 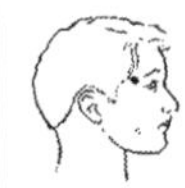 |
| Yin Tang | na linha média da face, entre as extremidades internas das sobrancelhas | Ansiedade com nervosismo, inquietação e/ou angústia; Conjuntivite; Dor de cabeça; Fadiga ocular - olhos irritados, inchados e/ou avermelhados; Febre do feno - rinite alérgica; Gravidez - desconfortos; Olhos - afecções em geral; Para descongestionar a cabeça, clarear a mente e ordenar o pensamento; Para estresse emocional nas crises e mudanças; Para preocupação e obcessão mental; Para recuperar uma noite maldormida. |  |

# Bibliografia


ARCHANGE, G. *Manual de Massagem Chinesa*. Andrei, 1986.

BAHR, F. *O Livro da Cura pela Acupressura*. Editora Record, Rio de Janeiro, 1995.

BENDIX, G. *Press Point Therapy*. American Family Publishing, Nova York, 1976.

BERNAN, L. *Alivie Sus Dolores Mediante La Digitopressura*. Martinez Roca, Barcelona, 1975.

______. *Alivie Sus Dolores Mediante La Digitopuntura*. Martinez Roca, Barcelona, 1979.

BERTSCHINGER R. *The Secret of Everlasting Life*. Element Books Limited, Shaftsbury, England, 1994.

BLATE, M. *Digitopuntura G-Jo Avanzada*. Editorial Hispano Europeia, Barcelona, 1987.

______. *The G-Jo Handbook*. Falkynor Books, Davie, Florida, 1976.

CABAL, F. *Digitopuntura*. Editorial Cabal, Madri

CANÇADO, J. *Do-In para Crianças*. Ground, São Paulo, 1987.

______. *Do-In - Livro dos Primeiros Socorros* (vol.1). Ground, Rio de Janeiro, 1976.

______. *Do-In - Livro dos Primeiros Socorros* (vol.2). Ground, Rio de Janeiro, 1980.

______. *Do-In - Técnica Oriental de Automassagem* (adaptação suplementada do "First Book of Do-In" de J. De Langre). Ground, Rio de Janeiro, 1973.

______. *Rios de Qi*. Ground, São Paulo, 2011.

CAPRA, F. *O Tao da Física*. Cultrix, São Paulo, 2000.

______. *Sabedoria Incomum*. Cultrix, São Paulo, 1988.

CERNEY, J. *Acupressure, Acupunture Without Needles*. Comestone Library, Nova York, 1975.

CHAN P. *Finger Acupressure*. Ballantine, Nova York, 1973.

______. *How to Free Yourself from Pain*. Prince-Stern-Sloan Publishers, Los Angeles, 1982

CHENG, A. *História do Pensamento Chinês*. Vozes, Petrópolis, 2008.

CHUANGUI, W. *Digitopuntura China*. Editorial Ibis, Barcelona, 1995.

CROSS, J. R. *Acupressão - Aplicações Clínicas em Doenças Musculoesqueléticas*. Manole, 2002.

DALET, R. *Enciclopédia dos Pontos que Curam*. Public. Europa-América, Portugal, 1984.

DE LANGRE, J. *The Second Book of Do-In*. Happiness Press, Magalia, California, 1974.

EDD E, G. *Manual Pratique de Digitopuncture*. Editions Danglés, St. Jean de Braye, France, 1981.

EWALD, H. *Acupressure Techniques*. Thorsons Publishers, England, 1973.

EYSSALET, J. M. *Shen ou o Instante Criador*. Griphus, Rio de Janeiro, 2003.

FORÉS, C. *Acupunture y Digitopuntura*. Editorial Bruguera, Barcelona, 1980.

FREIRE, M. J. *Medicina Chinesa e Automassagem*. Ed. do Autor, Brasília, 1996.

GAILLARD, R. *Do-In, Renouvelle-toi Chaque Jour*. Edition Du Signal, Paris, 1978.

GARAUDY, G. *Massagem e Automassagem – Oriental e Ocidental*. Hemus, São Paulo, 1985.

GRANET, M. *O Pensamento Chinês*. Contraponto, Rio de Janeiro, 1997.

HIN, K. e KAN, E. *Les 8 Merveilles du Massage Chinois*. Editions Sand, Paris, 1985.

HOSPITAL DA ESCOLA DE MEDICINA ANHUI DE PEQUIM. *A Massagem Chinesa*. Record, 1983.

HOUSTON, F. *The Healings Benefits of Acupressure*. Keats Publishing, New Canaan, Conn., 1974.

HUARD P. e WONG M. *La Medicine China*. Ediciones Guadarrama, Madri, 1968.

HUNG, C. T. *Exercícios Chineses para a Saúde*. Pensamento, São Paulo, 1985.

JARRET, L. S. *The Clinical Pratice of Chinese Medicine*. Spirit Path Press, Stockbridge, 2003.

JULLIEN, F. *Figuras da Imanência*. Editora 34, São Paulo, 1997.

JWING-MING, Y. *Qi Gong para la Artrits*. Editorial Mirach, Madrid, 1994.

KANTOR, A. C. *Cuadamos de Digitopuntura*. Editorial Kier, Buenos Aires, 1991.

KATCHMER, G. A. *El Tao de La Bioenergética*. Editorial Miroch, Madri, 1994.

KENYON, J. *Acupressure Techniques*. Thorsons Publishing Group, England, 1987.

KENYON, K. *Acupuntura sem Agulhas*. Pensamento, São Paulo, 1984.
KULVINSKAS, V. *Survival into the 21 Century Planetary Healer's Manual*. Omangod Press, Wethersfield, Conn., 1976.
KUSHI, M. *O Livro do Do-In*. Ground, São Paulo, 1984.
LAVIER, J. *Chinese Micro Massage*. Thorsons Publishers, England, 1977.
LAWSON WOOD, D. e J. *Acunpucture Vitality e Revival Points, Health Sciense Press, England, 1975.*
———. *First-Aid at your Fingertips*. Health Sciense Press, England, 1963.
LIMA, P. R. *Manual de Acupuntura, Direto ao Ponto*. R. M. Trombetta Ed., Porto Alegre, 2015.
MANAKA Y. e URQUHART 1. *The Layman's Guide to Acupunture*. Weatherhill, Nova York,1975.
MANN, F. *The Meridians of Acupunture*. William Heinemann Medical Books, London, 1974.
MARTINS, E. e LEONELLI, L. *Do-In, Shiatsu e Acupuntura*. Roca, 1998.
MASUNAGA, R. e OHASHI, W. *Zen Shiatsu*. Japan Publications, Tokyo, 1977.
MCGAREY, W. *Acupunture and Body Energies*. Gabriel Press, Phoenix, Arizona, 1974.
MENG C. e EXEL W. *A Arte Curativa dos Chineses*. Ediouro, 1991.
MILLER, R. *Pshychic Massage*. Harper Colophon Books, Nova York, 1975.
MIRANDA, E. E. *Corpo, Território do Sagrado*. Edições Loyola, São Paulo 2000.
MURAMOTO, M. *Healing Ourselves*. Avon Books, Nova York, 1973.
NAM I KOSH I, T. *Shiatsu - Japanese Finger-pressure Therapy*. Japan Publications, Tokyo,1972.
OHASHI, W. *Do-It-Yourself Shiatsu*. Mandala, London 1976.
PALOS, S. *The Chinese Art of Healing*. Bantam Book, Nova York, 1971.
PUHKY, R. *A Massagem Chinesa - Manual de Massagem Terapêutica*. Record, RJ, 1985.
REED GACH, M. *Acupressure's Potent Points*. Bantan, Nova York, 1990.
———. *Acuyoga*. Ediciones Lidium, Buenos Aires, 1986.
REQUENA, Y. *Qi Gong, Gimnacia China para la Salud e la Longevidad*. Los Libros de la Liebre de Marzo, Barcelona, 1993.
RISH, J. B. *Do-In, L'Art du Massage*. Centre Europeen du Yoga, Paris, 1975.
ROSE- NEIL, S. *Acupunture and the Life Energies*. Asi Publishers Inc., Nova York, 1981.
ROSS, J. *Combinações dos Pontos de Acupuntura*. Roca, São Paulo, 2003.
SELA, F. *Acupuntura China Popularizada*. Libros Sela, Mexico.
SERIZAWA, K. *Massage - The Oriental Method*. Japan Publications, Tokyo, 1972.
SMITH, D. *The East-West Exercise Book*. McGraw, Hill Book Company, Nova York, 1976.
STAEHLÉ, G. *Elimine suas Dores Naturalmente*. Martins Fontes, São Paulo, 1981.
STRICK MANN, M. *Chinese Magical Medicine*. Stanford University Press, California, 2002.
SUN-YONG, C. *Pontos Vitais e Defesa Pessoal*. Centro do Livro Brasileiro, Portugal, 1980.
TAUBIN, P. *Acupuntologia – Tratado de Acupuntura*. Sociedad Argentina de Acupuntura, Buenos Aires, 1975.
TEEGUARDEN, I. *Acupressure Way of Health: Jin Shin Do*. Japan Publications, Tokyo, 1982.
TOHEI, K. *Book of Ki: Coordenating Mind and Body in Daily Life*. Japan Publications, Tokyo, 1978.
ULRICH, W. *Livre-se das Dores pela Acupuntura e Acupressura*. Tecnoprint, RJ, 1980.
WARREN, F.Z. *Acupressure*, Record. Rio de Janeiro, 1995.
XIUTANG, M. *Tratado Completo de Digitupuntura Clínica*. Miraguans Ediciones, 1989.
YAMAMOTO, S. *Shiatsu dos Pés Descalços*. Ground, São Paulo, 1983.
YAMAMURA, Y., YAMAMURA, M. e OLIVEIRA, D. *Introdução ao Tai Chi Chuan, Tui Na e Tao Yin*. Centro de Pesquisa e Estudo da Medicina Chinesa, São Paulo, 1991.
YOU-WA, C. *Massaje Energetico*. Robimbook, Barcelona, 1992.
ZHENGGUO, Z. *Digitopuntura*. Roca, São Paulo, 1986.
ZHUO, D. *A Ginástica Chinesa*. Record, Rio de Janeiro, 1984.

## Obras do autor

# DO-IN PARA CRIANÇAS

*Juracy Cançado*

Mais sensível e receptivo ao toque, o organismo da criança dispõe de pontos e áreas de tratamento de caráter exclusivamente pediátrico. Este livro, tecnicamente simplificado, torna-se uma efetiva ferramenta caseira de fácil manuseio no tratamento complementar de enfermidades infantis, bem como nas crises e emergências, quando sua ação é particularmente mais efetiva e imediata.

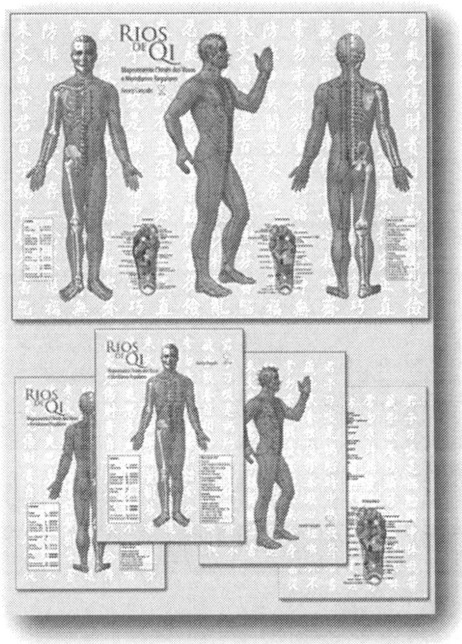


# RIOS DE QI

## (Mapeamento chinês dos Vasos e Meridianos Regulares)

Neste Guia, o mapeamento dos meridianos com a localização anatômica dos pontos e canais condutores da energia vital do corpo humano é encontrado em duas versões: o mapa RIOS DE QI (versão atualizada do mapa tradicional de Do-In) e 2 pranchas portáteis para facilitar o uso e o estudo.

# Guias Práticos Ground

Os Guias Práticos Ground são projetos especiais da Editora Ground que visam facilitar o acesso rápido a diversas terapias da medicina holística, comprovadamente eficazes na prevenção e tratamento de desequilíbrios da saúde. As embalagens contêm texto descritivo e mapas elucidativos nas respectivas áreas.

**Mapa – Rios de Qi**
(Mapeamento chinês dos Vasos e Meridianos Regulares.)

**Mapa – A Dieta dos Grupos Sanguíneos**
(Tabelas dos alimentos ideais e nocivos para cada grupo sanguíneo)

**Mapa – As Essências Florais do Dr. Bach**
(Resumo das qualificações: cores, detalhes, nome científico, tradução e indicações de uso.)

**Mapa – Os Sete Chakras Principais**
(Localização anatômica dos centros energéticos captadores da energia vital no corpo humano.)

**Mapa – Reflexologia Podal**
(Localização das áreas e pontos reflexos e sua ligação com órgãos e sistemas.)

**Mapa – Shiatsu Facial**
(Técnicas de aplicação do Shiatsu para o rejuvenescimento, visando o seu aspecto preventivo, estético e terapêutico.)

## Conheça também da Ground

**SHANTALA** uma arte tradicional massagem para bebês

*Frédérick Leboyer*

### O Livro

Este livro apresenta a antiga arte de massagem em bebês descrita por Frédérick Leboyer, médico francês de renome internacional, que fotografou a sequência completa da milenar técnica indiana ayurvédica empregada por uma jovem mãe paralítica (Shantala) que massageava tranquilamente o seu bebê numa rua da Índia. A beleza e emoção que acompanharam este momento, levaram Leboyer a escrever um livro sobre a técnica, no qual homenageou Shantala, dando-lhe o título do mesmo.

Por sua informação, poesia e beleza literária, este livro tornou-se um sucesso no mundo inteiro, de tal modo que a massagem "tomou" emprestado o nome da própria SHANTALA.

### O Filme

Conheça o filme que deu origem ao livro. Assista à massagem feita pela própria Shantala em seu bebê Gopal.
Filmado em Calcutá, Índia.